COLLECTION
DES MÉMOIRES

RELATIFS

A L'HISTOIRE DE FRANCE.

MÉMOIRES DE P. LENET, TOME II.
MÉMOIRES DE MONTRÉSOR.
RELATION FAITE PAR FONTRAILLES.

DE L'IMPRIMERIE DE A. BELIN.

COLLECTION
DES MÉMOIRES

RELATIFS

A L'HISTOIRE DE FRANCE,

DEPUIS L'AVÉNEMENT DE HENRI IV JUSQU'A LA PAIX DE PARIS
CONCLUE EN 1763;

AVEC DES NOTICES SUR CHAQUE AUTEUR,
ET DES OBSERVATIONS SUR CHAQUE OUVRAGE,

PAR MESSIEURS
A. PETITOT ET MONMERQUÉ.

TOME LIV.

PARIS,

FOUCAULT, LIBRAIRE, RUE DE SORBONNE, N° 9.

1826.

MÉMOIRES

DE

PIERRE LENET.

LIVRE CINQUIÈME.

Le premier septembre, ces deux dépêches obligèrent messieurs du parlement de charger Pomiers-Françon et Boucaut-le-Noir de conférer avec moi pour savoir si la princesse et les ducs ne jugeroient pas à propos qu'on se servît de cette occasion pour attacher quelque négociation à la cour. Après de longs entretiens dont je rendis compte à qui je le devois, il fut résolu d'envoyer derechef le père Bruno, qui verroit La Vrillière, et le feroit expliquer sur ce qu'il entendoit en disant *qu'il falloit retrancher la cause du mal;* et qu'ensuite il lui diroit, et au cardinal, que s'il vouloit traiter de la liberté des princes, on entreroit avec joie en négociation avec la Reine, à laquelle on donneroit tout contentement, et avec tout le respect qui est dû à Sa Majesté.

Comme ce religieux étoit vieux et assez simple, comme j'ai déjà dit, il fut jugé à propos que je lui donnerois un mémoire (que je lus, et qui fut approuvé avant que de l'envoyer) par lequel il pourroit répliquer sur ce que le cardinal lui avoit dit en son dernier voyage, que la Reine ne pouvoit traiter avec la princesse ni avec les ducs de Bouillon et de La Rochefoucauld, parce qu'ils avoient fait un traité avec les Espagnols. Voici ce que contenoit ce mémoire :

« M. le cardinal, après avoir lu le dernier mé-
« moire dont le père Bruno étoit chargé, et encore
« depuis ce temps-là, lui a dit que le traité qu'il pré-
« suppose que madame la princesse a fait avec le roi
« d'Espagne pour parvenir à la liberté des princes,
« met la Reine hors de pouvoir d'entrer en aucune
« négociation sur ce sujet avec Son Altesse. Les rai-
« sons que Son Eminence en dit sont à peu près
« celles-ci :

« Qu'en bonne politique on peut pardonner les
« mouvemens des sujets, quand ils ont leur principe
« et leur fin dans le royaume ; mais que quand ils
« vont jusques à l'excès de faire des traités et des
« alliances avec les étrangers, ils sont irrémissibles ;
« qu'au premier cas, les rois, qui sont les pères de
« leurs sujets, peuvent, sans blesser les lois de l'Etat,
« les recevoir dans leur sein comme leurs enfans,
« après les premiers emportemens de leur colère ;
« et que telles fautes peuvent se pardonner après
« quelques légères punitions : mais qu'au second cas
« il faut mettre le fer à la plaie, traiter les sujets en
« rebelles, et comme des ennemis de l'Etat ; ne les
« traiter jamais que comme un conquérant traite des
« prisonniers qu'il a pris à discrétion, ou du moins
« qu'ils n'aient abandonné leurs nouveaux alliés, et
« qu'ils ne se soient soumis à la miséricorde de leur
« souverain, qui pour lors peut consulter l'état de
« ses affaires et la pente de son inclination naturelle

« pour user, selon qu'il lui convient ou qu'il lui plaît,
« de châtiment ou de clémence.

« Faisant l'application de cette maxime, que le
« père Bruno nous a rapportée de la part de M. le
« cardinal, Son Eminence dit que si le Roi a cédé
« quelque chose à la nécessité, s'il a usé ci-devant
« de douceur envers ses sujets de Paris et de Bor-
« deaux, ils n'avoient point fait de traités avec l'Es-
« pagne, comme ont fait depuis quelques jours avec
« madame la princesse messieurs les ducs de Bouil-
« lon et de La Rochefoucauld, et quelques autres
« qu'il n'a pas voulu nommer ; et que cet engage-
« ment avec les ennemis de l'Etat est un tel crime,
« que nul ministre ne peut conseiller autre chose à
« la Reine que de le punir sévèrement, ou du moins
« ne leur pardonner jamais qu'après avoir mis les
« armes bas, renoncé à leur alliance, et s'être soumis
« à la miséricorde du Roi. Voilà, ce me semble, le
« sens de M. le cardinal, tel que ce religieux nous l'a
« fait entendre.

« Sur quoi on répond qu'il n'est pas malaisé d'a-
« giter en bonne politique la question de savoir qui
« est le plus coupable, de celui qui excite une ré-
« volte dans un Etat par intérêt, par ambition, par
« vengeance, ou par les mouvemens déréglés de
« certains esprits factieux qui ne peuvent vivre que
« dans le désordre, semblables à ces poissons qui
« sont malades dans le calme, et qui reprennent
« leur santé dans l'agitation d'une mer orageuse; ou
« de ceux qui, par la nécessité d'une juste défense,
« demandent secours à un prince voisin pour sauver
« leurs libertés, leurs fortunes et leurs vies.

« La seule proposition porte sa résolution quant
« et soi; et personne ne peut douter que celui qui
« arme les sujets contre le souverain ne soit crimi-
« nel beaucoup plus que celui qui reçoit du secours
« de l'étranger par une nécessité pressante, parce
« que le premier renverse l'ordre établi de Dieu et
« du consentement des hommes ; fait, de ceux qui
« sont nés sujets, des ennemis à l'Etat et des re-
« belles ; lui ôte ceux qui sont obligés à le soutenir ;
« et enfin le fait attaquer par ceux qui doivent em-
« ployer leurs vies à sa défense.

« L'autre, qui joint ses forces à celles du dehors,
« ne fait pas une guerre nouvelle : il se sert de
« celle qui étoit déjà allumée pour se garantir d'op-
« pression ; et quand le souverain, qui est, comme
« dit fort bien M. le cardinal, le père de ses su-
« jets, fait cesser la violence qui l'avoit fait entre-
« prendre quelque chose contre son devoir, le sujet
« retournant à lui, il est de la prudence et de la clé-
« mence d'un bon roi de le recevoir comme un en-
« fant qui est sorti de sa maison, pour se mettre à
« couvert de la colère paternelle dans celle d'un voi-
« sin ; et l'autre doit être considéré et traité comme
« un enfant furieux qui, pour ensevelir sous les cen-
« dres celui qui lui a donné l'être, porte le flambeau
« pour le brûler dans sa propre maison.

« Henri IV, de qui la mémoire est un exemple
« merveilleux à ses successeurs, a fait voir à ses su-
« jets qu'en l'un et en l'autre de ces cas, à quelque
« heure et à quelque moment que l'enfant se pro-
« sterne aux genoux de son père, il doit le corriger
« et le recevoir bénignement ; que la douceur d'un

« roi chrétien doit être, comme celle d'un père de
« famille, sans bornes et sans limites ; que s'il châ-
« tie, ce doit être après avoir pardonné plusieurs
« fois sans effet ; que l'exacte sévérité ne doit pas
« être le premier appareil aux maladies d'État, et
« qu'elle n'est salutaire qu'aux rechutes.

« Or, venant à l'hypothèse particulière de ce qui
« nous concerne, l'on dit, avec la permission de
« M. le cardinal, sans parler de messieurs de Bouil-
« lon et de La Rochefoucauld, qui n'ont de crimes
« que d'être serviteurs, amis et parens de M. le
« prince, d'avoir accompagné madame la princesse
« et M. le duc à Bordeaux, et qui veulent bien
« être ici compris sous son nom, que Son Altesse
« n'a fait ni l'un ni l'autre de ces crimes envers
« le Roi. Elle n'a point fait de guerre dans le
« royaume ; elle étoit retirée en sa maison de Chan-
« tilly : on y a envoyé des troupes pour s'en saisir
« avec toute sa famille ; on lui en a envoyé d'autres
« aux environs de sa maison de Montrond, où elle
« se retira pour se garantir de la violence dont elle
« étoit menacée, contre les paroles que la Reine lui
« avoit données par la lettre dont il plut à Sa Majesté
« l'honorer en date du 22 avril dernier. On a en-
« voyé des ordres par toute la France pour l'arrêter,
« et monsieur son fils, âgé de sept ans : et quand elle
« a mis des troupes sur pied sous son nom, c'a été
« par une juste défense, et par la nécessité précise
« de conserver sa liberté, celle de ses amis, et prê-
« ter main forte à la justice souveraine d'un roi mi-
« neur, sous la protection de laquelle le parlement de
« Bordeaux les a mis par son arrêt du 3 juin dernier.

« Madame la princesse n'a point fait de traité avec
« le roi d'Espagne pour lui mettre des gouverne-
« mens et des places entre les mains, comme on
« avoit fait sous Henri-le-Grand, et qui l'a pardonné;
« elle ne lui a point envoyé d'otage, et ne s'est liée
« d'aucun serment. Elle a toujours protesté, comme
« elle fait encore, de vivre, de mourir et d'élever
« monsieur son fils dans le service du Roi; et elle
« a trop d'intérêt à la conservation de la couronne et
« de la grandeur de l'Etat, et les grandes actions de
« monsieur son mari lui sont des exemples trop
« beaux pour ne les pas imiter en tout ce qui peut
« dépendre d'elle.

« Elle a reçu de l'argent du roi d'Espagne, il est
« vrai, pour payer des troupes qu'elle peut dire n'être
« que des gardes pour sa défense : elle lui a écrit
« pour le remercier de cette assistance. La lettre qui
« porte les marques de sa reconnoissance porte aussi
« les caractères de sa fidélité inviolable envers le
« Roi son souverain seigneur, puisqu'elle n'attribue
« qu'à une absolue nécessité l'acceptation qu'elle a
« faite de ce secours. Elle le conjure de contribuer
« tout ce qui dépend de lui pour la paix générale,
« croyant, outre l'inclination qu'elle doit avoir pour
« le bien public et pour le repos de tous les sujets
« du Roi, qu'elle y trouvera le sien particulier et la
« sûreté de monsieur son fils, par la liberté de mon-
« sieur son mari et de messieurs ses beaux-frères.

« Si M. le cardinal a entendu parler du traité fait
« par madame de Longueville et par M. de Tu-
« renne, qui n'a point d'autres fins que la paix gé-
« nérale et la liberté des princes, madame la prin-

« cesse croit qu'il ne peut être blâmé, et ne fera
« point de difficulté d'y entrer quand elle en sera
« requise, ne pouvant refuser ce qui peut contri-
« buer à ce grand ouvrage, à sa maison persécutée,
« ni à l'Etat, qui gémit avec toute la chrétienté sous
« la pesanteur d'une guerre qui la tient abattue de-
« puis tant d'années.

« Mais, remontant jusques à la source des choses,
« ne peut-on pas dire à un homme autant éclairé
« que l'est M. le cardinal, et ne conviendra-t-il point
« de bonne foi, que la loi de nature est la plus
« forte, comme celle qui sert de base et de fonde-
« ment à toutes les autres; et que les civiles n'ont
« été instituées par les hommes que pour la manu-
« tention du droit naturel, c'est-à-dire pour se met-
« tre à couvert des entreprises de la malice et de la
« violence?

« Il est certain que l'établissement d'un Etat n'est
« autre chose qu'une assemblée d'hommes qui, unis
« sous l'autorité de certaines lois qu'ils se forment, se
« conservent contre les outrages qu'ils pourroient
« recevoir de leurs voisins. Mais quand il arrive que
« ceux qui sont institués pour maintenir ces lois les
« violent, et qu'ils viennent à opprimer ceux qu'ils
« sont obligés de défendre, n'est-ce point une per-
« mission tacite, à ceux qui se sont volontairement
« soumis à eux, de chercher leurs asyles où ils les
« peuvent trouver ; et est-ce un crime en pareilles
« rencontres de se mettre à couvert sous l'autorité
« de la loi de nature? N'impose-t-elle point une
« nécessité de chercher ailleurs ce qu'on ne peut
« trouver chez soi? La religion même, qui doit pré-

« valoir sur toutes les maximes d'Etat, le permet
« ainsi : et c'est ce qui a fait, dès l'établissement du
« christianisme, donner l'absolution à ceux qui ont
« fait des guerres, des ligues, et des traités légi-
« times; et l'on a toujours distingué ceux qui les
« font par un esprit séditieux et sans nécessité,
« comme de certaines gens que nous connoissons et
« que M. le cardinal connoît, d'avec ceux qui sont
« comme nous violentés par une force majeure de se
« jeter dans d'autres protections que dans celle du
« Roi, qui nous manque.

« Ne parlons point de tout ce qui s'est passé en
« pareilles rencontres dans les siècles éloignés et
« dans l'autre minorité, ni même sous le règne du
« feu Roi; retranchons-nous à ce qui est arrivé sous
« le ministère de M. le cardinal. N'est-il pas d'une
« vérité notoire à tout le monde que l'année passée
« le parlement de Paris reçut publiquement don Jo-
« seph Arnolphini, envoyé de l'archiduc; qu'il lui
« donna audience et place dans son bureau; qu'ils de-
« mandèrent secours en Flandre; qu'ils envoyèrent
« au devant de celui qu'on leur promit partie de leurs
« troupes jusque dans le fond de la Picardie? Et tant
« s'en faut que cette conduite empêchât M. le cardi-
« nal de conseiller au Roi et à la Reine de traiter
« avec le parlement : la raison d'éviter l'effet du des-
« sein qu'avoient les ennemis de l'Etat de profiter de
« nos désordres obligea Leurs Majestés à leur accor-
« der et même à avancer la paix.

« Messieurs de Noirmoutier et de Laigues, qui
« firent ce voyage par l'ordre de tous ceux qui ont
« depuis ce temps-là reçu tant de bienfaits de la

« Reine, et qui étoient les guides des Espagnols
« lorsqu'ils entrèrent en France, en ont eu pour ré-
« compense, l'un le gouvernement de Charleville et
« du Mont-Olympe, et l'autre la charge de capitaine
« des gardes de Monsieur, frère du Roi. On ne se
« contenta pas seulement de leur pardonner, l'on
« jugea à propos de leur faire moins de mal et plus
« de bien qu'à M. le prince, qui, pour la récompense
« de tant d'exploits mémorables qui ont rendu la
« régence de la Reine et le ministère de M. le cardi-
« nal illustres, n'a eu qu'une rigoureuse prison.

« L'avis qu'on eut du voyage que le baron de Vat-
« teville se préparoit de faire, et qu'il fit en effet
« à Bordeaux, fut la plus forte raison qu'eut M. le
« cardinal pour faire accorder la paix à cette ville
« assiégée par ses ordres, et pour venger les inimitiés
« particulières de M. le duc d'Epernon.

« Enfin Son Eminence, consommée comme elle est
« aux affaires d'Etat, et qui sait parfaitement les his-
« toires de tous les royaumes de l'Europe, sait bien
« qu'on n'a jamais fait de difficulté d'assurer sa liber-
« té, sa vie et sa fortune par des secours étrangers;
« que cela n'est pas incompatible avec la fidélité
« qu'on doit au souverain; qu'aussi cela n'arrive-t-il
« guère quand le souverain est hors d'âge et d'état
« d'être gouverné; et qu'il y a des temps auxquels
« un bon sujet peut avec conscience et honneur dis-
« tinguer le Roi de son ministre; et que les traités
« que l'on a faits de tous temps en France avec des
« étrangers ont avancé les traités de pacification, et
« n'en ont jamais empêché aucun.

« L'on n'a pas écrit tout ceci pour persuader M. le

« cardinal, mais seulement pour lui faire voir que
« l'on connoît qu'il ne se sert de la raison qu'il a
« ditée au porteur de cet écrit que de prétexte pour
« complaire aux frondeurs de Paris ses nouveaux
« amis, en différant la liberté de messieurs les princes,
« qu'il devoit pourtant avancer par toutes les raisons
« qu'on lui a mandées par ce bon père, c'est-à-dire
« pour son intérêt particulier, autant que par raison
« et par reconnoissance. Et nous espérons de lui la
« même justice que nous lui faisons, c'est-à-dire
« qu'il ne nous persuadera pas que nous posions les
« armes, jusqu'à ce que M. le prince, en liberté,
« l'ordonne à madame la princesse. »

Il y a quelques maximes dans cet écrit que je n'y aurois pas insérées dans un autre temps : elles sont même contre mon sens; mais la licence qui régnoit pour lors étoit telle, qu'on ne faisoit point de difficulté de dire tout ce qui pouvoit servir. Il n'étoit rien si hardi que l'emportement de ceux qui étoient dans nos intérêts ne trouvassent trop foible pour attaquer un ministre qui avoit eu la hardiesse de mettre un homme de l'élévation et de la réputation de M. le prince en prison. J'aurois même fait difficulté d'écrire de telles maximes dans un ouvrage qui eût dû paroître en public; mais j'ai cru que ne devant être vu que de M. le cardinal, qui n'avoit garde de le divulguer, je faisois ce que je devois en lui faisant connoître par un discours ferme qu'il n'y avoit rien à quoi nous ne nous portassions pour parvenir à la liberté que nous demandions, outre que ceux à qui j'étois soumis jugèrent à propos de lui parler de la sorte.

Je fus ce jour-là à l'hôtel-de-ville pour presser le prêt de cinquante mille écus que tous les corps de la ville avoient promis de faire à la princesse sur une partie de ses pierreries. Je visitai avec les magistrats les moulins, pour les mettre en l'état qu'ils devoient être; nous nous informâmes des marchands de blé et des boulangers s'il y en avoit dans la ville suffisamment pour se passer d'en tirer de dehors pendant trois ou quatre mois; et je fus fort consolé quand j'appris qu'il y avoit des vivres dans la ville pour plus d'un an. Je fis aussi boucher un certain passage pour faire retenir l'eau, et inonder tout le marais, qui met à couvert une bonne partie de la ville.

Cependant les paysans de Grave et des Palus nous amenoient tous les matins quantité de prisonniers qu'ils faisoient dans leurs digues et dans leurs landes; et comme les soldats de l'armée du Roi se débandoient pour aller à la picorée, ils se mettoient en embuscade, et en tuoient beaucoup. Je ne puis m'empêcher de rapporter ici un ordre que donna le capitaine de Candeyrand (c'étoit ainsi que s'appeloit celui qui commandoit à tous les villageois, parce qu'il étoit d'un lieu qui s'appeloit ainsi) : cet ordre portoit défense de tirer désormais sur d'autres que sur des cavaliers du Mazarin, attendu, disoit-il, qu'un fantassin ne valoit pas la charge d'un fusil.

Le duc de Bouillon alla cette nuit-là coucher à Saint-Surin, pour obliger la cavalerie, qui ne vouloit pas monter la garde, à la faire, à cause que nous n'avions pas de quoi la payer régulièrement. Il reçut une lettre de Ruvigny, et la princesse une autre, par lesquelles il les supplioit de songer à la liberté du marquis de Jarzé, et de dire que quand on l'arrêta prisonnier, il alloit trouver la duchesse de Longueville par les ordres du duc d'Enghien.

Le 2, la bourgeoisie fit une cabale pour ne payer leur portion du prêt que toute la ville devoit faire qu'après le parlement, sur ce que cette compagnie avoit dit, par un arrêt, qu'elle ne paieroit la sienne qu'après que les bourgeois auroient satisfait : de sorte que, sur cette contestation, les uns ni les autres ne payoient. Ce qui obligea la princesse à m'envoyer au Palais de sa part, où je remontrai à messieurs que nos troupes périssoient, que nous n'avions pas seulement de quoi leur donner du pain de munition; et que si une fois ils étoient réduits à la dernière nécessité, il étoit dangereux qu'on ne vît arriver quelque grand désordre, dans une conjoncture en laquelle il importoit de paroître unis et puissans pour parvenir à une paix avantageuse. Ils me promirent que, toutes choses cessantes, ils y pourvoiroient.

Le 3, le père Bruno arriva de la cour, où il parla d'abord à La Vrillière, secrétaire d'Etat, auquel il rendit la lettre du président Pichon, conçue en termes foibles, et fort éloignés de ceux dont le parlement lui avoit ordonné de se servir, pour repousser les choses injurieuses que ce président avoit reçues de lui, et dont il avoit, comme j'ai dit, fait la lecture dans les chambres assemblées. Il demandoit même, sans ordre, par cette dépêche les passe-ports nécessaires pour envoyer des députés à la cour.

Ce religieux demanda à La Vrillière qui il avoit entendu désigner en disant, par la lettre de laquelle il venoit de lui rendre la réponse, *qu'il falloit re-*

trancher la cause du mal. Il lui repartit qu'il avoit entendu parler du duc de Bouillon, contre lequel il invectiva fort; et finit en lui disant que jamais Bordeaux ne feroit sa paix avec le Roi tant que ce duc seroit dans l'enclos de ses murailles.

Il vit ensuite le cardinal, qui le reçut fort bien, à son ordinaire. Il lui fit d'abord un compliment dont la princesse l'avoit chargé en son particulier, qui étoit qu'elle lui offroit sincèrement son amitié, celle de tous ses amis, tout respect et toute obéissance à la Reine, en mettant monsieur son mari en liberté; qu'elle étoit nièce de M. le cardinal de Richelieu, et par conséquent incapable de manquer à sa parole; qu'elle seroit comme lui ferme jusques à la mort pour ses amis et contre ses ennemis; que son malheur étoit que, manquant du pouvoir que monsieur son oncle avoit, elle ne pouvoit pas comme lui faire voir l'un et l'autre, mais qu'elle tâcheroit à nourrir monsieur son fils dans cette bonne maxime; et que s'il songeoit bien qu'elle est nièce de ce grand homme, à qui il devoit toute sa fortune et toute sa considération, il songeroit en même temps que ce lui étoit une chose bien honteuse de la pousser à bout comme il faisoit, jusques à la menacer de l'assiéger; enfin qu'elle le prioit encore de considérer que monsieur son oncle l'avoit élevé, et que monsieur son mari l'avoit maintenu.

« Dites la vérité, mon père, lui dit le cardinal : ce
« compliment est-il avoué de madame la princesse?
« mais en bonne foi n'est-ce pas M. de Bouillon qui
« vous a chargé de me le faire? — Non, en con-
« science, monseigneur, lui dit-il; elle m'a dit tout

« cela en son particulier, et me l'a dit avec un mou-
« vement le plus sincère du monde ; elle y ajouta ces
« mots : Hélas! je ne cherche que son amitié, et
« il me persécute. Il est vrai qu'il a bien mis dans
« les fers monsieur mon mari, qui avoit fait pour
« lui plus que n'avoit fait M. le cardinal de Riche-
« lieu ; car il lui a conservé sa fortune, et peut-
« être la vie. — Vous me donnez une très-grande
« joie, lui répliqua le cardinal : son oncle pren-
« droit bien du plaisir à l'ouïr parler ainsi. Je lui en
« sais bon gré : plût à Dieu pouvoir faire ce qu'elle
« me demande! » Il lui demanda ensuite s'il n'avoit
rien autre chose à lui dire. Ce bon religieux lui ré-
partit qu'il étoit venu pour porter à M. de La Vrillière la réponse de la lettre qu'il lui avoit envoyée à
Bordeaux pour le président Pichon ; et qu'ayant vu et
entretenu les ducs et moi sur ce qui s'étoit passé en
son dernier voyage vers Son Eminence, nous avions
tous trois discouru fort amplement en sa présence,
et que nous étions persuadés qu'il n'avoit guère envie
de nous rendre messieurs les princes, puisqu'il nous
les refusoit sous un si foible prétexte ; que, deux heures
après qu'il nous eut quittés, je lui portai en son couvent le papier dont j'ai parlé ci-dessus. Il le lut deux
fois fort attentivement ; et levant ensuite les yeux au
ciel, il lui dit : « Je suis assuré que si ces messieurs-là
« étoient en ma place ils ne seroient pas moins em-
« pêchés que moi : cette affaire-ci est un chardon qui
« de tous côtés a des piquans. Ils ont de bonnes rai-
« sons ; s'ils savoient au vrai l'état des affaires, ils
« jugeroient que les miennes sont aussi très-bonnes.
« L'écrit de M. Lenet est bon, je ne puis le nier ;

« mais les comparaisons qu'il fait de petits particu-
« liers sont bien éloignées d'un aussi grand homme que
« M. le prince, et d'autant de conséquence qu'il est.
« Laigues ni Noirmoutier, ni même les parlemens
« de Paris et de Bordeaux, ne pouvoient jamais faire
« peur au duc d'Orléans, et le seul nom de M. le
« prince le fait trembler. Je vous permets de dire
« cela à M. Lenet à l'oreille et à lui seul, et je m'as-
« sure qu'il connoîtra bien tout ce que j'entends en
« parlant ainsi : il me doit cela, car je suis dans son
« sens en bien des choses. » Puis il revint à dire que
ce traité d'Espagne gâtoit tout ; et que, sur son Dieu,
s'il étoit en ma place, il conseilleroit à madame la
princesse d'y renoncer, de se séparer des ducs de
Bouillon et de La Rochefoucauld, de venir à la cour
comme il l'avoit déjà proposé ; et que c'étoit le seul
moyen de donner lieu à ses bonnes intentions d'agir.
Il le pria ensuite d'assurer madame la princesse de
son obéissance ; et, descendant jusques à moi, il le
chargea de m'assurer de son estime et de son amitié,
et se sépara ainsi de lui, ajoutant qu'il vouloit faire
voir cet écrit à la Reine.

Il retourna donc sans autre fruit de son voyage,
et rapporta un arrêt du conseil donné à Bourg, en
forme de déclaration contre la rebellion de Bordeaux.
Je ne le rapporte pas ici, à cause de sa longueur ; je
me suis contenté de le garder, comme j'ai fait beaucoup d'autres pièces servant à nos affaires, pour faire
voir quelque jour à M. le prince qu'on a tâché à ne
rien omettre des choses de son service pendant sa
prison.

Cet arrêt du conseil étoit conçu en termes ordinaires en pareilles rencontres, mais un peu trop violens dans une saison comme celle-là ; qu'il falloit plutôt témoigner de l'envie d'user de clémence que de rigueur ; et que, n'ayant pas de quoi réduire par la force des esprits fermes et résolus, c'eût été prudence de faire de nécessité vertu. Le père Bruno, incontinent après son arrivée, fut mandé au parlement pour y dire ce qu'il avoit appris à la cour pendant son voyage ; et comme j'avois en mon pouvoir cette espèce de déclaration, je la mis en diligence sous une enveloppe que j'adressai au conseiller Tarangue, homme naturellement emporté, et fort dans les intérêts du parti. Il ne l'eut pas plus tôt reçue et lue, qu'il la mit sur le bureau des chambres qui étoient assemblées ; et, après qu'on en eut fait lecture publique, il opina fortement, et fut d'avis qu'on donnât tout sur-le-champ contre le cardinal un arrêt semblable à celui qui fut donné en 1617 au sujet du maréchal d'Ancre. Les esprits y étoient assez disposés ; mais comme l'heure étoit fort avancée, ceux qui étoient les plus modérés, et les plus portés à la paix qu'à nos intérêts, rompirent la séance ; et ayant eu ensemble une petite conférence particulière, ils résolurent d'envoyer quelqu'un d'entre eux vers la princesse pour savoir si elle ne jugeroit point à propos d'envoyer des députés à la cour. Le président de La Traisne et le conseiller Maraut, homme habile et d'un esprit doux et souple, mais assez ferme et résolu, arrivèrent peu de temps après vers Son Altesse, qui me fit l'honneur de me mander. J'y trouvai les ducs, qui y arrivèrent quasi en même temps que moi. La question fut fort agitée s'il falloit envoyer ou non des députés au Roi : ceux qui étoient là appuyèrent fort la résolution qu'ils avoient prise avec leurs confrères : la princesse, au contraire, qui savoit certainement que l'armée du Roi n'étoit nullement en état de pouvoir prendre Bordeaux, bien loin de vouloir entendre à aucune députation, me commanda, par l'avis des ducs, de leur parler fortement, pour tâcher de leur persuader de donner contre le cardinal l'arrêt proposé par Tarangue; croyant par là mettre le feu à la poudre, et donnant cet exemple aux autres parlemens qui l'en avoient si souvent menacé, et dont la plus grande partie n'avoient jamais osé l'exécuter, leur donner lieu de ne pas perdre cette conjoncture, afin que s'ils venoient à en user ainsi, les frondeurs pussent se prévaloir de l'occasion contre le cardinal, et le missent en état de n'avoir plus de ressource qu'avec la maison de Condé. Toute cette conférence se passa en contestation, dans laquelle les ducs, à l'imitation de la princesse, s'échauffèrent beaucoup.

Après dîner, Pomiers-Françon, doyen du parlement, et Boucaut, qu'on appeloit le Noir pour le distinguer d'un de même nom, plus ancien que lui, qu'on appeloit le Rousseau, et qui étoit grand frondeur, me firent l'honneur de me visiter, et de me dire beaucoup de raisons pour me persuader qu'il étoit temps de négocier. Je savois mieux qu'eux que les choses n'étoient pas en état d'obtenir la liberté de M. le prince; qu'on ne pouvoit la prétendre qu'en portant les choses aux extrémités, et enfin que rien ne me convenoit que cela. Je me servis de toutes les autres raisons que les ducs avoient apportées le matin, en présence de la princesse, au président de La Traisne, pour le dissuader de ce dessein; et nous ne nous persuadâmes ni les uns ni les autres.

Ce jour-là Cugnac reçut des lettres des maréchal et marquis de La Force, par lesquelles ils lui mandèrent qu'ils n'attendoient que de l'argent pour favoriser nos desseins par les armes; que la Reine leur avoit envoyé un gentilhomme pour leur proposer de grands avantages et les inviter d'aller à la cour, et même de se rendre entremetteurs de la paix de Bordeaux; et qu'ils avoient fait réponse qu'ils étoient hors d'état d'écouter aucunes propositions. Nous apprîmes encore que le comte de Tavannes, Du Bosquet et Chavagnac, qui amenoient quelques troupes des environs de Montrond, les avoient laissées à Turenne, et étoient venus à Montfort pour conférer avec messieurs de La Force, qui promettoient de se mettre en campagne moyennant cent mille livres pour lever des troupes. J'ai sujet de croire, par la longue tergiversation de ces messieurs-là, qu'ils n'avoient fait que tâter le pouls dès le commencement de cette affaire, et qu'ils ne s'étoient jamais voulu expliquer que quand ils la virent sur ses fins. Ils crurent qu'il étoit bon de toucher une somme considérable qu'ils n'auroient pas le temps (comme je crois qu'ils n'avoient pas la volonté) de dépenser; et, après un petit mouvement inutile, entrer dans un traité duquel ils pourroient tirer quelque avantage, comme ce maréchal-là a fait toute sa vie des partis esquels il est entré. Et nonobstant cette créance, qui m'étoit commune avec les ducs, qui les connoissoient bien mieux que moi, nous aurions tous été d'avis de donner cette somme, même une plus grande, si elle avoit été en notre pouvoir : tant il est important d'acheter les hommes de noms considérables pour contenter les peuples et étonner les ennemis, quoiqu'on en espère peu.

Quelques-uns mandèrent encore ce jour-là que l'archiduc avançoit vers Paris, et que le crédit du duc de Beaufort y diminuoit beaucoup, par l'attachement que le peuple croyoit qu'il avoit avec le cardinal.

Le 4, le duc de Bouillon, qui avoit, comme j'ai dit ci-dessus, levé deux ou trois années de sa taille de Turenne par avance, tant ses sujets avoient d'amitié pour lui, destinoit cette somme pour subsister avec messieurs ses enfans, tous encore fort jeunes, en Hollande, où il projetoit de se retirer en cas que l'affaire de Bordeaux finît sans pouvoir être utile à la liberté des princes, et que le cardinal vînt à reprendre le dessus à tel point qu'il ne pût avoir de sûreté dans sa maison de Turenne, croyant bien que madame la princesse et M. le duc l'auroient partout où il lui plairoit (puisqu'on la lui avoit offerte par avance), quelque succès que pût avoir la paix de Bordeaux. Il avoit considéré, comme j'ai dit, que le nom de messieurs de La Force pourroit faire l'effet dont j'ai parlé, quoiqu'il vît que le succès en seroit fort médiocre. Il connut encore que le parlement et le peuple de Bordeaux témoignoient grande passion de les voir dans le parti : il crut que, la nouveauté ayant beaucoup de pouvoir dans la bourgeoisie, il falloit tout mettre en usage pour faire entrer ces messieurs-là dans le parti, ou les mettre dans leur tort s'ils n'y entroient point; et en tout cas qu'il feroit un acte de générosité. Tant y a qu'en plein conseil, où étoient avec la princesse quelques officiers d'armée et des députés du parlement et de l'hôtel-de-ville, comme c'étoit la coutume, le duc de Bouillon offrit de faire compter la même somme de cent mille francs qu'il avoit à Turenne, et que messieurs de La Force demandoient pour faire des troupes, si messieurs du parlement vouloient donner arrêt pour qu'il les reprît sur la recette du convoi de Bordeaux. La chose fut agitée ce même jour-là dans la compagnie ; et, par les grandes contestations qu'il y eut en opinant, elle demeura indécise, et remise à une autre séance.

Il courut un bruit parmi le peuple que le conseiller Du Zeste avoit dit que lui et ses amis étoient assez forts pour faire égorger tous ceux qui auroient la hardiesse de vouloir empêcher la signature de la paix. Ce bruit, véritable ou non, causa un tel emportement, qu'il fallut toute l'autorité de la princesse et toute l'adresse de ses serviteurs pour empêcher le pillage de sa maison, et peut-être qu'il ne souffrît ce dont on publioit qu'il menaçoit les autres.

Un courrier de Toulouse dépêché à Bourg, et qui étoit marié à Bordeaux, y arriva, et soulagea grandement tout le monde par une lettre qu'il m'apporta du comte de Maure, qui l'avoit adressée à un de ses amis à la cour pour me la faire tenir. Elle étoit du 28 du mois d'août, et portoit confirmation des nouvelles dont j'ai parlé. Il nous exhortoit, de la part des principaux serviteurs que M. le prince avoit à Paris, de ne nous pas étonner des bruits qu'on faisoit courir à Bordeaux; et nous assuroit que s'il tenoit bon, et n'écoutoit aucune proposition d'accommodement, le cardinal étoit perdu sans ressource, par la confusion que les desseins de la Fronde et l'approche de l'archiduc alloient mettre à Paris. Cette lettre, qui venoit d'un gentilhomme de mérite et de vertu connue, trouva plus de créance dans Bordeaux et y fit plus d'effet qu'aucune de toutes celles qui portoient la même chose.

Le 5, le cardinal, qui depuis trois jours avoit quitté la cour pour passer en Médoc, savoit l'état des affaires de Paris, qui menaçoient sa ruine, et qu'on avoit été contraint à son insu de tirer les princes du bois de Vincennes, à cause de l'approche de l'archiduc. Mais en effet le duc d'Orléans et le coadjuteur de Paris se servirent de ce prétexte pour les ôter du pouvoir du cardinal, et pour les avoir en quelque façon sous leur autorité en les faisant mettre dans le château de Marcoussis, dont le cardinal avoit une douleur mortelle, et avec raison une très-grande impatience de rapprocher Paris pour fixer les prétentions des frondeurs, et ses résolutions sur leur sujet et sur celui des princes. Il lui étoit honteux, et d'une perte manifeste, de quitter Bordeaux sans le réduire; il lui étoit dangereux d'y demeurer plus long-temps sans rien entreprendre; en un mot, il falloit ou faire ou faillir. Il se résolut donc à une tentative, et de faire attaquer le faubourg de Saint-Surin pour voir si la division qu'il attendoit depuis si long-temps, et qu'on lui avoit toujours fait espérer, éclateroit enfin dans Bordeaux par la terreur de son approche.

Toutes les troupes du maréchal de La Meilleraye donnèrent donc ce jour-là, par les ordres du cardinal, dans ce faubourg. Nous avions fait quelques barricades aux avenues qu'elles attaquèrent. Le beffroi (c'est comme ils appellent le tocsin en ce pays-là) sonna de toutes parts : les ducs montèrent à cheval un peu avant le jour; tous les officiers s'y rendirent; la bourgeoisie y accourut, mais en désordre, selon la coutume; nos troupes qui y étoient postées soutinrent fortement (animées qu'elles étoient de l'exemple de tous ces braves) cinq ou six attaques vigoureuses; mais enfin, ayant été coupées par les maisons, se retirèrent l'épée à la main par les ordres du duc de Bouillon, et mirent le feu en celles qui étoient les plus proches de la ville : toute la noblesse et tous les officiers qui étoient là y signalèrent leur valeur. Je n'en spécifie aucun en particulier, parce qu'il faudroit, pour ne faire injustice ni aux uns ni aux autres, rapporter par le menu toutes leurs actions. Plusieurs de messieurs du parlement, et quantité des plus considérables bourgeois, montrèrent en cette occasion que les Gascons de toutes conditions sont nés braves. Les attaquans y eurent plus de mille hommes tués ou blessés : Chouppes et La Piallière y reçurent de dangereuses blessures, aussi bien que plus de cent officiers des régimens suisses d'Harcourt, de Périgord et de La Meilleraye. Ils demandèrent une trêve pour retirer leurs morts, qu'on leur refusa. Quelques officiers du parlement furent empêchés par les officiers de l'armée d'entreprendre des choses de grand cœur, mais de petite conduite. Toute cette bourgeoisie, au lieu de prendre l'épouvante, demeura ferme, et reprit nouvelle vigueur. Nous y eûmes plusieurs blessés, et entre autres les chevaliers de Mailly et de Guitaut, qui moururent après de leurs blessures : d'Augerville, et Chauffour, mestre de camp du régiment d'H***, infanterie; le chevalier de Todias, Beauvais, Le Vosmier et Carbonniers furent faits prisonniers des ennemis.

L'on vit en même temps monter les vaisseaux de Montrie : ce qui nous fit croire qu'ils avoient dessein d'attaquer le faubourg des Chartreux, parce qu'étant grand, vaste et de difficile garde, nous n'y en avions qu'une de peu de considération. Il leur étoit fort aisé de l'emporter, d'autant plus qu'ils pouvoient favoriser leur attaque par tous leurs vaisseaux, ce poste étant tout le long de la rivière. On croyoit encore qu'ils attaqueroient en même temps le fort de La Bastide, pour partager nos forces et nos soins; mais je crois que le peu de troupes qu'ils avoient, et la perte qu'ils venoient de faire, les en empêcha. Dans la crainte qu'on en eut, l'on doubla la garde de la bourgeoisie en l'un, et celle des gens de guerre en l'autre; on se barricada sur le gué des Chartreux; on mit du canon sur une tour qui restoit du château Trompette, et qui voyoit tout le bord de l'eau. Meille, Coligny, Cugnac et Le Chambon eurent chacun leur travail particulier à conduire. Le parlement, qui veut à Bordeaux se mêler de tout, causa quelque confusion, parce que les jurats, à qui les bourgeois sont accoutumés d'obéir, conservent peu d'autorité; et ce qui nous faisoit le plus de mal, c'est que l'argent nous manquant, nous ne pouvions avoir à propos des travailleurs, des outils, des gabions, ni des fascines.

L'on tint conseil de guerre, où les commissaires du parlement parurent moins vigoureux que les députés de la bourgeoisie. On y résolut entre autres choses de disputer tout aux ennemis, et d'essayer de ruiner leur infanterie par une opiniâtre défense.

Le 6, je fus chargé d'aller à l'hôtel-de-ville, où les jurats crurent m'honorer beaucoup (et je m'en sentis fort leur obligé) en me présentant des lettres de bourgeois de Bordeaux, que je reçus avec de grands remercîmens. Je leur proposai de régler les compagnies de la bourgeoisie, en sorte qu'en ôtant tous les gens de rebut elles fussent toutes de deux cents hommes chacune; et comme il y en a dans cette ville-là trente-six, cela feroit comme un corps de sept mille deux cents hommes qui feroient fonction de soldats, pendant que le reste des habitans se reposeroient, ou vaqueroient à leurs affaires domestiques; que des trente-six compagnies douze seulement entreroient en garde chaque jour, et ainsi en auroient deux de repos pour un de fatigue, et subsécutivement se releveroient. Et ainsi on auroit toujours deux mille quatre cents hommes en faction, qui, mêlés avec les gens de guerre, feroient de fréquentes sorties capables de ruiner en peu de temps l'infanterie des ennemis.

Je proposai encore qu'en cas d'alarmes, et au son du beffroi, tout le monde se rendroit aux places d'armes, d'où ils seroient conduits par ordre où il conviendroit aller; au lieu que courant tous les uns après les autres aux endroits où on croyoit qu'étoit l'alarme, ils n'y apporteroient que de la confusion. Je les priai de régler le prix des denrées, que les hôtes vouloient enchérir; de presser la levée de l'argent qu'on avoit résolu de prêter à la princesse; de nommer des bourgeois commissaires pour l'exécution de toutes choses, comme pour faire faire des farines, des poudres, des outils, des gabions, des feux d'artifice;

des mèches, amasser des barriques, etc.; et enfin de donner ordre à quantité de paysans retirés dans la ville de se trouver tous les matins dans les places publiques, où les généraux les enverroient querir pour les faire travailler où il seroit nécessaire.

Les magistrats goûtèrent toutes ces propositions. On commit de notables bourgeois pour les faire exécuter; et si nous eussions eu beaucoup d'argent, elles l'eussent été avec grande ponctualité.

Les commissaires du parlement proposèrent en plein conseil d'envoyer Pomiers-Françon à la cour pour connoître la disposition des esprits, et quel biais il faudroit prendre pour renouer une négociation, pendant que le duc de Bouillon et tous les officiers crioient confusément que ce seroit une grande foiblesse de faire cette démarche le lendemain de l'attaque d'un faubourg. Le duc de La Rochefoucauld, auprès duquel j'étois assis, me fit remarquer que les quatre commissaires, qui n'étoient presque jamais de même sentiment, s'étoient unis sur ce sujet; d'où il jugeoit que la chose étoit résolue entre eux, et me dit qu'il lui sembloit dangereux de mettre cela en délibération, parce que s'il passoit à cet avis-là, la cour connoîtroit notre foiblesse; et que s'il n'y passoit pas, et que le parlement le résolût ainsi, cela feroit voir de la division entre nous, qui seroit une chose fâcheuse en l'état auquel nous étions.

J'entrai tout-à-fait dans son sens; et quand la contestation qui étoit entre tous les assistans fut un peu calmée, je proposai aux commissaires qu'en cas que le parlement le voulût ainsi, qu'à la première proposition qui s'en seroit faite ils se levassent confusé-

ment; et dissent : « Que Pomiers aille, s'il veut, à la
« cour : il y a quinze jours qu'il devroit y être, et avoir
« contenté son envie ; » que nous mettrions ordre que
tous nos amis quitteroient leurs places, les suivroient;
et qu'ainsi, ou Pomiers n'iroit point à Bourg, ou, s'il
y alloit, il iroit comme particulier, et non pas comme
député. Il fut ainsi rapporté et résolu.

Je reçus ce jour-là un paquet de Saint-Sébastien
par un valet du baron d'Orte. Il contenoit deux lettres;
l'une signée de Baas, de Sillery et de Vatteville; et
l'autre étoit de Mazerolles. L'une et l'autre étoient
datées du 28 d'août, et toutes deux portoient qu'ils
partiroient le lendemain avec quatre grands vaisseaux
et quatre frégates chargés d'hommes, de munitions,
d'argent, et de vivres. C'étoit la plus grande et la
plus agréable nouvelle qu'on pût recevoir dans une
pareille conjoncture. Nos amis, dont la plupart connoissoient la signature de ceux qui nous envoyoient
cette dépêche, en eurent une extrême joie; et ceux
qui ne l'étoient pas la tournèrent en poison, disant
qu'elle étoit supposée. Nous autres, qui n'étions que
trop accoutumés aux mensonges de Vatteville, n'o-
sions nous en réjouir; et, quoique nous vissions l'é-
criture des envoyés de la princesse mêlée parmi la
sienne, nous craignions toujours que ce baron ne les
eût trompés les premiers; et le temps nous fit voir
que notre défiance étoit bien fondée. Quoi qu'il en
soit, on jugea à propos de ne point faire voir publiquement cette dépêche dans l'hôtel-de-ville, comme
on avoit fait quelques autres; mais que je la porterois, et la montrerois en original et comme en confidence, à Pomiers-Françon, et que je lui insinuerois

que si ce secours arrivoit, comme il y en avoit bien de l'apparence, jamais la paix ne se feroit, et jamais le cardinal ne viendroit à bout de Bordeaux; et que c'étoit là la vraie occasion de faire le voyage qu'il préméditoit de longue main à la cour, pour, en lui disant cette nouvelle, lui proposer d'entrer en négociation avec nous pour la liberté des princes. Je lui fis encore confidence des voyages du père Bruno; je lui fis lecture des mémoires dont je l'avois chargé, pour lui faire voir que j'avois toujours eu l'esprit de paix, et pour l'instruire bien de l'état des choses. Pomiers, qui naturellement avoit de l'inclination pour M. le prince, qui étoit intendant de ses affaires en Guienne, et qui, par la foiblesse ordinaire à ceux de son âge, et par l'aversion d'un bon Français contre l'Espagne, n'osoit la lui témoigner, entra fort bien en cette occasion en tout ce que je lui dis, et me donna sa parole de conduire la chose en la même forme comme je lui avois insinué.

Nous envoyâmes à Royau deux gentilshommes de Saintonge qui étoient dans les intérêts de la princesse, avec ordre d'y prendre quelque embarcation pour rôder autour de Cordouan, et faire savoir au prétendu secours d'Espagne, au cas qu'il parût, qu'il pouvoit entrer hardiment en rivière, et que les vaisseaux de Montrie n'étoient pas en état de leur disputer le passage à Bordeaux. Nous fîmes encore partir en même temps deux matelots dans deux couraux, par voies différentes, à l'insu l'un de l'autre, et à mêmes fins.

Cette même dépêche portoit que Baas s'embarqueroit sur lesdits vaisseaux avec don Joseph Osorio, et que les autres attendroient le grand secours que Vatteville devoit amener lui-même dans peu de jours.

Nos gens firent le soir une sortie sur les ennemis, pour ruiner un travail qu'ils conduisoient à une demi-lune dont je parlerai après : mais comme la nuit est peu favorable à de pareilles entreprises, et que nos gens alloient par deux côtés différens, ils se prirent les uns et les autres pour ennemis, et s'entretirèrent ; mais comme ils reconnurent bientôt leur faute, le mal ne fut grand qu'en ce qu'il empêcha l'effet qu'on s'étoit promis de la sortie.

L'on envoya le courrier de Chavagnac portant ordre au comte de Tavannes d'avancer sa marche, et de voir en passant messieurs de La Force, et de leur obéir s'ils étoient en état de battre aux champs ; sinon de marcher droit et sans aucun retard à La Bastide.

On fit en même temps partir un bourgeois nommé Larrat, affectionné de longue main à la maison de La Force, pour presser l'exécution de leurs promesses, et leur porter ordre de recevoir à Turenne les cent mille livres du duc de Bouillon, incontinent que le parlement de Bordeaux lui auroit donné les assurances qu'il lui demandoit d'en être remboursé sur le convoi.

Le 7, plusieurs cavaliers et fantassins de l'armée que nous appelions *mazarine* se rendirent à nous, et confirmèrent la perte qu'ils avoient faite aux attaques de Saint-Surin telle que je viens de la dire, et que quasi tous les sergens avoient été tués. Ils nous apprirent que le cardinal y avoit été en personne ; que leur armée manquoit de tout ; qu'on y murmuroit fort ; que toutes leurs attaques iroient à la demi-lune de la porte Digeaux ; qu'ils auroient attaqué La Bastide et les Chartreux, s'ils avoient eu des troupes ;

mais que leur armée étoit si foible, qu'ils n'avoient autre dessein que d'épouvanter Bordeaux par leurs canons; et que pour cet effet on travailloit fortement aux batteries. Je n'ai jamais vu, dans aucune armée où j'ai été, que les soldats qui viennent se rendre disent autre chose que des nouvelles agréables : aussi ne viennent-ils à autre intention que de profiter.

La princesse elle-même alloit faire travailler aux moulins, qui étoit la chose la plus nécessaire de toutes, parce qu'on ne pouvoit plus aller moudre au dehors qu'avec grande difficulté. Elle alla aussi voir ce jour-là partir ses galères, que l'on mit en mer à dessein de favoriser le passage des Espagnols.

On confirmoit par les lettres du 29 août tout ce que j'ai dit ci-devant, et surtout que le duc d'Orléans se vouloit faire déclarer régent.

Le 8, nos généraux allèrent à l'hôtel-de-ville presser l'effet des résolutions qui y avoient été prises en ma présence. Ils louèrent fort leur bonne volonté et leur courage, mais blâmèrent leur lenteur, leur paresse et leur avarice. Ils menèrent ensuite deux jurats avec eux visiter les batteries qu'ils avoient fait faire, et firent une petite sortie d'un sergent et de dix soldats soutenus de trente hommes commandés par un lieutenant, pour reconnoître un certain travail assez avancé que faisoient les ennemis.

On fit encore trois dépêches à Saint-Sébastien par mer pour presser le secours.

La demi-lune dont j'ai promis de parler, et qui est devenue si fameuse par une attaque de douze jours sans avoir été prise, étoit appelée ainsi, et n'étoit en effet qu'un amas de béton et d'immondices, qui par succession de temps avoit presque couvert et, par manière de dire, enterré la porte Digeaux : on avoit taillé le devant de cette hauteur en forme de demi-lune. Ce travail n'avoit pas plus de six pieds d'élévation ; on n'avoit pas eu le temps de le fossoyer, et on y avoit fait un parapet de barriques remplies de terre. Les ennemis n'avoient autre dessein que d'occuper ce poste, qui étoit assez élevé, à dessein d'y mettre une batterie pour abattre quelques toits de maisons et étonner Bordeaux. Ils l'attaquèrent vigoureusement cette nuit-là, et furent repoussés de même avec perte de deux cents des leurs.

Le 9, un valet de chambre du comte de Duras, et Desprès, capitaine d'infanterie dans Condé, arrivèrent de la frontière de Flandre, envoyés du vicomte de Turenne. Ils furent arrêtés quatre jours à Châtellerault : ce qui nous retarda d'autant les nouvelles qu'ils nous apportoient, qui étoient qu'on avoit eu toutes les peines du monde de faire entrer les Espagnols en France, et encore plus de les faire avancer jusques à Rethel, Château-Porcien, La Ferté-sous-Jouarre, etc., et qu'on ne croyoit pas qu'il fût possible de les faire approcher plus près de Paris ; qu'au contraire on jugeoit que l'archiduc suivroit le penchant qu'il avoit à se retirer ; que le vicomte de Turenne tâcheroit à profiter de cette marche, et à obliger le comte de Fuensaldagne de porter l'archiduc à envoyer faire des propositions de paix générale, pourvu que le cardinal voulût qu'on le traitât avec les princes libres, parce qu'il croyoit que cela donneroit un grand prétexte au parlement de Paris et aux Parisiens de fronder plus vigoureusement que jamais contre ce ministre, et même aux frondeurs de prendre quelque avantage sur lui, duquel nous pourrions profiter en lui faisant faire des propositions pendant qu'il étoit dans le voisinage de Bordeaux. Ceux qui souhaitent ardemment les choses, et qui sont intéressés à les souhaiter, croient pour l'ordinaire tout ce qui y peut contribuer faisable, et ne songent pas bien souvent que ceux que l'on fait agir ont leurs intentions particulières, à quoi ils s'appliquent plus qu'à faire réussir celles de ceux qui les emploient. Les Espagnols avoient perdu beaucoup de places en Flandre : ils songeoient à les reprendre. Ils voyoient la cour occupée au dessein de Bordeaux, et ils croyoient avec raison que cette conjoncture étoit favorable pour aller à leurs fins. Dès le commencement de la prison de M. le prince, ils pensèrent sérieusement à profiter des désordres qu'elle pourroit causer. Ils ne pouvoient manquer d'en avoir de la joie, et parce que ce coup inopiné leur préparoit des nouveautés avantageuses en France, et parce qu'il leur ôtoit en même temps un grand capitaine qui faisoit triompher ses armes, et qui gagnoit toutes les campagnes des batailles et des places sur eux de telle considération, qu'à peine pouvoient-ils respirer. Il étoit de leur prudence de nous témoigner de l'amitié dans cette conjoncture, de nous plaindre, et de nous protéger. La raison d'Etat les obligeoit de traiter, comme ils firent, avec la duchesse de Longueville en Flandre, et de lui donner et au vicomte de Turenne des secours capables de les empêcher d'être accablés, mais non pas de tels qu'ils devinssent les maîtres. Il leur étoit bon de nous embarquer et de nous flatter de grandes espérances, pour nous faire entreprendre de former un parti qui pût brouiller les cartes en France, mais non pas faire tomber le cardinal, parce que sa chute rendoit la liberté et l'autorité à M. le prince; et faisant dépendre toutes choses de lui, son humeur martiale le porteroit à maintenir la guerre pour maintenir sa considération.

Ils suivirent cette même maxime avec nous du côté d'Espagne, plus par nécessité que par prudence.

Nous arrivâmes à Bordeaux dans le temps que tous les préparatifs de la campagne étoient faits. Ils avoient fait leur remise d'argent ordinaire en Flandre et à Milan; ils songeoient à reprendre, comme ils firent, Porto-Longone et Piombino; ils avoient la vue sur Casal; ils avoient donné les fonds nécessaires pour soutenir ces entreprises, et pour la petite guerre défensive qu'ils faisoient pour lors contre le Portugal. Nous les trouvâmes sans vaisseaux, et épuisés d'argent. Ils firent quelques efforts pour aider à nous soutenir à Bordeaux; et je ne doute point que la considération d'une si grande ville et d'un poste aussi avantageux que l'est celui-là ne les eût obligés à en faire davantage, s'ils en avoient eu le pouvoir et le loisir, comme nous l'avons connu depuis; mais je crois qu'ils auroient essayé d'en profiter, et qu'ils n'auroient pas risqué de grandes sommes ni de grandes forces sur la foi d'une jeune princesse, du duc d'Enghien, qui n'étoit qu'un enfant, et d'un peuple mutiné.

Ils se seroient prévalus de notre foiblesse, du besoin que nous avions d'eux, et de la peur que les Bordelais avoient de retomber entre les mains du duc d'Epernon, et d'essuyer les vengeances du cardinal

Mazarin, pour nous obliger à recevoir garnison espagnole dans Bordeaux, comme ils avoient fait dans la ville de Stenay; et je crois qu'ils n'auroient eu guère plus de peine à obtenir l'une que l'autre. Ils auroient pour lors, sous prétexte de la liberté des princes, fait une vigoureuse guerre en Guienne; et Bordeaux leur eût tenu lieu en ce temps-là, et dans celui auquel on auroit pu traiter la paix, des grandes places qu'ils avoient perdues. Mais l'état auquel étoient leurs affaires quand nous y arrivâmes leur fit perdre une occasion grande et aussi favorable que l'étoit celle-là.

Pour reprendre donc les nouvelles que Desprès nous apporta de la part du vicomte de Turenne, il voyoit le dessein des Espagnols, et ne pouvoit mieux faire que de se prévaloir à Paris de la démarche qu'il leur avoit fait faire, prévoyant bien qu'elle seroit de peu de durée, et qu'ils voudroient profiter de nos désordres en s'appliquant au dedans de leur pays. Cet envoyé nous confirma encore que la translation des princes du bois de Vincennes à Marcoussis étoit résolue, et nous dit que le duc de Nemours, qui en avoit été averti à temps, étoit en campagne avec tous ses gens pour essayer de les délivrer dans la marche.

On fit ce jour-là une sortie sur les ennemis, et on brûla tout le travail qu'ils avoient fait, avec perte assez considérable des leurs (1).

(1). « Le 9 septembre, le régiment du parlement, commandé par le marquis de Cugnac, fit une sortie par la porte Digeaux, sur les barricades du retranchement fait par les assiégeans à la Croix-de-l'Epine; et en même temps la bourgeoisie sortit par la porte Saint-Germain pour donner sur les barricades du côté du palais Gallienne. Dans l'une et dans l'autre de ces sorties, les assiégeans reçurent une notable perte, sans qu'il y eût, du côté des assiégés, que deux habitans de tués et deux

Comme nous sûmes que le parlement étoit résolu d'envoyer le président de La Traisne, Pomiers-Françon et Maraut à la cour, la princesse fit son possible pour leur faire ajouter à cette députation Blanc de Mauvoisin et d'Espagnet, tous deux frondeurs et dans ses intérêts, mais celui-ci incorruptible. On lui accorda ce qu'elle souhaitoit : la ville députa en même temps Fougues, bourgeois, et Dalon, avocat, avec leur procureur syndic, fils dudit Blanc de Mauvoisin. Tous tant qu'ils étoient furent députés sans aucun pouvoir, mais seulement avec ordre d'écouter les propositions qu'on leur feroit.

L'on envoya un second courrier pour faire avancer Tavannes, et un autre à Montrond, avec ordre d'envoyer toutes les troupes qu'ils pourroient, et en cas

officiers de la maison de madame la princesse, et cinq ou six soldats du régiment du parlement.

« Le lendemain, un trompette ayant été envoyé par madame la princesse au maréchal de La Meilleraye pour lui demander la permission d'enlever les corps de ces deux officiers, il lui répondit assez brusquement en ces termes : « Il te sert bien de les demander de cette part, car autre« ment je t'aurois fait fouetter. Adieu. »

« Je ne puis vous taire une action des plus remarquables qui se passa durant le temps du siége. Plusieurs petits garçons de l'âge de treize à quatorze ans firent un jour instance aux jurats de Bordeaux de souffrir qu'ils allassent de dessus les remparts décharger leurs frondes sur les assiégeans. C'étoit, en apparence, exposer ces jeunes innocens, mais leur importunité l'emporta par-dessus cette considération ; on ne put leur refuser ce qu'ils demandoient avec tant d'obstination et de si bonne grâce. Ils montèrent sur le bastion de la porte Digeaux, et, s'étant mis de rang, firent tous à la fois claquer en même temps leurs frondes, et pleuvoir en un instant sur les ennemis une grêle de coups. Chose étrange ! à la vue de ces petits frondeurs, l'épouvante saisit les assiégeans, une terreur panique leur fit quitter leurs postes, et fuir en désordre dans leurs retranchemens pour se mettre à couvert. Tant il est vrai que les mazarins appréhendent la Fronde. » (*Histoire véritable de tout ce qui s'est fait et passé en Guienne pendant la guerre de Bordeaux.*)

que le duc de Nemours n'en eût pas besoin pour entreprendre quelque chose pour la liberté des princes; et le duc de Bouillon, de concert avec la princesse et tous tant que nous étions, envoya à Turenne ordre de ne point délivrer à messieurs de La Force les cent mille livres dont j'ai parlé, parce qu'il n'avoit pu tirer celui que le parlement lui avoit fait espérer pour les recouvrer sur les recettes de Bordeaux. Il auroit mieux fait, par la suite, de ne pas contremander le premier ordre, qui lui avoit acquis beaucoup d'honneur et de créance parmi nous, et une très-grande obligation sur la princesse : mais la crainte qu'il avoit de voir échouer l'affaire de Bordeaux, et d'être obligé de se retirer avec messieurs ses enfans en pays étranger sans argent et sans crédit, l'obligea à en user de la sorte; outre qu'il croyoit voir clairement que cette somme ne serviroit qu'à accommoder les affaires de la maison de La Force, qui difficilement se porteroit à faire quelque chose contre la cour sur la fin d'une affaire en laquelle ils n'avoient pas voulu s'embarquer au commencement.

On eut un faux avis que le secours d'Espagne étoit à l'embouchure de la rivière. Les paysans, qui tuoient toujours quantité des ennemis, nous en amenèrent environ cent prisonniers.

Le 10, les ennemis attaquèrent un peu après minuit la demi-lune; mais le comte de Meille, qui la défendoit cette nuit-là, et qui avoit avec lui la compagnie des gardes de la princesse, qui y fit des merveilles, les repoussa vigoureusement.

Nos gens firent ce jour-là une grande sortie, que la princesse vit du haut d'une tour voisine : elle ne s'y plaça qu'après avoir animé par sa présence ceux qui la devoient faire. Ils brûlèrent tout ce que les ennemis avoient fait pour réparer leur travail. Viger, jeune Bordelais, fils d'un conseiller huguenot ancien serviteur de la maison de Condé, y fut tué. Il étoit plein d'esprit et de courage ; et outre les regrets de toute la ville, une belle dame de qui il étoit passionnément amoureux, et de qui il portoit ce jour-là les couleurs en ses plumes et en sa petite oie, qui voyoit la sortie assez près de la princesse, au premier bruit confus qui vint qu'il étoit blessé, tomba évanouie. Il fallut la porter en son lit, où la considération de son mari et de sa famille ne l'empêcha pas de pleurer amèrement sa mort pendant plusieurs jours ; en telle sorte qu'elle en devint dangereusement malade. Saint-Agoulin y fut fort blessé à la tête d'un coup de pierre.

Notre petit armement naval se présenta aux vaisseaux de Montrie, et ils se canonnèrent tout le jour. On envoya une chaloupe au devant du secours prétendu d'Espagne, et à Saint-Sébastien par terre, pour représenter l'état auquel nous étions.

On cessa ce jour-là de donner du pain et du foin à la cavalerie, faute d'argent.

Les députés du parlement et de la ville vinrent voir la princesse avant que de partir pour la cour. Ils lui firent une longue harangue, qui n'aboutit qu'à lui demander ses intérêts pour la paix, et qu'ils se porteroient avec courage et affection à les ménager. Elle leur répondit, les larmes aux yeux, qu'elle n'avoit à demander que la liberté de monsieur son mari et celle de messieurs ses beaux-frères ; que si elle avoit cette obligation à messieurs de Bordeaux avec toutes celles dont elle leur étoit déjà redevable, elle en seroit reconnoissante toute sa vie, et qu'elle ne doutoit pas qu'ils ne fissent leur possible pour l'obtenir; que s'ils ne le pouvoient par douceur, et qu'ils ne voulussent pas continuer davantage à tâcher d'y parvenir par les armes, elle ne leur diroit pas un mot pour leur persuader de ne point faire de paix sans cette condition; qu'elle aimoit trop leur satisfaction et leur repos : mais qu'en ce cas-là elle les prioit d'obtenir un passe-port pour sortir du royaume avec monsieur son fils, la vie duquel ne pouvoit autrement être assurée; pour messieurs de Bouillon, de La Rochefoucauld, et tous ses amis et serviteurs qui voudroient la suivre, desquels elle leur enverroit une liste; qu'elle ne vouloit en rien et pour rien entrer en négociation avec le cardinal sur aucune chose, ni exposer monsieur son fils aux mêmes violences que souffroit monsieur son père; qu'au surplus ce lui seroit consolation si sa présence, celle de ses amis, la grande dépense qu'elle avoit faite dans leur ville, ses pierreries qu'elle y laissoit engagées, leur faisoient obtenir le changement de leur gouverneur, et les autres avantages qu'on leur offroit, qui étoient tels que sans elle et son parti ils ne les auroient jamais obtenus, puisqu'ils savoient bien eux mêmes que depuis un an les députés qu'ils avoient envoyés en cour à cet effet avoient toujours été gourmandés et rebutés : et enfin que comme elle leur promettoit de se souvenir toute sa vie des assistances qu'elle et ses amis avoient reçues d'eux, elle les prioit de se souvenir des grands services que M. le prince leur avoit rendus avant sa prison, et que le cardinal publioit avoir été une des principales raisons qui l'avoient obligé de l'y mettre.

Les ducs prirent la parole après la princesse, et M. de Bouillon dit pour l'un et pour l'autre qu'encore que la Reine lui retînt tout son bien, madame sa femme et mademoiselle sa fille prisonnières; qu'on ait dépouillé M. de La Rochefoucauld de son gouvernement de Poitou et rasé ses maisons, ils n'avoient tous deux autre intérêt dans la négociation qu'on alloit commencer que la liberté des princes; qu'ils ne prétendoient autre chose, ou qu'un passe-port pour se retirer avec leurs familles hors de France. Tous les officiers qui étoient là présens dirent la même chose; et après que les députés eurent répondu civilement aux uns et aux autres, ils se retirèrent, et envoyèrent à Bourg demander les passe-ports nécessaires pour y pouvoir aller.

Le 11, on eut avis, par des soldats qui s'étoient venus rendre, que l'on devoit la nuit attaquer la demi-lune de tous côtés, et qu'à cet effet on avoit doublé la garde dans la tranchée. Les généraux et tous les officiers couchèrent sur la demi-lune, où la princesse, suivie de quantité de dames, les alla voir.

On sut que les vaisseaux de Montrie baissoient, et que Barbautane les suivoit. Nous crûmes d'abord que c'étoit pour aller au devant des vaisseaux d'Espagne; mais nous sûmes après que ce n'étoit que pour aller chercher en Saintonge des munitions de guerre et de bouche qui manquoient dans l'armée du Roi; que le défaut de poudre avoit été cause que l'on n'avoit pas attaqué la demi-lune comme on l'avoit résolu, et que le pain de munition avoit valu vingt sous, et le pot de vin trente.

La princesse, qui avoit demandé aux jurats d'assembler les cent et les trente en la forme ordinaire, ayant été avertie qu'ils étoient tous à l'hôtel-de-ville, y alla, et me commanda de suivre Son Altesse, comme firent les ducs, tous les officiers et toute la noblesse, qui étoit pour lors à Bordeaux. Et après que chacun eut pris sa place, elle leur dit avec une grâce merveilleuse, et d'un air tendre et caressant, qu'elle avoit souhaité dès long-temps de les voir tous ensemble pour leur témoigner en général, comme elle avoit fait dans l'occasion à divers particuliers, les obligations qu'elle avoit à la ville de Bordeaux, et qui étoient imprimées dans son cœur avec des caractères que le temps ne pouvoit jamais effacer; que maintenant, sur les propositions de paix faites un peu à contre-temps, et sur les bruits que plusieurs personnes attachées aux intérêts du cardinal Mazarin (desquels peut-être quelques-uns l'écoutoient) avoient malicieusement semés contre elle, qu'elle vouloit empêcher qu'ils ne jouissent d'une tranquillité qu'ils avoient tant sujet de désirer, elle avoit cru devoir se trouver dans leur assemblée pour leur déclarer qu'elle ne souhaitoit que leur satisfaction et leur repos; que s'ils pouvoient prendre confiance au cardinal, et qu'ils crussent qu'avec sûreté ils pouvoient le recevoir dans leur ville, quoique par plusieurs protestations et délibérations publiques ils eussent résolu de ne le pas faire, elle ne prétendoit pas s'y opposer, et empêcher par aucune voie la paix qu'ils pourroient traiter et conclure avec lui; mais qu'elle vouloit bien leur dire qu'elle ni tous ses amis, parens et serviteurs, ne pouvant y trouver de sûreté, étoient résolus de se retirer en pays étranger, attendant qu'une saison plus favorable leur donnât lieu de retourner en France y demander par toutes voies la liberté de monsieur son mari, de messieurs ses beaux-frères, de madame et de mademoiselle de Bouillon; que cependant elle crieroit vengeance à Dieu et aux hommes des violences qu'ils souffroient par les ordres d'un ministre étranger et incapable; et qu'en quelque lieu que sa bonne ou sa mauvaise fortune la conduisît, elle conserveroit toute sa vie la reconnoissance et l'amitié qu'elle leur devoit en général et en particulier.

Les ducs leur dirent en peu de mots que, n'ayant point d'autres intérêts que ceux de la princesse, ils n'avoient point d'autres résolutions à prendre que les siennes, et qu'ils tâcheroient selon leurs forces de l'imiter en la reconnoissance qu'ils devoient à leurs bontés et à l'honneur qu'ils avoient reçu dans leur ville, qu'ils n'oublieroient jamais. Toute la noblesse et les officiers qui étoient là adhérèrent confusément à ce discours; et après qu'ils eurent cessé, suivant l'ordre que madame la princesse m'avoit donné en finissant le sien, je pris la parole, et expliquai assez au long et en détail toutes les raisons qu'avoit Son Altesse de ne s'opposer point au désir que la plupart des habitans de Bordeaux témoignoient avoir pour la paix, et de n'en conclure aucune pour elle et pour ses amis et serviteurs sans la liberté de messieurs les princes. Je ne rapporte pas ici mon discours, et pour m'épargner la honte d'un mauvais orateur, et parce que toutes ces raisons seront facilement devinées par ceux qui pourront voir ces Mémoires.

Cette assemblée finit par mille bénédictions qu'on donna à la princesse, au jeune duc et à toute leur suite, et par mille protestations de ne rien faire que de concert avec elle, et avec tous les avantages qu'on pourroit lui procurer. Elle fut si vive, qu'il fallut laisser parler confusément et fort long-temps tous les bourgeois dont la salle étoit remplie, avant que Nort, personnage de probité et de bonne intention, qui étoit pour lors premier jurat, pût répondre comme il fit, très-judicieusement et en bons termes, à l'honneur que la princesse et les ducs venoient de faire au corps de ville, et à tout le discours qu'elle m'avoit commandé de faire. Il finit en disant que toutes les voies confuses des bourgeois, qu'un zèle pour la princesse avoit fait élever un peu à contre-temps, lui fournissoient les paroles dont il devoit user pour l'assurer des services que toute la ville désiroit de lui rendre dans une conjoncture aussi importante que celle-ci; que toutes les raisons que je leur avois dites étoient d'une considération telle qu'elles ne pouvoient être trop pesées; qu'il avoit bien de la joie que tant de braves et honorables citoyens les eussent écoutées pour en pouvoir profiter, comme il estimoit qu'ils feroient; et qu'il ne doutoit nullement qu'ils ne suivissent la résolution qu'ils venoient de prendre par une inspiration commune, et qu'ils avoient fait connoître par un suffrage unanime; que les jurats concerteroient avec la princesse tout ce qui seroit pour le mieux, et qu'il n'y avoit point de bourgeois qui ne donnât le plus pur de son sang pour contribuer à la liberté d'un prince qui avoit si souvent exposé sa vie pour faire triompher la France dans tant de grandes batailles qu'il avoit remportées sur les ennemis de l'Etat, et dont les prudens conseils avoient épargné tant de sang des Bordelais en leur faisant accorder la paix qu'ils avoient reçue du Roi depuis si peu de temps, que ceux qui l'écoutoient en avoient la mémoire toute récente.

A la sortie de cette assemblée, qui avoit réussi au souhait de la princesse, elle alla, suivie du duc son fils, des ducs de Bouillon et de La Rochefoucauld, et de toute la cour, visiter le conseiller Viger, frère de celui qui avoit été tué, comme j'ai dit, en la sortie du jour précédent.

Guionnet, conseiller au parlement de Bordeaux, qu'un esprit hardi et indiscret avoit fait employer, quoique jeune, pour exécuter des choses de vigueur dans un temps auquel les sages se dispensoient volontiers des voyages de la cour, s'étoit entièrement attaché aux intérêts du duc de Beaufort, à la faveur duquel il croyoit faire sa fortune : ce qui l'avoit tantôt mis en considération dans sa compagnie, et tantôt hors de crédit, suivant que celui de ce duc augmentait ou diminuoit à la cour. Il arriva ce jour-là en poste ; et l'on sut tôt après par quel mouvement il dit qu'on avoit présenté au parlement de Paris les remontrances contre le cardinal Mazarin ; qu'on les y avoit lues avec approbation en présence du duc d'Orléans, et que, l'affaire mise en délibération, il avoit été résolu que ce parlement enverroit devers Leurs Majestés Meusnier de Lartige et Bitaut, conseillers, avec Le Coudray-Montpensier, que Son Altesse Royale y renverroit, avec ordre de travailler à la paix de Bordeaux, et de ne désemparer pas qu'elle ne fût conclue.

Guionnet dit encore que l'archiduc avoit envoyé un trompette au duc d'Orléans, par lequel il lui avoit mandé qu'il apportoit la paix ou la guerre; qu'il l'invitoit à songer de traiter de l'une pour ne pas l'engager à l'autre; que Son Altesse Royale lui avoit répondu que sa proposition étoit trop juste pour ne la pas recevoir favorablement; et que, pour convenir du temps, du lieu et des personnes, il lui envoyoit le marquis de Verderonne.

Guionnet, après avoir répandu dans la ville ce que le duc de Beaufort et ses amis lui avoient ordonné, alla rendre ses devoirs à la princesse, et commença, après un fort petit compliment, à élever sa voix, et à lui dire publiquement que les serviteurs de monsieur son mari l'avoient abandonné le jour que l'on opina sur les remontrances dont je viens de parler; et que, de soixante-douze voix qu'il avoit eues pour lui dans toutes les assemblées précédentes, il n'y en avoit eu que deux ou trois en celle-là; que rien n'étoit plus impossible que le tirer de prison.

La princesse lui dit : « Je vous aurois eu bien de
« l'obligation si vous aviez fait une aussi grande di-
« ligence que celle que vous venez de faire pour
« me dire tout le contraire de ce que j'entends de
« votre bouche, ou si, étant ainsi, vous étiez venu
« me le dire en secret, et m'inspirer quelques moyens
« pour prendre d'autres mesures que celles que j'ai
« prises jusqu'à présent. Ma consolation est que les
« bruits que vous avez semés par la ville, le discours
« que vous me faites, et votre voyage précipité et
« sans ordre de votre compagnie, me sont égale-
« ment suspects. » Et se tournant à toute l'assemblée,

elle dit en souriant : « Ne serai-je pas bien fondée
« à croire plutôt ce que contiendront les premières
« lettres que je recevrai de mes amis de Paris, que
« ce que me prône si agréablement Guionnet? »

Le lendemain, nous sûmes par un exprès que ce
voyage avoit été résolu dans le conseil du duc de
Beaufort, afin que, précédant de sept ou huit jours
l'arrivée de Lartige et Bitaut, il pût répandre partout
ce qu'il publioit hautement, afin que, changeant les
résolutions qui avoient été prises à Bordeaux, on ne
s'arrêtât pas à l'article de la liberté des princes; qu'on
acceptât la paix offerte par le duc d'Orléans, et que
Bordeaux lui ayant cette obligation et au duc de Beaufort, qui l'avoit inspirée à Son Altesse Royale, à ce que
publioit cet envoyé, s'attachât tout-à-fait à lui, et se
détachât du parti des princes.

J'appris cette particularité par une ample dépêche
que je reçus de l'abbé Roquette et de Cambiac, ecclésiastique de Toulouse, comme j'ai dit ailleurs, doux,
modeste, beau, propre et fort intrigant, qui, par la duchesse de Châtillon, à laquelle il étoit fort attaché,
s'étoit insinué auprès de la princesse douairière et
de tous les amis de cette maison, et qui y prit assez de créance jusques à la liberté du prince, de qui
l'esprit pénétrant diminua fort sa considération. Cette
dépêche étoit signée de l'un et de l'autre, et me disoit, avec ce que dessus, que la raison de ce que les
amis de M. le prince n'avoient parlé ni de sa liberté,
ni contre le cardinal, dans la dernière assemblée, c'étoit parce qu'on ne pouvoit parler de l'un sans l'autre,
et que de parler en cette occasion du cardinal étoit
le perdre sans ressource ; qu'au contraire il falloit em-

pêcher sa ruine, sur laquelle la puissance du duc d'Orléans et des frondeurs, ennemis jurés des princes, s'éleveroit trop haut; que la translation à Marcoussis les ôtoit du pouvoir du cardinal, auquel ils avoient jugé à propos de donner ce moment de relâche pour penser à lui, afin que nous en profitassions.

Ce raisonnement nous sembla à tous fort extraordinaire; et cette conjoncture perdue, d'attaquer le cardinal par la partie la plus sensible, ruinoit absolument nos desseins et toutes les négociations que nous avions commencées. Elle ralentissoit l'esprit des Bordelais, elle renversoit l'espérance de nos soldats et de nos officiers même, et, en un mot, perdoit nos affaires sans ressources. C'est le malheur des partis qui n'ont pas un chef autorisé et puissant, qu'il est malaisé d'établir une obéissance complète. Chacun veut agir à sa mode, et se faire un mérite particulier de son imagination. Bordeaux, où étoit madame la princesse, étoit le centre de notre force; le cardinal, qui étoit maître des personnes des princes, étoit aux portes : c'étoit là d'où devoient partir toutes les résolutions. M. de Turenne, qui avoit amené l'archiduc à une journée de Paris, agissoit de concert avec nous : il y jetoit la terreur, et donnoit prétexte à tout proposer dans le parlement contre le cardinal. Celui de Bordeaux, que nous avions déterminé avec bien de la peine à mettre le feu aux poudres avec ses remontrances dont j'ai parlé, l'avoit fait; tout consistoit à faire la dernière peur au cardinal, afin de lui faire prendre avec nous une résolution brusque : et cinq ou six visionnaires qui étoient à Paris, et que nous avertissions de tout, rêvoient la nuit que Bordeaux qui soutenoit un siége, que l'archiduc qu'on avoit fait mouvoir, que la duchesse de Longueville qui étoit à Stenay, et que le vicomte de Turenne qui étoit à la tête d'une armée, étoient tous des ressorts qui ne se devoient mouvoir que par leur caprice; et qu'enfin ils devoient être les arbitres du sort des princes, qui gémissoient dans une rigoureuse prison. Arnauld étoit le premier auteur de toutes ces idées : il croyoit qu'il lui seroit honteux si les princes étoient mis en liberté par les armes pendant qu'il jouissoit d'un plein repos à Paris ; il vouloit pourtant être ou paroître l'auteur de leur liberté, et cette envie lui faisoit inventer une infinité de projets qu'il communiquoit aux personnes les mieux intentionnées. Le duc de Nemours, que la considération de la duchesse de Châtillon avoit mis pour lors dans les intérêts de M. le prince, comme il y fut depuis par le respect et par l'amitié qu'il prit pour lui, croyoit facilement tout ce qu'Arnauld, qui avoit de l'empire sur son esprit, lui conseilloit pour ne point abandonner Paris, où il voyoit avec facilité la duchesse, pour qui il mouroit d'amour. Les serviteurs que M. le prince avoit dans le parlement ne se mouvoient que par leurs ordres, et leurs ordres ruinèrent ainsi nos affaires dans le temps que nous devions tout espérer. J'avoue que la digression que je fais est plus longue que de raison ; mais je ne l'ai pu refuser à l'indignation que me causa un si faux raisonnement, dont les ducs ne pouvoient se consoler aussi bien que tous tant que nous étions à Bordeaux. Suivons le fil de ces Mémoires.

Le 12, nos coureurs interceptèrent quantité de lettres que portoient deux courriers à la cour. Les plus importantes étoient de Le Tellier, secrétaire d'Etat, au cardinal: elles sont curieuses, et justifient clairement que le duc d'Orléans, c'est-à-dire le coadjuteur, à présent le cardinal de Retz, qui avoit pour lors un crédit tout entier auprès de lui, vouloit, à quelque prix que ce fût, devenir maître de la liberté des princes et perdre le cardinal. J'avoue que l'entière exécution de ce dessein nous pouvoit nuire, mais l'intenter faisoit la sûreté du nôtre; car les amis du cardinal, joints à ceux du prince, eussent toujours et en tout temps été les maîtres au parlement et partout, et nous n'aspirions tous qu'à trouver une occasion qui contraignît le cardinal à la souhaiter: nous l'avions en main, et on nous la fit perdre. Il y a mille choses dans ces lettres qui font voir que le cardinal trompoit en même temps et nous et les frondeurs. Ceux-ci en faisoient autant du cardinal et de nous, et nous n'oubliions rien de notre côté pour prendre nos avantages sur les uns et sur les autres: tant il est vrai que les grands intérêts font tout imaginer aux hommes pour parvenir à leurs fins. Mais nous pouvions, sans être blâmés, nous servir des frondeurs contre le cardinal, et de celui-ci contre ceux-là, parce qu'ils étoient tous les sources communes de nos maux. Ils avoient conjointement comploté la perte de M. le prince; et si jamais il a été permis d'user de surprise, je crois qu'il nous l'étoit en ce rencontre, parce qu'ils étoient également nos ennemis. Eux, au contraire, ne pouvoient agir l'un contre l'autre par des coups continuels comme ils faisoient, sans se donner de justes sujets de plaintes; et cela causa enfin les défiances qui nous firent tirer les princes de prison. J'aurois volontiers inséré ici une bonne partie de cette dépêche (dans laquelle il y avoit des lettres des comtes d'Alais et d'Harcourt, du maréchal de L'Hôpital et de quelques autres de qualité éminente) honteuse à des gens de telle condition ; et c'est ce qui m'a empêché, évitant autant que je puis de fâcher les personnes de qualité et de mérite; et le peu que je dis ici n'est que pour me faire souvenir d'en instruire M. le prince suivant mon devoir. Il y avoit encore deux figures d'horoscopes du Roi, que l'abbé Gueffier renvoyoit au cardinal, et qu'il avoit tirées par son ordre. Pour ces deux pièces, je les ai supprimées pour de bonnes raisons, parce qu'elles contenoient des choses qu'un bon Français ne pouvoit faire voir au public sans crime. Il y avoit aussi des lettres de Guionnet à La Parée son frère, au président Grimard et au conseiller Du Zeste, tous deux gens de bien et de mérite, par lesquelles il leur mandoit qu'il venoit à Bordeaux par ordre du duc de Beaufort et de quantité de gens attachés à son service, pour empêcher qu'on ne négociât avec la Reine et avec le cardinal. Ces lettres nous servirent beaucoup ; car nous fîmes en sorte de les faire tomber entre les mains de ce ministre, pour lui confirmer les soupçons qu'il avoit contre ceux qui étoient devenus ses amis par la détention des princes.

Je reçus ce jour-là une lettre de madame de Longueville, qui m'assuroit avoir envoyé partie de ses pierreries en Hollande, afin de fréter des vaisseaux pour nous envoyer en rivière. Nos galiotes prirent quelques affûts de canon et quelques munitions que l'on envoyoit au camp des assiégeans.

Le 13, tout étoit préparé pour faire une grande sortie, comme on l'avoit résolu dès la veille; mais deux hommes qui avoient envie d'être maréchaux de camp, et qui avec raison s'en jugeoient indignes, crurent qu'il falloit venir à bout de cette prétention par une cabale qu'ils firent : c'étoit Nort, parent du jurat, et le chevalier de Rivière. Ils firent si bien par leurs menées, qu'ils empêchèrent les commandans des corps de se trouver à leurs postes; et il y eut si peu de monde en garde et dans les régimens qui devoient donner des hommes pour la sortie, qu'elle ne se fit pas. Le comte de Meille, qui avoit promis au chevalier de Rivière de le servir auprès de la princesse, et qui n'osoit proposer un tel sujet au préjudice de plusieurs autres de qualité et de mérite, et qui avoient raison de demander d'être maréchaux de camp, lui avoit été la veille proposer de donner ce poste à Briord, gentilhomme brave, fidèle, et de longs services; à Barbantane, qui commandoit les galiotes et les gendarmes du duc d'Enghien, et de bravoure connue; à Nort, au chevalier de Rivière. La princesse me fit l'honneur de me mander, et de vouloir que je lui disse mon sentiment. Après lui avoir dit, avec le respect que je lui devois, qu'elle étoit la maîtresse pour en user comme il lui plairoit, je lui remontrai la dangereuse conséquence de multiplier les officiers généraux, et qu'elle ne pouvoit gratifier ceux-ci sans en faire autant en faveur de quelques autres que je lui nommai; qu'il me sembloit que Son Altesse feroit prudemment d'éviter le désordre que cela auroit pu faire. Elle approuva mes raisons : j'allai les dire au duc de Bouillon, qui les approuva pareillement. Enfin ce jour duquel je parle, qui étoit le 13, comme on voulut faire la sortie, La Capelle-Biron et le chevalier de Roquelaure dirent publiquement qu'ils quitteroient le parti si on ne les faisoit maréchaux de camp. Nort protesta que si on ne les faisoit tous, personne ne monteroit la garde; les autres en dirent autant; et, en un mot, une révolte générale du peu de troupes qui nous restoient, et que Nort et Rivière avoient excitée, obligea le duc de Bouillon, qui étoit au lieu d'où l'on devoit faire la sortie, de prier le duc de La Rochefoucauld d'aller représenter à la princesse, auprès de laquelle j'étois dans l'église de Saint-André, où elle faisoit ses prières, qu'il étoit d'une nécessité absolue de donner ses brevets aux six dont je viens de parler; et qu'encore que Briord ni Barbautane n'eussent aucune part en ce qui se passoit, il n'étoit pas juste que la modestie et le respect de ces deux gentilshommes, qui le méritoient plus qu'aucuns des autres, leur nuisissent. La princesse me fit le même honneur qu'elle m'avoit fait le jour précédent sur le même sujet. Je lui répondis que je serois bien moins d'avis, dans cette conjoncture, d'accorder à la mutinerie de ces messieurs-là ce qu'on avoit refusé la veille à leur importunité; que rien n'étoit d'un plus dangereux exemple; qu'au contraire je croyois qu'il étoit d'une nécessité absolue de montrer de la vigueur; qu'il falloit contenter les autres et châtier les deux qui avoient excité le désordre, en chassant Rivière, domestique de monsieur son mari, ou en le mettant en lieu de sûreté, et donnant le régiment de Conti, que commandoit Nort, à quelqu'un de ceux qui étoient à sa suite, et qui étoient très-capables de le bien commander; que tout ce que je ferois seroit d'écrire bien amplement tout ce qui se passoit, pour en rendre quelque jour compte à monsieur son mari (comme je fais); et que cependant je lui conseillois de faire ponctuellement ce que les ducs jugéoient à propos : ce qu'elle fit. Je dis avec franchise, un quart d'heure après, à Rivière et au chevalier de Roquelaure, l'avis dont j'avois été; je leur remontrai le tort qu'ils faisoient au parti et à eux en particulier, et leur conseillai de rendre leurs brevets à la princesse, et de lui en faire de très-humbles remercîmens. Le seul chevalier de Roquelaure me crut, et ne voulut pas être maréchal de camp, dont il se trouva fort bien après : il en reçut des louanges et de la récompense.

Ce même jour, tous les députés partirent pour Bourg, après que je les eus très-exactement instruits, chacun dans leur logis, de l'état de toutes choses, et que je leur eus témoigné une confiance tout entière de la part de la princesse.

Le 14, nos galiotes prirent quelques domestiques du cardinal. La princesse envoya au marquis de Bourdeille une commission de lieutenant général, ensuite d'une lettre qu'elle avoit reçue de lui, par laquelle il lui promettoit de faire mille fantassins et cinq cents chevaux : ce qu'il ne fit pas.

Morpin, qui étoit brave et hardi soldat, passa à travers les vaisseaux de Montrie dans une chaloupe pour aller avertir les Espagnols, qu'on nous assuroit de toutes parts être à l'embouchure, qu'ils pouvoient librement et sûrement entrer en rivière, et leur représenter le malheureux état auquel nous étions.

Le président de Gourgues arriva de Paris. Il découvrit à tout le monde les raisons qui avoient fait venir Guionnet, et fit connoître que les serviteurs des princes au parlement de Paris étoient les mêmes que par le passé; qu'ils augmentoient tous les jours en nombre, et qu'ils parloient fortement ou foiblement contre le cardinal, suivant que ceux qui avoient la conduite des choses le désiroient. Il confirma quantité de choses que j'ai rapportées ci-dessus, et parut plus zélé pour nous qu'aucun autre de nos amis.

L'on fit ce jour-là une sortie; l'on renversa le travail des ennemis, et on les poussa si avant, que Cazemont alla faire le coup de pistolet au devant du logis du maréchal de La Meilleraye. La Capelle-Biron, un de nos nouveaux maréchaux de camp, y fut tué d'un coup de mousquet qu'il reçut à la tête commandant son escadron, étant entre le marquis de Lusignan et le jeune comte de Guitaut, qu'on ne pouvoit empêcher de se trouver en toutes les actions d'honneur, quoiqu'il fût encore moribond de la grande blessure qu'il avoit reçue dans le marais de Blanquefort, de laquelle j'ai parlé en son lieu. Il avoit depuis peu perdu le chevalier de Guitaut son frère, gentilhomme de cœur et de beaucoup d'espérance.

L'alarme fut grande à la demi-lune toute la nuit, et le bourgeois témoigna plus de vigueur que jamais.

Le 15, Larrat, qu'on avoit dépêché à La Force, arriva, et dit que les cent mille francs du duc de Bouillon n'avoient pas été touchés par le maréchal; et la raison étoit, comme je crois l'avoir dit, que le parlement n'avoit pas donné au duc les assurances de les reprendre. Ce duc, pour témoigner son désintéressement et son zèle, se contenta qu'on lui donnât cinquante mille livres de reprises certaines, et qu'il feroit délivrer la somme entière. On s'assembla en mon logis : on trouva moyen d'assurer cette partie; et à l'heure même il dépêcha pour faire toucher les cent mille livres.

Maraut et d'Espagnet retournèrent de Bourg, et avec eux Meusnier de Lartige et Bitaut, députés du parlement de Paris pour la négociation de la paix : ils apportèrent la trêve. Ils logèrent chez Maraut, où la princesse envoya partie de son souper, afin de leur faire voir que le siége n'empêchoit pas qu'on ne fît bonne chère à Bordeaux. Elle me commanda d'aller les visiter de sa part après le souper, et leur témoigner la confiance qu'elle avoit en leur vertu; qu'elle espéroit qu'ils l'emploieroient tout entière pour faire cesser l'injustice, la misère et les violences que le cardinal Mazarin lui faisoit souffrir.

Les uns reçurent agréablement cette trêve, parce qu'ils ne doutoient pas qu'elle ne fût suivie de la paix, qu'ils souhaitoient ardemment; les autres blâmoient l'une, parce qu'ils appréhendoient l'autre. Les bas officiers étoient bien aises que cela donnât lieu aux troupes, qui étoient fort fatiguées, de se reposer : les généraux craignoient que les soldats ne désertassent, que leur chaleur et celle du bourgeois ne diminuassent, et que cela ne donnât lieu aux seigneurs de La Force et de Bourdeille de ne pas effectuer leurs promesses. Les gens neutres étoient ravis, dans l'espérance de voir finir un aussi grand désordre que celui qu'on voyoit dans leur ville depuis long-temps. Tous ceux qui ne songeoient qu'à la liberté des princes mouroient de peur de voir conclure un traité sans l'obtenir; et tous les gens affectionnés purement à l'Etat avoient douleur de voir que l'on obligeoit le Roi de conclure malgré lui, et sans la participation de son ministre, une paix avec ses propres sujets.

Le 16, le parlement, chambres assemblées, auxquelles assistèrent les conseillers de Paris, accepta la trève : on y ajouta que tous les secours de part et d'autre demeureroient en l'état et aux lieux auxquels ils étoient. La princesse fit partir Longchamps, exempt des gardes, pour en porter la nouvelle à Paris et à Stenay; et Larrat, pour faire toucher les sommes dont je viens de parler au maréchal de La Force, avec ordre de mettre ses troupes en état de marcher au temps que la trève finiroit. Elle fut publiée dans l'une et dans l'autre armée, et par toute la ville.

Il arriva, comme presque toujours en semblables occasions, que tout le monde passa d'un camp dans l'autre : les bourgeois mêmes alloient visiter la tranchée et les batteries des assiégeans; et les entrevues vinrent à tels excès, qu'il fallut les défendre, et de passer les barrières sous peine de la vie.

Le chevalier de Todias, qui étoit prisonnier, comme j'ai dit, m'écrivit par un billet que Saint-Aoust, gentilhomme d'esprit et de mérite, et d'une conduite autant prudente que j'en aie connu de ma vie, demandoit à conférer avec moi. La princesse et les ducs, qui approuvèrent cette conférence, trouvèrent bon que je lui donnasse un rendez-vous. Je le fis, et il se trouva comme moi à point nommé. Il me dit d'abord qu'un certain billet, qu'on avoit jugé que je lui écrivisse par Pomiers-Françon, lui avoit été rendu par le cardinal, qui lui avoit témoigné qu'il seroit fort aise de cette entrevue; qu'il n'étoit venu de Paris à la cour que par ses ordres; que le duc d'Orléans et les frondeurs avoient une très-grande jalousie de ce voyage, croyant que le cardinal ne l'avoit mandé que pour l'employer à son accommodement avec les princes, ou du moins, en le leur faisant craindre, leur tenir le pied sur la gorge; que d'autres avoient fait courre le bruit que le sujet de ce voyage étoit pour traiter les intérêts du comte Du Dognon, mais que tant s'en faut qu'il s'en fût mêlé, qu'au contraire il étoit fort brouillé avec lui; que c'étoit l'évêque de Saintes qui avoit traité cette affaire; qu'on lui avoit donné les provisions du gouvernement de Brouage, Ré, Oleron, La Rochelle et pays d'Aunis en chef, tant le cardinal étoit accoutumé de tout accorder à la peur et de tout refuser à la raison; que ce comte serviroit dans son armée, et enverroit des vaisseaux en rivière; qu'il n'y avoit rien à espérer de lui, ni de la reconnoissance qu'il devoit à la mémoire du duc de Brezé, de qui il étoit créature; et que c'étoit un homme que son intérêt seul faisoit mouvoir. De ce propos Saint-Aoust passa à celui des princes, pour lesquels, et particulièrement pour le prince de Condé, il avoit une passion tout entière, ayant été autrefois au prince son père, qui se servoit de lui aux négociations des affaires qu'il avoit à la cour, du temps qu'il étoit retiré à Bourges. Ceux qui pour lors avoient part au gouvernement des affaires, particulièrement le maréchal d'Effiat, le connoissant homme ferme et d'un esprit éclairé, voulant l'attirer à lui, soit par son envie naturelle à faire plaisir aux gens de mérite, soit pour ôter à son maître un serviteur utile et adroit, lui procuroit aux occasions quelque bien et quelque avantage à la cour. Le prince en eut jalousie, et Saint-Aoust s'en apercevant lui demanda son congé. Il demeura attaché au maréchal d'Effiat, depuis au maréchal de La Meilleraye son gendre, qui l'avança fort, l'employant dans l'artillerie, dont il étoit grand-maître, et où il amassa de grands biens sous l'autorité du cardinal de Richelieu, qui l'aimoit ; et enfin, par un esprit de reconnoissance, il s'attacha à Cinq-Mars, cadet de la maison du maréchal d'Effiat, qui vint dans les bonnes grâces de Louis XIII si avant, qu'il parvint à la charge de grand écuyer de France, et fut enfin décapité à Lyon avec le sieur de Thou en 1642. Il eût évité ce précipice s'il eût suivi les conseils de Saint-Aoust, qui fut auprès de lui pendant le temps de toute sa faveur. Le cardinal de Richelieu et Cinq-Mars étoient dans de continuelles jalousies l'un contre l'autre. Il empêcha tant qu'il fut présent, par son adresse, qu'elles n'éclatassent, comme elles firent enfin en son absence pendant le voyage de Perpignan.

Pour revenir à notre sujet, que j'ai quitté insensiblement, Saint-Aoust me dit que le cardinal l'avoit entretenu plusieurs fois à fond de l'affaire des princes ; qu'il témoignoit être au désespoir de s'être laissé emporter aux conseils qu'on lui avoit donnés de les emprisonner ; qu'il voudroit de tout son cœur les mettre en liberté, mais que deux choses l'en avoient empêché jusques alors : savoir, le traité d'Espagne, et la considération du duc d'Orléans, qui étant gouverné par le coadjuteur; esprit violent et à tout entreprendre, le porteroit aux dernières extrémités, si lui le cardinal leur ouvroit la prison, outre que, quand il le voudroit, il doutoit fort qu'il pût en venir à bout tant qu'ils seroient dans le château de Marcoussis, qui étoit comme sous la coulevrine du duc d'Orléans; qu'en lui parlant de tout cela, il lui avoit montré les mémoires que je lui avois envoyés par le père Bruno, et lui avoit dit qu'encore que j'eusse gouverné toute cette affaire contre lui, il m'étoit pourtant obligé d'avoir dès son commencement attaché toute sorte de négociations avec lui, et que dans tous les temps j'avois voulu que les princes lui eussent obligation de leur liberté. Saint-Aoust ajouta que comme le cardinal étoit un fourbe parfait et accompli, il ne falloit pas croire un mot de tout ce qu'il disoit; et que tous ces pourparlers ne devoient pas empêcher ceux qui étoient dans les intérêts de messieurs les princes de chercher et de prendre leurs avantages partout où ils pourroient les trouver.

Je répondis à Saint-Aoust que puisqu'il avoit vu les mémoires en question, je n'avois rien à lui dire davantage, sinon que nous n'étions pas tant attachés aux Espagnols que nous ne nous en séparassions fort bien, si cette séparation nous valoit la liberté des princes; que nous n'avions pas traité avec eux dans l'intention de ruiner l'Etat, mais seulement pour nous prévaloir de leurs secours pour y parvenir, n'étant ni assez forts ni assez puissans de nous-mêmes pour nous soutenir; qu'au surplus le cardinal étoit maître des personnes des princes, ou non : s'il ne l'étoit pas, il ne tiendroit qu'à lui de le devenir en joignant nos forces et nos amis de Paris aux siens; et s'il l'étoit, en nous les rendant nous n'aurions d'obligation qu'à lui seul, et serions en pouvoir de venger lui et l'Etat contre les frondeurs.

Que si la liberté des princes, et par conséquent la paix particulière, étoit facile à faire, la générale ne l'étoit pas moins, soit par l'archiduc, la duchesse de Longueville et le vicomte de Turenne du côté de Flandre, soit du côté d'Espagne par la princesse et les ducs; que si le cardinal vouloit la traiter dans Bordeaux même, on lui en faciliteroit les moyens, et que je pouvois l'assurer que don Louis de Haro, premier ministre d'Espagne, seroit bien aise de se prévaloir de cette conjoncture, et de la traiter tête à tête sur les confins des deux royaumes avec lui; et qu'il s'étoit assez laissé entendre à Mazerolles et à Baas que le cardinal faisoit une grande faute de ne pas prendre l'occasion de mettre les princes en liberté, faire la paix générale, et de châtier les frondeurs par tout le royaume; que lui, don Louis, n'avoit ardemment souhaité de faire la paix à Munster que pour nettoyer les Etats du Roi son maître de tous les esprits factieux qui en troubloient le repos. Peut-être que ce ministre n'avoit pas tant de charité qu'il paroissoit en avoir par ce discours; ou s'il parloit autant sincèrement qu'il vouloit qu'on le crût, ce n'étoit que pour avoir le plaisir de blâmer la conduite du cardinal par la compétence de crédit et d'habileté qui étoit entre eux.

Que si le cardinal prenoit ce parti-là, il ne devoit pas beaucoup se mettre en peine du duc d'Orléans ni des frondeurs, parce qu'ayant par la paix les peuples de son côté et le prince-de Condé (qui seul étoit capable de les faire mouvoir) par la liberté qu'il lui donneroit, et par les alliances que nous projetions de faire de ses principaux amis avec les nièces de ce ministre, il trouveroit un chemin aplani à tout ce qu'il voudroit faire pour lui, pour ses amis, et contre ses ennemis. Je dis encore à Saint-Aoust que je répondois non-seulement de tout le parti, mais de faire que Bordeaux recevroit avec joie le duc d'Epernon pour son gouverneur; qu'on marieroit dans l'église cathédrale le duc de Candale avec mademoiselle Mancini; que madame la princesse feroit les honneurs de la noce; et que c'étoit là le seul moyen, non-seulement d'assurer et d'augmenter sa fortune, mais encore de remettre l'autorité du Roi dans sa première vigueur; et que pour y parvenir nous lui donnerions la carte blanche.

Qu'au contraire si le cardinal s'obstinoit à ne nous pas donner satisfaction sur la liberté, ou s'il croyoit nous amuser par les vaines espérances qu'il nous en donnoit de temps en temps, et s'il ne prenoit le parti de se déterminer, il nous contraindroit de nous remettre entièrement entre les mains de M. le duc d'Orléans; que lui Saint-Aoust savoit bien que rien ne nous étoit plus aisé que de mettre la duchesse de Chevreuse dans nos intérêts par le mariage du prince de Conti et de mademoiselle sa fille; le coadjuteur, par le chapeau ou par les grands bénéfices; le garde des sceaux, par la place qu'il prétendoit au ministère; et le duc de Beaufort, par la duchesse de Montbazon, ou par le mariage de mademoiselle de

Longueville; que j'avois mandé tout cela au cardinal; que nous sacrifierions tout ce qui dépendoit de cette maison pour voir les princes hors des fers, et que je le priois de répéter tout ceci de ma part.

Saint-Aoust me repartit que c'étoit à cela que nous devions nous résoudre; que nous ne devions attendre aucune sincérité du cardinal, et que nous n'en obtiendrions jamais rien que quand il auroit la corde au cou ; qu'il savoit qu'au même temps qu'il lui donnoit toutes ces belles espérances, il avoit envoyé La Tivolière à Paris pour disposer le duc d'Orléans à consentir qu'on transférât les princes de Marcoussis au Havre; qu'assurément il ne feroit qu'amuser le tapis jusqu'à ce qu'il eût réponse sur ce sujet; et que si les frondeurs approuvoient ce dessein, qui le rendroit le maître absolu des princes, il reprendroit la fierté qui lui étoit ordinaire dans la prospérité.

Il ajouta qu'il avoit toujours exclu le maréchal de La Meilleraye de cet accommodement; qu'ils étoient fort mal satisfaits l'un de l'autre; que le maréchal disoit tout haut que le siége de Bordeaux étoit l'ouvrage de Son Eminence, et non le sien; qu'il n'y avoit que six pièces de canon, dont il n'y en avoit que cinq de montées. Et après m'avoir fait jurer de lui tenir inviolablement un secret qu'il m'alloit confier, il me dit que nous n'avions qu'à tenir bon; qu'il m'assuroit que le maréchal ne prendroit pas Bordeaux, et qu'il mouroit d'envie de faire recevoir cette injure au cardinal; qu'il savoit bien qu'on ne lui attribueroit rien de la levée du siége ; que tous les soirs, étant retirés, ils rioient ensemble de la manière dont il s'y prenoit; qu'il savoit bien qu'en tirant le canon par dessus des maisons on ne prenoit pas des villes; qu'il avoit eu un très-sensible déplaisir de ce que quelques coups avoient donné dans la maison de madame la princesse, et que d'abord qu'il l'avoit su, il avoit mis bon ordre que cela n'arrivât plus. Il finit ce discours en me disant que si les pourparlers de paix venoient à se rompre, et que les Bordelais témoignassent de la résolution et de la vigueur, il vouloit que je l'estimasse le plus méchant homme du monde, si le cardinal ne levoit le siége avec sa courte honte.

Il me dit ensuite que tout ce qu'il y avoit de gens de considération et bien intentionnés pour l'avantage de l'Etat sollicitoient incessamment le cardinal à donner la liberté aux princes, et à perdre les frondeurs; et que le jour précédent le comte de Palluau, depuis maréchal de Clérembault, lui avoit dit en sa présence qu'il étoit perdu sans ressource s'il s'obstinoit à les tenir plus long-temps en prison, et à garder des mesures avec les frondeurs, qui n'aspiroient qu'à sa ruine; que le cardinal en demeura presque d'accord, mais qu'il n'avoit pas la force de se déterminer.

Que les ducs de Saint-Simon, de Damville, le prince de Tarente et le comte de Toulongeon étoient à la cour, et s'attachoient tellement au cardinal, que les courtisans étoient étonnés de ce qu'ils abandonnoient les intérêts de M. le prince, de qui ils avoient l'honneur d'être parens, et à qui ils avoient de très-grandes obligations, pour suivre ceux d'un ministre qui n'avoit jamais rien fait pour eux. Il me dit encore que depuis deux jours le duc de Rohan lui avoit fait une grande et belle dépêche datée d'Angers, où il étoit retiré, pour lui persuader de ne pas perdre une conjoncture autant avantageuse que celle-là de rendre la liberté aux princes et de ruiner les frondeurs; qu'il s'offroit de l'aller trouver pour entrer en négociation avec madame la princesse; et que le cardinal lui avoit répondu qu'il lui étoit bien obligé de ses offres, mais qu'il n'étoit pas encore temps de s'en servir.

Comme nous nous entretenions, le maréchal de La Meilleraye vint à passer, qui me voyant s'avança vers le lieu où nous étions, et, ayant bien voulu mettre pied à terre, me fit l'honneur de m'embrasser et de me dire qu'il le faisoit de tout son cœur, encore que nous fussions cruels ennemis. Il se mit ensuite en belle humeur, et me demanda si j'avois visité les travaux qu'il avoit fait faire. « Eh bien, me dit-il en
« riant, le cardinal n'est-il pas un grand général d'ar-
« mée? Je confesse qu'il m'a appris bien des choses
« en ce siége ici que je ne savois pas, et dont je ne
« me fusse jamais douté. Si ce méchant homme-là,
« me dit-il en regardant Saint-Aoust, vous a tout
« dit, avouez que vous êtes bien aise. — Je vous le
« confesse, monsieur, lui dis-je; mais je l'aurois été
« bien davantage si j'en avois été averti par un petit
« billet qu'il auroit pris la peine de m'écrire avant la
« trève. Je me trompe fort si nous eussions envoyé
« des députés à la cour, ni si nous eussions admis
« ceux de Paris dans Bordeaux. » Peut-être le maréchal, qui étoit gai et en belle humeur de parler, m'en eût dit davantage si le duc de La Rochefoucauld ne fût survenu, et n'eût interrompu la conversation, qui dura encore un peu. Puis nous nous séparâmes avec civilité et amitié de part et d'autre, Saint-Aoust me

promettant qu'il rendroit au cardinal un compte exact de tout ce que je lui avois dit, et qu'il me feroit savoir ce qu'il lui auroit répondu.

Comme je retournois du côté de la ville, le comte de Palluau m'aperçut; et ayant poussé son cheval jusques à moi, il mit pied à terre, et me parla de la passion qu'il avoit pour le prince, et pour le voir par sa liberté réuni au cardinal. « Je le crois, lui dis-je,
« monsieur, parce qu'il me semble que vous le de-
« vez, ayant reçu de lui plus de bons traitemens que
« pas un autre : et vous voulez bien que je vous
« dise avec franchise que je me suis fort étonné que
« vous n'ayez jamais répondu à aucune des civilités
« que je vous ai fait faire, m'étant adressé à vous
« aux occasions, comme à l'un des meilleurs amis de
« M. le prince. J'avois souhaité sous le prétexte de
« petites choses en entamer de grandes avec vous,
« n'ayant jugé personne plus capable ni qui dût être
« mieux intentionné pour négocier avec M. le car-
« dinal que vous. — Je me suis bien douté, me ré-
« pondit-il, que vous me gronderiez de ce que je n'ai
« pas répondu, dans un temps qui n'étoit nullement
« propre à cette négociation, aux complimens que
« vous m'avez fait faire. Vous venez d'entretenir
« Saint-Aoust : je voudrois qu'il vous eût dit ce qui
« se passa entre le cardinal et moi il n'y a que deux
« jours ; vous connoîtriez que vous ne vous trompez
« pas dans la bonne opinion que vous avez de moi.
« Soyez en repos, et laissez-moi faire ; assurez-vous
« que je ne ferai point de faute, et que je ne laisserai
« jamais échapper une conjoncture de servir M. le
« prince et M. le cardinal : car je vous pose en fait,

« me dit-il, que leurs services sur le sujet de la li-
« berté n'en sont pas deux. Il faut qu'ils se sauvent
« l'un pour l'autre, et l'un ou l'autre; sinon tous deux
« ensemble ; entre les mains des frondeurs, sont
« perdus. » Il me dit ensuite beaucoup de choses sur
ce sujet telles que Saint-Aoust me les avoit dites ;
mais comme je me fiois plus en celui-ci qu'en Palluau,
je ne jugeai pas à propos de le charger d'aucune
chose, et je crus qu'il suffisoit de lui témoigner une
grande passion pour la liberté des princes par le cardinal, et de lui paroître fort instruit des intrigues de
la cour et des cabales de Paris, pour lui faire juger
que nous saurions prendre notre temps pour accabler
le cardinal, quand nous nous verrions hors d'espérance de lui avoir obligation de la liberté des princes,
de nous allier et de nous unir avec lui comme je le
souhaitois très-sincèrement. « Je le crois, me repar-
« tit-il ; et je vous assure que le cardinal saura vos
« bonnes intentions avant qu'il se couche ; et si je
« vois qu'il prenne le bon parti, vous aurez bientôt
« de mes nouvelles. »

Nous nous séparâmes, lui pour retourner à la cour,
et moi pour rendre un compte exact de tout ce que
dessus à la princesse et aux ducs de Bouillon et de La
Rochefoucauld, qui en témoignèrent plus de satisfaction que je ne méritois. Les ducs, qui de leur côté
avoient parlé à plusieurs personnes de considération,
entretinrent la princesse de ce qui étoit venu à leur
connoissance, comme firent ensuite la plupart de nos
officiers généraux ; et tout ce que les uns et les autres
rapportèrent nous fit juger que Saint-Aoust nous
avoit parlé sincèrement.

Grossambre, capitaine de cavalerie dans Lorges, qui avoit mené cent cinquante maîtres en parti entre deux mers, fut rencontré et poussé par le marquis de Saint-Luc. Il se retira en désordre, et perdit quinze ou vingt maîtres, dont on fit un grand triomphe à la cour; et le cardinal envoya un courrier exprès à Paris pour donner part, disoit-il, comme les armes du Roi prospéroient contre les rebelles; et nous nous en plaignîmes comme d'une infraction à la trève.

Le 17, les comtes de Chastelux et de Sassé arrivèrent, et nous dirent qu'ils avoient laissé le comte de Tavannes et Chavagnac à Limeuil, avec quatre cents chevaux.

La Fontaine, écuyer du duc d'Enghien, arriva de Paris en poste, chargé d'une dépêche chiffrée par l'abbé Roquette, par l'avis du président Viole, de Miroménil, conseiller d'État, homme de sens et de capacité, affectionné au service de M. de Longueville; et de Croissy, conseiller au parlement de Paris, homme d'esprit, de probité, et bien instruit des affaires, mais défiant, et arrêté à ses opinions autant qu'homme que j'aie vu. Cette dépêche étoit pleine de raisons pour nous persuader de n'entendre à aucun accommodement sans la liberté des princes (comme si nous eussions été en état de donner la loi à la cour et à tous les ordres de la ville de Bordeaux), et de toutes celles qu'ils disoient avoir eues d'empêcher que les serviteurs des princes au parlement ne poussassent le cardinal Mazarin dans la dernière assemblée des chambres, qui fut une faute très-signalée, comme j'ai dit ailleurs, et qui nous empêcha de tirer aucun fruit de toutes nos négociations avec le cardinal : car en lui donnant moyen de respirer, on lui donna celui de nous payer de belles paroles, et de ne rien conclure.

La Fontaine, parmi beaucoup de particularités qu'il nous dit de l'armée du vicomte de Turenne, assura qu'il ne pouvoit disposer l'archiduc à rien de tout ce qu'il vouloit : ce qui nous fit entrer en quelques soupçons que le cardinal étoit de concert avec les Espagnols, et qu'il leur faisoit espérer quelque avantage en leurs affaires s'ils retardoient les nôtres pour lui donner moyen de faire les siennes particulières, et de se venger de ses ennemis. Ce qui nous faisoit croire cela étoit que tant plus l'Etat se brouilloit, plus les Espagnols avoient espérance d'en profiter ; outre que nous voyions que du côté de Flandre et du nôtre ils nous laissoient languir dans une nécessité cruelle, quelques avis qu'on leur donnât de toutes parts que nous étions aux abois : ils se contentoient de voltiger à l'embouchure de la Garonne, sans oser ou sans vouloir entrer dedans. Mais nous avons su depuis, comme j'ai déjà dit, que c'étoit une adresse du baron de Vatteville pour nous faire concevoir de belles espérances, soutenir par un beau semblant le courage de Bordeaux, et cacher l'impuissance du Roi son maître.

J'allai visiter le matin les députés de Paris en particulier, de la part de la princesse : je leur fis entrevoir de grandes récompenses et une grande réputation, si les princes sortoient de prison par leur entremise. Je me confiai, par l'ordre que j'en avois eu des ducs, à Bitaut, qui de son côté me parla avec beaucoup de franchise. J'allai ensuite entretenir Maraut et Espagnet; et l'après-dînée la princesse honora d'une de ses visites les premiers. Elle entretint ceux-ci en son logis; et confirma ce qu'elle m'avoit commandé de dire aux uns et aux autres.

Cugnac reçut une dépêche du maréchal de La Force, ensuite de laquelle j'eus ordre de l'accompagner au parlement et à l'hôtel-de-ville. Il assura l'un et l'autre que le secours que ceux de sa maison avoient tant fait espérer seroit en état de marcher quand la trêve finiroit.

Ce jour-là, on donna les otages de part et d'autre: ceux de la cour furent Montbas et un capitaine d'infanterie; et ceux de la princesse furent Le Chambon et un capitaine d'infanterie.

Palluau envoya visiter la princesse, et lui fit présenter par un gentilhomme une carpe d'une monstrueuse grandeur.

Le duc de La Rochefoucauld, par permission de la princesse, et après l'avoir concerté avec le duc de Bouillon et avec moi, envoya Gourville, son secrétaire, à Bourg, pour conférer avec le duc de Candale, ensuite d'une certaine négociation qu'il avoit nouée avec lui en son dernier voyage de Paris par l'entremise de madame de Saint-Loup, dont j'ai dit quelque chose ailleurs. La princesse palatine et la marquise de Sablé étoient dans cette affaire. Gourville eut une longue conversation avec ce duc sur tout ce qui pouvoit donner des sûretés au cardinal, en accordant la liberté des princes; et en ce cas des manières de rétablir le duc d'Epernon son père dans le gouvernement de Guienne, et de conclure son mariage, dont l'on avoit tant parlé, avec une des nièces. Ce duc se chargea d'entretenir le cardinal: il le fit, et dit pour toute réponse à Gourville qu'il avoit fort approuvé cette proposition que je lui avois faite plusieurs fois ; qu'il souhaitoit de tout son cœur qu'elle pût s'effectuer, mais que les choses n'étoient pas encore en état de cela. De sorte que Gourville revint sans autre fruit de son voyage que d'avoir donné quelques soupçons à Bordeaux et au duc de Bouillon même, qui, sans me rien dire de positif, m'en dit assez pour me le faire connoître. En quoi les uns et les autres avoient tort; car tout est délicat en semblables occasions.

Le 18, je reçus un billet du comte de Saint-Aoust, par lequel il me disoit que, peu de temps après m'avoir quitté, il avoit dans Saint-Surin même rendu compte au cardinal de notre conférence; qu'il lui avoit témoigné grand désir de se conformer à tout ce que nous avions dit et proposé ; qu'il n'oublieroit jamais les obligations qu'il nous avoit (mais sans conclure aucune chose); et que ce qu'il avoit dit de plus positif étoit que s'il pouvoit tenir les princes au Havre, il auroit les coudées franches, et pourroit facilement traiter avec eux.

Cependant la nécessité étoit telle qu'il étoit impossible de donner aucune subsistance aux troupes, ni faire aucune des dépenses courantes. La trève et l'espérance de la paix avoient tellement ralenti les esprits et le courage des Bordelais et de nos troupes même, qu'on ne pouvoit rien persuader aux uns de tout ce qui pouvoit les obliger à fournir à la dépense, ni aux autres de faire aucune action d'obéissance ou de fatigue.

On assembla un conseil fort nombreux au logis du duc de Bouillon, pour aviser aux moyens de trouver de l'argent, soit par emprunt, soit par cotisations, soit en prenant l'argenterie des églises, les deniers du convoi, des recettes, des consignations, ou autrement : il y eut beaucoup de paroles perdues, et rien du tout n'y fut conclu. Quelques officiers du parlement offrirent de cautionner la princesse; mais les bourgeois se défendirent de prêter, par la crainte d'être châtiés quand les choses seroient pacifiées.

Les députés retournèrent à la cour chargés des cahiers qu'on avoit dressés, et qui contenoient les intérêts de tous ceux du parti et de Bordeaux, dont le premier article étoit la liberté des prisonniers.

Le 19, le parlement s'assembla pour aviser aux moyens d'avoir de l'argent; mais comme l'espérance de la paix ralentissoit les courages des mieux intentionnés, ceux qui n'étoient pas de ce nombre s'en prévalurent. Ils se trouvèrent les plus forts en nombre; et bien loin d'approuver aucune des propositions qu'on avoit faites la veille, ils les rebutèrent toutes, et furent d'avis que l'on prît vingt mille livres sur les cinquante mille que l'on avoit les jours précédens ordonnés au duc de Bouillon, pour le dédommager en quelque façon des cent mille livres qu'il avoit promis d'avancer au maréchal de La Force.

Le comte de Tavannes arriva avec Saint-Micault et quelques autres, et laissa ce qu'il avoit de troupes aux ordres de Chavagnac : ce qui fit un très-méchant effet dans Bordeaux, qui étoit tellement rebuté de toutes les espérances qu'on leur donnoit, qu'ils crurent que les quatre cents maîtres que nous leur avions assurés être à Limeuil étoient autant imaginaires que le secours d'Espagne, et qu'ils n'en avoient aucun à attendre de quelque endroit que ce fût, si la paix venoit à se rompre; ce qui augmenta fort l'envie qu'ils avoient de la conclure.

Le 20, la princesse me commanda d'aller à l'hôtel-de-ville, pour faire connoître aux bourgeois l'extrême nécessité en laquelle, eux et nous, nous nous trouvions. Je dis que ce qu'il y avoit de plus fâcheux étoit que si le cardinal Mazarin la connoissoit, qu'il ne manqueroit pas de s'en prévaloir, et d'empêcher qu'on ne conclût la paix qu'à des conditions honteuses pour leur ville et pour tout le parti; que s'il s'apercevoit que Bordeaux fût capable, après tant de démonstrations de bravoure et de fermeté, de baisser la lance pour un léger intérêt d'argent, il en auroit autant de mépris à l'avenir qu'il en avoit eu de crainte jusques alors; que leur sûreté dépendoit de l'opinion que la cour auroit de leur courage, parce qu'on ne craindroit pas de leur manquer de parole sur tout ce qu'on leur promettoit, si on venoit à connoître qu'ils étoient capables de fléchir pour peu de chose; qu'il falloit se mettre en état de faire voir que nous ne considérions la paix que comme le plus grand mal qui nous pût arriver, si la liberté des princes n'en étoit le premier article, et que nous étions en état de n'en recevoir aucune qui ne fût sûre et honorable; que pour cela il falloit montrer à la cour qu'on se mettoit plutôt en état de la rompre que de la conclure, en tenant un secours tout prêt pour l'expiration de la trêve; tenir nos gens contens et satisfaits, et nous prévenir de toutes les choses nécessaires pour une vigoureuse défense.

J'eus beau prôner et m'inquiéter, tout étoit dans une léthargie telle que rien ne touchoit plus les cœurs:

ceux qui avoient paru les plus affectionnés demeuroient dans le silence, et ne respiroient que la paix et la liberté de faire leurs vendanges, saison en laquelle Bordeaux cesse d'être la capitale des Gascons.

J'allai de là chez le président de Gourgues, comme la princesse me l'avoit commandé, lui rendre compte de ce que je venois de faire, et le solliciter de nous aider dans une si pressante occasion.

Etant de retour, je dis à la princesse, en présence des ducs de Bouillon et de La Rochefoucauld, ce qui s'étoit passé. On résolut d'y mander tout sur-le-champ ceux du parlement qui nous étoient les plus contraires, auxquels la princesse représenteroit sa misère, et les prieroit d'y remédier en lui faisant fournir dix mille écus qui étoient pour lors au convoi, croyant que peut-être n'oseroient-ils lui refuser tête à tête ce qu'ils avoient empêché en opinant comme ils avoient fait dans le parlement; et qu'ils ne seroient pas fâchés de faire oublier les sujets de plaintes qu'elle avoit contre eux, en lui procurant ce petit secours.

On assembla donc le président de Gourgues et les conseillers Denis, Tabourin, Tarnault, Lescare et Martin, qui promirent de faire assembler les chambres le jour suivant pour délibérer sur cette demande, sans qu'il fût possible de tirer d'eux que des paroles de civilité et de respect.

Le marquis de Faure arriva ce jour-là à Bordeaux, sans que nous eussions eu aucune de ses nouvelles depuis que la princesse avoit quitté Chantilly, quoiqu'il fût autant et plus attaché et obligé au prince qu'aucun de tous tant que nous étions dans le parti.

Ce gentilhomme étoit fils du baron Du Vigean, frère de deux sœurs de mérite : l'une est la duchesse de Richelieu, et l'autre étoit mademoiselle Du Vigean, de laquelle j'ai parlé dans le commencement de ces Mémoires, qui avoit mérité, par son esprit, par sa douceur et par sa bonne grâce, l'estime du prince de Condé, qui avoit allumé dans son cœur une passion violente, et qui enfin est morte dans le grand couvent des Carmélites de Paris. Leur frère duquel je parle avoit épousé mademoiselle de Vaubecourt, avec laquelle il a vécu environ dix ans. Il fut enfin assassiné dans son pays, allant dans son carrosse visiter quelqu'un de ses amis.

Voilà une digression fort inutile à l'histoire, et fort hors de mon sujet : je l'ai faite parce que je n'ai pu m'empêcher d'en faire une autre qui n'est pas plus à propos, mais qui me divertira de l'ennui que j'ai d'écrire si long-temps d'une même chose.

La marquise de Faure voulut passer agréablement son veuvage à Paris, où enfin elle fut obligée, pour quelque considération, de se mettre dans un couvent. Elle y recevoit bonne compagnie ; elle sortoit quelquefois sous prétexte de ses affaires ; enfin, sur la fin de l'année 1663, elle crut être obligée à se marier, et par la négociation de quelques dames épousa le comte de Laubespin, gentilhomme de la Franche-Comté. Le comte de Vaubecourt, qui devoit à cette dame, sa fille, une partie de la dot qu'il lui avoit constituée, croyant que cet étranger, homme de qualité et assez mal dans ses affaires, pourroit le presser d'en faire le paiement pour se retirer ensuite dans son pays, se pourvut en justice, et se plaignit au Roi comme si Laubespin l'avoit enlevée du couvent où il disoit qu'elle étoit renfermée par son ordre. L'ambassadeur d'Espagne s'employa, et apaisa cette affaire. Le mari et la femme partirent pour aller visiter leurs terres, qui sont dans la comté de Bourgogne. Ils n'y eurent pas séjourné six semaines, que la nouvelle comtesse de Laubespin, qui avoit des raisons particulières pour retourner à Paris, employa tout ce qu'elle avoit de pouvoir sur son mari pour l'obliger à en faire le voyage, comme ils firent environ le mois de mars 1664.

Quelque temps après, sur les sept heures du matin, étant encore au lit, un de mes domestiques me dit qu'une dame belle et bien faite étoit dans une chaise à ma porte, et demandoit à me parler. Je la fis entrer à l'heure même; et s'étant placée après quelques complimens : « Vous êtes, monsieur, me dit-elle,
« dans telle réputation de servir tous ceux qui ont
« besoin de vous, que sans que j'en sois connue je
« ne fais pas difficulté de m'adresser à vous pour
« vous conjurer de vouloir sauver la vie à une dame
« de qualité. »

Ce discours ne me surprit pas peu, et m'auroit peut-être surpris davantage si je n'avois été pour lors nouvellement revenu d'Espagne, où les aventures de cette espèce sont assez fréquentes. Je la priai de m'éclaircir de ce qu'elle ne me disoit qu'ambigument, et lui promis de la servir en tout ce qui pourroit dépendre de moi. « Je sais, me dit-elle, que vous
« êtes des amis du comte de Laupesbin; et je lui ai
« ouï parler de vous avec tant d'estime, que je ne
« crois pas qu'il puisse vous refuser aucune chose

« de ce que vous lui demanderez. Il est question,
« ajouta-t-elle, de le tirer de Paris : vous savez qu'il
« épousa, il y a environ quatre mois, la marquise de
« Faure. Vous pouvez croire qu'une femme de qua-
« lité et riche n'auroit pas borné sa fortune à un
« Comtois plus vieux qu'elle, et d'un mérite fort
« médiocre, si elle n'y avoit été obligée par de puis-
« santes raisons. La pauvre femme n'a pas toujours
« été cruelle : elle étoit enceinte de quatre mois et
« demi, et abandonnée de celui qu'elle avoit assez
« favorisé pour se voir réduite en ce malheureux
« état quand elle s'est mariée. Elle est sur la fin de
« son neuvième mois, sans que cet homme, qui
« couche toutes les nuits avec elle et qui l'aime, s'en
« soit aperçu; et si vous ne l'obligez à faire un voyage
« pour donner temps à cette dame d'accoucher, et à
« nous de lui dire à son retour qu'elle s'est délivrée
« hors de terme, c'est fait de sa vie. Mesdames de
« R*** et Du V***, qui m'ont adressée à vous, et
« qui ne veulent point paroître dans une affaire qui
« déshonore une dame veuve du fils de l'une et du
« frère de l'autre, vous en auront une obligation
« éternelle. »

Tout cela me parut si romanesque et si extraordinaire, que je ne savois que lui répondre; et je confesse qu'un homme plus prudent que moi ou moins facile à faire plaisir se fût lavé les mains de cette affaire. Je passai une demi-heure à questionner cette dame qui me parloit. Elle étoit belle et pleine d'esprit, amie de la comtesse et de toute sa famille : elle avoit fait le voyage de Bourgogne avec elle; elle me conta le détail de ses amours, que je ne rapporte pas ici, pour épargner à un de mes bons amis et fort qualifié la honte de n'avoir pas servi une dame qui, pour l'avoir trop aimé, se voyoit à la veille de perdre la vie. Elle me dit les temps et les dates, et je connus par tout ce qu'elle me racontoit qu'elle disoit vrai. Je fus touché de son récit, de la mémoire du marquis de F***, que j'avois connu particulièrement, de l'intérêt de la duchesse de R***, que j'honore singulièrement, du malheur qui menaçoit cette pauvre dame, et encore du déplaisir qu'auroit Laubespin s'il venoit à découvrir une affaire d'autant de douleur et d'angoisse que celle-ci ; je crus qu'en servant sa femme je lui rendois un signalé service d'empêcher que son déshonneur ne vînt à sa connoissance. Par toutes ces raisons, je promis à la dame qui me parloit de servir son amie, et de m'y employer tout de mon mieux. Le duc de N*** vint me visiter : il interrompit la conversation ; et pour la renouer je pris rendez-vous à quatre heures du soir dans le logis de celle qui m'avoit raconté l'histoire.

Je m'y rendis à point nommé, et lui dis tous les expédiens qui me vinrent dans l'esprit pour tirer Laubespin de Paris. Il y avoit plus de deux ans que je ne l'avois vu ; et c'auroit été une chose trop grossière de l'aller chercher et lui proposer un voyage, soit avec moi, soit pour mes intérêts, étant dans mon pays et lui hors du sien, et n'ayant avec lui qu'une amitié de Flandre, mal cultivée en France. Je proposai donc à cette dame de le faire mander par le comte de V*** son père, sous prétexte de se raccommoder avec lui. Elle m'interrompit, et me dit que ce moyen étoit inutile à proposer, parce qu'on l'avoit tenté inutilement ;

et me raconta que la comtesse avoit envoyé une personne de confiance à V***, qu'elle lui avoit fait une confession de sa vie passée, et que son père, touché de pitié, lui avoit pardonné, avoit mandé son mari comme elle le souhaitoit, et qu'il étoit prêt à partir quand un autre malheur l'en avoit empêché.

Voici l'affaire : la comtesse de Laubespin avoit une suivante qui savoit l'état auquel elle étoit ; elle la chassa mal à propos et à contre-temps, sans avoir de quoi la payer. Cette fille étoit galantisée par le bâtard de Manicamp, ami intime du mari. Elle lui conta tout ce que je viens d'écrire ; il crut qu'il en devoit profiter, et alla trouver la dame que j'entretenois, et lui dit qu'il savoit tout, et que si on ne lui donnoit deux mille pistoles il découvriroit le pot aux roses. Celle-ci, qui étoit dans l'impuissance de satisfaire à une telle demande, crut qu'en le gourmandant, et témoignant mépriser sa menace, elle lui silleroit les yeux, et mettroit à couvert l'honneur de son amie ; mais il arriva tout le contraire, car le bâtard écrivit d'une main contrefaite un billet à Laubespin, qu'il lui fit porter par un homme inconnu, qui contenoit ces mots :

« Donnez-vous garde d'aller à V*** ; car on veut
« vous assassiner, comme on a fait le marquis de
« Faure. »

Ce moyen étant échoué, je lui en proposai un autre, qui étoit de faire enlever la comtesse pendant que son mari iroit à la messe, de la mettre en quelque lieu secret, et de faire écrire par V*** à son gendre que la manière dont il vivoit avec lui et avec sa femme, qu'il tenoit dans son logis comme prisonnière, et les soupçons qu'il avoit témoignés en ne déférant pas à la prière qu'il lui avoit faite, l'avoit obligé à la faire enlever, et qu'il la lui rendroit quand il auroit changé sa conduite envers lui et envers elle. Cette dame chez qui j'étois me dit qu'on avoit pensé à ce moyen; mais qu'il n'avoit pu réussir, parce que le bâtard avoit mandé par un autre billet au mari qu'il observât sa femme de près, parce qu'on la lui vouloit ravir.

Il ne me vint plus en pensée qu'un moyen pour réussir dans cette belle et honorable négociation, qui étoit de se confier au marquis de Las Fuentès, ambassadeur d'Espagne, qui est galant et honnête homme, qui avoit autorité sur Laubespin, étant sujet du Roi son maître, et qui, en cavalier espagnol, n'échapperoit pas une occasion telle que celle-là, *de mirar por la honra de las damas*. Cet expédient ayant été jugé le meilleur, je me chargeai de lui proposer de l'envoyer en Flandre sous quelque prétexte; et, après être sorti de cette maison, je songeai comme je pourrois réussir en cette affaire, et crus qu'il me falloit fortifier de quelqu'un d'autorité pour proposer conjointement avec elle la chose à l'ambassadeur.

J'allai donc rendre une visite à la duchesse de Montausier, la mieux faisante, la plus civile, et l'une des plus habiles femmes de son siècle, qui étoit pour lors gouvernante de M. le Dauphin. Je n'avois point à me défier de sa discrétion, dont j'avois mille preuves. Je lui racontai tout au long cette histoire; et, après plusieurs exclamations sur la conduite de cette comtesse et sur la rareté du fait, nous résolûmes d'en parler à la première occasion à l'ambassadeur d'Espagne, la duchesse me disant qu'il falloit épargner la honte à la famille, un déplaisir sensible au mari, et la vie à la mère et à l'enfant. La chose pressoit : la cour étoit à Saint-Germain, et la Reine devoit le lendemain venir dîner à Paris, et voir M. le Dauphin. Nous crûmes bien que l'ambassadeur ne manqueroit pas de s'y rendre : je m'y trouvai ; et m'ayant dit d'abord qu'elle ne savoit comment entamer ce propos, je m'en chargeai ; et ayant fait signe à l'ambassadeur que nous voulions lui parler quand il auroit achevé avec la Reine, qui l'entretenoit, Sa Majesté s'en aperçut, et lui dit : « Marquis, on a là quelque chose à « vous dire ; » et nous demanda avec sa bonté ordinaire si elle pouvoit être de la conversation. « Il n'y « a rien au monde dont vous ne puissiez être, ma« dame, lui repartit la duchesse de M***. » Sur quoi prenant la parole : « C'est, madame, lui dis-je, que « nous sommes, madame la duchesse et moi, sur une « question pour la décision de laquelle nous voulons « nous rapporter à M. l'ambassadeur.

« Madame de M*** soutient que les lois de l'amitié
« sont telles, qu'un ami ne peut et ne doit rien céler
« à son ami de tout ce qui lui importe, de quelque
« nature que ce soit ; et moi je dis qu'il y a des choses
« qu'on doit céler à ses amis, pour leur épargner de
« certains déplaisirs dont on ne peut jamais se conso-
« ler. Par exemple, ajoutai-je, si mon ami avoit été
« long-temps absent, et qu'une femme coquette qu'il
« auroit étoit devenue enceinte dans ce temps-là,
« serois-je obligé....... » La Reine ne me laissa pas achever, et me coupant le discours : « Seigneur Dieu! « dit-elle, bien loin d'être obligé à lui dire, vous le « seriez de mettre tout en usage pour empêcher « qu'un tel sujet de déplaisir ne vînt jamais à sa

« connoissance, parce que vous lui sauveriez une
« très-grande douleur, et la vie à sa femme et à un
« enfant innocent. » L'ambassadeur fut de l'avis de
la Reine. Sa Majesté alla à M. le Dauphin, qui se
jouoit dans sa chambre. Etant demeuré avec le marquis de Las Fuentès, madame de M*** voulut que je
lui fisse l'application de la question, qui ne le surprit pas peu; et après avoir ajusté les dates du mariage et de la grossesse, il ne douta point que la
chose ne fût véritable. La duchesse lui proposa d'envoyer ce pauvre malheureux mari en quelque commission éloignée. Il repartit qu'il n'iroit pas, parce
que depuis trois jours il avoit voulu lui donner une
commission honorable et utile, et qu'il lui avoit dit
qu'il avoit des affaires à Paris d'une telle nature, que
rien au monde ne pourroit l'obliger d'en sortir : ce
qui nous confirma dans tout ce que cette femme m'avoit conté du bâtard de Manicamp.

Nous étions à bout de nos inventions; et enfin,
après avoir bien songé, l'ambassadeur proposa de le
faire mettre en prison, et que pour cela il iroit le
lendemain à Saint-Germain conter l'affaire au Roi,
qui, étant un prince galant, ne refuseroit jamais ce
secours à une femme galante. Il le fit comme il l'avoit proposé. Le Roi, après avoir bien ri de ce qu'un
ambassadeur d'Espagne lui avoit envoyé demander
audience pour une chose aussi folle que celle-là, dit
qu'il feroit fort volontiers ce que le marquis lui demandoit; mais qu'il vouloit en parler à la Reine sa
mère, afin qu'elle lui en dît son sentiment, et lui
apprendre cette nouvelle de la comtesse de Laubespin,
qu'elle connoissoit, et de qui il lui avoit vu souvent

prendre la défense quand on disoit qu'elle étoit galante un peu plus que de raison. Le Roi lui raconta cette histoire. Cette bonne princesse, qui jugeoit toujours bien de tout le monde, ne pouvoit se résoudre à la croire véritable ; il fallut que l'ambassadeur l'en assurât. Elle dit après au Roi qu'il étoit obligé en conscience de sauver la vie et l'honneur à cette dame. « Nous voilà bien forts, dit le Roi au « marquis de Las Fuentès, puisque la Reine ma mère « est pour nous. » Et ayant fait appeler un secrétaire d'Etat sans qu'il s'en rencontrât aucun, Sa Majesté écrivit lui-même l'ordre au prevôt de l'île de mener Laubespin à la Bastille. Le prevôt l'exécuta. Le pauvre mari ne sachant quel crime il pouvoit avoir commis, crut que c'étoit pour quelque affaire d'Etat, et se consoloit par l'espérance du bien que lui feroit un jour le Roi son maître, pour le mal qu'il alloit souffrir pour lui. Il chargea sa femme de se retirer chez l'ambassadeur pour l'avertir de l'outrage qu'on lui faisoit, afin d'en demander justice au Roi ; outre qu'il croyoit qu'elle seroit à couvert de l'enlèvement que le bâtard de Manicamp lui avoit fait appréhender dans une maison d'un tel respect et d'une telle sûreté. Elle y va, elle y accouche le soir même ; et quelques jours après l'ambassadeur va rendre compte au Roi de ce qui s'étoit passé. L'enfant mourut : elle manda à son mari prisonnier que la surprise et l'affliction que lui avoit causées son malheur l'avoit fait accoucher d'un fils mort. Le mari s'afflige, prie le marquis de Las Fuentès de savoir du Roi quel étoit son crime ; et s'il n'étoit pas des plus noirs et des plus atroces, de vouloir être sa caution envers Sa Majesté, et lui faire commuer sa

prison de la Bastille en son hôtel, d'où il lui promettoit de ne point sortir, et qu'il auroit du moins la liberté et la consolation de secourir sa chère femme. L'ambassadeur, qui eût voulu déjà être délivré de l'un et de l'autre, va à Saint-Germain; et après avoir en particulier bien ri avec le Roi de toute cette histoire, et avoir concerté comme on la finiroit, Sa Majesté éleva sa voix, et lui dit : « Marquis, j'ai bien
« des excuses à vous faire : le prevôt de l'île a fait
« un quiproquo; et au lieu de mener à la Bastille le
« comte de L***, qui est un gentilhomme limosin qui
« a battu des officiers de mes gabelles, il y a conduit
« le comte de L***, duquel vous me parlez. Je vais
« envoyer ordre pour le mettre en liberté; je lui en-
« verrai faire des excuses, et je vous charge de man-
« der au roi Catholique la chose tout au long, afin
« que si elle va à ses oreilles il ne m'en impute rien. »
L'ambassadeur promit au Roi de le faire, et mena, deux jours après, Laubespin remercier Sa Majesté, qui lui fit beaucoup d'excuses. J'ai cru devoir rapporter cette histoire, parce qu'elle a été sue de quelques-uns, et altérée en ses principales circonstances; et que c'est une chose extraordinaire qu'une affaire de cette nature ait été conduite et sue par deux rois, deux reines et un ambassadeur, et qu'un homme ait été cocu, prisonnier et content.

Il est temps de reprendre notre discours après une relation aussi longue que celle que je viens de faire ici, et de dire que ce même jour 20 je reçus une lettre, datée du 19, de Saint-Aoust, qui me disoit que le cardinal lui donnoit plus d'espérances que jamais de la liberté des princes; mais qu'il ne se fioit en façon du monde en ses paroles; que je ferois bien de l'imiter en cela, et de ne pas perdre un moment de temps à toutes les choses que je jugerois d'ailleurs capables de contribuer à ce dessein.

Le 21, je fis distribuer vingt pistoles par compagnies d'infanterie, comme on l'avoit résolu, afin de remettre en quelque façon les corps, qui étoient en très-mauvais état.

Je reçus une lettre de Pomiers-Françon, qui m'assuroit que le comte Servien lui avoit avoué que jamais le cardinal n'avoit fait une faute d'Etat plus grande que celle d'emprisonner les princes; et qu'encore que M. le prince lui en eût donné quelque sujet, il valoit mieux souffrir quelque chose de lui que de se mettre, comme il avoit fait, entre les mains des frondeurs, et particulièrement du coadjuteur, qui étoit méchant, et d'une ambition démesurée ; qu'il prenoit Dieu à témoin qu'encore qu'il eût été un de ceux qui avoient su la résolution de cette prison, il souhaitoit passionnément de la voir cesser; mais qu'on ne pouvoit travailler utilement à cet ouvrage qu'après le retour du Roi à Paris, parce qu'on ne pouvoit accorder cette liberté que de concert avec le duc d'Orléans.

Longchamps, qui avoit porté ordre au maréchal de La Force de toucher les cent mille francs du duc de Bouillon, retourna avec une de ses lettres à la princesse, qui l'assuroit de la continuation de ses services; et le reste en créance sur le porteur. Cette créance étoit qu'il étoit bien empêché de se résoudre, voyant la paix sur le point d'être conclue; et demandoit les bons avis de la princesse et ses commandemens avant que de se déterminer. Il nous dit encore que le comte d'Ornal, gendre du maréchal, étoit passé pour savoir de lui, par ordre de la cour, ses intentions dans la conjoncture présente : à savoir, s'il vouloit être compris dans la paix avec tous messieurs, ses enfans ou non, parce qu'encore qu'ils ne se fussent point déclarés, les députés de Bordeaux faisoient instance pour les y comprendre.

Cugnac, Saint-Alvère et le chevalier de Rivière se firent envoyer par la princesse pour aller solliciter la marche de ce maréchal, disant qu'ils avoient tout pouvoir sur son esprit, et qu'ils le feroient avancer; ou que s'il avoit pris les cent mille livres, ils les lui feroient rendre, et en retiendroient par leurs mains quarante mille pour faire deux mille hommes de pied en trois régimens, dont chacun d'eux en commanderoit un qu'ils joindroient à Chavagnac, ensuite au secours de Bordeaux. C'étoit, en bon français, trois affamés, qui se faisoient de fête croyant recevoir cette somme, et dire, quand la paix (qu'ils prévoyoient comme tout le monde) seroit faite, qu'ils l'avoient distribuée aux soldats qu'ils vouloient lever, et la tourner toute à leur profit particulier. Chacun connoissoit ce dessein, et personne n'y contredit. Les gens, qui connoissent la malice des hommes savent qu'il s'en trouve peu qui ne veuillent profiter dans les désordres publics ; mais ils savent en même temps qu'il y a des occasions auxquelles les plus clairvoyans ne doivent point avoir d'yeux. Le duc de Bouillon en usa ainsi en ce rencontre : il voyoit une grande somme qui lui appartenoit sur le point d'être perdue ; et bien loin de s'y opposer, il fut le premier à conseiller à la princesse de laisser partir ces messieurs-là, premièrement pour paroître plus désintéressé qu'on ne le croyoit (quoiqu'il me l'ait toujours paru), et en second lieu pour montrer à Bordeaux et à la cour que nous ne croyions pas la paix si proche que tout le monde le disoit, et qu'elle l'étoit en effet.

Le 22, les députés retournèrent par la marée de la nuit : ils me firent l'honneur de me voir avant que d'entrer, comme ils firent ce jour-là, au Palais, afin que j'avertisse la princesse, et les ducs de Bouillon et de La Rochefoucauld, de l'état de la négociation : ce que fis. Les députés rapportèrent au parlement qu'après avoir examiné à Bourg, avec les commissaires du Roi, article par article, les propositions contenues en leurs cahiers, et avoir fortement insisté sur toutes, on avoit retenu leursdits cahiers pour y répondre; que la cour mouroit de peur d'entamer quelque proposition qui pût être appuyée par les députés de Paris, parce que s'ils en obtenoient l'effet, cela rendroit le traité moins avantageux au Roi; et s'ils n'obtenoient rien de ce qu'ils pourroient demander de nouveau, ils en porteroient leurs plaintes à leur compagnie, et pourroient ainsi à leur retour exciter quelque nouvel orage contre le cardinal, et particulièrement sur l'article de la liberté des princes, sur laquelle Bitaut avoit parlé un peu hardiment.

Cette crainte obligea les commissaires du Roi à mander les députés de Bordeaux en l'absence de ceux de Paris. Ils eurent une grande conversation avec eux, dans laquelle le seul Espagnet se tint merveilleusement ferme, et dit qu'il ne souffriroit pas qu'on traitât aucune chose en l'absence des députés de

Paris. Il sortit, et les avertit de ce qui se passoit : ceux-ci s'en plaignirent ; de sorte qu'ayant été mandés avec ceux de Bordeaux, auxquels on rendit d'abord les cahiers, la réponse qu'on y fit fut que la Reine étoit absolument résolue de ne point souffrir qu'on changeât aucune chose à ce qui avoit été arrêté par le duc d'Orléans dans le parlement de Paris, et qu'ainsi l'on n'avoit point d'autre parti à prendre que d'accepter ou de refuser ; mais qu'on pourroit étendre de bonne foi l'article de l'amnistie et celui de la sûreté de madame la princesse et de M. le duc ; et ce faisant, que chacun rentreroit dans ses biens, honneurs, charges, dignités, et même le duc de La Rochefoucauld dans son gouvernement de Poitou ; que madame la princesse choisiroit telle de ses maisons qu'il lui plairoit, où elle auroit sûreté tout entière pour elle, pour monsieur son fils et pour leurs domestiques, et qu'on donneroit liberté à tous les prisonniers du parti des princes, même à madame et à mademoiselle de Bouillon. On revêtit les registres du parlement.

La princesse me commanda d'y aller de sa part, où je dis à la compagnie que Son Altesse étoit avertie du retour de messieurs les députés, et qu'on l'avoit en même temps assurée qu'ils avoient rapporté des projets pour la paix, dont elle n'avoit aucune connoissance ; et qu'elle avoit tant de confiance en leur probité, qu'elle croyoit qu'ayant mis comme elle avoit fait avec franchise ses intérêts et ceux de ses amis entre leurs mains, ils ne conclueroient aucune chose sans sa participation. Je me retirai ensuite, après que tous d'une voix confuse m'eurent dit que la princesse pouvoit bien s'assurer qu'ils ne feroient rien qui lui pût nuire, et qu'on lui donneroit avis de tout ce que la compagnie délibéreroit.

Après une longue délibération, en laquelle les vendanges eurent plus de part que la volonté du plus grand nombre de messieurs du parlement, il fut résolu que l'on accepteroit la paix aux conditions qu'on l'offroit, et qui étoient contenues aux registres, et qu'on renverroit leurs députés pour étendre et pour expliquer les articles dont je viens de parler ; qu'on en conféreroit avec l'hôtel-de-ville, et qu'à cet effet les cent et les trente seroient convoqués ; et qu'on enverroit les mêmes députés à la princesse pour entrer en conférence avec elle en présence des ducs de Bouillon, de La Rochefoucauld, et de moi.

Je rendis compte de tout ceci à madame la princesse et aux ducs ; et après que nous eûmes long-temps discouru sur la matière, le duc de Bouillon, qui me faisoit l'honneur de m'aimer, dit qu'il falloit m'envoyer à la cour avec les députés ; et qu'il y avoit certaines choses dans les traités qui devoient être touchées délicatement, dont il n'étoit pas raisonnable de se fier à des officiers du parlement, peu stylés en semblables affaires. Je me défendis de cet honneur, et parce que je ne m'en croyois point capable, et parce que je voyois que cette paix ne nous rendant pas messieurs les princes, nous n'étions pas prêts de demeurer en repos : ainsi il ne me convenoit nullement, pour le bien du service de la princesse, de fréquenter la cour. Car si j'avois vu le cardinal, j'aurois donné une très-grande méfiance de moi à tous nos gens, et il importoit qu'ils me crussent toujours irréconciliable avec lui ; et si je ne le voyois pas, et que je nie tinsse dans une grande fermeté contre lui, je lui aurois fait perdre l'opinion qu'il témoignoit avoir que mon intention étoit tout-à-fait portée à sa réunion avec M. le prince. Il importoit encore que je ne fisse aucune figure en cette paix, afin que, n'étant pas mon ouvrage, j'eusse toujours lieu d'en parler comme il me plairoit, et de prendre tous les partis qui nous seroient utiles avec le cardinal ou avec ses ennemis. Le duc de La Rochefoucauld appuya mes raisons, et fit que la princesse me dispensa de ce voyage.

Ils me chargèrent d'aller voir les députés de Paris au logis de Maraut où ils étoient, et de leur dire, comme je fis, leurs intentions sur toutes choses. Je fis en sorte qu'ils me proposèrent eux-mêmes d'envoyer quelqu'un avec eux à la cour de la part de la princesse et des ducs; et c'étoit ce que nous souhaitions, parce que d'y envoyer sans qu'ils le trouvassent bon, et même qu'ils ne le désirassent, c'étoit leur donner du chagrin et leur témoigner de la défiance : ce qui ne nous convenoit pas en l'état auquel étoient les choses.

J'entretins par rencontre Le Coudray-Montpensier, qui se trouva là ; et, après une longue conversation, je lui proposai divers moyens de réunir la maison de Condé avec le duc d'Orléans, et entre autres par le mariage de l'une des petites princesses avec le duc d'Enghien. Je n'avois jamais voulu toucher cette corde dans tout ce que j'avois mandé au cardinal; car il ne voyoit que trop combien une telle union lui eût été fatale. Je remontrai au Coudray le tort que le duc d'Orléans son maître se faisoit en souffrant qu'un ministre eût la hardiesse d'emprisonner des princes du sang, et que peut-être auroit-il quelque jour le déplaisir de voir le fils que Dieu lui avoit donné depuis peu souffrir le même sort; et que ceux qui pourroient l'en empêcher l'abandonneroient peut-être, comme ils se voyoient abandonnés de ceux qui les devoient protéger. Le Coudray me répondit qu'il étoit assuré que le duc d'Orléans ne vouloit aucun mal à M. le prince; qu'au contraire il l'aimoit naturellement, et que, s'il ne le servoit pas comme peut-être le souhaitoit-il dans son cœur, c'est qu'il étoit prévenu de l'opinion qu'il feroit en cela une infidélité à la Reine, s'il le mettoit en liberté contre sa volonté, après lui avoir donné parole du contraire; mais qu'il m'assuroit qu'il ne seroit pas plus tôt vers Son Altesse Royale, qu'il lui diroit tout au long ce que je venois de lui proposer touchant le mariage. Sur quoi le conseiller Bitaut étant survenu, et ayant connu le sujet de notre conversation, me dit avoir remontré au duc d'Orléans, en prenant congé de lui pour la cour, qu'il souffroit en la personne de M. le prince qu'on fît une planche pour M. le duc de Valois son fils; à quoi il lui avoit répondu en ces termes : « M. D***, voulez-vous que j'arrache le « poignard du sein des princes pour le plonger dans « le mien?» Paroles qui marquoient que l'ame de ce prince, tout puissant pour lors et maître de l'Etat, étoit susceptible d'une grande crainte.

Après avoir rendu compte de ceci, et dit que les députés m'avoient proposé eux-mêmes ce que la princesse m'avoit commandé de leur faire trouver bon, qui étoit d'envoyer quelqu'un de sa part avec eux, je fus chargé de dresser les mémoires et instructions pour celui qu'on y enverroit : ce que je fis. Tous nos gens affectionnoient cette commission autant que je l'avois appréhendée, tant on s'empresse en ce monde-ci de se distinguer des autres par des emplois singuliers. Mais enfin, pour ne donner point de jalousie à quantité de gens de qualité qui étoient dans le parti, la princesse jugea à propos, et avec raison, d'y envoyer Filsgean qui étoit domestique du prince, et l'avoit été. plus de trente ans de monsieur son père, qui l'avoit souvent employé aux négociations, dont il s'étoit toujours acquitté ponctuellement et avec fidélité.

Le 23, se fit l'assemblée de l'hôtel-de-ville, suivant que le parlement l'avoit ordonné la veille. Elle fut grande et nombreuse. La princesse s'y rendit, accompagnée de M. le duc, et des ducs de Bouillon et de La Rochefoucauld. Elle défendit à toute la noblesse et aux officiers de l'y suivre, de crainte que dans une conjoncture autant délicate qu'étoit celle-là, et en laquelle toutes les paroles devoient être comptées et pesées, on n'en laissât échapper quelqu'une à contre-temps. Elle dit à l'assemblée qu'elle ne venoit pas là pour former aucun obstacle à la paix que messieurs du parlement avoient résolu d'accepter; qu'elle leur laissoit une liberté tout entière de la conclure quand et comment ils le jugeroient à propos; qu'elle vouloit seulement les faire souvenir qu'ils lui avoient donné et à monsieur son fils sûreté et protection dans leur ville, et leur dire qu'il étoit de leur générosité, et même de leur devoir, de l'y maintenir, ou du moins s'ils ne le pouvoient, de lui en ménager une ailleurs, où elle pût être à couvert des violences du cardinal Mazarin, auquel elle ne se fieroit jamais, et dont elle ne vouloit de juges ni de garans qu'eux-mêmes ; qu'elle les prioit de charger leurs députés de n'en accepter aucune qu'après avoir rapporté dans cette même assemblée celle qu'on lui voudroit donner, afin qu'ils jugeassent si elle seroit telle qu'ils lui conseillassent de l'accepter ; qu'elle l'accepteroit sans difficulté sur leur parole, et qu'elle leur donnoit la sienne et celle de son fils, quoiqu'en fort bas âge, qu'ils n'oublieroient jamais les obligations qu'ils leur avoient, et celle qu'elle espéroit de leur avoir en ce rencontre.

Toute l'assemblée se tint fort obligée de ce discours, et en remercia la princesse avec beaucoup de respect : puis Son Altesse et sa suite s'étant retirée, ils résolurent, comme avoit fait le parlement, d'accepter la paix, pourvu que l'on donnât sûreté tout entière à la princesse et à ceux du parti, et chargèrent leurs députés de faire de nouvelles instances pour obtenir liberté à elle, à monsieur son fils, et à leurs domestiques, de faire son séjour à Bordeaux. La plupart de ceux qui reconduisirent la princesse en son carrosse lui disoient à l'oreille : « Ne vous met-
« tez pas en peine, madame ; nous recommencerons
« après vendanges, car nous aurons de quoi vous
« mieux assister que nous n'avons fait. » A quoi elle ne répondit qu'avec des larmes.

Les députés de Paris me firent l'honneur de me visiter, et me donnèrent parole qu'en faisant le rapport de leur négociation à leur compagnie, ils feroient mention de tous les articles qui avoient été proposés et rebutés par la cour, et particulièrement de celui de la liberté des princes, dont Bitaut se chargea de revêtir leur procès-verbal, et depuis confirma cette parole à la princesse et aux ducs.

J'allai ensuite chez le président de La Traisne, où tous les députés étoient assemblés pour régler avec eux les demandes qu'ils feroient à la cour en exécution de ce que dessus. Ils partirent sur le soir tous ensemble pour Bourg, et Filsgean avec eux, avec ordre de ne voir qui que ce fût, et de ne négocier aucune chose qu'en leur présence. Il fut chargé d'une ample instruction.

Mirat, de Bordes, et autres frondeurs, s'assemblèrent chez moi après le départ des députés, pour me dire que si l'on ne pouvoit obtenir le séjour de la princesse à Bordeaux, il falloit essayer de l'avoir à Nérac ou à Coutras, afin qu'elle fût en lieu propre à retourner à Bordeaux à la moindre alarme qu'on lui donneroit, protestant que les vendanges ne seroient pas plus tôt achevées qu'on recommenceroit la guerre plus belle que devant, et que l'on ne cesseroit jamais que les princes ne fussent en pleine liberté. Je les remerciai fort de leurs bonnes volontés, comme la princesse fit depuis : mais je leur remontrai avec franchise qu'il n'y avoit point d'apparence qu'on nous accordât Bordeaux, ni par conséquent les lieux qu'ils me proposoient, à cause qu'ils en étoient trop voisins; que je n'étois pas même d'avis qu'on s'y opiniâtrât, pour ne donner aucune jalousie à la cour, afin qu'elle ne se précautionnât pas contre nos desseins à l'avenir; et que je croyois que la plus grande sûreté que nous pourrions avoir étoit Montrond, d'où nous observerions les choses qui se passeroient à

Paris quand la cour y seroit de retour; nous nous communiquerions avec Bordeaux, Verteuil et Turenne, et où nous serions hors de toutes insultes; et qu'au surplus nous savions bien la route pour revenir en temps et lieu de ce pays-là dans leur ville.

Le 24, Virelade, à présent président au parlement de Bordeaux, demanda à me parler dans le jardin de l'archevêché. Je m'y rendis, après en avoir demandé la permission; mais comme je connus qu'on me l'avoit détaché de la cour, ou que lui-même s'étoit offert à me venir faire parler, je ne tardai guère à me séparer de lui.

La princesse reçut avis que l'on faisoit défiler quelques troupes vers Montrond; et comme l'on crut que le cardinal pourroit bien en entreprendre le siége après qu'il auroit terminé l'affaire de Bordeaux, elle dépêcha en toute diligence au marquis de Persan qui y commandoit, et lui ordonna de se préparer à une vigoureuse défense. Nous soupçonnâmes que comme la place étoit des meilleures, des mieux munies de toutes choses et des mieux fortifiées qu'il y eût en France, difficilement pourroit-on entreprendre de l'assiéger, la saison étant autant avancée qu'elle étoit, sans quelque intelligence, ou sans quelque ordre secret de la princesse douairière, qui avoit toujours porté fort impatiemment que madame sa belle-fille y eût mis des gens de guerre: et cela obligea de mander à Persan d'observer de près ceux qui étoient avec lui dans la place, de crainte de surprise; et même de n'avoir égard à aucuns ordres qui lui pourroient venir de la part de la princesse sa mère ni aux siens propres, qu'on pourroit lui faire écrire par force ; et qu'elle lui permettoit, et même lui ordonnoit, de lui désobéir, quoi qu'elle lui pût écrire tendant à rendre sa place.

Cependant comme la vigueur de Bordeaux s'étoit tout-à-coup relâchée, et que de tous les députés il n'y avoit que Bitaut et Espagnet qui témoignoient de la fermeté et du courage, le cardinal, qui l'avoit connu, et que tous ceux qui avoient charge de traiter la paix mouroient d'envie de la conclure, manquoit de parole sur tous les articles qu'il avoit envoyés à Bordeaux, et tâchoit à renverser tout ce qui avoit été résolu à Paris.

Le 25, Le Basque, officier de panneterie de M. le prince, arriva en poste, chargé d'une lettre chiffrée contenant un grand et ample raisonnement des comtes de Maure, de Fiesque, du président Viole, abbé Roquette et d'Arnauld, pour nous persuader de ne point conclure de paix avec la cour sans la liberté des princes, qui seule pouvoit la rendre assurée : comme si trois mois d'une vigoureuse résistance contre l'armée et contre la présence du Roi, un siége que nous avions soutenu, ne leur eût pas dû faire connoître que nous n'avions rien que cela dans le cœur et dans la tête. Ils ne considéroient que la saison des vendanges, la léthargie en laquelle étoient tombés la plupart de nos amis de Bordeaux, l'abandonnement de tous ceux de dehors et de Paris même, qui ne nous assistoient que de conseils inutiles et à contre-temps, et qui méprisoient les nôtres. Le retardement ou le manquement du secours d'Espagne, la lenteur de la maison de La Force ou son impuissance, le défaut d'argent et l'épuisement de notre crédit nous avoient mis en état de nous rendre à discrétion si l'on en avoit eu une pleine connoissance, et si la fermeté, le courage et le bon sens des ducs de Bouillon et de La Rochefoucauld, la bravoure de nos officiers, la résolution de quantité de gens de qualité et de brave noblesse, et surtout la grande union qui étoit parmi nous, avec la constante détermination de nos frondeurs du parlement, quoique de beaucoup moins en nombre dans le Palais, ne nous eût soutenus et conservés en état de faire une paix avec le Roi presque comme de couronne à couronne. Mais comme de loin tous les objets gauchissent, on ne connoissoit pas à Paris la cruelle extrémité en laquelle nous étions réduits; qu'il avoit même été de la prudence de la céler aux amis que nous y avions, pour soutenir la bonne volonté qu'ils avoient, et pour combattre leurs craintes et leurs incertitudes. Ainsi il ne falloit pas s'étonner si, encore que nous eussions tous même intention, notre conduite et notre sentiment sur la paix étoient fort différens.

Le courrier nous dit quantité de nouvelles qu'il avoit apprises de la santé dont le prince jouissoit dans sa prison, de son application à lire continuellement, de sa fierté contre Bar et contre ses gardes, de sa gaieté et de l'égalité de son esprit : mais comme je prétends en parler ailleurs, je n'en dirai pas ici davantage ; et il nous assura qu'il savoit beaucoup des choses qui se passoient. Jusque là nous n'avions eu aucune lumière qu'on lui pût donner des avis. Il nous dit que Dalencé lui avoit conté que, quelques jours avant son départ de Paris, le prince, arrosant des œillets, lui dit : « Aurois-tu jamais cru que ma femme

« feroit la guerre pendant que j'arrose mon jardin ? »
et qu'enfin le prince se divertissoit de toutes choses :
ce qui nous donna bien de la joie.

Il nous dit encore qu'on avoit su de science certaine
ce dont nous nous doutions de longue main, et dont
j'ai parlé ailleurs, qu'un écuyer de la princesse donnoit avis de tout ce qu'il savoit au cardinal par la correspondance qu'il avoit avec son frère, qui étoit écuyer
de Son Eminence; et que comme ce premier avoit
su que les amis du prince avoient découvert qu'il
trahissoit le parti, il s'étoit fait mettre à la Bastille
pour justifier un jour son innocence à sa maîtresse ;
ce qui est une manière de justification assez singulière. Il nous dit de plus que des Chapizeaux et Le Picard, revenant à Bordeaux de la frontière et de Paris,
où j'ai dit que la princesse les avoit envoyés, avoient
été faits prisonniers à Montlhéry chez un autre écuyer
de la princesse, nommé Dorgemont, qu'ils étoient allés visiter, et qui vraisemblablement en donna avis :
tant les grands sont sujets à être trompés de leurs
domestiques, et tant les gens de bien sont rares contre
les espérances de la cour.

La trève fut renouvelée : on s'assembla au parlement pour l'enregistrer.

Le président d'Affis, dont je crois avoir fait ailleurs
le caractère, à qui la princesse avoit donné une croix
de diamans d'un prix considérable, et à qui elle donnoit, comme monsieur son mari a fait depuis, une
pension de deux mille écus, lui avoit donné parole qu'il lui feroit donner dix mille écus sur le convoi, afin qu'elle pût congédier un grand nombre d'officiers blessés ou malades, et quelques autres qui n'a-

voient pas moyen de sortir de Bordeaux, leur fidélité et leur zèle au service du prince leur ayant fait engager jusqu'à leurs habits. On proposa, après la vérification de la trêve, de faire cette avance à la princesse, sur ce que d'Affis avoit promis ; mais, au lieu de l'effectuer, il rompit l'assemblée de son autorité, disant hautement qu'il ne consentiroit jamais qu'on prît les deniers du Roi. On sut depuis qu'il avoit reçu une lettre de Servien qui lui donnoit de grandes espérances d'une fortune avantageuse de la part du cardinal, s'il le servoit en cette occasion : ce qui donna sujet à la princesse de dire en présence de plusieurs de ses confédérés que d'Affis l'avoit mal servie pour son argent. Ainsi, pour l'ordinaire, sont récompensés ceux qui se laissent toucher par un intérêt sordide. Le conseiller Massiot, qui voulut avoir un des meilleurs chevaux de l'écurie de M. le prince, moyennant quoi il promit de trouver moyen de lui faire donner cet argent, tint mieux sa parole, mais elle ne servit en rien.

Filsgean retourna de la cour fort mal satisfait des difficultés qu'on faisoit sur toutes les propositions de la princesse, particulièrement sur la liberté des princes, dont on ne vouloit pas seulement ouïr parler, ni même de comprendre la princesse et ses serviteurs dans la même déclaration de Bordeaux, et encore moins de mettre hors de la Bastille madame et mademoiselle de Bouillon ; et qu'on avoit refusé tout court le séjour à Coutras ou à Nérac, quoique l'écrit envoyé par le duc d'Orléans donnât à la princesse le choix des maisons. On dénioit encore plus décisivement que tout le reste la restitution du gouvernement de Poitou au duc de La Rochefoucauld. La princesse, de qui la maison étoit pour lors toujours remplie de monde de toutes conditions, ne manqua pas, et nous tous, de faire remarquer combien la trop grande envie qu'on témoignoit de la paix empêchoit de la faire bonne et sûre, et combien le cardinal tiroit d'avantages de la connoissance qu'il avoit de l'esprit de Bordeaux: elle ajouta qu'il les chicaneroit bien davantage sur l'article du duc d'Epernon. Enfin le peuple, qui aimoit et respectoit la princesse, parut irrité de ces changemens, ou plutôt de ces manquemens de parole, et commença à murmurer contre ce renouvellement de trêve. Mais comme les principaux de la ville n'aspiroient qu'à faire leurs vendanges à quelque prix que ce fût, cette chaleur ne fut pas fomentée par eux, et ne produisit qu'un feu de paille.

Le 26, on renvoya Filsgean avec ordre d'insister tout de nouveau sur tous les articles dont il étoit chargé, et surtout d'opiniâtrer le séjour de Nérac, et de tâcher adroitement de se faire proposer par les ministres Montrond, par les raisons que j'ai dites ci-dessus; sinon, à toute extrémité, de se fixer aux terres d'Anjou, à cause du voisinage du duc de La Rochefoucauld, en cas qu'on lui rendît son gouvernement; et de La Rochelle, parce que nous avions toujours quelque espérance de gagner Du Dognon, quoiqu'en bonne intelligence avec le cardinal. Mais nous savions bien que les inquiétudes naturelles de l'un et les manquemens de parole de l'autre, quand les périls étoient passés, ne tiendroient pas long-temps l'esprit de ce gentilhomme en même assiette.

T. 54. 7

On fit revue des troupes pour reconnoître si l'argent qu'on leur avoit donné avoit été bien employé; mais on trouva que, sur le bruit de la paix, les capitaines l'avoient mis à leur profit particulier, comme ils font toujours en toutes occasions tant qu'ils peuvent, surtout quand on n'est pas en état de les pouvoir casser.

Gourville retourna de Bourg, et nous dit plusieurs particularités de la dureté du cardinal contre tout le parti et contre Bordeaux, sur les avis continuels qu'il en recevoit qu'on vouloit la paix et faire vendanges. Il faut confesser que j'ai vu peu d'hommes se mieux prévaloir des occasions que celui-là, et de qui l'esprit se tournât plus aisément d'une extrémité à une autre, suivant les mouvemens de son intérêt.

Tosani, que j'avois chargé d'une de mes dépêches pour l'Espagne dès le 5 du mois, retourna ce même jour de Saint-Sébastien, et rapporta un billet de Sauvebœuf aux bourgeois de Bordeaux, par lequel il leur promettoit prompts secours; et un autre de Baas, en créance sur lui. Cette créance étoit que quatorze vaisseaux étoient sortis de Saint-Sébastien, avec ordre de secourir Bordeaux de quelque manière que ce fût, et qu'ils seroient très-assurément le 27 ou le 28 dans la Garonne; ajoutant que les quatre vaisseaux qui étoient quelques jours auparavant vers la tour de Cordouan, à l'embouchure, étoient retournés en leur port, sur la nouvelle qu'ils avoient reçue qu'on avoit fait une estacade dans la passe vis-à-vis de Blaye, qui leur fit croire que leur passage étoit impossible; dont Vatteville, outré de colère, avoit fait mettre les commandans en prison.

Il étoit vrai que ces capitaines étoient prisonniers, mais il étoit vrai aussi (comme nous l'avons su depuis, et comme Vatteville même me l'a confessé) que c'étoit par un coup de son adresse; et que, connoissant l'impuissance en laquelle le Roi son maître étoit de nous secourir, il faisoit toutes les démonstrations de le vouloir faire pour soutenir le courage des Bordelais, et que cette raison, et l'espérance qu'il avoit qu'enfin on pourroit nous donner du secours, lui faisoit inventer toutes ces ruses qui nous étoient, me dit-il, autant avantageuses qu'à lui, parce qu'elles retardoient la paix de Bordeaux; et qu'au surplus le Roi son maître tiroit cette utilité que nous occupions les forces de France, qui sans cela lui auroient fait du mal ailleurs. A grand' peine un Espagnol naturel auroit-il inventé telle chose; mais celui-ci étoit un Bourguignon raffiné en Italie, et le plus propre aux tours de passe-passe qu'aucun homme que je connoisse : il prend même plaisir à le dire, et s'en fait honneur.

À l'heure même qu'on eut reçu cette nouvelle, qui se trouva fausse comme les autres qu'on nous avoit dites et écrites de cette nature-là, on fit partir Bar et Morpin, soldats bordelais qui avoient servi sur mer, et dans deux petits embarquemens différens, qui pouvoient facilement la nuit, et à la faveur de la marée, passer à travers les vaisseaux du Roi. On leur ordonna d'aller à la rencontre de ce prétendu secours d'Espagne, et d'instruire de l'état des choses celui qui en auroit le commandement, afin de le presser par toutes voies de venir devant Bordeaux, et de combattre s'il ne pouvoit passer autrement.

Je ne m'étonne plus, depuis que j'ai pratiqué le baron de Vatteville, de toutes les fausses espérances qu'il nous a données; elles lui convenoient bien, et j'ai connu par une longue expérience que la plupart des hommes trompent, quand ils peuvent, en pareilles occasions : ce que pourtant je ne voudrois jamais faire, si je n'étois trompé le premier par les ordres que je recevrois des maîtres, et ce que je ne serois pas fâché qu'un autre du parti dont je serois fît, pour l'utilité qui en reviendroit, et que néanmoins je ne voudrois pas conseiller. Mais je m'étonne que trois hommes comme ceux que nous avions en Espagne, pleins d'esprit et de bon sens, se laissassent tromper à vue comme ils faisoient à tous momens : aussi, à la réserve du marquis de Sillery, de qui je connois la probité, j'ai souvent soupçonné les autres d'avoir eu trop de complaisance pour Vatteville, qui outre les présens que Mazerolles et Baas avoient eus à Madrid, leur en avoit fait de fort considérables à Saint-Sébastien; ce qui leur en rendoit le séjour plus agréable que celui de Bordeaux.

On envoya Longchamps en toute diligence à Bourg porter cette nouvelle à Filsgean, avec ordre de tirer toutes choses en la plus grande longueur qu'il pourroit, pour essayer de donner loisir à cette flotte de nous secourir. Le bourgeois en mouroit d'envie, et témoignoit une impatience non pareille de la voir paroître pour rompre la trêve, et recommencer la guerre plus fort qu'auparavant. Ils croyoient que le siége étant levé (comme il ne pouvoit manquer de l'être par un secours tel qu'on dépeignoit celui-là), il auroit moyen de faire sa vendange, et que chacun se ressentiroit des sommes immenses qu'on croyoit qui nous venoient sur ces vaisseaux, l'intérêt ayant été de tout temps le plus éloquent et le plus persuasif de tous les orateurs.

Le 27, Filsgean, qui n'avoit pas reçu cet ordre, ni même vu Longchamps, qu'il avoit manqué par le chemin, arriva à Bordeaux plein de colère contre le maréchal de Villeroy, Servien et La Vrillière, qui étoient ceux qui traitoient pour le cardinal, de ce qu'ils ne vouloient aucunement l'admettre dans les conférences avec les députés de Paris et de Bordeaux, et de ce qu'ils commençoient à gourmander ceux-ci, lesquels (à la réserve de d'Espagnet qui étoit toujours ferme et constant) témoignoient une telle passion pour la paix, que la cour s'en prévalant leur tenoit le pied sur la gorge; en telle sorte qu'il y avoit sujet de craindre qu'avant son retour à Bourg les articles ne fussent signés à telle condition qu'il plairoit au cardinal.

Un gentilhomme du maréchal de La Force arriva chargé d'une lettre pour la princesse, et d'une autre pour le parlement. L'une et l'autre les assuroient de la continuation des services de toute cette maison; et que s'ils pouvoient tirer la négociation en longueur, et leur donner dix ou douze jours de temps, ils se promettoient de secourir Bordeaux et de faire lever le siége. Cette dépêche nous parut à tous venir de gens habiles, qui étoient bien instruits de l'envie qu'avoit Bordeaux de faire la paix. Ils savoient l'état du traité; ils avoient peur que comme on étoit mal satisfait de toutes les paroles inutiles qu'ils avoient données, on ne les abandonnât, et que la cour ne les châtiât après avec facilité, pour la manière dont ils avoient usé avec elle, et vouloient être compris dans la paix pour être à couvert de tout; et qu'en tout cas, si l'Espagne nous secouroit, ils profiteroient autant et plus de la guerre qui recommenceroit, que s'ils y étoient entrés aussitôt que les autres.

Aussi fit-on des réponses au maréchal civiles et honnêtes, mais qui ne concluoient rien, parce que si on refusoit le service de cette maison, et que la paix vînt à se rompre, elle se seroit tournée contre nous; et si l'on l'acceptoit, et que les lettres fussent venues à être interceptées par la cour, elle auroit eu un juste sujet de nous manquer parole sur toutes choses : et les esprits de Bordeaux n'étoient pas en état qu'on pût rien hasarder.

La princesse et les ducs allèrent au parlement pour leur faire récit de ce que Filsgean, qui étoit à leur suite, leur avoit rapporté. La princesse leur dit qu'étant responsable au Roi majeur, à l'Etat et au prince son mari, de la vie du duc son fils, et la compagnie lui ayant donné protection toute entière dans leur ville, elle venoit leur déclarer qu'elle s'en déchargeoit entre leurs mains; qu'elle s'étoit embarquée sur la foi de leurs arrêts à soutenir la guerre avec de grandes dépenses; qu'elle n'avoit rien fait que par leurs avis, et dont elle ne leur eût donné part; qu'elle protestoit dans cette assemblée qu'elle la prenoit, en général et en particulier, à garant de tout ce que le cardinal Mazarin entreprendroit contre la personne de monsieur son fils; qu'elle les prioit d'en revêtir leurs registres, et de ne conclure aucun accommodement sans sa sûreté pleine et entière. On répondit à la princesse avec respect et civilité, et on lui dit qu'on délibéreroit sur sa demande, et qu'on feroit tout ce qui seroit dans la possibilité pour la servir utilement, et tous ses amis et serviteurs.

Le 28, les chambres étant assemblées, le parlement résolut et écrivit en effet à ses députés, en conséquence des instances de la princesse, de ne rien du tout signer qui ne fût conforme au registre, surtout en ce qui concernoit la sûreté de la princesse, du duc son fils, et sur les intérêts des ducs de Bouillon et de La Rochefoucauld. Remond et Mirat, commissaires du parlement au conseil de guerre, leur écrivirent dans le même sens, et que s'ils outrepassoient leurs ordres, ils seroient désavoués.

Cependant quantité de bons bourgeois, et les jurats mêmes, alloient par les rues, et crioient hautement contre l'infidélité du Mazarin, qui, foulant aux pieds les résolutions prises dans le parlement de Paris et les volontés du duc d'Orléans, manquoit à toutes les paroles qu'il avoit données, et vouloit entrer dans Bordeaux pour y rétablir le duc d'Epernon et y exercer ses vengeances. Ils invitoient le peuple à ne pas le souffrir. Les députés arrivèrent sur le soir avant que d'avoir reçu les dépêches dont je viens de parler. Le port étoit tout bordé de peuple, qui, sachant que la paix étoit conclue, témoigna une grande douleur et une grande crainte de l'avenir, surtout quand ils surent que c'étoit avec des conditions bien moindres que celles qu'on leur avoit fait espérer.

Filsgean, qui étoit retourné dès la veille à Bourg, et qui en retourna avant les députés, dit à la princesse et partout les articles de la paix, qui remplirent la ville de consternation et de tristesse. On s'assembla chez la princesse, et tous les frondeurs chez Mirat. Ces deux conseils se joignirent après, et résolurent ensemble, comme chacun d'eux avoit fait en particulier, qu'on feroit le lendemain tous les efforts imaginables pour faire passer dans le parlement qu'on députeroit des commissaires pour examiner la déclaration, et que cependant on prieroit Bitaut d'aller en poste à Paris avec un conseiller de Bordeaux; ou si celui-là ne le pouvoit, de charger celui-ci d'une de ses lettres pour sa compagnie et une pour le duc d'Orléans, afin qu'on se plaignît conjointement des manquemens de paroles du cardinal, et du procédé des commissaires qu'il avoit fait nommer par le Roi, afin qu'il plût à Son Altesse Royale et au parlement de Paris de donner les ordres prompts et nécessaires pour l'observation de ce qu'ils avoient déterminé pour l'accommodement de Bordeaux, et pour assoupir toute cette guerre.

La princesse alla visiter tous les députés, pour les prier de ne pas faire rapport de ce qu'ils avoient traité à Bourg qu'elle n'en eût eu connoissance, afin d'examiner les articles qui concernoient elle et ses amis, pour donner au parlement les observations qu'elle y feroit en même temps; qu'ils rapporteroient à la compagnie leur négociation, et qu'elle soumettroit tous ses intérêts à leurs jugemens; mais elle ne put obtenir cela de ces députés.

On faisoit cependant toutes choses possibles pour avoir de l'argent, dont la disette étoit au-delà de tout ce que je puis dire; à quoi l'on ne put jamais parvenir, quelque soin que l'on en prît.

On reçut une autre lettre des amis de Paris, autant inutile que celle dont j'ai parlé ci-dessus : ils nous exhortoient de ne conclure aucune paix sans la liberté des princes; mais ils agissoient sur un plan bien différent de celui de Bordeaux.

Le 29, le parlement s'assembla. Un trésorier nommé Richon, parent de ce pauvre malheureux qui fut pendu à Libourne, au lieu de songer à venger cette mort, se laissa gagner par quelque émissaire du cardinal, et distribua de l'argent à deux cents coquins de la lie du peuple qui se trouvèrent, et lui à leur tête, à l'entrée du Palais, criant qu'ils vouloient la paix. Dans cette assemblée du parlement il y eut vingt voix de l'avis qui avoit été concerté la veille chez la princesse et chez Mirat; et le surplus de la compagnie, qui prévaloit en nombre, fut d'avis d'accepter la paix en la forme qu'elle étoit, dont la meilleure raison qu'ils dirent fut celle de faire leurs vendanges, et toutefois de conférer avec la princesse, pour voir si l'on pouvoit encore ajuster quelque chose pour ses intérêts.

Les ducs de Bouillon et de La Rochefoucauld prirent la peine de venir en mon logis, où nous examinâmes fort exactement la déclaration qu'on projetoit d'envoyer au parlement. Nous observâmes, et j'écrivis en marge, les défauts qui se rencontroient en chaque article pour la sûreté de tous les intéressés, afin que les faisant voir chacun pût dire sa pensée. Le duc de Bouillon proposa qu'on assemblât tous les officiers généraux et les principaux de la noblesse qui étoit à Bordeaux, pour leur demander leurs avis : ce qui fut fait. C'est une grande prudence d'en user de la sorte en pareille occurrence, parce que la défiance des hommes est telle, particulièrement dans les partis, qu'on ne veut se rapporter à personne de ses intérêts;

et qu'on murmure toujours contre ce qu'on n'a point fait soi-même.

Les députés de Paris et de Bordeaux vinrent conférer avec la princesse, qui me commanda de lire en leur présence, et en celle des ducs, les observations que nous avions faites sur les articles de paix. Ils avouèrent qu'elles contenoient beaucoup de choses qu'ils n'avoient pas prévues; et on résolut que Filsgean retourneroit avec eux à la cour, où l'on feroit de nouvelles instances pour redresser l'affaire autant qu'on le pourroit en tout ce qui regardoit la princesse, le duc, et messieurs de Bouillon et de La Rochefoucauld. Elle pria ensuite Bitaut de dire au maréchal de Villeroy qu'elle trouvoit fort étrange qu'il eût fait sortir diverses fois son envoyé de la chambre sans le vouloir ouïr; et qu'elle espéroit qu'un jour monsieur son mari lui en feroit reproche en des termes qui ne lui plairoient pas.

La princesse envoya un courrier à Persan, qui commandoit à Montrond, pour lui mander à Brezé l'état de la place, afin qu'elle prît ses mesures pour y aller ou n'y aller pas, suivant qu'elle seroit propre pour son séjour, ou pour faire la guerre. Elle en envoya un autre à Chavagnac pour mener les troupes que Tavannes lui avoit laissées vers Limeuil droit à Montrond, pour y servir, si cette place pouvoit soutenir la guerre pendant l'hiver; sinon de les faire passer dans l'armée du vicomte de Turenne : et cela en cas qu'elle acceptât les conditions qu'on lui offroit pour la paix. Elle chargea le même courrier de passer jusques à Castelnau pour rendre une dépêche au maréchal de La Force qui l'instruisoit de l'état des choses.

Les bourgeois paroissoient bien consternés de cette paix, et particulièrement de ce qu'on y avoit ménagé les intérêts du duc d'Epernon. Cette considération seule consoloit nos amis et nos frondeurs, parce que c'étoit la semence d'une nouvelle guerre; et dans le dessein que nous avions de la recommencer à toutes occasions tant que les princes seroient prisonniers, nous les fortifiions dans cette créance autant qu'il nous étoit possible.

La princesse dépêcha encore au comte de Saint-Géran et au marquis de Levis, qui nous avoient donné de nouvelles espérances de se jeter tout de nouveau dans le parti, avec les troupes qu'ils avoient levées pour la cour.

Mirat étoit l'arc-boutant de notre fronde. Il étoit puissant et autorisé dans la ville; et sans difficulté c'étoit un homme capable de grands desseins, d'un profond secret, et autant propre à conduire une affaire adroitement et délicatement dans un parlement, qu'aucun que j'aie connu : et ce qu'il avoit de fort singulier est qu'on ne peut voir d'homme plus désintéressé que lui. Il étoit mon ami très-particulier, et m'avoit tenu toutes les paroles qu'il m'avoit données. Il fut donc celui à qui seul je m'ouvris d'un dessein que je roulois dans mon esprit dès que je prévis que la paix se feroit sans la liberté des princes : j'en parlerai ci-après. Il falloit, avant de l'entreprendre, être assuré si Bordeaux recevroit une autre fois madame la princesse, M. le duc, leurs amis et serviteurs; et en un mot qu'ils recommenceroient la guerre. Je demandai donc à Mirat si par hasard quelque intrigue de cour nous faisoit entrevoir des moyens de cette liberté, et qu'il fallût l'appuyer par les armes, s'il croyoit que Bordeaux fût capable de les reprendre de nouveau en faveur de M. le prince. Il me répondit qu'il y avoit huit jours que ses amis du parlement, et ceux qu'il avoit parmi les bons bourgeois, et lui, ne s'entretenoient d'autre chose; et que tous étoient dans le sentiment de recommencer la guerre au printemps, et de n'être jamais en repos que quand il seroit hors de prison; qu'il avoit charge d'eux de me parler, et de me dire que pourvu que nous puissions avoir trois ou quatre cent mille francs pour recommencer la guerre, il me répondoit qu'ils sauroient bien trouver de quoi la maintenir; que je m'assurasse de nos amis de dehors, et qu'il me répondoit sur sa vie de ceux du dedans.

« Mais, lui dis-je, comment ferons-nous pour nous
« rendre les maîtres de la rivière?—Vous avez, me
« dit-il, tout l'hiver devant vous pour négocier en
« Espagne et y obtenir des vaisseaux; et s'ils vous
« en refusent, il faudra en demander en Angleterre
« ou en Hollande; et je vous réponds que tout se-
« cours, de quelque pays qu'il arrive, sera le bien
« venu. » Ce fut assez me dire; et j'eus bien de la joie quand je vis qu'il me faisoit hardiment des propositions que je voulois lui faire délicatement et peu à peu. Nous discourûmes long-temps sur la matière, et nous résolûmes de nous communiquer par chiffres, et de conduire toutes choses de concert.

J'allai à l'heure même trouver le duc de La Rochefoucauld, auquel j'avois une confiance tout entière; et nous fûmes ensemble chercher le duc de Bouillon en son logis. Je leur contai l'entretien que je venois d'avoir avec Mirat, et dès-lors nous résolûmes que ce secret ne passeroit pas les ducs, Mirat et moi, et de faire ce que nous fîmes deux jours après.

Les députés retournèrent à la cour, et ceux de Paris donnèrent parole à la princesse qu'ils rapporteroient, avec le procès-verbal de la paix dans leur compagnie, un écrit qu'elle feroit et signeroit de sa main, contenant tout ce qu'elle avoit demandé à la cour, ce qu'elle avoit obtenu et ce qu'on lui avoit refusé, particulièrement sur le sujet de monsieur son mari et de messieurs ses beaux-frères; qu'elle croyoit ses propositions si justes, qu'elle les soumettoit à leur jugement; et que si elles leur paroissoient telles, elle les supplioit d'interposer l'autorité de la justice du Roi, dont ils étoient les dépositaires, pour lui en faire obtenir l'effet. A l'instant même la princesse me commanda de dresser cet écrit, comme je fis; elle le copia de sa main, et l'envoya à Bitaut.

J'allai ensuite voir les principaux du parlement et les jurats, pour leur persuader de rendre à la princesse les pierreries qu'elle leur avoit données en gage pour sûreté des sommes qu'ils lui avoient prêtées, de peur que la cour, qui en pourroit être avertie, ne s'en saisît; et qu'elle donneroit à la place desdits joyaux une obligation pour le paiement desdites sommes.

Le premier d'octobre, toute la ville parut sensiblement touchée du prochain départ de la princesse, du jeune duc, et de tant de seigneurs et gentilshommes qui étoient à leur suite; mais fort irritée de ce que quantité de soldats de l'armée du Roi, qui étoient entrés dans la ville, y faisoient beaucoup d'insolences, et parloient comme s'ils eussent été dans un pays de conquête, eux qui étoient accoutumés à ceux de la princesse, qui pendant tout son séjour avoient été contenus, par les soins du duc de Bouillon, dans une discipline merveilleuse. Nouvelle vint tout-à-coup qu'ils avoient brûlé la maison de Barges qui appartenoit au conseiller de Bordes, insigne frondeur, homme de courage, et bien allié dans la ville : ce qui faillit à causer une sédition.

Filsgean écrivit au duc de Bouillon que les choses commençoient à s'adoucir à son égard; qu'il avoit bonne espérance que ce qui concernoit la princesse s'accommoderoit, mais que le cardinal étoit plus aigri que jamais contre le duc de La Rochefoucauld. Nous ne nous mettions guère en peine de ses douceurs ni de ses colères, parce qu'il n'avoit d'emportement ni d'adoucissement que suivant qu'il convenoit à ses desseins : et il faut avouer que peu d'hommes sont autant maîtres de leur esprit qu'il l'étoit du sien. Il fit ce jour-là demander une conférence avec le duc de Bouillon par le marquis de Duras son beau-frère. Le duc la refusa, contre mon sentiment ; car en l'état qu'étoient les choses on ne pouvoit trop témoigner de condescendance au cardinal, après lui avoir fait voir tant de fermeté et de constance qu'avoit fait ce duc; et il étoit tout-à-fait utile à notre dessein de semer autant de jalousie que nous pourrions entre les frondeurs et lui. Mais le duc de Bouillon, qui étoit assez malheureux dans l'opinion du monde (en quoi on ne lui faisoit pas justice), crut qu'il ne devoit pas hasarder sa réputation envers les Bordelais, pour le peu de temps qu'il avoit à demeurer dans leur ville.

Il courut un bruit que la princesse s'étoit sauvée la nuit, poussée du mécontentement qu'elle avoit témoigné les jours précédens, et s'étoit allée jeter avec le jeune duc entre les mains de la maison de La Force. On en fut bientôt désabusé à Bordeaux ; mais ce bruit tint tout un jour la cour en inquiétude, appréhendant qu'il n'y eût quelque partie nouée avec les huguenots.

Le duc de La Rochefoucauld, de qui la ponctualité étoit grande à rendre compte de toutes choses à la duchesse de Longueville, proposa à la princesse de lui dépêcher quelqu'un. Le duc de Bouillon, qui trouva la proposition raisonnable, nomma Gourville pour ce voyage ; car il savoit qu'il étoit le confident de leur intrigue. Il eut ordre de voir les amis de Paris, les informer de l'état des choses, leur conseiller de mettre la puce à l'oreille aux frondeurs et au duc d'Orléans sur le sujet du cardinal et de la liberté des princes, qu'il nous faisoit entrevoir. On lui confia le secret dont j'ai parlé ci-dessus, pour en donner part à la duchesse de Longueville et au vicomte de Turenne, afin que du côté de Flandre ils commençassent à ébaucher quelque chose avec le comte de Fuensaldagne, et de leur rendre un compte exact de l'état auquel nous nous trouvions. Je leur envoyai par cette voie à chacun un chiffre, pour la correspondance qu'il seroit nécessaire d'avoir avec eux quand nous serions séparés. Les ducs m'en donnèrent aussi chacun un, et aux principaux du parti : nous en laissâmes plusieurs à Bordeaux, et en envoyâmes par tous les endroits où nous avions commerce.

On eut avis que les Espagnols de Flandre, avant

que d'envoyer les passe-ports pour la paix, avoient demandé à l'envoyé du duc d'Orléans s'il avoit pouvoir de traiter conjointement la liberté des princes; et ayant répondu que non, comme fit depuis Son Altesse Royale, ils lui mandèrent qu'on s'assembleroit donc inutilement, et que Sa Majesté Catholique ne consentiroit jamais à aucune paix, que cette liberté n'en fût le premier article. Ils se retirèrent du côté de Verdun, qu'on crut qu'ils alloient assiéger. On eut aussi avis que le duc de Lorraine, qui étoit dans le Barrois, et qui avoit étendu ses troupes jusque dans le Bassigny, les rassembloit, afin de se joindre à l'archiduc pour ce dessein.

Saint-Aoust prêta mille écus à la princesse, le marquis de Saint-Sauveur pareille somme, et le conseiller Bitaut deux mille livres, qu'elle distribua à l'heure même à des officiers pauvres, blessés ou malades.

Le 2, la princesse, qui avoit commencé de visiter tous ses amis et serviteurs du parlement de Bordeaux, ne put continuer, parce qu'elle eut un peu de fièvre : de sorte que messieurs les ducs de Bouillon et de La Rochefoucauld, et moi, allâmes de sa part chez tous ceux qu'elle n'avoit pas vus en leurs logis, qui tous témoignèrent un très-grand regret de son départ, et de ce qu'ils n'avoient pu lui ménager une paix plus avantageuse.

L'hôtel-de-ville fit une assemblée générale et solennelle, où on résolut de rendre les pierreries que la princesse avoit données pour la sûreté du prêt de cinquante mille écus qu'on avoit promis de lui faire, et sur lequel elle avoit reçu soixante mille livres. On lui fit présent de cette somme, et on résolut de payer le reste des dettes de la guerre à son acquit. Les jurats, suivis d'un grand nombre des principaux, vinrent voir et complimenter la princesse et le duc son fils, lui rapportèrent les pierreries, qu'elle fit grande difficulté d'accepter : elle voulut à toute force leur donner son obligation, qu'ils refusèrent pareillement. Enfin, après de longues contestations, la princesse reçut le don qu'on lui faisoit. Elle le paya de beaucoup de larmes qu'elle jeta en abondance, sans qu'il lui fût possible de dire un seul mot à toute cette assemblée, dont elle embrassa les plus considérables, et le jeune duc tous tant qu'ils étoient l'un après l'autre. Ils sortirent de son hôtel tout en pleurs : on arrêta toutes les parties dues, qui furent assignées sur l'hôtel-de-ville. Ils allèrent voir et remercier les ducs de Bouillon et de La Rochefoucauld, et les principaux officiers de l'armée. Ils me firent l'honneur de venir en mon logis, et m'apportèrent les lettres de bourgeoisie dont ils m'avoient parlé auparavant, que je reçus comme une marque de leur estime et de leur amitié.

Tous les députés retournèrent, et rapportèrent la déclaration de la paix, beaucoup méliorée en leur dernier voyage ; elle fut publiée à l'heure même, et j'ai cru la devoir insérer ici :

« Louis, par la grâce de Dieu roi de France et de
« Navarre, à tous ceux qui ces présentes lettres ver-
« ront, salut. L'expérience a fait voir depuis quel-
« que temps que rien n'a donné tant d'audace à nos
« ennemis, pour leur faire refuser une paix raison-
« nable que nous leur avons fait offrir, et qu'ils eus-
« sent bien été contraints d'accepter, que les troubles

« qui ont été excités en quelques endroits de notre
« royaume. Il n'y a point de doute qu'ils n'en aient
« été les secrets et principaux auteurs par le moyen
« de leurs émissaires et partisans, et par les impos-
« tures et fausses impressions dont ils ont tâché sans
« cesse de remplir les esprits de nos peuples, pour les
« partager en diverses factions, et les animer les uns
« contre les autres. De notre part, nous n'avons rien
« omis de tout ce qui a été en notre pouvoir pour
« prévenir un si dangereux mal avant sa naissance,
« et pour le faire cesser promptement aux lieux où il
« a paru. Chacun a pu connoître aussi que tandis que
« nous avons pu conserver nos forces toutes unies
« pour agir au dehors, et que nous n'avons point été
« obligé d'en employer une partie pour apaiser les
« mouvemens du dedans, Dieu nous a fait la grâce,
« avec l'assistance de notre généreuse noblesse et de
« nos autres fidèles sujets et serviteurs qui sont dans
« nos armées, de soutenir glorieusement et avec avan-
« tage les droits de notre couronne, et l'honneur de
« la nation qu'il a soumise à notre obéissance, contre
« toutes les puissances étrangères. On a vu toutes les
« années le siége de la guerre établi dans le pays de
« ceux qui n'ont pas voulu se porter à la raison; et
« nos Etats ayant été garantis de toutes sortes d'in-
« vasions, ont été presque les seuls de l'Europe, pen-
« dant le cours des hostilités dont elle est agitée, qui
« ont joui d'une espèce de calme au milieu de l'orage
« public. Mais depuis que l'artifice de nos ennemis
« est devenu assez heureux pour séduire et attirer
« dans le parti quelques uns de nos sujets qui, non
« contens d'avoir travaillé par diverses pratiques à

« allumer le feu de la révolte en plusieurs provinces
« de notre royaume, se sont rendus eux-mêmes les
« conducteurs de nos plus obstinés ennemis pour
« leur faciliter les moyens de nous ravager nos fron-
« tières et d'y faire des progrès, nous avons vu avec
« un extrême déplaisir les Espagnols, enflés par l'es-
« pérance de profiter des désordres qu'ils croyoient
« avoir excités dans notre Etat, non seulement rejeter
« les conditions de paix qu'ils avoient ci-devant eux-
« mêmes proposées ou accordées, mais ne faire pas
« scrupule de rompre toutes sortes d'assemblées et
« de négociations pour la traiter et la conclure. Cette
« considération nous a convié de redoubler nos soins
« pour calmer promptement tous les troubles de no-
« tre royaume, afin de parvenir plus facilement aux
« moyens de calmer aussi tous ceux de la chrétienté.
« C'a été pour en venir à bout que, pendant les ri-
« gueurs de l'hiver, nous avons entrepris les voyages
« de Normandie et de Bourgogne, afin d'affermir par
« notre présence le repos de nos peuples dans ces
« deux provinces, et empêcher l'effet des menées et
« cabales qu'on y avoit faites pour les jeter dans la
« désobéissance. Nous n'avons pas eu peine en ces
« occasions de nous résoudre à préférer les voies de
« la douceur et du pardon à celles des armes ou de
« la justice, lorsque nous avons fait réflexion que le
« sang qui eût été répandu d'une façon ou d'autre
« étoit celui de nos sujets, que nous avons intérêt et
« intention de conserver comme le nôtre, n'ayant pas
« moins d'amour et de tendresse pour eux que s'ils
« étoient nos propres enfans. Lorsqu'ils se sont éloi-
« gnés de leur devoir, nous nous sommes contenté de

8.

« les y ramener par des effets de bonté, en leur faisant
« seulement connoître que nous étions en état de les y
« contraindre par ceux de notre puissance, lesquels
« nous nous sommes réservés de faire sentir à nos en-
« nemis, après avoir considéré qu'on ne peut gagner
« de victoire sur des sujets sans perdre beaucoup.
« Autant de fois que les nôtres se sont mis en chemin
« de se ruiner par quelque entreprise faite contre
« notre autorité, nous avons mieux aimé nous vaincre
« nous-même pour les sauver, que de tirer raison par
« la force des offenses qu'ils nous avoient faites. Dès
« qu'ils nous ont témoigné un véritable repentir de
« leurs fautes, nous les avons de bon cœur oubliées,
« pour peu que nous ayons pu avoir d'assurance qu'ils
« n'y retomberoient plus, et que la grâce qu'ils re-
« cevoient de nous ne seroit point préjudiciable au
« reste de notre Etat. Les mouvemens survenus en
« notre ville de Bordeaux pendant les deux dernières
« années nous ont donné lieu de faire éclater en fa-
« veur de ladite ville l'affection paternelle que nous
« avons pour tous nos sujets, après avoir déjà apaisé
« ceux de l'année 1649 par notre déclaration et ar-
« ticles du 28 décembre dernier, registrée le 11 jan-
« vier 1650. Nous avons encore résolu de faire cesser
« avec la même bonté ceux de l'année présente, en
« éteignant et assoupissant la mémoire de tout ce qui
« peut avoir été fait ou entrepris depuis le jour de
« ladite déclaration jusques à présent. A ces causes,
« après que notre cour de parlement et les habitans
« de notre ville de Bordeaux nous ont rendu toutes
« les soumissions et obéissances que nous avons dé-
« sirées d'eux, avec les assurances de leur fidélité à

« notre service ; de l'avis de la Reine régente, notre
« très-honorée dame et mère, de notre très-cher et
« amé oncle le duc d'Orléans, de plusieurs princes,
« ducs et pairs, officiers de notre couronne, et autres
« grands et notables personnages de notre conseil,
« de notre certaine science, pleine puissance et au-
« torité royale, nous avons dit et déclaré, disons et
« déclarons par ces présentes signées de notre main,
« voulons et nous plaît qu'amnistie générale soit ac-
« cordée, comme nous l'accordons dès à présent, à
« tous les habitans de notredite ville de Bordeaux, de
« quelque qualité et condition qu'ils soient, comme
« aussi à notre cousin le duc et maréchal de La Force,
« les marquis de La Force, de Castelmoron et de Cu-
« gnac, ses enfans, de tout ce qui a été fait, entre-
« pris ou négocié depuis notredite déclaration du 26
« décembre dernier, soit qu'ils aient fait ligues,
« unions, associations, levées ou enrôlemens de gens
« de guerre sans nos commissions ; prises de deniers
« publics ou particuliers ; ordonné des impositions
« sans notre permission ; fait des fortifications nou-
« velles ; occupé des places, châteaux ou passages ; et
« généralement pour tout ce qui a été fait ou commué
« à l'occasion desdits mouvemens. Ensuite de quoi
« nous voulons et entendons que tous les dessus-
« dits, de quelque qualité et condition qu'ils soient,
« sans nul réserver ou excepter, soient conservés en
« tous leurs biens, priviléges, honneurs, dignités,
« prééminences, prérogatives, charges, offices et bé-
« néfices, en tel et pareil état qu'ils étoient avant ladite
« prise d'armes, nonobstant toutes déclarations, let-
« tres de cachet, arrêts ou jugemens publiés ou don-

« nés au contraire, lesquels demeureront nuls et de
« nul effet.

« En conséquence de ladite amnistie, notre cou-
« sine la princesse de Condé pourra se retirer avec
« notre cousin le duc d'Enghien son fils, avec leurs
« trains composés de leurs officiers, domestiques, et
« de ceux de notre cousin le prince de Condé, en l'une
« de ses maisons d'Anjou, où elle pourra demeurer
« en toute sûreté et liberté, et jouir de tous ses biens
« et revenus, ensemble de ceux de notredit cousin
« le prince de Condé son mari, par les mains de ceux
« qui y ont été par lui ci-devant commis et agréés par
« nous; et main-levée des meubles et immeubles si
« aucuns ont été par nous saisis, à condition de de-
« meurer ci-après dans la fidélité et obéissance qu'ils
« nous doivent, et de renoncer à toutes unions,
« ligues, associations et pratiques où ils pourroient
« être ci-devant entrés, tant dedans que dehors notre
« royaume : dont notre cousine donnera sa déclara-
« tion par écrit. Ensuite de quoi elle fournira les
« ordres nécessaires pour faire cesser à l'avenir tous
« les actes d'hostilité qui s'exercent sous son nom
« et celui de notre cousin son fils dans leurs terres
« ou ailleurs, en la province de Berri, vicomté de
« Turenne, et autres provinces de deçà la Loire; et
« pour faire retirer les garnisons qu'ils ont établies
« en diverses places ou châteaux qui ont été occupés,
« lesquels seront remis à notre disposition pour être
« ordonné touchant la garde et conservation d'iceux
« ce que nous jugerons à propos pour notre service,
« et pour assurer le bien de nos sujets : si mieux elle
« n'aime d'aller à Montrond, à condition de réduire

« la garnison à deux cents hommes de pied et cin-
« quante gardes de cheval, qui seront entretenus à
« nos dépens sur la recette générale de Berri, en
« donnant les sûretés nécessaires que ladite garnison
« ni lesdites gardes ne feront aucun acte d'hostilité;
« moyennant quoi ceux qui sont à présent dans ledit
« lieu de Montrond, et dans les autres châteaux du
« Berri et Bourbonnais appartenant à notredit cou-
« sin le prince de Condé, et autres occupés par ses
« ordres, en les remettant dans le même état qu'ils
« étoient avant les mouvemens, jouiront de l'amnistie
« générale, et seront remis en leurs biens, dignités
« et charges, en faisant par eux les mêmes déclara-
« tions que dessus : et en conséquence tous prison-
« niers de guerre seront rendus de part et d'autre; et
« les châteaux occupés par nos armes, appartenant à
« notredit cousin le prince de Condé et cousine sa
« femme, seront pareillement remis au même état
« qu'ils étoient.

« Les ducs de Bouillon et de La Rochefoucauld,
« les marquis de Sauvebœuf, de Sillery et de Lu-
« signan, Mazerolles, Baas, Fanget, La Mothe, de La
« Borde, et tous autres seigneurs et gentilshommes,
« officiers, soldats ou habitans de notredite ville de
« Bordeaux, de quelque qualité et condition qu'ils
« soient, sans aucun excepter, qui ont pris ou porté
« les armes pour ladite ville, pris part auxdits mou-
« vemens, même ceux qui ont été ci-devant à Belle-
« garde, traité ou négocié avec les Espagnols ou
« autres étrangers, fait ligues, unions ou associa-
« tions tant dedans que dehors notre royaume, eu
« connoissance ou participation de ces traités, né-

« gociations ou ligues pendant les mouvemens de la
« présente année et de la précédente, jouiront de
« ladite amnistie, à la charge de demeurer ci-après
« dans la fidélité et obéissance qu'ils nous doivent,
« et de renoncer auxdits traités, ligues, unions et as-
« sociations ; et moyennant ce, ils seront remis en la
« possession et jouissance de leurs charges, biens et
« dignités dont ils jouissoient au jour que notredite
« cousine la princesse de Condé est partie de Mont-
« rond, sans même qu'ils puissent être ni recher-
« chés ni inquiétés en leurs personnes ni en leurs
« biens, dont main-levée leur est faite à notre égard
« pour ce qu'ils pourroient avoir commis ou entre-
« pris auparavant et depuis le 18 janvier dernier, à
« condition néanmoins que les nouvelles fortifica-
« tions qui ont été faites à Turenne, Saint-Clerc,
« Limeuil, et autres lieux qui leur appartiennent, se-
« ront rasées, et que les garnisons qui y ont été éta-
« blies en seront ôtées : ce qui sera exécuté inces-
« samment, en présence de ceux qui seront par nous
« commis pour le faire faire.

« Aussitôt que la présente déclaration aura été pu-
« bliée, nous voulons et entendons que tous nos su-
« jets de ladite ville, et tous autres qui sont présen-
« tement en icelle, posent les armes, avec défenses
« de les reprendre ci-après, pour quelque cause et
« prétexte que ce puisse être, sans notre comman-
« dement exprès, ou de ceux qui auront pouvoir de
« nous de leur ordonner.

« Tous les gens de guerre, étrangers ou de ladite
« ville, qui ont été levés par les ordres de notredite
« cousine la princesse de Condé, de notre cousin le

« duc d'Enghien son fils, du parlement ou ville de
« Bordeaux, ou par ceux des ducs de Bouillon et
« de La Rochefoucauld, seront licenciés incontinent
« après la publication de la présente déclaration ; et
« les officiers et soldats qui sont maintenant dans la-
« dite ville en sortiront incessamment pour se reti-
« rer en leurs maisons, après avoir fait les déclara-
« tions et sermens que dessus, à l'égard des officiers
« seulement ; et leur seront donnés les passe-ports
« et sauf-conduits nécessaires pour la sûreté de leur
« retraite, même auxdits marquis de Sauvebœuf, de
« Sillery, Mazerolles, Baas, Fanget, La Lande, La
« Borde et autres qui sont en Espagne et ailleurs,
« pour revenir en France avec leurs domestiques,
« train et équipages, et jouir de leurs biens, charges
« et dignités, sans que toutefois lesdits gens de
« guerre puissent se retirer en troupes qui excèdent
« le nombre de vingt maîtres, ni rien prendre sur
« nos sujets sans payer aux lieux où ils passeront.

« Tous prisonniers de guerre et autres, faits de-
« puis ledit temps à l'occasion desdits mouvemens,
« seront mis en liberté au jour de la publication de
« la présente déclaration.

« Tous arrêts et jugemens donnés, et résolutions
« prises depuis le jour de la déclaration du 26 dé-
« cembre dernier, et arrêt d'enregistrement jusqu'à
« présent, pour raison desdits mouvemens ou des dif-
« férends qu'ils ont causés contre notre très-cher et
« bien amé oncle le duc d'Epernon, ses officiers et
« domestiques, par contumace ou autrement ; contre
« le feu général de La Valette ou autres qui ont com-
« mandé nos troupes, servi en icelles, ou, en quelque

« autre manière que ce soit, exécuté nos ordres et
« commandemens dans ladite province de Guienne,
« tant nos officiers qu'autres qui peuvent y avoir été
« employés de quelque façon que ce puisse être, au
« préjudice d'icelles personnes, biens, honneurs,
« droits, dignités, charges, prérogatives ou privilé-
« ges, comme pareillement toutes ordonnances dudit
« duc d'Epernon, demeureront nulles et de nul effet,
« sans que de tout le contenu en iceux il puisse être
« fait à présent ou à l'avenir aucune poursuite ni re-
« cherche.

« Tout ce qui aura été pris et enlevé par les gens
« de guerre, de mer ou de terre, à la réserve des ar-
« mes et des chevaux, sera rendu aux propriétaires.

« Si donnons en mandement à nos amés et féaux
« conseillers les gens tenant notre cour de parle-
« ment de Bordeaux que ces présentes ils aient à
« faire lire, publier et enregistrer le contenu en
« icelles, garder et observer, sans y contrevenir ni
« souffrir qu'il y soit contrevenu en quelque sorte et
« manière que ce soit; car tel est notre plaisir. En
« témoin de quoi nous avons fait mettre notre scel à
« cesdites présentes. Donné à Bourg, le premier jour
« d'octobre l'an de grâce mil six cent cinquante,
« et de notre règne le huitième. *Signé* Louis ; et sur
« le repli : *Par le Roi*, la Reine régente sa mère pré-
« sente, Phelypeaux. »

Ceux qui avoient vu les malheurs et les craintes
que nous avions eus depuis l'emprisonnement des
princes, et qui avoient été les témoins de nos inquiétudes et de notre pauvreté, admiroient et louoient

Dieu de nous voir obtenir une paix assez honorable
entre des sujets et le souverain, et assez sûre, puisque la princesse avoit la meilleure place de France
pour son séjour, et des troupes dépendantes d'elle
pour la garder, et soldées par le Roi. Elle y retira
tout ce qu'elle voulut choisir dans le parti pour sa sûreté, et envoya le reste ou au vicomte de Turenne, ou
en lieux d'où nous les pouvions tirer dans tous les
temps que nous en aurions besoin. Elle gagna l'affection d'une des plus considérables villes du royaume;
elle y soutint la guerre sans endetter sa maison; elle
donna le mouvement, par sa fermeté et celle de ses
amis, à tout ce qu'on vit après éclore dans le royaume
en faveur de monsieur son mari; elle fit rétablir
ses amis et serviteurs dans leurs biens et dans leurs
charges; elle évita de tomber avec monsieur son
fils entre les mains des ennemis de sa maison, et
donna l'exemple à tout le royaume pour défendre l'innocence opprimée; et surtout elle acquit avec l'amitié et l'estime de monsieur son mari, qui ne la croyoit
pas capable de contribuer autant qu'elle fit à sa liberté, celle de toute la France, et l'on peut dire de
l'Europe, qui vit faire avec étonnement à une jeune
princesse sans expérience tout ce que la prudence la
plus consommée et la hardiesse la plus déterminée
auroient pu entreprendre. Mais que ne peut point la
bonne volonté et l'honneur quand ils sont animés par
deux hommes de la qualité, du mérite, de la conduite, du bon sens, de l'expérience et du courage
des ducs de Bouillon et de La Rochefoucauld; de la
bravoure d'un grand nombre de seigneurs, de gentilshommes et d'officiers, qui risquèrent avec joie leur

vie et leur fortune pour son service, et qu'elle auroit menés au bout du monde, au travers de tous les périls, pour contribuer quelque chose à la liberté du prince de Condé, auquel ils s'étoient pour la plupart attachés dès leur jeunesse, et duquel ils avoient appris à mépriser les dangers? Ils furent tous imités des amis des ducs de Bouillon et de La Rochefoucauld, qui se comportèrent dans toute cette affaire comme s'ils avoient été domestiques et enrichis des bienfaits du prince, duquel ils espéroient avec raison plus qu'ils n'en ont eu. Et je confesse que j'avois quelque complaisance pour moi-même, en songeant que je m'étois déterminé à enlever la princesse avec monsieur son fils de Chantilly, environné de gardes; que je l'avois menée de là à Montrond, qu'elle mit en assez bon état pour soutenir la guerre; puis à Turenne, et qu'ensuite je sus obéir aux ordres de ces deux ducs assez heureusement pour les obliger à se louer de mes soins et de mon exactitude, et pour m'honorer de leur amitié et de leur confiance.

Ceux pourtant qui n'aspiroient qu'à la perte du cardinal Mazarin; les Bordelais qui vouloient celle du duc d'Epernon; ceux qui avoient conçu l'espérance de s'enrichir de l'argent que nous attendions d'Espagne, ou qui croyoient s'avancer en charges et en dignités dans la guerre; ceux qui croyoient pêcher en eau trouble; ceux qui craignoient les châtimens, et surtout ceux qui étoient demeurés à Paris à former des idées inutiles pour le service des prisonniers, n'étoient pas contens de notre paix, et tâchoient à diminuer le mérite de ceux dont les soins et la fatigue l'avoient fait obtenir : nous-mêmes, qui n'aspirions qu'à la liberté des princes, et qui ne pouvions jamais avoir plaisir ni repos sans cela, étions encore moins satisfaits que les autres; et nous ne nous consolions de l'avoir obtenue qu'en considérant la disposition que nous avions donnée aux choses qui la pouvoient causer, et ce que nous avions fait avec rien.

Revenons au dessein que nous avions fait pour recommencer la guerre, duquel j'ai promis de parler. C'étoit de faire que le marquis de Lusignan, feignant de craindre les châtimens pour ce qu'il avoit fait en cette guerre de Bordeaux et en celle de l'année précédente, et d'éviter la présence du Roi, se retireroit en Espagne pour conférer avec Sillery, Baas et Mazerolles, qui y étoient encore; pour s'instruire des affaires de ce pays-là, et reconnoître si le défaut du secours que nous en espérions étoit un effet de leur impuissance ou de leur politique, afin qu'au premier cas il vît si, la campagne suivante, ils pouvoient nous en donner un tel que nous le souhaitions, et s'ils avoient manqué de secourir Bordeaux par un faux raisonnement, pour éviter la perte du cardinal Mazarin, dont ils pouvoient croire que la mauvaise conduite leur étoit avantageuse, et croire encore que sa chute venant à calmer l'Etat, comme nous avons dit ailleurs, les affaires reprendroient leur premier train; et remettant le prince de Condé dans le conseil et à la tête des armées, il deviendroit aussi redoutable à la monarchie d'Espagne qu'il l'étoit avant sa prison.

En ce cas, Lusignan leur persuaderoit, par toutes les raisons que les ducs de Bouillon et de La Rochefoucauld et moi lui dîmes, que les choses en l'état qu'elles étoient en France ne se pouvoient calmer, parce que

quand le prince viendroit à être en liberté par la
perte du cardinal, la Reine ne pourroit jamais prendre
de confiance en lui, parce qu'il étoit plus offensé
contre les frondeurs que contre le cardinal ; parce
que ceux-ci aspiroient au gouvernement des affaires ;
parce que le prince et eux ne pouvoient jamais avoir
de confiance ni de liaison les uns avec les autres ;
parce que les parlemens, l'Eglise, la noblesse, et tous
les ordres du royaume, avoient pris un air de liberté
que tous les partis maintiendroient pour ne pas retomber dans la toute-puissance de la cour, qui ne pouvoit jamais convenir aux uns ni aux autres : et qu'a-
près avoir rendu les ministres d'Espagne capables de
ce raisonnement, il leur proposeroit de faire un traité
avec la princesse et ses principaux amis, qui compre-
noient tout ce qui étoit à Bordeaux, même la duchesse
de Longueville, le vicomte de Turenne ; tout ce qui
étoit à Stenay, et quantité de personnes qui ne s'é-
toient pas encore déclarées, comme le maréchal de
La Mothe, le comte d'Aléus en Provence, plusieurs
personnes qualifiées et considérables à la cour, la
maison de La Force, dont le nom leur étoit fort connu
par toutes les anciennes affaires de la religion, et qui
leur faisoit sous-entendre les huguenots ; que par ce
traité tous les confédérés s'obligeroient, et eux réciproquement, à ne poser jamais les armes qu'à la paix
générale, faite avec toute la satisfaction d'Espagne ; et
que l'on agiroit (tous autres intérêts cessant), et du
côté de Flandre et du côté de Guienne, à la liberté
des princes.

Que l'on ajusteroit les desseins de Flandre entre le
vicomte de Turenne et le comte de Fuensaldagne ; et

que du côté de Guienne ils nous secourroient de vingt-cinq ou trente vaisseaux de guerre, de six mille hommes de pied et de deux mille chevaux; qu'ils entreroient les uns par terre et les autres dans la rivière de Bordeaux, dans le temps dont on conviendroit avec eux; que nous les mettrions dans Bourg et dans Libourne, qu'ils fortifieroient à leur volonté, et où ils mettroient telle garnison qu'il leur plairoit; qu'ils nous donneroient une quantité d'argent et de munitions de guerre, etc.; que de notre côté les ducs de Bouillon et de La Rochefoucauld feroient autant de cavalerie et d'infanterie qu'ils pourroient en Poitou, Saintonge, Angoumois, Turenne et Guienne; qu'ils se rendroient à Libourne en même temps qu'eux; et que la princesse et le jeune duc se jeteroient à Bordeaux, qui les recevroit à bras ouverts; que le maréchal et les marquis de La Force, de Castelnau et de Castelmoron se saisiroient de Bergerac, de Sainte-Foy, de Dhomme et de Montauban; le marquis de Lauzun, de Marmande; et Lusignan, d'Agen.

Lusignan ne devoit rien dire de tout ceci aux envoyés que nous avions en Espagne, et fut chargé de ne se découvrir qu'à don Louis de Haro seulement, parce que jamais secret ne fut plus délicat que celui-là, puisque nous prenions ce dessein dans le temps même de la paix. Il étoit su de peu de gens, qui tous étoient intéressés à le faire réussir; et difficilement pouvoit-il être découvert par les préparatifs, puisqu'ils devoient se faire tous en Espagne, et que nos amis en France ne devoient se mouvoir que quand les Espagnols seroient dans Bourg et dans Libourne. Nous résolûmes même que la princesse n'en sauroit rien;

et quoiqu'elle fût pleine de bonne volonté et de courage, elle étoit jeune, et environnée de jeunes filles et femmes qui eussent pu en découvrir quelque chose, et parler.

Il fut donc résolu par les ducs que j'irois cette nuit, la veille du départ de la princesse, l'éveiller quand elle seroit endormie, et que je lui ferois signer (comme je fis) un billet conçu en ces termes : « Je supplie Sa
« Majesté Catholique, M. don Louis de Haro et tous
« messieurs les ministres, d'avoir toute créance au
« marquis de Lusignan, que je dépêche à Sadite Majesté, sur tout ce qu'il proposera de ma part. Daté
« de Bordeaux le 3 octobre 1650, et signé Claire-
« Clémence DE MAILLÉ-BREZÉ, princesse DE CONDÉ. »

Je remis en présence des ducs ce billet entre les mains de Lusignan, à une heure après minuit ; et il partit à l'instant même avec nos chiffres, et le moyen de nous faire savoir de ses nouvelles et de lui faire tenir des nôtres sous des noms supposés.

LIVRE SIXIÈME.

Le 3, la princesse partit de Bordeaux dans une galère, accompagnée des ducs de Bouillon, de La Rochefoucauld, des comtes de Coligny, de Guitaut, de Meille, de Lorges, et de quantité de noblesse et d'officiers. Elle fut accompagnée sur le port de quantité de personnes de conditions de tous les ordres de Bordeaux, et de plus de vingt mille personnes du peuple, de tout âge et de tout sexe, qui, pleurant et soupirant, faisoient des imprécations contre le cardinal, et combloient de bénédictions la princesse et le jeune prince. Elle croyoit prendre terre à Lormont, et passer à Coutras, où chacun avoit liberté de l'accompagner, et où elle avoit permission de demeurer trois jours, quand elle rencontra sur la rivière le maréchal de La Meilleraye, qui alloit la visiter à Bordeaux, et qui, après les devoirs rendus, lui conseilla de passer à Bourg pour y voir Leurs Majestés. Elle y résista fort; mais enfin ayant pris l'avis des ducs, qui lui dirent que Son Altesse ne pouvoit mieux faire, par plusieurs raisons que j'ai touchées en quelque endroit ci-dessus, elle se résolut à suivre les sentimens de ce maréchal, qui, ayant pris le devant pour savoir, disoit-il, si la Reine agréeroit sa visite, il retourna, dit à la princesse qu'elle seroit la bien venue, et le voyage se continua : dont il arriva ce que je dirai après.

Le bruit vint à Bordeaux (d'où je ne partis que le

jour suivant, quelques affaires qui restoient à ajuster m'y ayant retenu) que l'on menoit la princesse prisonnière à Bourg. En même temps les artisans du quartier du Chapeau-Rouge fermèrent leurs boutiques, criant aux armes contre le Mazarin. Les rues voisines en firent autant; et dans le premier emportement quatre ou cinq soldats de l'armée du Roi qui voulurent dire quelque chose furent assommés, quand un gentilhomme, que la princesse me dépêcha pour me dire la raison qui l'obligeoit d'aller à Bourg, cria à haute voix que cela étoit faux, et que la princesse alloit à la cour de son bon gré pour se jeter aux pieds de la Reine, et lui demander la liberté de monsieur son mari. Cette assurance calma ce commencement de sédition, qui prenoit le train d'avoir des suites fâcheuses contre ceux qui avoient témoigné désirer la paix.

Le parlement s'assembla : et quelqu'un ayant proposé d'imiter les jurats, et de rendre à la princesse les pierreries qu'elle avoit mises dans le coffre qu'ils appellent de *finances communes,* pour la sûreté du prêt qu'ils lui avoient fait de trente-deux mille francs, la proposition fut renvoyée à ceux du bureau, qui depuis la remit au jugement du parlement, qui quelque temps après remit les pierreries entre les mains de Mirat, pour les rendre, comme il fit, à la princesse.

Le corps de ville reçut ordre par Sainctot, maître des cérémonies, d'aller visiter le cardinal Mazarin. Les jurats, qui avoient eu défense du parlement quelque temps auparavant, et qui même avoient résolu de ne le pas faire, ne se crurent pas assez forts pour résister à cet ordre après la paix conclue, et n'osèrent pourtant pas y déférer de leur mouvement. Ils allèrent donc au Palais pour demander avis au parlement, qui pour lors étoit assemblé comme je viens de dire. Il y eut vingt-deux voix à leur défendre de faire cette visite, sur peine de privation de leurs charges, et cela par toutes les raisons les plus injurieuses que l'on puisse imaginer; et vingt-six qui formèrent l'arrêt de ne rien répondre sur cette proposition, et la laisser décider par ceux qui la faisoient.

La princesse, en sortant de Bordeaux, donna au corps de ville six galères, dix galiotes et un vaisseau; les poudres, mèches, grenades, plombs, et autres munitions qui étoient dans son magasin; les chevaux de frise, fraises, palissades, et autres choses qui étoient à La Bastide, aux Chartreux, Saint-Surin, et autres postes, qui tous avoient été fortifiés aux frais de Son Altesse, et qui revenoient à des sommes considérables.

Le 4, les jurats, après s'être déterminés à obéir à l'ordre de visiter le cardinal, partirent dans la galère appelée *la Princesse,* qu'ils avoient fait équiper autant bien qu'ils avoient pu pour la présenter au Roi comme ils firent, après en avoir ôté la devise que la princesse y avoit fait mettre, et qui étoit dans les étendards dès le commencement de la guerre. C'étoit une grenade en feu qui éclatoit de toutes parts, avec cette parole : *Coacta,* pour donner à entendre que comme la grenade ne fait jamais de bruit d'elle-même, la princesse n'en faisoit que parce qu'elle y étoit contrainte.

Je partis avec les jurats, et me rendis à Bourg,

parce que je savois que la princesse y étoit. J'allai d'abord au logis de Son Altesse, qui étoit celui du maréchal de La Meilleraye : je la trouvai prête à partir pour Coutras. Elle me fit l'honneur de me raconter ce qui s'étoit passé depuis son départ de Bordeaux, et me dit qu'étant allée rendre ses devoirs à la Reine, elle ne trouva dans la chambre de Sa Majesté que le Roi, Monsieur, Mademoiselle, et le cardinal; et qu'on lui avoit dit que celui-ci en avoit fait retirer tout le monde, dans la crainte qu'il avoit qu'elle ne s'emportât contre lui (ce qu'elle auroit fait infailliblement, me dit-elle, si messieurs de Bouillon et de La Rochefoucauld ne l'en avoient empêchée); qu'elle entra dans sa chambre, n'ayant à sa suite que la comtesse de Tourville, sa dame d'honneur; qu'elle menoit monsieur son fils par la main, et qu'elle parla en ces termes à la Reine, après avoir mis un genou à terre, et avoir été relevée :

« Madame, je viens me jeter aux pieds de Votre
« Majesté pour lui demander pardon si j'ai fait quel-
« que chose qui lui ait déplu : elle doit excuser la
« juste douleur d'une demoiselle qui a eu l'honneur
« d'épouser le premier prince du sang, qu'elle voit
« dans les fers, et qui a cru avoir juste raison d'ap-
« préhender un même sort pour son fils unique, que
« je vous présente. Lui et moi, madame, vous de-
« mandons, les larmes aux yeux, la liberté de mon-
« sieur son père : accordez-la, madame, aux grandes
« actions qu'il a faites pour la gloire de Votre Ma-
« jesté, à sa vie qu'il a tant de fois prodiguée pour
« le service du Roi et pour celui de l'Etat, et à ma
« très-humble prière.

« Je suis bien aise, ma cousine, que vous connois-
« siez votre faute, lui repartit la Reine ; vous voyez
« bien que vous avez pris une mauvaise voie pour
« obtenir ce que vous demandez. Maintenant que
« vous en allez tenir une toute contraire, je verrai
« quand et comment je pourrai vous donner la satis-
« faction que vous demandez. »

La princesse me raconta ensuite qu'elle n'avoit voulu ni voir ni parler au cardinal Mazarin chez la Reine ; mais que, peu après qu'elle eut pris congé de Sa Majesté et qu'elle fut en son logis, il lui étoit allé faire une visite ; que la parole qu'elle avoit donnée aux ducs de Bouillon et de La Rochefoucauld, et le besoin qu'elle avoit de la Reine, à qui elle venoit de demander la liberté des princes, dont elle n'avoit pas été éconduite, l'avoient empêchée de lui dire des injures, et de le maltraiter autant qu'elle auroit pu ; qu'elle s'étoit contentée (ne pouvant mieux faire) de le recevoir avec toute la froideur qui lui fut possible ; que le cardinal ayant été d'un air enjoué à M. le duc pour lui baiser la main, il n'avoit jamais voulu approcher de lui, ni lui dire une seule parole. Elle ajouta que les ducs avoient vu Leurs Majestés, Mademoiselle et le cardinal, qui tous les avoient favorablement reçus ; qu'elle avoit fait grande difficulté de voir le maréchal de Villeroy et le duc de Damville ; et qu'enfin n'ayant pu résister aux conseils que ses amis lui avoient donnés de les recevoir, elle avoit du moins eu la satisfaction de leur laver la tête, et particulièrement aux derniers, de l'impertinente conduite qu'ils avoient tenue envers monsieur son mari. Et après m'avoir dit tout ceci, la princesse monta en carrosse pour aller coucher dans sa duché de Fronsac, et m'ordonna de voir, avant que de partir, le comte de Saint-Aoust.

Après qu'elle fut partie, les ducs me racontèrent toute la conversation qu'ils avoient eue avec le cardinal Mazarin, tout ce qui s'étoit passé, et ce qu'ils avoient appris depuis leur arrivée à la cour. Ils me menèrent ensuite dans le cloître des Pères Récollets, où Saint-Aoust leur avoit dit (sachant que j'étois vers la princesse) qu'il m'alloit attendre. Je le trouvai : les ducs allèrent pour prendre congé du cardinal; et j'appris, par la conversation de mon ami, qu'il avoit plus d'espérance que jamais de la liberté des princes, tant par les désordres du royaume, qui augmentoient par la résistance qu'avoit faite Bordeaux, que par la mauvaise intelligence qui étoit parmi les frondeurs; que le cardinal avoit dit à plusieurs personnes, et à lui-même, qu'il travailleroit, à son retour à Paris, à cette liberté; que pourtant il étoit toujours à son ancienne opinion que si le cardinal pouvoit se rendre maître du duc d'Orléans et de la Fronde, il les tiendroit en prison tant qu'il pourroit, ne se souciant de rien, pourvu que le cabinet ne lui fît point de peine.

Les ducs m'avoient conseillé de voir le cardinal; je leur avois refusé, parce que je craignois que cette visite (qui pouvoit d'ailleurs profiter en donnant de la jalousie aux frondeurs) ne me mît en défiance dans tout le parti. Je connus fort bien qu'ils avoient envie que je le visse, parce qu'ils l'avoient vu. Ils lui dirent que j'étois arrivé à Bourg, et que j'entretenois Saint-Aoust aux Récollets. Le cardinal, qui avoit ses raisons particulières de me voir, envoya le maréchal de Villeroy pour me prier de sa part de me rendre en son logis, où il vouloit m'entretenir. Je lui repartis que j'aurois bien souhaité que la princesse n'eût point été partie, pour lui en demander la permission; mais que je n'osois me déterminer à suivre mon inclination, qui étoit d'avoir l'honneur de voir Son Eminence en son absence. Mais enfin, m'ayant tous deux dit de très-bonnes raisons pour y aller, et qui me paroissoient utiles au service du prince, je me résolus à suivre le maréchal.

Le cardinal me reçut d'un air qui me parut étudié, parce qu'il étoit plus doux, plus ouvert et plus agréable que ne méritoit un homme comme moi, et qui sortoit de Bordeaux. J'essayai de mon côté de ne paroître pas embarrassé, parce que j'avois résolu de lui parler avec une franchise libre et hardie, pour avoir lieu de lui dire tout ce qui convenoit à mon dessein.

Il me dit qu'il faisoit toujours justice aux gens qui faisoient leur devoir envers leurs amis, quelque mal qui lui en revînt; et que tout ce qu'il m'avoit vu faire pour le service de M. le prince augmentoit de beaucoup l'estime qu'il avoit toujours eue pour moi. Et lui ayant répondu que j'étois bien heureux d'entendre des louanges que je ne méritois que par ma bonne volonté, dans un temps que j'appréhendois des reproches; qu'il étoit d'un aussi grand homme que lui de prendre les choses comme il faisoit, et que c'étoit le moyen d'instruire ses serviteurs à faire leur devoir, il me prit par la main, et, me menant vers une fenêtre de sa chambre qui regardoit le Bec-d'Ambez et Bordeaux, il me dit : « C'est une chose étrange que ce que les
« peuples se mettent dans la tête. En bonne foi, dites-

« moi qu'est-ce que M. le prince a fait pour cette
« ville-là qui ait pu l'obliger à risquer tout ce qu'elle
« a risqué pour son service?— Je crois, lui dis-je,
« monsieur, que l'opinion générale de l'innocence
« de Son Altesse a fait déterminer Bordeaux à faire
« voir que les Gascons ont plus de générosité que les
« autres; outre cela, ils sont tous persuadés que Votre
« Eminence veut les opprimer, pour venger les pas-
« sions de M. d'Epernon. Ils croient que M. le prince
« n'étoit pas l'année passée d'avis qu'on les poussât à
« bout, et que vous vouliez les perdre; ils vous haïs-
« sent, et ils l'aiment; M. le prince souffre, et vous
« régnez. L'exemple que Paris a donné à toutes les
« villes du royaume a fait une grande impression en
« ces quartiers-ci; et la meilleure raison de toutes,
« c'est que les peuples n'en ont point, et qu'ils ne
« conçoivent les choses qu'autant qu'elles leur plai-
« sent et qu'elles les flattent. Croyez, monsieur, que
« vous en verrez souvent arriver de pareilles tant
« que l'autorité ne sera point rétablie; et que vous
« ne la rétablirez jamais que par la liberté de M. le
« prince, et par une sincère union avec Son Altesse,
« que j'acheterois de ma vie.

« Je veux, me répliqua-t-il, vous entretenir à fond
« de la conduite de M. le prince, et des raisons que
« j'ai eues de me porter à conseiller à la Reine de
« le mettre où il est; et je m'assure que vous ne me
« condamnerez pas après m'avoir ouï.—Je suis si bien
« instruit, monsieur, lui répliquai-je, des actions de
« Son Altesse dès son enfance, de la passion qu'il a
« eue toute sa vie pour le bien de l'Etat, pour le ser-
« vice particulier de la Reine et pour le vôtre, que

« je ne puis imaginer ce que Votre Eminence pour-
« roit me dire pour me persuader. »

Il étoit tard ; c'étoit le jour de Saint-François, et il n'avoit pas ouï messe : il tira sa montre, et ayant connu que midi approchoit : « Allons, me dit-il, aux Récol-
« lets; vous viendrez à la messe, et ensuite dîner avec
« moi. » Et lui ayant répliqué que je m'étois acquitté de ce devoir avant que de partir de Bordeaux : « Bien,
« me dit-il, pendant que nous l'entendrons, vous irez
« voir la Reine. » Il ordonna à l'abbé de Palluau, à présent évêque de Poitiers, pour lors son maître de chambre, d'aller savoir si Sa Majesté étoit en état d'être vue. Il lui parla ensuite à l'oreille, et nous crûmes tous qu'il lui ordonnoit de dire à la Reine de ne me témoigner aucune aigreur; et en effet elle m'honora d'un accueil plus favorable que je ne pouvois espérer, et que je ne méritois. Le cardinal monta en carrosse avec les ducs de Bouillon et de La Roche-foucauld, et me commanda de m'y mettre : ce que je fis. Il se prit d'abord à sourire, et dit : « Qui auroit
« cru il y a quinze jours, voire huit, que nous eus-
« sions été tous quatre aujourd'hui dans un même car-
« rosse ? — Tout arrive en France, lui repartit le duc
« de La Rochefoucauld. — Comme je n'ai jamais dés-
« espéré, dit le duc de Bouillon, de recouvrer quel-
« que jour l'amitié de Votre Eminence, tout ceci, et
« tout ce dont j'espère qu'il sera suivi, ne me sur-
« prend ni ne me surprendra. — Ce m'est un grand
« honneur, monsieur, lui dis-je, d'être dans ce carrosse
« dans une telle compagnie; mais je ne serai jamais
« content que je n'y voie M. le prince. — Tout cela
« viendra dans son temps, me répondit-il. — Je vois

« ce que c'est, repartis-je ; vous voulez que M. le duc
« d'Orléans et lui y soient ensemble. » Il se mit à rire ;
et comme nous arrivâmes à l'église, où l'abbé de Palluau se rendit fort peu de temps après, il me conduisit par ordre du cardinal chez la Reine.

Je dis à Sa Majesté que je venois l'assurer de ma fidélité et de mon obéissance ; et que si j'avois fait quelque chose contre ce que je lui devois, que je la suppliois avec un profond respect de considérer que depuis vingt-cinq années j'avois reçu tant de marques de l'amitié, de la confiance et de l'estime de M. le prince et de feu monsieur son père, que j'aurois été le plus décrié de tous les hommes si je n'avois suivi le torrent de tous les amis et serviteurs de sa maison, qui avoient cru qu'il n'y avoit que la voie qu'ils avoient tenue pour garantir la liberté de M. le duc et celle de madame sa mère ; et que j'avois une très-sensible douleur de ce qu'eux et moi nous étions abusés dans notre créance.

« Je suis bien aise, me repartit Sa Majesté, de vous
« voir ici ; je souhaiterois que ce fût sans avoir été à
« Bordeaux. Je sais bien que vous avez beaucoup
« d'honneur, que vous avez bien servi le Roi par le
« passé, et que vous êtes très-capable de continuer :
« je veux croire que vous vous en acquitterez avec
« autant d'affection que vous en avez témoigné en
« servant M. le prince, puisque vous en recevrez plus
« de gloire et plus d'avantages ; et que vous ne don-
« nerez plus de conseils violens à madame la prin-
« cesse. Vous êtes trop habile pour ignorer qu'on ne
« fait rien faire aux rois par force.

« Personne, lui dis-je, madame, ne le sait mieux

« que moi : c'est une maxime que j'ai apprise de feu
« M. le prince et de monsieur son fils, qui tous deux
« ont porté l'autorité royale autant haut que jamais
« personne ait fait. Les grands services qu'ils ont ren-
« dus, chacun dans leur temps, à l'Etat et à Votre
« Majesté en sont une preuve indubitable; et personne
« de nous n'a eu une pensée autant criminelle que
« l'auroit été celle de prétendre forcer Vos Majestés
« à donner la liberté à messieurs les princes. Nous
« avons cru mettre celle de M. le duc en sûreté,
« comme j'ai déjà eu l'honneur de dire à Votre Majesté;
« et dans tous les temps nous avons eu recours aux
« très-humbles prières. » La Reine eut la bonté de me
laisser parler, plus à la vérité et plus librement que je
ne devois ; et ayant cessé : « Ne parlons plus, dit-elle,
« du passé; songez seulement à conduire les choses
« à l'avenir en telle sorte que le Roi puisse user de
« clémence et de douceur. »

Sa Majesté se mit ensuite en conversation sur diverses choses qui s'étoient passées à Bordeaux, dont
elle me commanda de lui dire le détail : ce que je fis
en particulier ; et comme elle éleva sa voix, plusieurs
des assistans s'avancèrent. La comtesse de Brienne, qui
étoit bien intentionnée pour les princes, et qui avoit
beaucoup de respect pour la princesse douairière,
voulant me rendre un bon office, dit : « On ne sau-
« roit, madame, excuser ce méchant homme-là (en
« me regardant); mais il faut avouer qu'il est pourtant
« le plus excusable de tout le parti. — C'est pour cela,
« dit la Reine, que je lui parle comme je fais; et il
« m'a déjà fait rire par un conte qu'il me vient de faire,
« qui est fort plaisant. » Tout-à-coup Sa Majesté chan-

geant de propos et rougissant, dit à haute voix, et en telle sorte que tout le monde l'ouït : « Ah! si l'on n'étoit « pas chrétien, que ne devroit-on point faire contre « ceux qui sortent d'une ville rebelle, qui ont été à « Bellegarde, et qui s'en vont tout droit à Stenay vers « madame de Longueville et vers M. de Turenne? — « Madame, lui dis-je, trouvez bon qu'avec tout le res- « pect que je dois à Votre Majesté, je prenne la liberté « de la supplier de ne s'emporter jamais contre des « gens fidèles à leurs maîtres. Il y a de certains brouil- « lons d'Etat qu'on ne peut assez châtier ; mais il y a « des gens de bien qui, accablés d'obligations, ne « sauroient prendre un autre parti que de servir ceux « auxquels ils sont redevables. Je sais bien, madame, « que Votre Majesté ne parle pas de moi, parce que « je n'ai point été à Bellegarde, et que je n'irai pas à « Stenay; mais, madame, Dieu préserve Votre Ma- « jesté d'un sort autant rigoureux et cruel que l'a été « celui de la feue reine mère Marie de Médicis, qu'un « ministre sa créature poussa à bout! Et par le dis- « cours qu'il vous a plu de faire, madame, vous per- « mettez à toutes celles de Votre Majesté de l'aban- « donner, si jamais elle venoit à être persécutée sous « le nom du Roi son fils par quelqu'un qui useroit « mal de son autorité : mais j'espère que Sa Majesté « aura assez de vertu et de bon naturel pour détester « de semblables violences. — N'avez-vous pas vu le « Roi, me dit la Reine? » Et lui ayant répondu que je n'avois pas eu cet honneur-là, elle commanda qu'on appelât Sa Majesté et Monsieur. J'eus l'honneur de baiser la main à l'un et à l'autre, et de remercier la Reine de la bonté qu'elle avoit eue de me faire expédier un brevet du Roi qui me permettoit de demeurer auprès de la princesse et de M. le duc, et de les assister de mes conseils. C'étoit la seule chose que j'avois demandée par la paix, dans la crainte que la princesse et les ducs eurent que, d'abord que nous serions désarmés, la cour, croyant que j'étois de quelque utilité à Son Altesse, ne m'envoyât quelque ordre pour la quitter, auquel il auroit été difficile de ne pas obéir. Après m'être acquitté de mes devoirs, je me retirai d'auprès de Sa Majesté.

J'allai ensuite faire la révérence à Mademoiselle, de qui j'avois jusques alors reçu en toutes rencontres des traitemens très-favorables : elle m'avoit même souvent fait donner des marques de son souvenir pendant que j'étois à Bordeaux, par tous ceux qui y arrivoient. Elle me redoubla ses grâces ce jour-là; et d'abord qu'elle m'aperçut, elle vint à moi d'un air brusque et délibéré à son ordinaire, et commença à me dire qu'elle avoit presque envie de m'embrasser, tant elle étoit satisfaite de tout ce qu'elle savoit que j'avois fait pour les princes; et, sans me donner le loisir de lui parler, elle poursuivit en me disant qu'elle n'aimoit point du tout M. le prince, et que pourtant elle aimoit ceux qui l'avoient servi. « Ce « n'est pas, lui dis-je, Mademoiselle, une marque de « haine : aussi osé-je dire à Votre Altesse qu'elle « auroit tort d'en avoir pour un homme qui n'est « nullement haïssable de soi-même, qui a l'honneur « de vous appartenir, et qui a toujours eu beaucoup « de respect pour vous.—Non, non, repartit-elle, je « ne suis pas satisfaite de vous pour l'amour de lui, « mais pour l'amour de vous-même; et j'aime de tout

« mon cœur les gens qui ne ménagent ni biens, ni
« vie, ni fortune, pour servir ceux à qui ils se sont
« donnés. J'aime qu'on aille toujours aux extrémités :
« aussi vous ai-je défendu publiquement ici quand
« tout le monde, vous blâmoit; mais pour M. le
« prince, c'est un ingrat qui n'aime les gens qu'au-
« tant qu'ils lui sont utiles. » Je la remerciai de l'honneur qu'elle me faisoit, et lui dis ensuite qu'avec
toute la haine qu'elle avoit contre M. le prince, j'espérois qu'elle seroit assez généreuse pour agir de
tout son pouvoir pour sa liberté, parce qu'il ne la
prétendoit que par la voie de monsieur son père. « Il
« fera bien, me dit-elle, de prendre cette voie; et
« quiconque en prendroit une autre s'équivoqueroit
« en son calcul, parce que Monsieur en est le maître,
« qu'il est raisonnable qu'il le soit, et qu'il est fort
« d'humeur à l'être.—Ah! Mademoiselle, lui dis-je,
« que Votre Altesse me réjouit en m'apprenant cela;
« et que nous aurions été heureux s'il avoit toujours
« été dans la résolution que vous me dites ! — Ce co-
« quin de La Rivière, ajouta-t-elle, lui avoit donné
« des maximes bien contraires à ce qu'il devoit; mais
« maintenant qu'il l'a chassé, vous verrez ce qu'il
« fera à l'avenir. » Sur cela un page du cardinal vint
m'avertir qu'il m'attendoit pour dîner. Il interrompit
le discours de Mademoiselle, laquelle étoit fort en
humeur de me dire beaucoup de choses; et moi bien
résolu de la faire parler autant que je pourrois, pour
tirer quelque lumière de ce que le cardinal promettoit
et désiroit des frondeurs. J'avois su du maréchal de
Villeroy et de Saint-Aoust qu'elle avoit fait grand bruit
de la venue de madame la princesse à la cour; et je

crois que je dus une bonne partie du bon accueil qu'elle me fit à la curiosité qu'elle avoit d'en savoir la cause. Elle me dit en riant, et en me quittant, qu'il n'étoit bruit que de ma faveur; qu'elle avoit déjà appris que le cardinal m'avoit très-bien reçu, qu'il m'avoit mené à la messe dans son carrosse, et que j'avois eu l'honneur d'entretenir la Reine une heure tout entière. Pour lors je crus lui devoir dire, pour l'obliger de prendre quelque créance en moi, que j'irois le soir l'entretenir de tout ce qui s'étoit passé, et de la conversation que je devois avoir avec le cardinal; car j'avois été averti qu'il importoit de lui ôter de l'esprit que l'entrevue de la princesse et des ducs eût été concertée avec le cardinal à l'insu du duc d'Orléans.

Le dîner se passa avec grande gaieté : le cardinal ne fut jamais de si belle humeur. Après qu'on eut desservi, il fit passer les ducs et moi dans sa chambre, où il nous entretint fort long-temps de toute l'affaire de Bordeaux, qu'il admiroit; et disoit qu'il ne pouvoit concevoir comme on avoit pu la soutenir si long-temps avec si peu d'argent et si peu de troupes réglées, n'ayant pour tout terrain qu'une ville composée d'un grand peuple et d'un parlement divisé, et duquel la pluralité des voix étoit contre nous; la plupart de nos amis, et l'Espagne même, nous ayant manqué; et tout cela contre un roi de France présent. Il admiroit plus que tout la grande union que nous avions conservée parmi nous, étant, comme il disoit, si rare parmi les hommes, et particulièrement dans les partis, où chacun veut être le maître. Il nous montra ensuite quantité de lettres d'Espagne, de Paris, de

Stenay et de divers autres endroits, qu'il nous avoit fait intercepter et déchiffrer.

Après qu'il nous eut dit beaucoup de choses sur la matière qui étoit sur le tapis, il dit aux ducs qu'il les avoit amplement entretenus ce jour-là et la veille; et que s'ils étoient résolus de partir pour rejoindre madame la princesse, comme ils témoignoient le désirer, il me retiendroit jusques au lendemain, parce qu'il avoit beaucoup de choses à me dire. Les ducs prirent congé de lui : il les accompagna jusques au bout de son appartement, et leur fit autant de civilités qu'ils en pouvoient désirer.

Il me fit donner un logis, où il envoya meubler une chambre de ses meubles, et me donna de ses gens pour avoir soin de moi; enfin il n'oublia rien de tout ce qui pouvoit donner martel en tête aux frondeurs : et comme il me demanda rendez-vous au soir, je passai le reste de la journée à visiter les ministres, et tous ceux de qui je pouvois apprendre ou à qui je pouvois insinuer quelque chose d'utile à notre dessein.

Le soir, comme le cardinal retourna de chez la Reine, je me présentai à lui. Il me mena dans sa chambre, qu'il ferma et visita soigneusement partout, pour connoître si personne ne pourroit ouïr ce qu'il vouloit me dire. La conversation dura depuis sept heures du soir jusques à une heure après minuit. Il seroit trop long et trop ennuyeux d'en rapporter ici tout le détail : je me contenterai de dire qu'il commença par les grandes qualités du prince, et par les grands services qu'il avoit rendus à l'Etat, et la tendre amitié qu'il avoit toujours eue pour lui; puis il se rabattit sur sa prétendue mauvaise conduite envers la Reine et envers lui, et me dit cent mauvaises raisons de sa prison. Il me conta en se glorifiant comment il avoit ourdi cette trame, et la manière dont il l'avoit fait donner dans le panneau; quand et comment le duc d'Orléans, les duchesses de Chevreuse et d'Aiguillon, le duc de Beaufort, Servien, le coadjuteur, Le Tellier et Lyonne, qui tous avoient part en ce secret, l'avoient su. Il vint ensuite sur l'état des choses qui pour lors étoient présentes dedans et dehors le royaume, à Paris, à la cour, et parmi les frondeurs. En me faisant le détail de ceux-ci, il me dit et jura qu'il n'étoit auteur de la prison des princes, qu'elle lui avoit été proposée; mais que quand il l'avoit jugée nécessaire, et qu'on lui avoit aplani le chemin pour l'entreprendre, toute l'exécution avoit été une machine de son esprit; et que ce qui l'avoit entièrement déterminé à cette action avoit été la certitude que les frondeurs et M. le prince traitoient ensemble par Chavigny et par le président de Bellièvre, et que le prix du marché étoit de le sacrifier.

Je lui repartis sur tout cela avec une très-grande liberté, et je ne lui laissai pas passer un mot sans réplique et sans une forte contestation. J'étois si bien instruit de toutes choses, qu'il ne m'étoit pas malaisé de soutenir mes raisons. Il me parla ensuite de tout ce que je lui avois mandé à diverses fois par ce bon père récollet : nous examinâmes tout ce qui se pouvoit faire pour sa sûreté, par les alliances que je lui avois proposées avec les principaux amis du prince, en le mettant en liberté. Nous parlâmes du rétablissement du duc d'Epernon dans le gouvernement de

Guienne, qu'il tenoit impossible par la connoissance qu'il disoit avoir des esprits de Bordeaux; et je lui rendis le plus plausible du monde en lui disant qu'il ne doutoit pas que tous les amis du duc ne le souhaitassent; et je l'assurai que tous ses ennemis, qui étoient nos amis, y consentiroient de tout leur cœur, pourvu que la liberté des princes fût le prix de leur consentement; qu'ils m'en avoient tous donné leur parole, et que je la croyois si sincère, que je m'offris à être le porteur au parlement et à l'hôtel-de-ville des ordres du Roi qui le rétabliroient.

Il me demanda après quel homme étoit le duc de Bouillon : je lui répliquai que c'étoit à lui à me le faire connoître, parce qu'il m'avoit paru habile, ferme, net, et plein de courage et d'honneur; mais que je ne savois pas s'il avoit eu quelque négociation secrète avec lui qui démentît toutes ces belles et grandes qualités que j'avois remarquées en ce duc. Et le cardinal m'ayant répondu que non, qu'au contraire il avoit fait son possible pour le gagner, et qu'il ne l'avoit pu : « Faites donc compte, lui dis-je, « monsieur, qu'il est un des plus galans hommes que « j'aie jamais connu. » Je lui dis à ce propos que s'il venoit à s'allier avec lui, comme je le souhaitois, qu'il lui seroit d'un merveilleux secours pour exécuter le détail des choses qu'il ordonneroit; qu'il lui seroit propre à la cour et à la guerre, et que cela lui feroit prendre une confiance entière au vicomte de Turenne, duquel il connoissoit trop le mérite pour le lui exagérer.

Il en demeura d'accord avec moi, et passa à me parler de la duchesse de Longueville et du duc de

La Rochefoucauld comme de gens dont il lui seroit malaisé d'avoir l'amitié, parce qu'ils n'en avoient, disoit-il, que l'un pour l'autre. « S'il est ainsi, lui « dis-je, monsieur, vous n'avez qu'à contenter l'un « pour avoir l'amitié de l'autre; et je crois que vous « les contenteriez aisément tous deux, la duchesse en « lui donnant la liberté de messieurs ses frères et de « monsieur son mari. — Je crois, me dit-il, que je « lui ferois encore plus de plaisir de retenir le der- « nier. — Et le duc de La Rochefoucauld peut-il dé- « pendre que de Votre Eminence, quand le prince « de Marsillac son fils aura épousé une de mesde- « moiselles vos nièces? Si messieurs de Candale et « de La Meilleraye en épousent deux autres, avec « les établissemens qu'ils ont, qui pourra jamais vous « nuire dans le royaume? Que pourroit même faire « M. le prince contre vous, quand il le voudroit, « quand ses principaux amis et parens se seront alliés « avec Votre Eminence pour lui donner la liberté? »

Il entra admirablement bien avec moi dans tout cela, et me dit qu'il se souviendroit toute sa vie de ce que je lui avois dit l'année précédente à Compiègne, dans une conversation qui n'avoit guère moins duré que celle-là (et c'est celle dont j'ai parlé dans le premier livre de ces Mémoires). Et enfin tout ce discours fut conclu en me donnant la main, et me protestant que de bonne foi il travailleroit à cette liberté incontinent qu'il seroit à Fontainebleau, où il vouloit faire aller la cour tout droit, dans le dessein d'y faire venir le duc d'Orléans, afin de le tirer de Paris, de la compagnie des frondeurs, et particulièrement du coadjuteur, qui lui empoisonnoit l'esprit de mauvaises maximes; qu'il me confessoit qu'il ne pouvoit plus souffrir leur tyrannie; mais qu'il falloit ménager le duc d'Orléans, afin que, finissant une affaire, il n'en recommençât point une autre; outre que la Reine lui avoit obligation de ce qu'il l'avertissoit sincèrement de toutes choses. »

Il me parla encore de la liaison qu'avoit la duchesse de Longueville et le vicomte de Turenne avec les Espagnols. Je me pris à sourire, et lui dis que j'étois assuré que cela ne lui faisoit non plus de peur que lui en avoit fait celle qu'avoit la princesse; et qu'il savoit bien que comme en sortant de Bordeaux elle s'en étoit départie de bonne foi, la duchesse n'en feroit pas moins quand elle sortiroit de Stenay par la liberté des princes : et je m'offris d'aller négocier cela avec eux, et à lui rapporter leur parole d'être dans ses intérêts envers et contre tous, dès le moment que M. le prince seroit satisfait de lui. Il me répliqua qu'il n'osoit encore traiter avec eux, et moins par moi, de qui les démarches étoient fort observées; et que la jalousie que celle-là donneroit au duc d'Orléans étoit capable de tout gâter. Il me témoigna par tous ces discours l'appréhender au dernier point.

Sur cela je pris occasion de lui dire quelque chose de ce qui s'étoit passé entre Mademoiselle et moi, et de la parole que je lui avois donnée de lui rendre compte de ce que Son Eminence m'auroit dit, de peur que venant à le savoir d'ailleurs, elle ne perdît la confiance qu'elle sembloit prendre en moi; et le priai en même temps de me prescrire ce que j'avois à lui dire, de crainte que je ne péchasse sans y songer. Il me dit là-dessus que j'avois une belle matière à l'entretenir, lui disant que nous avions parlé de l'affaire de Montrond, dont en effet il alloit me parler. Je lui repartis que cela seroit peu vraisemblable; et que quand Mademoiselle seroit capable de prendre le change, elle ne manqueroit pas de mander à monsieur son père tout ce que je lui aurois dit; et que ni lui ni le coadjuteur, à qui il le communiqueroit sans doute, ne pourroient jamais s'imaginer que j'eusse été deux jours à la cour, et que j'eusse eu l'honneur d'avoir eu une si longue conversation avec Son Éminence, sans lui avoir parlé, et même à la Reine, de la liberté des princes, puisque même tout le monde savoit que madame la princesse n'avoit parlé d'autre chose à Sa Majesté; que les ducs de Bouillon et de La Rochefoucauld se seroient peut-être découverts à quelques-uns de leurs amis des instances qu'ils en avoient faites à Son Éminence; et que cette contrariété et ce peu de vraisemblance, au lieu de servir, gâteroit tout.

Je m'imaginai (et je crois que je n'eus pas tort) que le cardinal, qui alloit à ses fins comme nous allions aux nôtres, vouloit que je ne parlasse à Mademoiselle que de l'affaire de Montrond, afin qu'il pût se réserver à lui dire que je l'avois fort pressé, aussi bien que les ducs, de la liberté des princes, et que nous lui avions proposé de très-grands avantages pour cela; pour que la chose venant au duc d'Orléans et aux frondeurs, et par Mademoiselle et par Le Tellier, qu'il avoit laissé à Paris, et par qui il faisoit dire tout ce qui lui convenoit, ils perdissent toute l'espérance que nous leur donnions de traiter avec nous et de perdre le cardinal. Je crus encore qu'en mon particulier je perdrois par là toute l'amitié et l'estime dont Mademoiselle m'honoroit.

Cette pensée me fit venir celle de parler au cardinal ; en sorte que quand il le feroit savoir à Mademoiselle, au lieu de nuire ni à l'affaire ni à moi, il serviroit à l'une et à l'autre. Je lui dis donc qu'il me sembloit fort à propos qu'en sortant d'auprès de Son Eminence j'allasse l'entretenir ; que je lui disse avec toute sincérité, pour dissiper tous les ombrages qu'elle pourroit avoir, que m'étant long-temps entretenu des moyens pour parvenir à la liberté des princes, nous étions convenus que cela ne se pouvoit qu'avec Monsieur et par Monsieur, puisque c'étoit non-seulement la raison, mais encore son intention et la mienne. Le cardinal approuva que j'en usasse ainsi, et je l'exécutai incontinent après.

De là il vint à me parler de l'affaire de Montrond, qu'il vouloit terminer. Il ne lui convenoit pas de laisser ce levain de guerre dans le cœur du royaume, et en une place d'une telle considération, armée et munie comme elle étoit. D'autre part, il convenoit à tout le parti que la princesse et le duc eussent pendant tout l'hiver une retraite aussi sûre que l'étoit celle-là, particulièrement dans le dessein que nous avions, et que j'ai amplement expliqué ci-dessus.

Il me dit donc qu'il falloit terminer cette affaire de Montrond, et la faire exécuter aux termes portés par la déclaration de la paix de Bordeaux ; que pour cela le Roi nommeroit une personne, et qu'il falloit que la princesse en nommât une autre. J'avois envie d'y aller, afin de reconnoître moi-même si la place et les troupes étoient en état de se soutenir ; auquel cas j'aurois dit à Persan de proposer des conditions déraisonnables pour rompre le traité, et de mettre l'envoyé du Roi hors de sa place, et moi aussi ; et la princesse, qui l'auroit désavoué, auroit en même temps envoyé à la cour dire à la Reine qu'elle consentoit que Sa Majesté fît attaquer la place : ou si elle n'avoit pas été (comme elle n'étoit pas) en état de défense, j'aurois fait rendre la place, et par là témoigné au cardinal que nous n'avions point d'arrière-pensée ; et lui aurois ainsi levé tous les soupçons qu'il auroit pu avoir contre nous, en apprenant (comme il n'auroit pu manquer de faire) nos négociations avec les frondeurs.

Il n'étoit pas de la prudence de lui témoigner que j'eusse dessein d'aller faire ce traité : aussi le laissai-je long-temps discourir sur la matière, et lui nommai tous ceux qui lui étoient le plus en aversion auprès de la princesse pour aller faire cette négociation. Il leur donna à tous des exclusions ; aux uns par une raison, aux autres par une autre. J'attendois toujours qu'il me priât d'y aller ; et comme je vis qu'il ne le faisoit pas, je m'y offris à deux conditions : l'une, qu'il ne m'imputeroit rien si l'affaire n'avoit pas le succès qu'il désiroit, et que Persan (peut-être par son intérêt particulier) voulût désobéir aux ordres que je lui porterois de la princesse ; et l'autre, que j'irois à Châtillon-sur-Loing avant que d'aller à Montrond, pour rendre mes devoirs à la duchesse douairière, à qui étoit cette place, pour me raccommoder, disois-je, avec elle, et tâcher d'apaiser la colère qu'elle avoit témoignée contre moi de ce que la princesse sa belle-fille y avoit mis des gens de guerre ; outre qu'il eût été malséant de faire une négociation de cette importance pour une place qui étoit à elle sans sa participation, et sans qu'elle en eût tout l'honneur.

Cette condition m'étoit tout-à-fait avantageuse et même nécessaire pour conférer audit Châtillon avec les amis de Paris, auxquels je prétendois donner rendez-vous au même lieu pour prendre leurs avis et faire les choses de concert avec eux, et d'avoir des nouvelles de l'état auquel étoit Persan, avant que de me rendre dans sa place. Je dis encore au cardinal qu'il me sembloit qu'il falloit en donner avis au duc d'Orléans, afin de lui ôter les ombrages que ma longue conversation avec lui et avec la Reine lui pourroit donner; et qu'il ne trouvât pas étrange de me voir faire ce voyage et retourner ensuite à la cour, comme je ferois après le traité de Montrond, soit qu'il se fît ou qu'il ne se fît pas, pour le faire ratifier, ou pour désavouer Persan et faire les excuses de la princesse; et qu'il ne fût pas plus surpris à l'avenir quand il me verroit aller à Paris, à la cour, à Stenay ou ailleurs; que je tâcherois même de parler à Mademoiselle de façon que je ne lui serois plus suspect, ni à monsieur son père.

Le cardinal ne détermina pas la chose sur-le-champ; il me remit au lendemain: et comme il étoit fort tard, il se retira, et me dit d'aller voir Mademoiselle, qui assurément m'attendroit pour savoir ce qu'il m'auroit dit, me disant que c'étoit la fille de France la plus défiante et la plus inquiète, et que je jouasse bien mon personnage avec elle. Il m'embrassa à deux reprises, et me fit trop de démonstrations d'estime et d'amitié pour les croire sincères: aussi les reçus-je pour leur prix, et comme provenant du désir qu'il avoit de me persuader de la sincérité des intentions qu'il me disoit avoir pour la liberté des princes, et de donner de la défiance aux frondeurs pour en profiter après, s'il pouvoit, en nous sacrifiant, c'est-à-dire les princes et tout le parti avec eux, s'il y trouvoit son compte.

— Je me retirai en l'assurant de mes services, et lui protestant toute sincérité s'il se résolvoit à donner la liberté aux princes. Et en effet c'étoit ma résolution et mon désir, comme c'eût été son bien, le leur, celui de l'Etat, et le mien particulier; et lui dis:
« Croyez, monsieur, que vous n'aurez jamais de re-
« pos que cela ne soit; que le royaume ne sera jamais
« tranquille; que vous ne pouvez jamais trouver de
« sûreté avec les frondeurs; que l'Etat ne sera jamais
« calme que vous ne les ayez abattus; que vous ne
« sauriez jamais les abattre qu'avec M. le prince, qui
« sera persuadé, par la liberté que vous lui donnerez,
« qu'ils sont auteurs de sa prison; et que si vous ne
« vous y résolvez de bonne foi et de bonne grâce,
« vous nous contraindrez de nous allier avec eux
« (dont je serois au désespoir); et je doute fort que
« vous puissiez vous soutenir contre M. le prince et
« eux, quand ils seront unis. Nous ne voulons que
« sa liberté, et vous rendre maître de toutes choses;
« et si vous vous obstinez à nous la refuser, et à main-
« tenir votre union avec M. le duc d'Orléans et eux,
« vous les verrez bientôt vos maîtres et les maîtres
« de l'Etat; et si Votre Eminence savoit ce qui se
« brasse de toutes parts contre elle, elle feroit de sé-
« rieuses réflexions sur tout ce que je lui dis. — Aussi

« fais-je, me repartit-il : je sais bien que j'ai beau-
« coup d'ennemis, mais j'espère d'en venir à bout,
« comme j'ai fait jusques à présent ; j'ai de la résolu-
« tion, des amis, et la protection de la Reine. De-
« main nous nous reverrons. »

J'allai en sortant de là voir Mademoiselle, qui m'attendoit avec impatience. Elle me dit d'abord que
rien ne se pouvoit ajouter à ma faveur, et qu'elle s'assuroit que le cardinal m'avoit bien dit des fariboles.
« Il est si sincère, Mademoiselle, que je m'étonne
« comme Votre Altesse, qui est tant de ses amies, me
« parle de la sorte, et comme elle n'a pas plus de
« précaution avec un homme qui est autant de la fa-
« veur que moi. » Je demeurai auprès d'elle jusques
à trois heures du matin ; je lui racontai toute la conversation que j'avois eu l'honneur d'avoir avec la
Reine, les visites que j'avois faites le long du jour, et
tout ce que j'étois convenu avec le cardinal de lui
dire. J'ajoutai (afin que s'il lui en disoit davantage
elle n'eût rien à me reprocher) qu'il faudroit quatre
heures pour lui dire tout ce qu'il m'avoit dit et tout
ce que je lui avois répondu ; mais que tout étoit
abouti à ce que je venois de lui dire, savoir, qu'on
ne pouvoit traiter la liberté des princes qu'avec monsieur son père, et aux moyens de faire la paix de
Montrond.

Mademoiselle me répondit que si les princes de la
maison de France étoient bien sages, ils imiteroient
ceux de la maison d'Autriche, et s'entre-donneroient
tout secours. Je lui répliquai qu'il faudroit encore
qu'ils les imitassent à faire des alliances continuelles ;
et, sans m'expliquer, je lui donnai à entendre, pour

flatter la passion que je savois qu'elle avoit d'épouser le Roi, que monsieur son père pouvoit seul réconcilier et réunir toute la maison royale; qu'il étoit en état de faire pour elle des choses plus grandes que je ne pouvois ni n'osois lui dire; qu'il ne trouveroit jamais une occasion plus favorable que celle de donner la liberté à M. le prince, qui, uni fortement avec lui, le mettroit en état de pouvoir tout ce qu'il voudroit. Sur cela elle me dit qu'elle m'entendoit bien, et que nous nous expliquerions tous deux à Paris; qu'elle avoit des petites sœurs qu'elle aimoit. « Et « moi, lui dis-je, j'ai un petit prince que j'aime bien; « mais il faut, Mademoiselle, que vous montriez « en cette occasion que vous êtes la petite-fille « d'Henri IV, qui aimoit bien, et que vous en profitiez. — Laissez-moi faire, me dit-elle, et croyez « que je ferai de mon côté tout ce que je pourrai « pour la satisfaction de M. le prince, car je compte « pour rien les autres; et dès demain je dépêcherai « un courrier à Monsieur, par qui je lui rendrai compte « de cette conversation. — Souvenez-vous, Made« moiselle, ajoutai-je, de lui mander tout ce que je « vous ai rapporté que M. le cardinal m'a dit sur son « sujet; car il faut toujours dire la vérité. » Elle me promit qu'elle le feroit; et me dit tant de choses obligeantes en prenant congé d'elle, que je serois honteux de les écrire ici.

Le 5, je me trouvai au lever du cardinal, qui me parla d'abord de Montrond, et me dit que le Roi avoit nommé d'Alvimar; que je le pouvois dire à la princesse, afin qu'elle nommât quelqu'un de la portée de celui-ci pour terminer avec lui cette affaire, sans me dire un seul mot de l'offre que je lui avois faite d'y aller; ce qui me fit juger qu'il ne se fioit pas en moi autant qu'il avoit essayé de me le persuader : je ne lui en parlai point davantage. Pour la liberté du président Perrault, dont je lui avois parlé la veille comme d'une chose qui ne portoit aucune conséquence envers le duc d'Orléans, et qui feroit connoître au prince que son cœur étoit bien disposé pour lui, il me la refusa absolument, et me témoigna grande colère contre lui, disant qu'il étoit seul cause de la mésintelligence qui avoit été entre le prince et lui, et par conséquent de sa prison; mais il me fit espérer celle de Dalliez, ancien et fidèle serviteur du prince; de Blinvilliers, de des Chapizeaux, et du Picard, valet de chambre.

Le cardinal s'étant mis à parler aux uns et aux autres des affaires qui les avoient amenés là, le maréchal de Villeroy me joignit, et me demanda quelle étoit la résolution que le cardinal avoit prise pour Montrond. Je lui répondis qu'il ne paroissoit pas qu'il prît de bonnes mesures; que je lui avois offert la veille d'y aller; que je croyois qu'il me prendroit au mot, et enverroit Saint-Aoust de la part du Roi; qu'il étoit homme capable et bien intentionné : mais qu'au lieu de répondre à mon offre, il venoit de me dire que le Roi avoit fait choix d'Alvimar, et que je misse ordre que la princesse nommât une personne pour faire ce traité avec lui; qu'elle nommeroit assurément un homme de son poste; et que je ne croyois pas que l'affaire fût si facile à terminer avec ceux qui étoient dans la place, que ces messieurs-là en vinssent à bout aussi promptement que le cardinal se l'imaginoit. Le maréchal me repartit qu'il ne faisoit rien qui vaille, et que ce que je venois de lui dire étoit tellement dans le bon sens, qu'il alloit dire à Son Éminence qu'il n'y avoit point d'autre parti à prendre que celui d'y envoyer Saint-Aoust et moi. Et en effet le maréchal m'ayant quitté joignit le cardinal, qui, l'ayant entretenu assez long-temps, m'appela, et me dit qu'il n'avoit pas accepté l'offre que je lui avois faite d'aller négocier la paix de Montrond, parce que la Reine ayant résolu depuis deux jours d'y envoyer d'Alvimar, il n'avoit pas osé l'hasarder à traiter avec un homme plus habile que lui, outre qu'il n'étoit pas de condition à pouvoir être nommé avec moi; mais que le maréchal de Villeroy venoit de lui proposer Saint-Aoust, qui étoit fort de mes amis, et de plus grand serviteur de M. le prince, qui s'en retournoit dans ses terres de Berri; et qu'il alloit l'envoyer chercher pour le charger de cet emploi, si j'étois toujours dans le même dessein d'y aller de la part de la princesse, comme la Reine même, à qui il en alloit parler, m'en prieroit; mais qu'il me prioit de trouver bon qu'Alvimar, qui savoit qu'il étoit nommé pour cela, fît le voyage avec nous.

Il avoit dans la tête que cet officier, qui avoit été toute sa vie dans l'infanterie, et avoit suivi le maréchal Du Plessis dans tous les lieux où il avoit fait la guerre, fît ce voyage, afin qu'étant, comme il étoit, entendu aux fortifications, il pût lui faire un fidèle rapport à son retour de celles de Montrond. Je lui répliquai que c'étoit à lui à donner la loi, et à moi de la suivre; qu'il pouvoit y envoyer qui il lui plairoit; et que si madame la princesse le trouvoit bon, comme je croyois, je ferois ce voyage avec joie, sous les deux conditions que je lui avois proposées, qu'il agréa. Il parla à Saint-Aoust et à la Reine, et la chose fut résolue.

Après avoir reçu les commandemens du cardinal, qui me fit encore plus d'amitié devant le monde qu'il n'avoit fait en particulier, tant il avoit envie de faire faire des réflexions aux frondeurs et au duc d'Orléans, j'allai prendre congé de la Reine, qui me répéta presque ce qu'elle m'avoit fait l'honneur de me dire la veille, me recommanda de bien agir en l'affaire de Montrond, et eut la bonté d'ajouter que l'espérance qu'elle avoit que je réparerois mes fautes passées faisoit qu'elle les oublioit entièrement. Elle me fit ensuite saluer le Roi et Monsieur : j'eus l'honneur de suivre Leurs Majestés jusques au bord de la Dordogne, où elles s'embarquèrent dans la galère de madame la princesse, dont elles louèrent la propreté et l'ajustement. Les vingt vaisseaux de Montrie et de Duquesne avoient eu ordre de se rendre au Bec-d'Ambez pour escorter le Roi à Bordeaux. Le bon et favorable traitement que j'avois reçu de la Reine, et mes longues conversations avec le cardinal et avec les ministres, firent que tous ceux qui évitoient de me parler quand j'arrivai venoient en foule me congratuler de ma conduite. Et comme toutes les grâces que l'on m'avoit faites, et aux ducs, avoient donné lieu au bruit qui couroit que l'on verroit bientôt les princes en liberté (ce que j'essayois encore de persuader par la gaieté que je faisois paroître), tous les courtisans, qui fulminoient trois jours auparavant contre le prince, s'empressoient de me venir protester qu'ils avoient partagé très-sensiblement sa disgrâce, et qu'ils s'estimeroient heureux de le servir. Le duc de Joyeuse, le chevalier de Guise, Servien, Lyonne, La Vrillière, le maréchal de Villeroy, me firent de grandes offres d'amitié en mon particulier, et de service pour le prince. Ainsi va le monde; il a toujours été et sera toujours de même : c'est la nature de l'homme, que l'intérêt change à tous les momens qu'il croit qu'il lui convient de changer. Le comte de Brienne me dit à l'oreille que le cardinal avoit montré une dépêche à la Reine, ce même matin-là, qui le mettoit en grande inquiétude sur le sujet des frondeurs; qu'il falloit continuer d'agir vers eux et vers le cardinal, et prendre son bien où l'on le trouveroit; que du moins cela les mettroit en défiance les uns contre les autres, et que cela nous étoit bon. Je le remerciai de l'avis, et lui répondis que j'espérois de la bonté et de la justice de la Reine, et encore de celle du cardinal, qu'ils ne nous forceroient pas à chercher notre salut avec des gens qu'ils avoient autant de sujet de haïr que les frondeurs. Il ajouta qu'il voyoit bien que les choses s'adoucissoient fort pour nous, et que le cardinal venoit de lui donner ordre d'écrire au duc de Rohan, qui étoit tout-à-fait serviteur et dans les intérêts de M. le prince, qu'il pouvoit, quand il lui plairoit, venir à la cour. La comtesse de Brienne me dit qu'elle avoit proposé à la Reine de voir la princesse douairière à Fontainebleau quand elle y seroit, et qu'elle n'avoit pas rebuté la proposition; et me sollicita de la redoubler quand je reviendrois joindre la cour, après que l'affaire de Montrond seroit terminée.

Les jurats ne firent plus de difficulté de haranguer le cardinal avec leur livrée, depuis que la princesse et les ducs l'eurent vu et salué, et Leurs Majestés : mais à la vérité leur discours fut froid et peu courtisan. L'avocat Fonteneil, notre ami particulier, et qui donnoit par son zèle et par son habileté le mouvement à tous ses confrères, étoit là avec eux. Je le tirai à part, et lui dis des conférences que j'avois eues à la cour tout ce qu'il convenoit que nos amis de Bordeaux sussent pour leur donner bonne espérance et pour les fortifier ; et je le priai qu'ils fissent courre le bruit que si on avoit accordé la liberté aux princes, il n'y auroit rien au monde qu'ils n'eussent fait pour le service de M. le cardinal, sans en excepter de se faire la violence de recevoir le duc d'Epernon, et de vivre avec lui comme ils avoient fait avant les troubles. Ils le firent ainsi ; et cela fit quelque effet dans l'esprit du cardinal, ensuite de ce que je lui avois fait entendre.

La princesse, qui avoit couché à Fronsac, en partit pour se rendre, comme elle fit ce jour-là, à Coutras : et comme elle passa par Libourne, les jurats allèrent lui rendre leurs devoirs, et la haranguèrent. Montbas, qui avoit la charge de l'escorter de la part du Roi, le trouva fort mauvais, et envoya à la cour pour en donner avis : ce qui donna de la crainte à la princesse et de l'indignation contre le cardinal, croyant qu'on lui avoit donné des ordres bien rudes et bien sévères pour observer sa conduite, et toutes les démarches de ses amis et serviteurs ; et elle me dit cela avec des sentimens d'une douleur fort vive, en arrivant comme je fis ce soir-là auprès de Son Altesse.

Le soir, après le souper, je rendis compte à la princesse et aux ducs de Bouillon et de La Rochefoucauld de ce qui s'étoit passé à Bourg depuis leur départ. Je leur dis tout le détail de ce que la Reine, le cardinal et Mademoiselle m'avoient dit, et ce que je leur avois répondu, qu'ils approuvèrent; et leur rapportai tout ce dont les uns et les autres m'avoient averti.

Le 6, le duc de La Rochefoucauld, après avoir tenu conseil avec la princesse et le duc de Bouillon, où j'avois l'honneur d'être, et où l'on résolut la manière dont on se conduiroit, et dont on auroit communication les uns avec les autres pendant tout le temps qu'on seroit séparé, prit congé de la princesse pour se retirer dans sa maison de Verteuil. Il emmena avec lui quantité de noblesse qui l'avoit suivi, et laissa un grand regret à Son Altesse, à M. le duc et à toute leur cour, de cette séparation, s'étant acquis l'amitié et l'estime de tout le monde par son courage, son esprit, l'agrément de sa conversation et la netteté de son procédé pendant tout le temps que cette affaire avoit duré, et encore par les protestations qu'il fit à la princesse de recommencer toutes les fois qu'il lui plairoit lui commander. Elle lui donna, comme elle fit encore au duc de Bouillon, une reconnoissance signée de sa main de la somme à quoi se montoient les frais et avances qu'ils avoient faits pour son service, au paiement desquelles sommes M. le prince a pourvu depuis d'une manière fort lente, et après de grandes sollicitations.

Ce jour-là je dépêchai en Espagne un gentilhomme du marquis de Sillery avec les passe-ports que j'avois rapportés de la cour pour le retour de son maître, de

Baas et de Mazérolles ; et fis passer avec lui un particulier de Bordeaux, duquel Lusignan avoit coutume de se servir, et qu'il m'avoit prié de lui envoyer quand je le pourrois, afin qu'il pût me le dépêcher si quelque occasion le requéroit.

Montbas communiqua à la comtesse de Tourville, à laquelle on ne céloit rien, et qui par sa prudence savoit porter la princesse à tout ce que les ducs souhaitoient d'elle, les ordres qu'on lui avoit donnés en partant de la cour, qui alloient à ne point quitter Son Altesse qu'elle ne fût à Milly ou à Montrond; en cas que le traité que je devois faire s'exécutât, d'empêcher qu'aucuns ne l'accompagnassent que ceux de sa maison, et même qu'on ne lui rendît en passant par les villes les honneurs qui étoient dus à sa qualité. Sur quoi le duc de Bouillon trouva bon que j'écrivisse au maréchal de Villeroy et à La Vrillière, secrétaire d'État, pour me plaindre de la part de la princesse de la rigueur avec laquelle on la traitoit dans un temps qu'elle vouloit tenir avec toute sincérité les paroles qu'elle avoit données à la Reine, et qu'on lui avoit fait espérer toutes sortes de bontés et de douceurs. Je reçus le 8 réponse de l'un et de l'autre : elles portoient qu'ils avoient fait voir mes lettres à Sa Majesté et à Son Éminence, qui avoient ordonné qu'on expédiât de certaines routes que j'avois demandées pour les gardes de Son Altesse ; qu'elle trouvoit bon que quelques officiers des troupes l'accompagnassent jusque dans ses maisons ; enfin que l'on envoyoit un ordre à Montbas tout contraire à celui qu'on lui avoit expédié avant que madame la princesse eût salué Leurs Majestés ; et qu'on lui ordonnoit d'honorer et respecter Son Altesse comme il devoit, et de prendre soin qu'on lui rendît partout où elle passeroit les respects, honneurs et déférences qui étoient dus à sa qualité. Cet ordre donna une très-grande joie à la princesse, et dissipa tous les soupçons que les premiers ordres avoient donnés au duc de Bouillon.

La belle maison, les beaux jardins de Coutras, et la saison qui étoit merveilleuse, renouvelèrent les amours du duc de Bouillon pour mademoiselle Gerbier, et du comte de Guitaut pour la marquise de Gouville, qui avoient été interrompus par l'embarras du départ de Bordeaux, et par le voyage de la cour. Ceux-ci ne sortoient point de la chambre, et s'y entretenoient paisiblement, tandis que ceux-là montoient à cheval, et galopoient tout le jour par le parc l'un après l'autre. Je sais mille particularités des entretiens des uns et des autres, qui mériteroient bien d'être écrites par le menu. Il est assez extraordinaire qu'un homme d'autant de tête et de conduite que l'étoit le duc de Bouillon confiât toutes choses à une jeune fille de dix-huit ans ; mais le respect que j'avois pour lui m'empêche d'en rien insérer dans ces Mémoires : et en vérité je plains la foiblesse des hommes, et la mienne plus que d'aucun autre, quand une passion bien violente s'empare de leur cœur. A l'égard de Guitaut, il ne contestoit les bonnes grâces de sa dame avec personne : il en étoit peut-être trop maître pour un cavalier qui avoit reçu une blessure aussi grande que celle dont j'ai parlé, qui ne l'empêcha pas, tout convalescent qu'il étoit, de se trouver partout où l'honneur l'appeloit. Mademoiselle Gerbier me rendoit un compte si exact de ce que lui disoit le duc et de ce qu'il lui écrivoit, que je n'avois aucune inquiétude de la passion qu'il témoignoit avoir pour elle ; je m'en réjouissois au contraire comme d'un moyen agréable, sûr et facile de le gouverner.

Le 7 et le 8 se passèrent en promenades et en divertissemens. J'attendois le départ de Saint-Aoust et d'Alvimar pour disposer le mien. La princesse écrivit à plusieurs de ses serviteurs à Bordeaux, et aux conseillers Le Meusnier et Bitaut, pour les remercier de tous les soins qu'ils avoient pris de ses intérêts. Elle les fit souvenir de revêtir le procès-verbal de leur négociation de tout ce dont elle les avoit suppliés à Bordeaux, et de faire mention, en le rapportant au parlement de Paris, de l'offre qu'elle avoit faite de le rendre arbitre de toutes ses prétentions : ce qu'ils lui promirent par leurs réponses.

Le 9, le duc de Bouillon partit pour Turenne, et prit congé de la princesse et de M. le duc avec des larmes de tendresse, après avoir fait à Son Altesse de grandes protestations d'exécuter fidèlement ce qu'il lui avoit promis pour l'avenir. Elle de son côté étoit sensiblement touchée de se séparer d'un homme dont la conduite, la fermeté et la constance avoient si dignement appuyé son parti, pendant que madame sa femme et mademoiselle sa fille, qui lui étoient très-chères, étoient dans la Bastille, et qu'on lui proposoit leurs libertés et des avantages fort considérables s'il vouloit n'y entrer pas, ou en sortir quand il y fut engagé. J'eus l'honneur de l'accompagner jusques à deux lieues de Coutras, d'où je me séparai de lui et de toute la noblesse qui l'accompagnoit, en lui faisant, comme j'avois fait au duc de La Rochefoucauld, tous les remercîmens que je devois à la confiance dont ils m'avoient honoré, et en les suppliant de m'excuser si je n'avois pas exécuté toutes les choses avec plus de ponctualité et de suffisance. Il me confirma toutes les paroles qu'il m'avoit données avant que de partir de Bordeaux, quand on dépêcha Lusignan. Le duc de La Rochefoucauld en avoit fait autant à son départ; et le premier me dit, en me quittant, qu'il me vouloit donner encore une marque de confiance, qui n'étoit peut-être pas moindre, disoit-il, que toutes les autres : c'étoit de porter une lettre pour mademoiselle Gerbier, qu'il écrivit dans une maison de village où il mit pied à terre. Je la rendis ponctuellement, et payai cette confidence en refusant de la voir comme j'avois coutume de faire toutes les autres.

Le 10, la princesse partit, en continuant son voyage pour Milly par la route qu'elle avoit demandée à la cour. Je ne parlerai plus d'elle jusques à ce que j'aie eu l'honneur de la rejoindre en ce lieu-là, comme je fis après le traité de Montrond : car je partis le même jour pour mon voyage de Berri, après avoir dépêché un courrier à Paris pour avertir les amis de ce qui s'étoit passé depuis mon départ de Bourg, d'où je leur avois semblablement fait une ample dépêche remplie de bonnes espérances, et de plus grandes même qu'on ne m'avoit données, leur mandant qu'ils profitassent de cette lueur de la liberté des princes pour les négociations qu'ils avoient commencées; et par ce dernier courrier je les suppliois, comme par les précédens, de me faire savoir à Châtillon-sur-Loing leurs avis sur le traité de Montrond.

Etant arrivé à Bourges en poste, tous les serviteurs du prince, qui y sont en fort grand nombre, accoururent en mon logis. M. le prince son père en avoit été long-temps gouverneur; il y a même passé une partie de ses plus belles années pendant celles qu'il s'étoit retiré de la cour. Il y entretenoit deux excellentes troupes de comédiens français et italiens, de grands équipages de fauconnerie et de vénerie. La bonne chère, le jeu, les bals, les ballets, et la conversation douce et familière avec ses amis, lui faisoient passer une vie agréable, qui lui avoit acquis l'amitié du général et du particulier de cette ville et de toute la province. Il prenoit un soin non pareil à entretenir le repos des familles, en terminant à l'amiable les procès et les querelles. Il employoit son crédit envers les ministres pour faire modérer les tailles et les impôts : il faisoit vivre chacun dans l'ordre; il contenoit les gens de guerre dans l'observation exacte des réglemens. Il avoit su allier sa débonnaireté naturelle avec l'autorité que sa naissance lui donnoit; en telle sorte qu'il étoit également aimé, craint et respecté. Il se servoit de son pouvoir pour faire obéir ceux qui ne se soumettoient point à sa douceur; et sa prudence lui faisoit obtenir à la cour ce que la politique vouloit qu'on refusât à son autorité. Il a peu entrepris d'affaires qu'il n'ait fait réussir en temporisant, quand il ne pouvoit en venir à bout d'autre sorte. Il étoit réglé dans sa dépense, mais ponctuel à payer ce qu'il promettoit. Ses ennemis l'accusoient d'être avare, et en effet il le paroissoit; mais c'étoit plutôt économie et bonne conduite qu'avarice : je l'ai vu quelquefois prodigue dans les grandes choses. Il aimoit la justice, et suivoit la raison : il étoit charitable et aumônier. Il parloit autant bien et éloquemment en public qu'agréablement et plaisamment en particulier. Il connoissoit le mérite et la naissance d'un chacun ; il avoit des égards proportionnés pour les uns et pour les autres. Il étoit officieux, et prenoit plaisir à obliger ; et ponctuel à donner ses audiences, à répondre aux requêtes qu'on lui présentoit. Il ne recevoit point de lettres sans y faire réponse, et ne signa jamais rien en toute sa vie (quelque confiance qu'il eût en ses secrétaires) sans l'avoir lu auparavant : et je lui ai souvent ouï dire qu'il n'avoit jamais rien écrit ni signé dont il pût se repentir. Il savoit les lois du royaume et l'ordre de la justice ; il les pratiquoit en toute sa conduite et dans ses affaires domestiques : il appuyoit toujours les unes et les autres du sceau du Roi ou des arrêts des parlemens. On le blâmoit d'avoir à la cour une conduite trop basse pour un homme de son élévation ; et en vérité ceux qui le voyoient aller et venir chez les ministres et chez les gens de faveur n'en pouvoient guère faire d'autre jugement. Il avoit fait la guerre au Roi avec peu de succès ; il avoit été plus de trois ans prisonnier, et souvent trahi de ses amis : cela lui donnoit une application perpétuelle à ne donner aucun soupçon au Roi, et à ne s'attirer point d'ennemis à la cour qui lui pussent nuire. Il avoit l'esprit vif sans être étourdi ; il étoit prudent sans être austère ; il étoit d'un profond jugement sans être rêveur. Il étoit grand catholique sans être superstitieux ; il entendoit la religion, et savoit en tirer avantage : il étoit également éloigné du libertinage et de la bigoterie ; il étoit grand ennemi de l'hypocrisie, et c'étoit une des plus agréables matières de ses railleries. Il étoit savant sans affecter de le paroître, connoissoit tous les replis du cœur humain autant qu'homme que j'aie connu, et jugeoit en un moment par quel intérêt on agissoit en toutes sortes de rencontres. Il savoit se précautionner contre l'artifice des hommes sans le faire connoître. Il aimoit à profiter; mais il vouloit qu'on fît d'honnêtes gains sous son autorité, et proportionnés au mérite de ceux avec qui il traitoit. Il étoit prompt et colère, mais il revenoit en un moment; et je lui ai vu demander pardon à un bourgeois qu'il aimoit et qu'il avoit offensé. Il est vrai qu'il faisoit plus d'amitié à ceux desquels il avoit affaire qu'à ceux qui lui étoient inutiles, quelque avantage de vertu et de naissance qu'eussent ceux-ci sur les autres : la crainte qu'il avoit qu'on ne rapportât ce qu'il disoit dans ses belles humeurs lui faisoit affecter des compagnies particulières pour ses divertissemens. Il n'avoit pas toujours égard à sa qualité ni à son âge dans le choix des lieux où il mangeoit avec ses amis. Le vin, qu'il aimoit assez, ne troubloit jamais sa raison; mais il lui donnoit souvent des gaietés qui n'étoient pas dans toutes les règles de la bienséance. Il aimoit naturellement la liberté et la plaisanterie, et ne pouvoit s'empêcher de délasser son esprit de son application continuelle aux affaires dans des repas familiers, qu'on appeloit débauche en un autre. Il étoit agréable même dans sa colère. Ses discours étoient solides et instructifs; ses railleries étoient quelquefois piquantes, et ses manières peu galantes. Il a été malheureux à la guerre : aussi confessoit-il qu'il n'y avoit jamais pris plaisir, et qu'il ne s'étoit pas appliqué à l'entendre. Il savoit contenir une armée dans la discipline, et la faire subsister : il se fioit du reste à ses lieutenans généraux, qu'il savoit bien choisir quand cela dépendoit de lui. Il n'étoit ni brave ni timide, comme ceux qui ne l'aimoient pas le publioient. Il alloit partout où le devoir d'un général l'appeloit, sans affectation et sans crainte : jamais on ne lui a vu éviter un péril à l'ombre de sa qualité; et pour peu qu'il eût eu de bon succès à la guerre, il y eût acquis plus de réputation que ceux de sa naissance, qui étoient ses contemporains. Il savoit maintenir son rang par autorité ou par adresse, suivant les temps, et suivant les personnes avec lesquelles il avoit quelque chose à démêler. Il savoit éviter les occasions de rien perdre de ce qui lui étoit dû, et profiter de celles qui pouvoient l'augmenter en quelque chose; et s'il n'eût été petit-fils et père de deux grands princes de Condé, on ne lui auroit rien ôté de ce que ses belles qualités devoient lui faire mériter dans l'estime des hommes : je parle pour les vertus héroïques; car pour les autres je doute qu'il y ait jamais eu prince dans sa maison qui en ait eu de plus grandes ni en plus grand nombre que lui. Enfin il m'a semblé un grand homme, et fort extraordinaire. Je ne sais comment j'en ai tant dit ici, moi qui ai dessein d'écrire quelque jour sa vie; mais en parlant de Bourges j'ai fait insensiblement cette digression.

Il y avoit fait étudier le prince son fils, après lui avoir fait passer sa petite enfance à Montrond, où il avoit été élevé avec tout le soin et toute la tendresse qu'un bon père et un grand prince devoit à un fils unique, et qui en avoit perdu trois autres en très-bas âge. Il naquit à Paris le 7 septembre 1621, d'où il fut tôt après mené à Montrond. L'air de ce lieu est doux et benin, et la place des plus fortes. Celui-ci étoit en sûreté, si monsieur son père par quelque intrigue de cour fût venu à retomber dans les malheurs qui lui arrivèrent sur la fin de la faveur du maréchal d'Ancre. Le prince fut dans ses premières années d'une complexion fort tendre et fort délicate ; il donnoit peu d'espérance d'une longue vie : cela faisoit redoubler de la lui conserver ; et ce fut la raison pour laquelle monsieur son père fit choix de femmes soigneuses et expérimentées à élever des enfans, plutôt que de dames de qualité relevée, pour leur en confier l'éducation. Il n'eut pas plus tôt quitté les langes, qu'on reconnut en lui une vivacité au-delà de son âge ; et quand il commença à parler, on découvrit je ne sais quelle fierté, qui combattoit autant qu'un enfant pouvoit faire la domination des femmes qui en avoient soin ; et ce ne leur étoit pas une chose facile de le faire coucher, lever ou manger quand elles le jugeoient à propos. Il ne craignoit que monsieur son père ; et quand il étoit absent, il étoit malaisé de le contraindre à quoi que ce fût. Il acquit en peu de temps assez de finesse pour obtenir par flatterie ce qu'il avoit envie d'avoir. Il eut d'abord un esprit d'application pour tout ce qu'on vouloit lui faire apprendre ; et comme quelque argent étoit le divertissement du soin qu'il y prenoit, il s'empressoit de savoir ce qu'on vouloit qu'il apprît pour aller à ses fins, qui étoient ses jouets. Il fut bientôt en état d'être mis hors des mains des femmes ; et la même raison qui en avoit fait faire le choix à monsieur son père l'obligea à choisir des hommes de semblable manière, pour avoir soin de sa conduite et de ses études. Il considéra que les gouverneurs des personnes de cette naissance ne peuvent être que des gens de haute qualité, qui ont d'ordinaire plutôt le dessein de leur fortune dans la tête, que le soin et l'application nécessaire à un tel exercice : ils font souvent un patrimoine de leur emploi, et considèrent plus l'avantage qui leur en revient, que l'instruction de celui qu'on commet à leurs soins : ils sont sujets à les négliger en leurs enfances, et vouloir se rendre maîtres de leurs esprits quand ils commencent à leur pouvoir être utiles. Ils veulent quelquefois les instruire à leurs modes, et non pas à celle des pères : outre qu'il est malaisé de trouver un grand seigneur sage et agréable à un enfant, savant et brave, de bonnes mœurs et de bonne compagnie, patient et assidu, doux et sévère, qui sache plaire et se faire obéir, pieux sans être rigide, courtisan désintéressé, propre aux exercices, et qui ait l'ame élevée aux grandes choses ; et, en un mot, qui ait les vertus telles qu'il convient les avoir pour les inspirer aux grands princes.

Henri, prince de Condé, choisit La Boussière, gentilhomme doux et de quelque vertu, bon homme, fidèle et bien intentionné, et qui savoit suivre au pied de la lettre tout ce qu'il lui ordonnoit pour la conduite de son fils ; le père Pelletier et le maître Goutier, jésuites, l'un fort austère, et l'autre fort doux. Sa maison fut composée de ceux-ci : d'un médecin, d'un chirurgien, d'un apothicaire, d'un chef de chaque office, d'un contrôleur, de deux valets de chambre, d'un page et de deux valets de pied, d'un carrosse, et de quelques chevaux de selle. Il logea à Bourges dans la maison de Jacques Cœur, qui est la plus belle de la ville, bâtie par ce fameux financier qui fit sa fortune, et à qui on fit depuis le procès sous Charles VII. Elle est assez proche du collége des pères jésuites, où le prince alloit soir et matin, comme tous les autres écoliers. Il y avoit une chaise environnée d'un balustre, et le régent l'instruisoit de concert avec le père qui étoit son précepteur domestique. Il étoit, sans être favorisé de lui, toujours le premier de sa classe, et apprenoit tout ce qu'on lui montroit avec une facilité merveilleuse. On le faisoit réciter et déclamer. Les heures de la prière, de la messe, des repas et des divertissemens étoient réglées; et dans les jeux comme dans les exercices il surpassoit tous les jeunes gentilshommes qui avoient l'honneur de le fréquenter, d'étudier avec lui, ou d'être dans ses plaisirs. Quand monsieur son père étoit présent, il le voyoit tous les jours, et se faisoit rendre un compte exact de tout ce qu'il faisoit. Il l'interrogeoit, il voyoit ses compositions; il le faisoit danser devant lui (à quoi il prenoit un plaisir singulier, parce que le prince excelloit dans cet agréable exercice, ainsi qu'il a fait dans tous les autres); il le voyoit jouer à la paume et aux cartes, pour juger de son adresse et de son humeur. Il ne vouloit pas que ceux qui jouoient avec lui ou qui disputoient de leurs études lui cédassent aucune chose; et quand il étoit absent, on lui disoit par tous les courriers le détail de toute sa conduite, sur laquelle il renvoyoit des ordres bien précis. Je le vis un jour cruellement fouetter devant lui pour avoir crevé et arraché les yeux à un moineau.

Enfin le prince passa d'année à autre de classe en classe, et acheva sa philosophie dans la fin de sa treizième année. Il soutint des thèses publiques avec admiration; les premières dédiées au cardinal de Richelieu, et les dernières au feu Roi : et comme il n'étoit ni d'un âge assez avancé ni de complexion assez robuste pour les exercices de l'académie, le prince son père le fit retourner à Montrond pour quelques mois. Il envoya avec lui le docteur Mérille, homme le plus fameux de son siècle, qui lui enseigna les Institutes et les règles de droit, et qui en disputoit tous les jours avec lui. Il lui faisoit encore lire l'histoire de France et la romaine, les mathématiques, et lui fit voir la plus grande partie de l'Ecriture sainte : tant ce bon prince craignoit que monsieur son fils ignorât quelque chose.

Il est temps de revenir à Bourges, après y avoir beaucoup parlé de ce que les princes père et fils y ont fait pendant plusieurs années. Je dépêchai de Lale (capitaine Desprès) à la duchesse de Longueville, pour lui faire part de l'état des choses, et au vicomte de Turenne; et fis partir Durechaut, qui avoit été page du prince, et que je trouvai là fortuitement. Je l'envoyai à Montrond, et écrivis à Persan que si la place étoit en tel état qu'il pût se soutenir jusques à la campagne contre tous les efforts de la cour, et faire subsister l'infanterie et la cavalerie qu'il avoit, il en refusât l'entrée à Saint-Aoust et d'Alvimar (qu'il feroit pourtant loger et régaler dans la ville de Saint-Amand), et à moi-même, quand nous nous y rendrions pour en faire le traité ; et que j'allois à Châtillon voir la princesse douairière, et conférer avec les amis de Paris pour aviser ce qu'il y avoit à faire pour le service du prince dans une occasion autant délicate que l'étoit celle-là.

Je partis ensuite de Bourges et me rendis à Châtillon, où je trouvai la princesse douairière dans une santé parfaite. L'espérance de voir bientôt messieurs ses fils en liberté et madame sa fille auprès d'elle avoit ajouté un éclat si vif à la beauté qu'elle avoit conservée malgré les ans et l'affliction, qu'il seroit malaisé de l'exprimer. Elle me fit l'honneur de me recevoir avec joie, et de louer publiquement l'affection que j'avois montré avoir pour sa maison : elle me fit pourtant en particulier des reproches de ce que j'avois empêché l'établissement de La Roussière près de M. le duc, auquel elle l'avoit destiné pour gouverneur, croyant que j'avois dessein de procurer cet emploi à Filsgean qu'elle haïssoit et mésestimoit, comme elle faisoit presque toujours ceux qui avoient été domestiques de son mari, à la réserve de ceux qui lui rendoient compte pendant sa vie de tout ce qu'il faisoit; et La Roussière étoit de ce nombre. Je la désabusai de cette créance, et lui fis confesser que ni l'un ni l'autre ne méritoient cet honneur; qu'il étoit raisonnable de laisser le choix au prince de la personne qu'il jugeroit être propre pour une fonction autant importante que l'étoit celle-là. Je lui dis que cette raison avoit porté la princesse sa belle-fille à n'y mettre ni l'un ni l'autre; et qu'elle lui avoit fait proposer de lui donner pour écuyer La Fontaine, homme fidèle, de bonnes mœurs, et assidu, qui avoit été nourri page du duc de Montmorency. Il faut que je dise en passant à son avantage que je ne crois pas qu'il ait quitté M. le duc de vue pendant dix ans entiers, si ce n'a été dans le temps qu'il lui a commandé quelque chose pour son service.

Je lui racontai tout le détail de nos aventures de Turenne, de Montrond, de Bordeaux, de la cour : elle me fit le récit des siennes de Chantilly, de Paris, du Bourg-la-Reine, d'Angerville et de Châtillon. Cette conversation ne se passa pas sans verser bien des larmes de douleur et de tendresse, particulièrement en me parlant de ce que messieurs ses enfans faisoient dans leur prison, la duchesse de Longueville à Stenay; et quand elle parloit de tous les services qu'elle avoit rendus à la Reine et de l'ingratitude qu'elle en recevoit, je la trouvai investie de la duchesse de Châtillon, de la dame de Bourgneuf, de Cambiac, et de son écuyer.

La duchesse, qui étoit la plus habile femme de France, avoit si bien su se servir de son esprit adroit, souple, plaisant et agréable, et s'étoit rendue tellement maîtresse du sien, qu'elle ne voyoit que par ses yeux, et ne parloit que par sa bouche. Madame de Bourgneuf, qui avoit du sens, de l'assiduité et de la complaisance, avoit la correspondance de la duchesse de Longueville et la conduite de messieurs ses enfans, qui lui donnoit beaucoup d'accès auprès de la princesse; et comme elle avoit su en profiter, elle avoit grande part à sa confidence. Cambiac, par les conseils duquel elle se gouvernoit, étoit dans le plus intime secret de la duchesse de Châtillon. Dalmas étoit un Gascon insinuant et allant à ses fins, qui étoit dès long-temps accoutumé à ses manières, et s'étoit acquis une certaine autorité de vieux domestique qui lui faisoit parler avec liberté à sa maîtresse, et lui donner des soupçons continuels contre ceux qui avoient plus de pouvoir sur son esprit qu'il n'en avoit : et cela faisoit que la duchesse de Châtillon le faisoit renvoyer à Chantilly le plus souvent qu'elle pouvoit.

Toutes ces personnes-là, comme il arrive toujours, vivoient bien ensemble en apparence; mais ils jalousoient réciproquement leur faveur. Ils s'empressèrent tous de me faire des confidences fausses ou véritables, suivant qu'il leur convenoit; et cela me donna de grandes lumières de tout ce qui s'étoit passé pendant ma longue absence.

J'appris le détail des amours de madame de Châtillon et du duc de Nemours, desquelles le président Viole étoit le principal confident. Je sus toutes les intrigues de Stenay, les cabales de Saint-Ibal et de Barrière, celles de Tracy et de Saint-Romain; les folies du chevalier de Gramont, de Balberière et de madame sa femme, et la bonne conduite du vicomte de Turenne. J'appris les diverses intrigues des frondeurs avec nos amis, la jalousie qui étoit parmi ceux-ci, à qui se rendroit maître des négociations; les correspondances que la princesse douairière et eux avoient avec Chavigny; les allées et venues de Montreuil, secrétaire du prince de Conti, homme doux, assez fin, et assidu, qui par l'envie de plaire à la duchesse de Longueville, qui avoit un pouvoir absolu sur l'esprit et sur le cœur de son maître, rendoit compte de tout à madame de Bourgneuf. Je dirois ici tout ce que j'appris à Châtillon dans le détail, si je ne voulois me contenir dans les bornes que je me suis proposées, de ne parler que des choses qui m'ont passé par les mains.

L'abbé Roquette arriva à Châtillon peu d'heures après moi, envoyé des amis de Paris, instruit de leur intention, chargé des lettres de créance qu'il m'apporta de leur part, et de celles que le duc de Nemours écrivoit à la duchesse, qui passoient souvent par les mains de cet abbé. Il m'en rendit encore une du président Nesmond, qui se conduisit avec beaucoup de prudence dans tout le cours de cette affaire, et qui sut tirer de grands avantages de la cour pour lui et pour toute sa maison, en parlant librement au cardinal, et en servant toujours très-fidèlement et avec adresse les princes à sa mode, et non à celle des autres. Il avoit été surintendant de la maison du feu prince de Condé, et l'étoit encore de la princesse douairière. Il étoit homme d'esprit, prompt et décisif; il étoit assidu au Palais; il avoit beaucoup de probité et les manières grossières, et étoit bon courtisan pour lui à force de l'être mauvais pour les autres.

J'entretins Roquette en particulier: il me confirma beaucoup de choses que je savois, et m'en apprit quelques autres; mais toujours en tâtant le pavé, et avec des réserves, selon sa coutume, qui naissent plutôt de son humeur pateline que de sa timidité et de sa prudence. Quand on le questionne, il est assez réservé; et quand on ne lui demande rien, l'envie qu'il a de paroître bien instruit des choses lui fait dire tout ce qu'il sait, et quelquefois davantage.

La princesse tint un conseil composé de lui, de la duchesse, de madame de Bourgneuf, de Cambiac et de moi. Je leur dis toutes les raisons des dépêches que la jeune princesse avoit faites à Persan avant que de sortir de Bordeaux, et par conséquent de celle que je lui avois envoyée de Bourges par Desrechaux. Je fis une petite récapitulation de tout ce que j'avois dit à la princesse douairière en particulier, de ce qui me paroissoit des intentions du cardinal, et de l'opinion qu'en avoient les plus éclairés de la cour. Je leur dis les sentimens de la princesse, et des ducs de Bouillon et de La Rochefoucauld, sur la nécessité en laquelle nous nous étions trouvés, et en laquelle nous étions encore, de négocier en même temps, et par divers chemins, avec le duc d'Orléans et les frondeurs, et avec le cardinal, pour fomenter leurs défiances, et nous unir à la fin avec celui des deux partis avec lequel nous trouverions nos avantages plus sûrs et plus prompts pour tirer nos princes du Havre-de-Grâce. Je leur expliquai ce que j'avois dit à la Reine, à Mademoiselle et au cardinal, et leur dis ensuite que l'opinion des ducs étoit que si Montrond se pouvoit soutenir pendant l'hiver, rien ne seroit plus utile que de le trouver avec de bonnes troupes au printemps, dans le dessein que nous avions de recommencer la guerre quand les Espagnols entreroient en campagne, en cas que nous ne pussions obtenir la liberté par le moyen des frondeurs et du cardinal : mais que si la place n'étoit pas en l'état que nous la souhaitions, il falloit faire de nécessité vertu, témoigner de la bonne foi à la cour, en faire rétablir les troupes, y établir le séjour de la princesse et de monsieur son fils, qui difficilement pouvoient être en pareille sûreté ailleurs ; que d'une façon comme d'une autre elle en seroit la maîtresse, et que nous aurions tout l'hiver devant nous pour aviser au parti que nous avions à prendre. Je me gardai bien de leur parler du dessein que nous avions de retourner à Bordeaux, et moins encore du voyage du marquis de Lusignan en Espagne : aussi n'étoit-ce pas des secrets de nature à les pouvoir confier à de tels conseillers d'Etat.

La princesse douairière étoit timide au dernier point; elle ne vouloit que vivre en repos : elle étoit gouvernée par des gens qui craignoient d'être éloignés de Paris, et particulièrement par la duchesse de Châtillon, qui se trouvoit bien d'être la maîtresse d'une telle personne, des grands biens qu'elle avoit, des avantages et des plaisirs que l'amour du duc de Nemours lui donnoit, et ne vouloit point entendre parler de guerre, qui pouvoit en un moment leur faire tout perdre. Aussi la princesse, qui étoit persuadée par tout ce que ceux de sa confiance lui disoient à tout moment, me dit qu'elle ne consentiroit jamais qu'on se servît plus long-temps de sa place pour en faire le théâtre de la guerre; qu'on la mettroit en prison, et qu'on s'empareroit de tous ses biens si Persan n'obéissoit aux ordres du Roi; que d'ailleurs elle savoit que ce château n'étoit pas en état de soutenir un siége; que si le cardinal le faisoit attaquer, il seroit pris dans un mois et rasé ensuite; et que tout cela seroit inutile à messieurs ses enfans.

L'abbé Roquette dit que c'étoit le sentiment de tous les serviteurs de Paris, qui croyoient qu'on ne pouvoit tirer les princes de prison que par le parlement; qu'ils travailloient continuellement à y gagner des voix; que les frondeurs commençoient à entrer en commerce, et qu'il y avoit grande espérance qu'on s'allieroit avec eux. Il me dit toutes les propositions qu'on leur faisoit, et celles qui venoient d'eux. Je n'en rapporte pas le détail, parce que j'ai touché cela en divers endroits, et qu'en un mot ils étoient tous d'avis que Montrond suivît en tout et partout la déclaration de la paix de Bordeaux; que cette place seroit une retraite assurée à madame la princesse et à monsieur son fils, quoi qu'il pût arriver; et que le parti seroit entièrement abattu si le cardinal s'étoit saisi de leur personne. Il se mit après cela à me dire que tous les amis de Paris n'étoient pas sans soupçon contre les ducs de Bouillon et de La Rochefoucauld, et qu'on disoit tout haut que, s'ils avoient voulu, Bordeaux se seroit maintenu; que les ennemis avoient si peu avancé dans leur siége, que ce prompt accommodement avoit surpris tout le monde. Je lui répondis brusquement que ces impertinens discours étoient de l'invention d'Arnauld, qui avoit honte d'être demeuré en toute sûreté à Paris, et vouloit diminuer le mérite de ceux qui avoient fait la guerre; qu'il pouvoit se souvenir, lui qui parloit, que dans le temps qu'on l'entreprit tout étoit contre nous; et si on avoit repris quelque vigueur à Paris et par tout le royaume, c'étoit un effet de ces deux ducs, qui ne prévoyoient pas assurément qu'il y eût grande fortune à faire quand ils avoient commencé à lever des troupes pour le service des princes, et que ce qu'on leur avoit accordé par la paix n'étoit pas une marque qu'ils eussent trahi le parti; qu'ils n'avoient négocié à la cour ni par eux ni par des gens de leur dépendance; qu'ils n'avoient pas touché un teston de l'argent de madame la princesse; qu'ils avoient fait toute la dépense de leur armement; et que je ferois voir que les chimères inutiles de M. Arnauld, et de tous ceux qui étoient assez mal habiles pour s'y attacher, avoient coûté plus d'argent à M. le prince que toute la guerre de Bordeaux et de Montrond. L'abbé se tut tout court, et me pria bien fort de ne pas dire aux ducs l'avis qu'il venoit de nous donner. « Est-ce vous, « monsieur, lui dis-je, qui croyez cela?—Non, me « repartit-il.—Il ne vous importe donc pas, répli- « quai-je, si je les en avertis ou non? Je vous assure « que je leur manderai à la première occasion. » Je le fis comme je l'avois dit; et nous sûmes depuis que ce soupçon, qui n'avoit ni fondement ni suite, étoit un pur effet de la honte et de la jalousie d'Arnauld.

Cambiac, qui parla après Roquette, fit merveille pour me persuader que les amis avoient raison, et que la guerre de Bordeaux n'avoit servi de rien. Je lui répondis en souriant: la duchesse de Châtillon applaudit par mille minauderies à ce que la princesse avoit dit, et fut du sentiment que Roquette disoit être (et qui étoit en effet) celui de nos amis. Madame de Bourgneuf dit qu'elle n'étoit ni assez éclairée ni assez hardie pour dire son avis sur une telle matière: et je dis à la princesse que le sujet de mon voyage n'avoit été que pour savoir sa volonté, et écouter les conseils de ses serviteurs pour m'y conformer absolument; que c'étoit l'ordre que m'avoit donné la princesse sa belle-fille; et que puisque tout aboutissoit à faire entrer Montrond dans la paix de Bordeaux, je partirois le lendemain pour le commander à Persan de la part de la princesse, qui l'avoit établi dans cette place; et que je souhaitois de tout mon cœur qu'il fût autant obéissant dans cette conjoncture que tout le monde avoit envie qu'il le fût.

Je passai tout le reste de ce jour-là à faire des dépêches à Paris et à Stenay, et en partis le lendemain pour Montrond, où je me rendis le 21 octobre. Saint-Aoust et d'Alvimar y arrivèrent le 22 et 23. Nous conclûmes le traité comme je dirai ci-après. Il y avoit bien du pour et du contre en cette affaire ; et j'étois tellement persuadé qu'il falloit témoigner de la sincérité au cardinal pour ne lui donner aucun prétexte de manquer aux paroles qu'il nous avoit données et aux espérances qu'il nous avoit fait concevoir, que j'aurois été bien fâché que Persan se fût obstiné à continuer la guerre, non pas par les raisons qu'avoit dites l'abbé Roquette dans la conférence de Châtillon, ayant toujours remarqué que rien n'est si foible dans un parlement quand ses délibérations ne sont pas appuyées de la force, ni rien de si hardi quand elle est de son côté. Nous avons fait plusieurs fois l'expérience de cette vérité à Paris et à Bordeaux, et nous n'y avons jamais vu prendre de résolutions que quand les partis qu'ils soutenoient étoient plus forts que le contraire. Je savois bien que si l'on avoit pu soutenir Montrond, le parlement auroit opiné bien plus fortement pour nous qu'il n'eût fait ensuite après que cette place auroit accepté la paix ; et la seule raison qui me persuadoit qu'elle devoit se soumettre étoit la crainte de donner des soupçons de notre conduite : car si on étoit venu à arrêter la princesse et les ducs de Bouillon et de La Rochefoucauld, les desseins que nous avions pris par Lusignan en Espagne, et pour retourner à Bordeaux, étoient évanouis. Quoi qu'il en soit, je ne fus pas en peine d'examiner s'il étoit à propos de désarmer ou non : Persan ne tarda guère à me lever ce doute, et me dit que si je lui donnois ordre de la part de la princesse de tenir bon, il se feroit ensevelir sous les ruines de la place qu'elle lui avoit confiée; mais que si elle lui faisoit l'honneur de lui demander son avis, il étoit d'entrer dans la paix de Bordeaux, par de très-bonnes raisons qu'il me dit de la saison, du très-peu d'infanterie qu'il avoit, quoiqu'il eût un très-grand nombre d'officiers; de l'impossibilité de maintenir six cents chevaux qu'il avoit, quand on viendroit bloquer la place, en mettant des troupes pendant l'hiver dans les lieux circonvoisins, et dans la ville de Saint-Amand même, qui est au pied de ce château. J'entrai tout-à-fait dans son sens ; et comme ceux qui étoient nommés par le Roi n'arrivèrent que le lendemain, nous eûmes loisir de nous entretenir, Persan, Baas, d'Alègre, Chambon, Le Couret et moi. Ils étoient tous bons officiers, et gens de bon sens et de hardie résolution. Nous résolûmes ensemble ce qu'ils auroient à demander à d'Alvimar et Saint-Aoust.

Tous nos gens étoient tellement persuadés qu'on ne devoit rien tenir de tout ce qu'on promettoit au cardinal, qu'ils ne firent point de difficulté de me dire en général et en particulier que l'amnistie ne les empêcheroit pas d'aller joindre M. de Turenne, et de retourner à Montrond, et partout ailleurs où il pourroit y avoir de la guerre pour le service des princes, si leur prison continuoit. Je n'eusse pas voulu leur conseiller telle chose, et parce que je crois qu'il faut toujours exécuter ce qu'on promet, et parce que quand je l'aurois cru autrement, il n'eût pas été prudent de me confier d'une telle chose à plus de cent cinquante officiers qui me tenoient ce langage.

Persan, en son particulier, me proposa une chose qui pouvoit être fort utile par la suite, qui étoit que laissant à Montrond quatre cents fantassins, il pouvoit bien en emmener six cents, et en ramasser autant dans le voisinage; et qu'avec la plupart de ses officiers qu'il avoit là il formeroit promptement son régiment, et le rendroit aussi bon qu'il eût jamais été, en cas que je pusse obtenir son rétablissement par le traité que je devois faire; car il avoit été cassé par celui de Bellegarde. Il ajouta qu'il y avoit dans la place plus de six cents maîtres, et qu'il en feroit encore bien deux ou trois cents dans le voisinage de ceux qui y avoient servi pendant l'été; qu'il y avoit moyen d'en former trois bons régimens pour lui, et pour Le Couret, et pour le comte de Châteauneuf, qui étoient déjà tout formés; et que si le Roi vouloit les entretenir, ils prendroient l'amnistie, et serviroient de bonne foi dans les armées du Roi, tant qu'il n'y auroit point de guerre dans le service des princes; mais que dès le moment que madame la princesse leur enverroit ses ordres, ils se rendroient avec quatre régimens où il plairoit à Son Altesse leur commander; et que s'ils pouvoient se saisir d'une place, d'un pont, d'un passage, d'un général d'armée, charger même les troupes du Roi, s'ils en trouvoient une partie proportionnée à leurs forces dans le temps qu'on leur manderoit de s'en séparer, ils n'y manqueroient pas. Dès à présent il retenoit le gouvernement de Montrond, me priant d'empêcher que madame la princesse n'y en établît aucun autre pendant son absence, qui pût faire de la difficulté de la lui céder quand il y retourneroit.

Une des principales raisons qui avoient fait prendre aux ducs la résolution de soutenir Montrond étoit la crainte de perdre les bonnes troupes et les braves officiers qui y étoient, et qui nous seroient d'une merveilleuse utilité pour l'exécution des desseins que nous avions formés. Nous avions bien songé de les faire passer au vicomte de Turenne; mais outre les soupçons que cela eût pu donner, cette pensée étoit presque impossible à exécuter, car il falloit passer les rivières de Loire, d'Yonne, de Seine, de Marne, et quelques autres. Les passages sur les ponts n'étoient pas à notre disposition, et nous étions dans une saison que pas une n'étoit guéable. De les aller prendre à leurs sources, le chemin en étoit trop long; et la Bourgogne étant entre les mains de nos ennemis, puisque le duc de Vendôme en étoit gouverneur, il n'étoit pas possible de la traverser. Toutes ces considérations me firent demander à Persan si ces messieurs dont il me parloit étoient bien assurés d'en user comme il me proposoit. Il me répliqua qu'il étoit assuré d'eux comme de lui-même; et les ayant obligés à venir l'un après l'autre, ils me donnèrent des paroles si positives, que j'eus sujet de croire qu'ils me parloient sincèrement. Sans m'expliquer avec eux, je leur dis que cela ne dépendoit point de moi; que c'étoit à eux à en faire la proposition aux commissaires du Roi quand ils seroient arrivés; et que s'ils leur accordoient la conservation de leurs régimens, j'en serois fort aise.

Nous convînmes après, Persan et moi, de la manière qu'il proposeroit la chose à Saint-Aoust et à d'Alvimar, car je ne voulus pas m'en charger; et il le fit avec beaucoup d'adresse.

Ils arrivèrent le lendemain de fort bonne heure. Je donnai à d'Alvimar la satisfaction que le cardinal prétendoit de son voyage, et je le fis conduire par toutes les fortifications, qui étoient en si grande quantité, et disposées comme en amphithéâtre et par étage, qu'un homme qui les avoit étudiées et observées beaucoup de temps, à peine les pouvoit-il comprendre : aussi nous confessa-t-il, après les avoir examinées pendant cinq ou six heures, qu'il n'y comprenoit rien. Saint-Aoust, qui y avoit passé plusieurs années pendant qu'il étoit à feu M. le prince, les savoit par cœur, et n'eut pas la même curiosité que son collègue. Il demeura dans le donjon ; et Persan, comme nous en étions convenus, lui dit qu'il étoit dans la meilleure place du royaume, et dans laquelle il ne craignoit pas tous les efforts que le cardinal pourroit faire contre lui; que madame la princesse l'y avoit mis, et qu'elle lui ordonnoit par moi, et lui avoit commandé par une de ses lettres, d'en sortir, conformément à la paix de Bordeaux ; qu'il n'y étoit entré que pour le service de monsieur son mari, et que puisque maintenant elle lui faisoit connoître que ce même service vouloit qu'il mît les armes bas, il y donnoit les mains ; mais qu'il prétendoit être quitte de sa parole, quoi qu'il pût arriver ; qu'il vouloit rentrer dans le service du Roi ; et que si M. le cardinal vouloit lui rendre son régiment qu'il avoit fait casser par la capitulation de Bellegarde, il le feroit dans huit jours aussi bon et aussi nombreux qu'il eût jamais été ; qu'il feroit plus ; et que conservant son régiment de cavalerie qu'il avoit fait à Montrond, de l'argent des contributions qu'il avoit levées, celui du comte de Châteauneuf et celui du Couret, qui étoient dans cette place, il se faisoit fort de mener huit ou neuf cents bons cavaliers en tel lieu qu'il plairoit à Son Eminence.

Saint-Aoust lui répondit que pour lui il le vouloit bien, mais qu'il falloit qu'il s'adressât à d'Alvimar, qui étoit proprement l'homme du cardinal, et qui ne l'avoit envoyé là que parce qu'il croyoit qu'ayant toujours été de la maison et serviteur du prince, il pourroit aider à persuader lui Persan de désarmer et de sortir de Montrond; que pourtant il ne lui persuadoit rien, mais qu'il louoit Dieu de ce qu'il étoit tout persuadé; et que d'Alvimar, qui retourneroit avec moi à la cour, parlant au cardinal dans le même sens que lui Saint-Aoust lui écriroit, il ne faisoit point de doute qu'il n'obtînt ce qu'il demandoit pour lui et pour ses amis, d'autant plus que Son Eminence, qui avoit besoin de troupes, et qui n'en feroit ni tant ni de si bonnes pour soixante mille écus, étoit assez bon ménager pour ne pas accepter le parti.

Persan le quitta, et alla faire la même proposition à d'Alvimar. Il crut qu'on lui auroit obligation de cette proposition-là comme d'un effet de son adresse, et lui donna parole de s'y employer de tout son cœur. Il le disoit d'aussi bonne foi que Saint-Aoust le disoit avec adresse, celui-ci étant un homme éclairé, qui, ne doutant pas d'abord que Persan étoit autant serviteur du prince qu'il l'étoit, et ayant long-temps discouru avec moi, ne m'eût communiqué ce dessein. Il me chercha avec empressement, et m'ayant trouvé, il me dit en riant que j'étois plus fin que lui, et, qui pis étoit, plus que le cardinal, qui étoit tant infatué de l'opinion qu'il avoit de sa capacité, qu'au péril de sa vie il donneroit dans le panneau que je lui faisois tendre par Persan. J'eus beau l'assurer que je ne comprenois pas ce qu'il vouloit me dire, je ne pus jamais lui ôter de l'esprit que tout étoit concerté avec moi : il m'expliqua pourtant la chose. J'en parus surpris comme d'une nouveauté, et lui dis pourtant que je serois bien aise que Persan et les autres tirassent cet avantage par un traité que je faisois, étant comme ils étoient de mes amis.

D'Alvimar retourna sur ces entrefaites; et faisant le fin sur la proposition de Persan, tant il avoit peur que je ne le dissuadasse d'en user de la sorte, il ne m'en parla qu'après que nous eûmes signé les articles. Je lui dis, comme j'avois fait à Saint-Aoust, que bien loin de m'y opposer, j'en aurois de la joie; et il fut résolu que d'Alvimar se chargeroit de faire agréer cette proposition au cardinal, et que Saint-Aoust écriroit en conformité. Je ne dirai pas ici toutes les difficultés que nous eûmes pour ajuster lesdits articles, cela seroit inutile et ennuyeux ; il me suffit de les insérer ici, pour montrer qu'ils furent autant avantageux qu'ils pouvoient l'être en l'état auquel nous étions.

ARTICLES

Pour la pacification des troubles de Berri, Bourbonnais, et autres lieux circonvoisins, accordés sous le bon vouloir et plaisir du Roi à madame la princesse et à M. le duc d'Enghien, en conséquence de la paix de Bordeaux, publiée le .... d'octobre 1650. Iceux articles accordés en présence des sieurs Saint-Aoust, comte de Château-Meillant, et d'Alvimar, sous-gouverneur de monseigneur le duc d'Enghien, envoyés de Leurs Majestés, et le sieur Lenet, conseiller ordinaire du Roi en ses conseils d'Etat et privé, envoyé de madame la princesse pour l'exécution desdits articles.

I. Que tous officiers, gentilshommes et autres, étant résidens à présent dans le château de Montrond et autres villes et châteaux, ayant pris parti au sujet desdits derniers mouvemens dans lesdites provinces de Berri, de Bourbonnais, et autres lieux adjacens, jouiront de l'amnistie générale, en conséquence de ladite déclaration du premier de ce mois : et ce faisant, seront remis en leurs biens, charges, dignités, pensions, et même le sieur de Persan en la jouissance de son régiment d'infanterie, comme aussi tous les officiers d'icelui dans leurs charges, même ceux qui étoient à Bellegarde, en la forme et manière qu'ils étoient avant le 8 janvier dernier; qu'à cet effet Sa Majesté sera suppliée d'accorder lettres adressantes au général de l'armée et gouverneur de la province, ou des places où le corps dudit régiment sera pour leur rétablissement en leursdites charges.

II. Sa Majesté sera pareillement suppliée d'accorder une route à tous les officiers et soldats qui sont hors dudit régiment, pour aller joindre le corps;

III. Que tous les châteaux occupés par lesdites troupes de part et d'autre, comme ceux de Cangy, de Saint-Florent, Comiers, Culant, le Châtelet, les Barres, et autres dans lesdites provinces, seront remis entre les mains de ceux qui en avoient la garde auparavant, et les garnisons retirées de part et d'autre;

IV. Que tous les prisonniers, sans nul excepter des deux partis, seront mis en liberté.

V. Quant à Montrond, l'article de la déclaration de Bordeaux sera exécuté selon sa forme et teneur, et Sa Majesté suppliée d'agréer que les deux cents hommes de pied soient séparés en quatre compagnies;

VI. Que le fonds pour la subsistance desdits deux cents hommes et officiers, ensemble des cinquante chevaux retenus audit Montrond par madame la princesse, se montant à la somme de .... par mois, sera levé par chacun an sur les recettes générales de Berri et de Bourbonnais, et même sur l'élection de Saint-Amand, par préférence à toutes les autres charges, et mis entre les mains du sieur d'Amour, commissaire et payeur de ladite garnison;

VII. Que passe-ports seront expédiés à tous les officiers, gentilshommes et autres ayant pris parti dans lesdits mouvemens, étant dans lesdits châteaux, villes et provinces; même au sieur de Chambois, comte de Bussy-Rabutin, et Montaterre, d'Aignan, Gouville, et autres ayant assemblé de la cavalerie en Normandie, en Gatinais, et aux environs de Paris, lesquels tous jouiront de ladite amnistie, ayant fait le serment de fidélité qu'ils doivent à Sa Majesté.

VIII. Ledit sieur marquis de Persan sortira dudit château de Montrond incontinent après l'arrivée de madame la princesse et de M. le duc d'Enghien audit lieu, en cas qu'ils y arrivent dans quinze ou vingt jours; sinon madite dame enverra les ordres nécessaires audit sieur de Persan pour laisser ladite place à la garde de la garnison ci-dessus, de deux cents hommes de pied et cinquante chevaux; auxquels ledit sieur marquis de Persan satisfera sans aucune difficulté.

IX. Toute l'infanterie sera incessamment licenciée, à la réserve de deux cents hommes ci-dessus; et toute la cavalerie, à la réserve du régiment de cavalerie dudit sieur de Persan, qui demeurera à Saint-Amand, y vivant sans exaction jusques à nouvel ordre du Roi pour le licenciement d'icelui, sans rien demander au peuple tant qu'il subsistera.

Fait à Montrond, le 23 octobre 1650.

Aussitôt que nous eûmes signé ces articles, ils furent publiés à Montrond au bruit de l'artillerie, des tambours et des trompettes, comme ils furent après par tout le Berri, le Bourbonnais, et autres lieux circonvoisins.

Saint-Aoust dépêcha à l'heure même à la cour. Il me montra la lettre qu'il écrivoit au cardinal, qui étoit autant bien que je la pouvois souhaiter, et tout-à-fait avantageuse au dessein qu'avoit Persan. Chambois se retira avec ce qu'il avoit de la compagnie de gen-

darmes du duc de Longueville, dont il étoit lieutenant, et dit en sortant avec liberté aux envoyés du Roi : « Messieurs, je vous dis adieu jusques à revoir :
« je ne sais quand j'aurai cet honneur-là ; mais je sais
« bien que tant que M. de Longueville sera prisonnier, je servirai plutôt le Turc que le cardinal ; et
« je vous assure que je ne dépenserai guère d'argent
« en papier d'amnistie. »

Le lendemain nous nous séparâmes, et Saint-Aoust retourna chez lui à Château-Meillant ; et d'Alvimar et moi nous partîmes pour la cour, qui étoit à Amboise. Nous allâmes coucher à Valencey, qui est une des plus belles maisons de gentilshommes qu'il y ait en France ; elle n'est composée que d'un corps de logis et d'un pavillon, mais grand et bien meublé, et où l'on fait très-bonne chère.

Nous trouvâmes à Blois plusieurs personnes de qualité, desquels les uns alloient et les autres venoient de la cour. Les uns et les autres nous parlèrent très-hardiment contre le cardinal, et en faveur des princes ; et je commençai à connoître qu'à Paris comme à la suite du Roi l'air du bureau étoit bon pour nous, et qu'il falloit que le cardinal et les frondeurs fussent en grande défiance, et que ceux-ci commençassent à tourner de notre côté.

En arrivant à Amboise, où le Roi étoit pour lors, j'allai voir le maréchal de Villeroy, Servien et de Lyonne. Le discours des uns et des autres, aussi bien que la manière civile et obligeante dont ils me reçurent, étoient un présage certain que nos affaires avoient mélioré depuis mon départ de Bourg ; ils me dirent tous que, sur la dépêche de Saint-Aoust, le cardinal avoit fait ratifier la paix de Montrond; qu'il l'avoit fait publier, et dépêcher des commissions et des ordres pour les régimens de Persan, de Châteauneuf et du Couret, et des routes pour aller joindre l'armée du Roi en Champagne; dont je m'étonnai fort.

Pendant que je m'entretenois avec le maréchal, sur les neuf heures du soir, Alvimar, qui venoit de rendre compte de son voyage au cardinal, me vint dire de sa part qu'il m'attendoit avec impatience. En effet, étant arrivé auprès de Son Eminence, il me dit que j'étois le très-bien venu; que la Reine étoit fort satisfaite de ma conduite, et que lui, en son particulier, avoit pour moi une estime fort grande, dont il espéroit que la suite du temps me feroit voir les effets; qu'il avoit fait ratifier la paix que nous venions de faire, et que, pour montrer que comme il se fioit aux gens qui servoient bien leurs maîtres, il avoit rendu à Persan le régiment d'infanterie Petit-Vieux, qu'il avoit perdu par le traité de Bellegarde; qu'il lui en avoit donné un de cavalerie, et deux à Châteauneuf et à Couret; qu'il me vouloit parler à cœur ouvert, et me dire qu'il étoit résolu de tirer les princes de prison; qu'il espéroit le faire consentir au duc d'Orléans; qu'il n'avoit jamais tant aimé ni estimé homme que M. le prince; qu'il étoit assuré qu'il n'avoit point d'arrière-pensée; qu'il se fioit en lui, comme il avoit fait pendant le siége de Paris, et dans le temps qu'il lui confioit les armées du Roi; qu'il étoit assuré qu'il ne le blâmeroit pas d'avoir conseillé sa prison à la Reine, quand Son Altesse sauroit tout ce qui s'étoit passé; et en un mot il me fit, une heure durant, des

discours à perte de vue, sans que je l'interrompisse, et sans qu'il me donnât loisir de lui répondre un seu mot. Enfin je lui dis que je n'avois rien à ajouter à tout ce que j'avois eu l'honneur de lui dire à Bourg qu'il avoit raison de croire M. le prince un homme sans fiel; que quand il auroit tiré sa parole, rien au monde ne pouvoit être plus ferme que ce qu'i lui promettoit; et que je prendrois un singulier plai sir de les voir tous deux de concert mettre les fron deurs à la raison pour assoupir les désordres d l'Etat, lui par le conseil, et M. le prince par le armes. « Mais souvenez-vous, lui dis-je, monsieur
« qu'il n'y a point de temps à perdre : je ne dout
« nullement de la bonne intention de Votre Emi
« nence, puisque le service du Roi et votre intéré
« particulier veulent qu'elle soit telle que vous vene
« de me la dire; mais je meurs de peur que vous n
« vous laissiez gagner de la main, et que les servi
« teurs que M. le prince a à Paris ne nouent quel
« ques parties avec le coadjuteur; après quoi il n'
« auroit plus moyen d'être unis avec Votre Emi
« nence : ce qui, selon mon avis et selon mon in
« clination, seroit le plus grand malheur qui nou
« pourroit arriver. »

En cet endroit il m'interrompit, et me pria de l dire en bonne amitié et confidence ce que je savois d tout cela. Je lui répondis que je ne savois rien de tou cela, parce que les amis de Paris ne nous faisoier savoir l'état des choses que superficiellement, et s'e réservoient le détail; et que je ne répondois bie d'eux, mais bien de la princesse, du duc de Bouil lon, et par lui de M. de Turenne, comme du du de La Rochefoucauld, et par lui de la duchesse de Longueville. « La caution en est bonne, me repartit-il « en souriant. » Je continuai, et lui dis que s'il étoit bien résolu à ce qu'il me disoit, je me faisois fort de faire signer aux cinq personnes dont je venois de lui parler tel traité qu'il lui plairoit, moyennant la liberté des princes, et d'y faire entrer Bordeaux; mais que pour les amis de Paris, je n'avois ni assez d'habitudes avec eux pour les connoître, ni aucunes charges d'eux pour les engager à quoi que ce fût : je croyois bien que je pourrois porter la duchesse de Châtillon à gouverner l'esprit du duc de Nemours, et peut-être celui de Viole. Il me repartit que celui-ci dépendoit plus de Chavigny que d'elle; et sur cela me parla de ce dernier en très-mauvais termes sur le chapitre de la bonne foi. Il me dit ensuite que la confiance qu'il avoit en moi étoit telle, qu'il m'avoit ouvert son cœur toutes les fois qu'il m'avoit vu; qu'il connoissoit pourtant visiblement que je savois quelque chose qui se tramoit à Paris entre nos correspondans et le coadjuteur, dont je lui faisois finesse. Je lui répondis, comme j'avois déjà fait, que je ne savois rien; mais que quand j'aurois une connoissance tout entière de leurs négociations, je ne lui en dirois rien, puisque tout ce que je pourrois lui en découvrir retourneroit au dommage des princes et de leurs serviteurs; que je voyois bien qu'il y avoit là de grandes choses à traiter; que je les lui avois insinuées dès Bordeaux à Bourg; qu'il pouvoit croire qu'on mettroit tout en usage pour mettre M. le prince en liberté par qui que ce fût; que madame la princesse et ses amis et serviteurs particuliers, dont j'étois le moindre, souhaitoient passionnément que ce fût par lui, et que pour cela je lui donnois carte blanche.

Il me remercia fort, et me dit qu'il me donnoit sa parole et celle de la Reine que, toutes choses cessantes, ils travailleroient sans discontinuer à détacher le duc d'Orléans des frondeurs, et lui faire souhaiter cette liberté; qu'il feroit agir la Reine, et que lui M. le cardinal feindroit ne le vouloir pas, pour persuader à Monsieur que ce seroit lui qui seroit l'auteur de ce dessein, et qu'il en auroit tout l'honneur. « Mais, lui « dis-je, monsieur, si Son Altesse Royale n'y consent « point, messieurs les princes seront-ils toute leur vie « prisonniers?—Ne vous mettez pas en peine, me dit-« il : Monsieur se fait tenir, mais enfin il consent à « tout ce que l'on veut ; et s'il s'y oppose, je prendrai « d'autres mesures. » Il ajouta que s'il avoit voulu faire un traité à Bordeaux moins avantageux à la princesse, il ne tenoit qu'à lui, et qu'il savoit bien que l'Espagne ne nous secouroit pas, et que les Bordelais vouloient faire vendanges; mais qu'il avoit été bien aise de la bien traiter et ses amis, pour commencer à adoucir les choses, et lui donner une forte garnison à Montrond, pour faire voir au duc d'Orléans qu'on avoit plus fait pour elle qu'on n'avoit résolu dans le parlement de Paris. Je lui témoignai entrer dans tout ce qu'il disoit, et j'admirai sa grande conduite en cela. Il est certain que les hommes veulent être loués, soit qu'ils disent vrai ou soit qu'ils mentent, comme peut-être faisoit-il.

Je pris cette occasion de lui proposer la liberté de madame de Bouillon comme un sûr moyen de faire une grande brèche dans le cœur de monsieur son mari; et il ne s'en éloigna pas. Je lui parlai encore de celle du président Perrault, qu'il me refusa pour la seconde fois. Je le fis consentir que Baas demeureroit à Montrond pour y commander: ce qu'il m'avoit refusé à Bourg. Il me promit qu'il trouveroit bon que madame la princesse gardât auprès d'elle tout autant d'officiers qu'elle avoit à sa suite et à Montrond; et il me permit d'entretenir commerce avec la duchesse de Longueville, le vicomte de Turenne, les ducs de Bouillon et de La Rochefoucauld, et avec nos amis de Bordeaux. J'obtins permission pour madame la princesse et M. le duc d'écrire à M. le prince, à condition que j'adresserois leurs lettres tout ouvertes à Le Tellier, qui les lui feroit voir et à la Reine, et les feroit passer ensuite au Havre-de-Grâce entre les mains de M. le prince. Je lui proposai ce dernier article, sous prétexte que c'étoit une chose qui ne pouvoit nuire, et qui feroit juger au prince que l'esprit du cardinal s'adoucissoit pour lui; mais en effet dans l'intention de lui écrire dans les interlignes d'une encre qui ne paroît qu'étant frottée d'une certaine drogue, dont je prétendois lui en envoyer par Dalencé son chirurgien, qui avoit de temps en temps permission de le voir. Je ne savois pas encore pour lors qu'on eût aucun commerce de lettres avec lui, comme je l'appris bientôt après. Toutes ces choses que j'obtins du cardinal étoient peu considérables pour lui, mais elles l'étoient beaucoup pour nous. Il me les accorda, parce qu'une partie lui pouvoit servir s'il venoit à pousser les frondeurs, et l'autre lui étoit utile pour leur faire craindre par ce radoucissement qu'il ne se raccommodât avec M. le prince. Elles nous étoient toutes bonnes, et de conséquence : les frondeurs pouvoient juger que le cardinal commençoit à entrer en commerce avec nous, d'où nous pouvions tirer nos convenances avec eux. Ainsi toutes les choses par où le cardinal nous croyoit tromper le trompoient lui-même, et trompoient encore les frondeurs : tant il est malaisé de prendre confiance aux hommes dans des conjonctures semblables.

Le cardinal se mit ensuite à me dire beaucoup de choses courantes, et se plaignit de plusieurs personnes de qui il disoit avoir fait la fortune, et qui le trompoient, entre autres de l'évêque de Comminges, de la maison de Choiseul, homme d'une singulière vertu, frère du maréchal Du Plessis, lequel pour lors soutenoit fortement les intérêts du clergé contre ceux de la cour. Il me dit, en le blâmant de ce qu'il n'épousoit pas ses passions, qu'il l'avoit trouvé un capelan, et qu'il l'avoit fait évêque; et son frère un argeolet, qu'il avoit fait gouverneur de Monsieur, frère du Roi, et maréchal de France. Ceci, qui a été dit au sujet de deux frères d'une naissance illustre, de service et de mérite, fait voir que les favoris ne font du bien aux hommes, de quelque vertu et de quelque naissance qu'ils puissent être, qu'à dessein de les assujétir, et de leur faire épouser leurs passions. Heureux certes sont ceux de qui les services sont reconnus par les rois ou par leurs maîtres, quand ils agissent par leurs propres mouvemens, et qui ne sont pas obligés de mendier vers un ministre l'effet de la justice qu'on leur doit, parce qu'ils ne se trouvent engagés à personne qu'à ceux pour qui ils sont obligés d'employer leurs biens et leur vie; et malheureux sont ceux que Dieu fait naître pour le gouvernement des hommes, et qui ne sont pas plus tôt élevés sur le trône, qu'ils cherchent des gens pour les gouverner eux-mêmes, et qui sont mineurs à cinquante ans. Aussi est-ce le malheur des Etats, et l'infélicité des sujets.

Comme il étoit fort tard, le cardinal se retira en me disant que j'allasse porter à madame la princesse la ratification de mon traité; que je l'obligeasse à se retirer à Montrond; que je ne sortisse point d'auprès d'elle; qu'il me feroit savoir de ses nouvelles trois jours après qu'il auroit vu M. le duc d'Orléans, et qu'il espéroit que dans peu il me dépêcheroit vers le prince au Havre-de-Grâce. Je lui demandai encore permission à la princesse douairière pour écrire à la Reine : il me l'accorda; et je crus qu'il falloit faire ce pas pour après demander elle-même à Sa Majesté la liberté de lui aller rendre ses devoirs quand elle seroit à Fontainebleau, suivant l'avis que la comtesse de Brienne m'avoit donné sortant de Bourg.

Pour peu qu'une femme soit dans le commerce du monde, elle veut le faire paroître. Madame de Saint-Loup, comme je l'ai dit ailleurs, avoit un pouvoir absolu sur l'esprit du duc de Candale. Elle me fit écrire par Montreuil qu'il seroit bien aise de conférer avec moi pendant que j'étois à la cour, et qu'il étoit résolu d'entrer dans les intérêts des princes, autant par la passion qu'il avoit de les servir que pour se venger du cardinal, de qui il étoit pour lors mal satisfait. Je lui donnai avis de mon arrivée à Amboise, et lui me donna rendez-vous dans une certaine galerie basse à minuit. Je m'y trouvai, et nous nous entretînmes plus de deux heures. Il me témoigna un grand chagrin contre le cardinal, sans m'en dire les raisons : ce qui me fit croire qu'il étoit affecté. Si je n'avois eu sa maîtresse pour garant, difficilement me serois-je expliqué avec lui; et véritablement je ne m'expliquai qu'à mesure qu'il me parloit librement, et en vint jusque là qu'il me dit qu'il étoit maître du régiment des Gardes, et que si l'on pouvoit lui faire avoir l'effet d'une pensée qu'il avoit, qu'il m'expliqueroit à Paris en présence de madame de Saint-Loup, il m'offroit d'enlever une nuit le cardinal, et de le mettre en lieu d'où il seroit forcé d'envoyer des ordres bien précis pour mettre les princes en liberté. Je le pressai fort de me faire connoître sa prétention, afin que je disposasse les choses qui dépendoient de la princesse et de ses amis pour lui en faire avoir satisfaction : il ne le voulut jamais, quelque instance que je lui en fisse, en me disant qu'il ne pouvoit me la confier qu'en présence de cette dame, qui seroit la caution réciproque de notre secret et de notre liaison; et me fit de grands sermens qu'elle dureroit autant que sa vie.

La paix de Bordeaux l'avoit mis au désespoir; car il croyoit que la conjoncture étoit favorable pour rétablir le duc d'Epernon son père dans le gouvernement de Guienne. Il savoit que j'en avois fait la proposition au cardinal (car Servien lui en avoit fait la confidence), et qu'il n'y étoit point entré. C'étoit dans ce temps qu'il pressoit ce duc d'épouser une de mesdemoiselles ses nièces, et ce fut une des principales raisons qui l'éloignèrent de cette alliance. Je crus que le dessein qu'il avoit formé étoit d'épouser mademoiselle de Longueville, à présent madame de Nemours; et qu'il vouloit récompenser l'inégalité de l'alliance en donnant la liberté au duc son père et à messieurs les princes, et mériter par eux l'adoucissement des Bordelais; en sorte qu'il pût, sans avoir obligation au cardinal, remettre ce gouvernement dans sa maison. La face des choses changea, et je ne fus pas à Paris qu'après la liberté des prisonniers; de manière que l'étant allé visiter, il ne me dit autre chose sinon qu'il me croyoit assez homme d'honneur pour n'avoir nul déplaisir de m'avoir dit une chose autant téméraire que celle qu'il m'avoit confiée, de celle qu'il avoit sur le régiment des Gardes : car encore que le cardinal fût hors du royaume, et qu'il n'eût plus lieu de le craindre, il ne voudroit pas pour tout son bien que ce discours pût venir aux oreilles de la Reine en quelque temps que ce fût; que ce qu'il avoit pour lors dans la tête ne pouvoit plus réussir, parce que les princes étoient en liberté; et qu'ainsi il ne m'en parleroit, ni à une ame vivante, en tous les jours de sa vie.

Le lendemain matin je pris congé de la Reine et du cardinal, en attendant que j'eusse toutes les dépêches nécessaires pour Montrond. J'allai ensuite rendre mes devoirs à Mademoiselle. Elle étoit logée dans une maison de campagne fort proche d'Amboise, et qui s'appelle Le Clos. Elle me commanda de la suivre dans le jardin, qui est assez beau et grand, et me fit l'honneur de m'entretenir plus de deux heures. Elle étoit fort changée de la dernière fois que je la vis à Bourg. Elle se mit d'abord à murmurer contre le cardinal, et à blâmer sa conduite, et qui plus est celle de monsieur son père. Elle me dit qu'elle me confessoit que la longue prison de M. le prince lui faisoit pitié; qu'elle avoit écrit et fait dire à Monsieur tout ce qu'elle avoit pu en sa faveur, et qu'elle me donnoit sa parole qu'elle le serviroit de tout son pouvoir. Elle me dit ensuite qu'elle avoit fait réflexion sur ce que je lui avois insinué et même que je lui avois dit à demi-mot à Bourg. Je lui repartis que j'en avois bien de la joie, et qu'elle étoit dans un temps où elle pouvoit tout penser, et le duc d'Orléans tout entreprendre; que si l'un et l'autre ne se prévaloient de l'occasion de procurer la liberté aux princes, jamais ils n'atteindroient à ce qu'elle avoit lieu d'espérer, parce qu'il ne convenoit pas au cardinal de voir le Roi entre les mains de monsieur son père, et qu'elle ne pouvoit aspirer à l'honneur de l'épouser que par sa perte, qui étoit indubitable si le duc d'Orléans et le prince se réunissoient par une nouvelle alliance.

Comme Mademoiselle vit que je lui parlois librement, elle me fit l'honneur d'en faire de même envers moi. Elle me dit que le cardinal étoit un fourbe; qu'il lui avoit promis cent fois de lui faire épouser le Roi; qu'elle savoit de science certaine qu'il faisoit proposer à Monsieur de faire ce mariage avec mademoiselle d'Orléans, sa sœur du second lit, et qui est à présent princesse de Toscane; que ce n'étoit que pour la tromper, et l'empêcher de se déclarer en faveur des princes, comme elle savoit que le coadjuteur en étoit d'avis, peut-être pour tirer ses convenances du cardinal, peut-être aussi pour les tirer des princes; qu'elle croyoit plutôt ce dernier, par l'espérance qu'il avoit de faire épouser sa maîtresse au prince de Conti (c'est ainsi qu'elle nomma feu mademoiselle de Chevreuse); que monsieur son père, qui avoit autant d'esprit qu'homme du royaume, avoit pourtant la foiblesse de croire tantôt aux paroles du cardinal, tantôt à celles du coadjuteur; et qu'elle étoit assurée que l'un ou l'autre feroit ses affaires par lui, et qu'il perdroit l'occasion de faire quelque chose de grand pour l'établissement de sa maison.

Elle étoit en telle humeur de parler, que je n'avois garde de l'interrompre : aussi voyant que je ne lui disois rien, elle me demanda tout d'un coup pourquoi j'étois dans un profond silence; si ce n'étoit pas que je croyois que monsieur son père avoit raison d'entrer plutôt dans la proposition du mariage du Roi avec mademoiselle sa sœur qu'avec elle, qui étoit trop âgée pour Sa Majesté. A la vérité Mademoiselle étoit pour lors dans sa vingt-quatrième année, et le Roi dans sa treizième. Mademoiselle d'Orléans n'en avoit qu'environ six. Je répondis à Mademoiselle que le grand intérêt du cardinal, et même celui de la Reine, étoit de marier le Roi tout le plus tard qu'ils pourroient ; mais que celui de l'Etat c'étoit de le marier le plus tôt qu'il seroit possible; et qu'ainsi mademoiselle sa sœur ne pouvant l'être de long-temps, il étoit bien plus raisonnable de le marier avec elle, pour donner bientôt des enfans à la France; et qu'il étoit d'un si grand intérêt à Monsieur d'être beau-père du Roi, qu'il ne devoit nullement risquer d'attendre que mademoiselle d'Orléans fût en âge d'être mariée, de crainte que par la longueur du temps le Roi ne lui échappât; que c'étoit ce qu'elle lui devoit remontrer ou faire dire par quelqu'un de ceux qui avoient du pouvoir sur son esprit, et n'y pas perdre un moment de temps; que quant à ce qu'il lui avoit plu me dire de l'inégalité de son âge et de celui du Roi, on ne regardoit jamais à cela entre les personnes de cette élévation, qui ne peuvent choisir entre plusieurs; et que quand le Roi seroit en état de l'épouser, il ne trouveroit rien de plus assortissant dans toute l'Europe, puisque l'infante d'Espagne étoit héritière; qu'il ne pouvoit par cette raison y prétendre; et que je ne voyois aucune princesse mariable chez tous les princes voisins, si ce n'est en Savoie. J'ajoutai une raison, la plus mauvaise de toutes pour un roi, et qui pourtant plut à Mademoiselle plus qu'aucune des autres, qui étoit celle de sa beauté; et je lui dis que quand elle seroit une demoiselle particulière, et que le Roi seroit d'âge et d'humeur à être galant, il ne pourroit jamais avoir une meilleure fortune qu'elle pour maîtresse, à plus forte raison pour femme, sa beauté étant accompagnée d'une naissance égale à celle de Sa Majesté, de beaucoup d'esprit, de conduite, et de grands biens capables d'être l'apanage d'un de ses cadets.

Mademoiselle n'eut pas besoin de grandes persuasions pour croire ce que je lui disois, et que je souhaitois de tout mon cœur; et tant je croyois, outre la passion que j'ai toujours eue pour son service, que cette alliance serviroit pour mon dessein. Je lui proposai ensuite celle de M. le duc avec mademoiselle sa sœur, pour réunir toute la maison royale, et rendre monsieur son père maître de toutes choses. Elle me remercia fort de tous les bons conseils que je lui donnois (c'est ainsi qu'il lui plut me parler), et me promit de travailler de son mieux à faire réussir l'une et l'autre de ces propositions, espérant que si elle pouvoit contribuer par là à la liberté de M. le prince, il n'en seroit pas ingrat, quoique son naturel l'y portât. Plus je faisois réflexion sur ce que Mademoiselle me disoit de la proposition du cardinal pour mademoiselle d'Orléans, plus je me flattois que le cardinal me tenoit parole, et que c'étoit le leurre dont il vouloit se servir pour s'assurer du duc d'Orléans et se détacher des frondeurs, pour ensuite les pousser et s'attacher à nous. Cela me donnoit quelque scrupule d'avoir parlé si librement à Mademoiselle; mais je me rassurois quand je considérois qu'il pouvoit aussi se servir de ce moyen pour l'empêcher de s'unir à nous par le mariage de M. le duc, qu'il prévoyoit. Il étoit embarrassé de tous les côtés, tout lui faisoit ombrage, et partout il avoit à craindre. D'autre part nous étions assurés de ne tirer jamais M. le prince de prison, que nous ne traitassions avec l'un ou avec l'autre des partis; il n'étoit pas de la prudence de se fier pleinement à l'un ou à l'autre, puisque nous avions à nous plaindre de tous les deux : de sorte que nous étions dans la nécessité de frapper à toutes les portes, et de prendre notre bien où nous le trouverions.

Je pris congé de Mademoiselle après l'avoir vue dîner, et mademoiselle de Neuillant, à présent la duchesse de Navailles, dame de vertu et de très-bon esprit, qui par son mérite fut élevée à la charge de dame d'honneur de la Reine dans le temps de son mariage et de l'absolu pouvoir du cardinal Mazarin, qui avoit une entière créance en elle et au duc son mari. Elle s'acquitta dignement de cet emploi pendant plus de quatre années; enfin le Roi, par quelque antipathie qu'il avoit à son humeur, trop sévèrement vertueuse, et à son gré un peu trop soigneuse de son troupeau, crut devoir lui en ôter la charge, et établir en sa place la marquise (à présent duchesse) de Montausier, de laquelle j'ai parlé ailleurs. Je dirois tout au long cette histoire, toute délicate qu'elle est, si elle n'étoit si fort hors de mon sujet : j'en ai une entière connoissance. Je dirai seulement en passant, et pour rendre justice au duc de Navailles mon ancien et intime ami, que dans le même temps que la duchesse eut le malheur de ne pas plaire au Roi, il remit, par ordre de Sa Majesté, le gouvernement du Havre entre les mains du duc de Saint-Aignan, et la charge de lieutenant des chevau-légers de la garde, dont il étoit revêtu, au duc de Chaulnes; lesquels, par ordre de Sa Majesté, le remboursèrent de neuf cent cinquante mille livres, à quoi ces deux charges furent estimées. Ce gentilhomme, cadet de l'illustre et ancienne maison de Montaut, avoit été nourri page du cardinal de Richelieu. Il étoit parvenu à ces dignités par ses longs et assidus services, dès le temps qu'il fut en âge de porter les armes, jusques à la paix des Pyrénées. Il y a fait de très-belles actions et en grand nombre, et il a reçu de grandes blessures; et étoit monté de degré en degré jusques à la charge de capitaine général. Il eut des lettres patentes de duc, et fut fait chevalier de l'ordre. Il n'avoit pas moins de sagesse que de bravoure; et toute la cour porta fort impatiemment sa disgrâce. Elle faisoit même quelque douleur au Roi, qui connoissoit son mérite, et qui l'avoit toujours honoré de ses bontés, de son estime et de sa confiance; et enfin, prenant occasion de complaire à la Reine sa mère pendant la grande maladie dont elle est morte, qui le pria de rappeler ce duc à la cour, il voulut faire voir sa justice aux yeux de tout le monde : il lui donna par commission les gouvernemens de Brouage, Oleron, Ré, La Rochelle et pays d'Aunis, marque singulière de la confiance de Sa Majesté, et que la seule aversion qu'il avoit à la sévérité de la duchesse sa femme l'avoit obligé à le faire retirer de la cour.

Il m'est impossible de ne pas m'écarter de mon chemin quand l'occasion se présente de justifier mes amis. Je le reprends, et dis que, quelques mois après avoir eu l'honneur d'entretenir Mademoiselle à Amboise, la duchesse de Navailles me dit que je ne fus pas plus tôt hors du logis de Son Altesse, qu'après l'avoir fait jurer qu'elle ne parleroit point d'un secret qu'elle vouloit lui confier, elle lui raconta tout l'entretien que j'avois eu avec elle sur le mariage du Roi. La duchesse dit que puisqu'elle avoit juré qu'elle n'en parleroit pas à qui que ce fût, il falloit qu'elle lui tînt parole; mais que Son Altesse étoit obligée à en donner part à M. le cardinal, parce que s'il venoit à découvrir qu'elle eût eu une telle pratique avec moi sans l'en avoir averti, il ne lui pardonneroit jamais, et lui fourniroit un prétexte de lui manquer de parole sur ce même mariage. Mademoiselle fit d'abord quelque difficulté de croire son conseil; mais enfin elle se laissa persuader, et alla faire une confidence tout entière au cardinal, duquel je n'entendis plus parler depuis, ne l'ayant vu qu'au traité de la paix générale; et je ne m'étonne pas de ce qu'il ne me donna point de ses nouvelles à Montrond, comme il me l'avoit fait espérer, après le tour que me fit Mademoiselle. Je ne sais si ce fut imprudence ou non à moi d'être entré avec cette princesse dans un commerce autant hardi que fut celui-là; j'ai trop de respect pour elle pour la blâmer, et j'aime mieux m'accuser d'indiscrétion qu'elle d'avoir révélé un tel secret contre sa parole; mais, en pareille rencontre, je sais bien que je me hasarderai toujours à me confier, que j'agirai et parlerai avec hardiesse; car je sais bien qu'on ne peut entreprendre de grandes choses avec de la timidité. On risque quand on se confie; mais on perd tout quand on se défie trop. Je croyois que l'intérêt de Mademoiselle m'étoit un contre-gage de tout ce que je lui disois : je me trompai; qu'y ferai-je? Je pris congé des principaux de la cour, et partis ensuite, comme je fis le lendemain, pour me rendre près de la princesse, après avoir dépêché à Montrond un courrier qui y porta tous les ordres nécessaires pour l'exécution du traité et des choses promises à Persan et autres. Je la trouvai à Milly en Anjou, près Saumur, où l'humeur particulière du maréchal de Brezé son père l'avoit fait retirer quand il quitta la cour, après s'être brouillé avec le cardinal de Richelieu son beau-frère, dans le temps de sa plus haute faveur. Il y passa le reste de ses jours, n'allant que fort rarement à la cour ou ailleurs. Il se divertissoit à la chasse; et véritablement je n'ai guère vu de lieu où elle soit plus belle et plus commode qu'en ce lieu-là. Il lisoit, et faisoit des vers agréables et galans. Il étoit possédé par une femme veuve d'un de ses valets, laide, mais d'un esprit vif et hardi, qui a disposé de toute sa fortune jusques au dernier soupir de sa vie. Il fut peu aimé, mais fort craint et fort respecté dans son gouvernement, dans le temps même de sa disgrâce. Il étoit brave, de bel esprit, et savant; il parloit trop et trop bien; il étoit singulier en beaucoup de choses, et affectoit de le paroître. Il étoit galant, honnête, civil à ses amis; et le contraire de tout cela avec ceux qu'il n'aimoit ou qu'il n'estimoit pas. Il étoit grand ennemi de la contrainte et de la cérémonie. Cette maison de Milly est un ancien château, qu'il avoit rendu commode. Il avoit fait poser un marbre sur l'entrée de la porte, où il avoit fait graver en lettres d'or ces mots : *Nulli, nisi vocati;* et afin que ceux qui n'entendoient pas le latin ne prétendissent cause d'ignorance de l'aversion qu'il avoit des visites dont les personnes de sa qualité sont ordinairement accablées à la campagne, il y avoit sur le même marbre, au-dessous de ce que je viens de dire, ces deux vers :

> Dans ce lieu de repos on ne veut point de bruit,
> Et nul n'y doit entrer qu'invité ou conduit.

Cette inscription me surprit fort : sa singularité m'obligea à en demander la raison, et ses anciens domestiques me dirent que le duc de La Trémouille lui rendit une fois une visite avec tant de cérémonies, et qu'il la reçut avec tant de contrainte, qu'à son départ il fit venir les ouvriers nécessaires à cet ouvrage, afin que personne n'allât plus chez lui sans savoir s'il le trouveroit bon. Et en effet personne n'y alla plus, tant qu'il vécut, sans y être invité, ou sans avoir envoyé savoir de lui s'il l'auroit agréable.

Je trouvai la princesse en colère contre moi du long temps de mon absence, pendant laquelle elle se plaignoit de ce que je ne lui avois donné aucunes nouvelles de l'état des affaires qu'elle m'avoit fait l'honneur de me commettre. Elle s'apaisa par les raisons que je lui en dis, et reprit la même bonté qu'elle avoit auparavant pour moi, après que je lui eus fait voir le traité que j'avois fait, et que je lui eus raconté tout ce qui s'étoit passé à Montrond, à Châtillon et à Amboise. Elle en conçut de bonnes espérances de la liberté de monsieur son mari, et elle eut une joie sensible quand je lui donnai les ordres du Roi pour renvoyer le comte de Montbas; car, encore qu'il eût usé de toutes sortes de respects envers Son Altesse depuis les nouveaux ordres qu'on lui avoit envoyés de Bordeaux à Coutras, elle ne pouvoit lui pardonner d'avoir exécuté ceux qu'on lui avoit donnés à Bourg, en passant à Libourne, avec trop d'exactitude et de rigueur.

Elle me fit l'honneur de me montrer elle-même sa maison, et beaucoup de gentillesses qui y étoient. Elle me fit présent d'une belle tapisserie, d'un beau lit de velours cramoisi chamarré d'or, et de toute la suite de l'ameublement, que je ne voulois jamais accepter, quelque instance qu'elle m'en fît, ayant résolu dès le commencement de l'affaire de n'accepter aucunes grâces d'elle, et d'éviter comme un écueil tous les avantages particuliers que j'y aurois pu trouver. Je trouvai que quelques personnes de sa suite n'avoient pas fait la même chose.

Elle envoya à Montrond les ordres nécessaires pour mettre la maison en état de la recevoir, et nous demeurâmes cinq ou six jours à Milly, pendant lesquels on se divertit assez agréablement. Je ne sais si le grand repos que j'y eus après tant d'inquiétudes et de fatigues, ou si le plaisir d'y retrouver mademoiselle Gerbier, qui m'étoit chère plus que je ne le puis dire, me faisoit trouver ce lieu agréable; mais je sais bien que le souvenir m'en est encore doux.

J'allai visiter le duc de Rohan, mon bon ami, à Angers, qui me reçut avec toutes les caresses possibles. Il m'entretint de ce qu'il avoit négocié avec le cardinal, qu'il avoit vu. Je lui fis un récit exact de tout ce qui s'étoit passé à Châtillon, à Bourg et à Amboise; et nous ne trouvâmes rien de mieux à faire que de traiter avec les frondeurs et avec lui, par toutes les raisons que j'ai dites, et de nous attacher à celui des deux partis duquel nous pourrions tirer plus promptement la liberté des princes; souhaitant pourtant passionnément que ce fût le cardinal, car il étoit fort attaché à la cour, et aimoit naturellement le bien de l'Etat. Il étoit obligé d'avoir ces sentimens; car la Reine et lui, à la prière que leur en avoit faite le prince, avoient appuyé de leur autorité son mariage avec l'héritière de la maison de Rohan, belle et spirituelle, et qui avoit cinquante mille écus de rente. Elle étoit l'admiration de la cour, et le but des espérances de tous les grands partis du royaume et de plusieurs princes étrangers. L'amour les lui fit mépriser tous également, et la força de choisir ce cadet de la maison de Chabot, riche en belles qualités du corps et de l'esprit, d'une naissance illustre, mais au surplus un des plus pauvres gentilshommes de sa qualité qu'il y eût en France.

Ce mariage, qui surprit tout le monde, mit dans un tel désespoir la duchesse douairière de Rohan, femme galante, pleine d'esprit, et de tous les talens propres à la cour, qu'elle fit paroître un fils qu'elle disoit être du feu duc son mari, mais qu'elle avoit célé jusqu'alors et fait élever en Hollande, pour de certaines raisons qu'elle disoit. Elle le fit venir à Paris, lui donna le nom et le train du duc de Rohan : il s'appeloit Tancrède. Elle intenta sous son nom un procès au parlement pour être mis en la possession de tous les biens de cette grande, illustre et ancienne maison, où il plaida solennellement l'histoire de sa naissance et de son recellement d'une part et d'autre, et la fausseté de tout ce qu'elle alléguoit. Ce fut la plus extraordinaire cause qui ait paru depuis plusieurs siècles au barreau, qui tenoit plus du roman que d'apparence de vérité. Les esprits étoient pourtant partagés; mais enfin, pendant le siége de Paris, Tancrède, qui s'y étoit jeté pour bien mériter du parlement, fut tué dans un petit combat, et sa mort décida en faveur de la duchesse un différend qui n'eût pas été vidé sans de grandes difficultés.

A mon retour d'Angers, je trouvai Guitaut, que j'avois laissé en parfaite santé, dangereusement malade; mais deux jours de repos le remirent en bon état : aussi son mal ne venoit-il que de n'avoir-pas considéré que la grande blessure qu'il avoit reçue à Bordeaux n'étoit pas compatible avec un amour pleinement satisfait.

La princesse donna congé à la plupart de ceux qui l'avoient accompagnée à Milly, d'où elle partit pour aller établir sa demeure à Montrond. Elle passa par Tours, où elle fut magnifiquement régalée dans l'archevêché, quoique l'archevêque en fût absent. On lui rendit, comme on avoit fait en Anjou, et comme on fit en tous les endroits de ses passages, tous les honneurs dus à sa qualité. Elle avoit acquis tant de réputation dans tout ce qu'elle avoit entrepris pour la liberté du prince son mari, qu'on la regardoit comme une femme extraordinaire. Elle passa ensuite à la belle abbaye de Bourguenis, qui étoit, comme elle est encore, au bailli de Valencey, où je me souvins que la marquise de Gouville m'avertit que Guitaut étoit fort mal satisfait de moi, et que la raison en étoit que je lui avois fait peu de part des affaires pendant tout le temps que nous étions à Bordeaux : en quoi elle me blâmoit grandement, étant, comme il étoit, honoré de l'amitié et de la confiance du prince. Je me défendis sur sa grande jeunesse ; car pour son cœur et son mérite, personne n'avoit pris plus de soin de le publier que moi. Enfin cette dame, dont la bouche et les yeux étoient éloquens, nous persuada à tous deux de lier une sincère amitié qui dure encore, et qui, selon toute apparence, durera autant que nous.

La princesse fut ensuite reçue avec toute la somptuosité possible par le marquis de Valencey dans la belle maison dont j'ai parlé, et par la marquise sa femme, de la maison de Montmorency, sœur de la duchesse de Châtillon, et qui pour lors ne lui croyoit rien céder en beauté que comme à son aînée. De ce lieu elle suivit sa route sans s'arrêter jusqu'à Montrond, où elle et le duc son fils arrivèrent en très-bonne santé.

FIN DES MÉMOIRES DE LENET.

MÉMOIRES

DU COMTE

DE MONTRÉSOR.

NOTICE

SUR MONTRÉSOR

ET

SUR SES MÉMOIRES.

Claude de Bourdeille, comte de Montrésor, naquit vers l'an 1606. Il étoit fils de Henri, comte de Bourdeille, et petit-neveu du célèbre abbé de Brantôme, qui en parle avec affection dans son testament. Il lègue son château de Richemont à ce neveu *si bien né et si joli*, se flattant qu'il en sera reconnoissant, et qu'il célébrera sa mémoire en disant : « Voilà un présent « que mon grand-oncle me fit (1). »

Montrésor, en entrant dans le monde, s'attacha au duc d'Orléans, auquel il faisoit une cour assidue, sans remplir cependant aucune charge dans sa maison. Sa faveur dut augmenter, en 1626, par le mariage du prince avec mademoiselle de Montpensier, qui étoit parente de Montrésor. La mort prématurée de cette princesse priva le jeune comte des espérances qu'une alliance aussi élevée lui avoit permis de concevoir.

Peu d'années après, Montrésor fut autorisé à traiter de la charge de premier veneur de Monsieur avec les héritiers de Guillaume de La Pallu, seigneur du Mesnil-Hubert.

(1) Testament de Brantôme, dans ses OEuvres, tome 5, page 471, édition Foucault.

Il accompagna le duc d'Orléans en Lorraine, et il fut mis dans le secret du second mariage qu'en 1631 Gaston contracta, sans le consentement du Roi, avec la princesse Marguerite. Montrésor entretint le prince dans la résolution de ne consentir jamais à la rupture de cette union; et traversant ainsi les vues politiques et de famille du cardinal de Richelieu, il se mit en butte à l'animadversion de ce puissant ministre.

Tant qu'il fut permis à Puylaurens de demeurer près de Monsieur, le comte n'exerça sur le prince qu'une influence secondaire; mais ce favori ayant été arrêté au mois de février 1635, Gaston manda près de lui Montrésor, qui étoit alors dans ses terres. Il se rendit aussitôt à Paris, et vint saluer le prince, qui s'entretenoit dans ce moment avec le cardinal de La Valette et le comte de Bautru. Le duc d'Orléans ne lui adressa en leur présence que des paroles vagues et insignifiantes, sachant qu'il étoit observé; mais dès qu'il fut seul il fit appeler Montrésor, et lui annonça qu'il vouloit à l'avenir suivre ses conseils, et qu'il comptoit autant sur son zèle que sur son habileté.

La position du prince demandoit une grande réserve. Entouré par les créatures du cardinal, il étoit encore trahi par plusieurs des siens : aussi Montrésor mettoit-il autant de soin à dissimuler les marques de la confiance de son maître, que dans d'autres circonstances il s'en seroit peut-être enorgueilli.

Montrésor, comme beaucoup de gentilshommes de cette époque, étoit d'un esprit inquiet, remuant et ambitieux. Une physionomie grave l'aidoit à dissimuler son véritable caractère. Il mettoit toujours en avant la gloire de son maître; mais dans la réalité

il paroît n'avoir eu d'autre but que d'augmenter l'influence du prince sur la direction des affaires de l'Etat, afin d'exercer en son nom une partie de l'autorité qu'il cherchoit à lui acquérir. « Montrésor, dit le judicieux
« marquis de Fontenay-Mareuil, estoit de ceux qui
« avoient tousjours porté Monsieur à s'eslongner de la
« cour, comme s'il n'y eust peu demeurer avec honneur
« sans y avoir tout crédit, et qu'il luy eust esté plus
« honteux de se soumettre en quelque sorte à ceux
« dont le Roy se servoit, qu'aux ministres d'un roy
« estranger.....; ou peut-estre parceque, pensant ne
« pouvoir trouver de place à son gré que dans le dés-
« ordre, il cherchoit à y jetter Monsieur, et à le sa-
« crifier pour ses passions et pour ses intérests, comme
« font ordinairement ceux qui ont quelque crédit
« auprès des princes (1). »

Le premier soin de Montrésor fut de rapprocher deux princes divisés, qui tous les deux haïssoient le cardinal. Les prétentions du comte de Soissons à la main de mademoiselle de Montpensier avoient donné lieu à sa rupture avec Monsieur. La mort de la princesse, et de nouveaux intérêts nés d'une haine commune, éteignirent d'anciens ressentimens. Montrésor étoit le cousin germain et l'ami particulier de Saint-Ibar (2). « homme ferme, dit le marquis de Montglat,

(1) Mémoires du marquis de Fontenay-Mareuil, tome 51 de la première série de cette Collection, page 274. — (2) Henri d'Escars de Saint-Bonnet, seigneur de Saint-Ibar. Le nom de ce gentilhomme a été altéré dans presque tous les Mémoires du temps. Le cardinal de Retz l'appelle *Saint-Ybal*; Campion l'écrit *Saint-Ybalt*; dans les diverses éditions de Montrésor, il est nommé *Saint-Thibal*. Il étoit fils de Léonard d'Escars, seigneur de Saint-Bonnet et de Saint-Ibar, et d'Adrienne de Bourdeille, la plus jeune des filles d'André de Bourdeille, frère aîné de Brantôme. (*Voyez* les Preuves de la Généalogie de la maison de

« hardi, secret, bon ami, et qui avoit une telle aver-
« sion contre les favoris, que si le meilleur de ses
« amis étoit entré en faveur, il se seroit dès le lende-
« main brouillé avec lui(1). » Ce gentilhomme avoit
toute la confiance du comte de Soissons, qui n'agissoit que par ses conseils. Les deux cousins disposèrent
leurs maîtres à une réconciliation; mais ils agirent
avec tant de mystère, que Richelieu n'eut pas même
le soupçon de ce changement.

La guerre ayant éclaté en 1635, on ne put l'année
suivante refuser au comte de Soissons, gouverneur
de Champagne, le commandement de l'armée qui devoit se réunir dans cette province. Le cardinal vouloit
s'en faire déclarer généralissime; mais M. le comte
ayant refusé nettement de lui obéir, Richelieu crut
le punir assez de ses dédains en engageant le Roi à
nommer Monsieur son lieutenant général.

Les princes se réjouirent de la faute du ministre.
Ils se montroient d'eux-mêmes très-disposés à en
profiter, et Montrésor ainsi que Saint-Ibar ne ces-
soient de leur représenter qu'ils ne rencontreroient
peut-être jamais d'occasion plus favorable à leurs desseins; que le cardinal ne manqueroit pas de venir
donner des ordres, et que l'armée leur étant dévouée, il se trouveroit livré à leur discrétion.

Bourdeille, par M. de Clérembault, à la suite des Œuvres de Brantôme,
édition de La Haye, 1740, tome 15. *Voyez* aussi l'Histoire généalogique
de la maison de France, par le père Anselme, tome 2, page 233.)

(1) Mémoires de Montglat, tome 49 de cette série, page 143. Le cardinal de Retz peint des mêmes traits ce gentilhomme. « Saint-Ibal, mon
« parent, homme d'esprit et de cœur, mais d'un grand travers, et qui
« n'estimoit les hommes que selon qu'ils étoient mal à la cour. » (Mémoires du cardinal de Retz, tome 44 de cette série, page 241).

En effet Richelieu vint au camp. On étoit sur le point d'assiéger Corbie, et il se tenoit fréquemment des conseils de guerre à Amiens. Le Roi, dont le quartier général étoit peu éloigné de la ville, venoit les présider; et aussitôt qu'ils étoient terminés, il retournoit à ses logis. Un des jours du mois d'octobre 1636, un conseil ayant été convoqué à Amiens, Monsieur et le comte de Soissons s'y rendirent, accompagnés de cinq cents gentilshommes. Dès que le conseil fut levé, les princes et le cardinal reconduisirent Sa Majesté, qui partit suivie de ses gardes. Montrésor s'approchant des princes, leur demanda s'ils persistoient dans leur résolution, et il en reçut une réponse affirmative. Il cherchoit dans les regards de Monsieur le signe d'une dernière approbation, lorsqu'il voit ce prince remonter précipitamment les degrés : il le suit, lui représente l'extrême danger de la situation dans laquelle ils se sont placés; mais il n'obtient pour réponse que des paroles confuses, qui n'aboutissoient qu'à « témoigner qu'il n'a-« voit pas l'intention ni la force de le commander « ni de l'entreprendre(1). » Le comte de Soissons, demeuré avec le cardinal, continuoit de s'entretenir avec lui d'un visage calme, tandis que des gentilshommes qui étoient du secret se tenoient à peu de distance, attendant le signal. Montrésor revient; et Richelieu, montant dans son carrosse, échappe au plus grand péril qu'il ait jamais couru.

On est surpris d'entendre un gentilhomme raconter froidement les circonstances d'un projet d'assassinat qui pouvoit le conduire à l'échafaud : à la vérité il ne

(1) Mémoires de Montrésor.

se nomme pas; mais il donne des détails si précis sur ce qui s'est dit de plus particulier entre Monsieur et l'un des conjurés, qu'il est impossible de ne pas reconnoître que c'est de lui-même que Montrésor a parlé. Son récit est confirmé par celui de Montglat (1). Le cardinal de Retz parle aussi de ce complot: « L'Epinay, « dit-il, Montrésor et La Rochepot n'oublièrent rien « pour donner à Monsieur, par l'appréhension, le « courage de se défaire du cardinal; Saint-Ibal, Va- « ricarville, Bardouville et Beauregard...... le per- « suadèrent à M. le comte. La chose fut résolue, mais « elle ne fut pas exécutée: ils eurent le cardinal dans « leurs mains à Amiens, et ils ne lui firent rien. Je « n'ai jamais su pourquoi; je leur en ai ouï parler à « tous, et chacun rejetoit la faute sur son compagnon. « Je ne sais en vérité ce qui en est (2). » Fontrailles eut aussi connoissance de la conjuration d'Amiens (3); mais il en existe une autre preuve que nous allons rapporter, parce qu'elle est fort peu connue.

Alexandre Campion, frère aîné de Henri Campion dont on a des Mémoires historiques (4), étoit attaché au comte de Soissons. Il a laissé un volume de lettres et de poésies, qui n'a été imprimé qu'à petit nombre d'exemplaires pour être donné à ses amis. On y voit une lettre écrite, à une dame qui n'est pas nommée, du camp de Pons, près de Corbie, le 25 septem-

---

(1) Mémoires de Montglat, t. 49 de cette série, p. 145. — (2) Mémoires du cardinal de Retz, tome 44 de cette série, page 108. *Voyez* aussi à la page 121 du même volume. — (3) *Voyez* la Relation du vicomte de Fontrailles, à la suite des Mémoires de Montrésor. — (4) Mémoires de Henri Campion; Paris, Treuttel et Würtz, 1807, in-8°. Ils ont été donnés au public par le général Grimoard; un extrait en a été inséré au tome 51, page 257, de cette série.

bre 1636 (1), dans laquelle se trouvent ces passages :
« Monsieur s'en va sous peu de jours, et nos princes
« se sont contentés de montrer leur union, sans que
« cela ait produit aucun effet; c'est-à-dire qu'ils ont
« mis les gens en garde contre eux, et qu'ils n'ont
« rien conclu pour leur sûreté à l'advenir. Je vous
« avois écrit que l'affaire aboutiroit là..........; mais
« vous me faites des questions trop délicates sur la
« journée d'Amiens. Quand on pourroit dire le détail
« de ce conseil qui s'y tint, et de tout ce qui s'y passa,
« ce ne sont pas choses qu'on puisse confier à une let-
« tre; et ce mystère ne sera pas divulgué du vivant des
« intéressés, quelque projet qu'on y eût fait, et quoi
« qu'il s'y soit passé. Tout n'est su que de Monsieur,
« de M. le comte, de messieurs de Montrésor, de
« Valiquerville (*Varicarville*), et de Saint-Ybalt; que
« si je suis le sixième, j'en dois la découverte au der-
« nier, qui m'a témoigné dans cette occasion qu'il
« étoit tout-à-fait mon ami. Il est vrai que le jour
« d'auparavant M. le comte me dit : Le Roi vient
« demain à Amiens, à cause que M. le cardinal y est;
« Monsieur et moi nous avons ordre de nous y trou-
« ver : je crains qu'on en veuille à ma personne; te-
« nez-vous toujours auprès de moi, et avertissez sans
« bruit ceux que vous croyez de mes amis, afin qu'ils
« n'en soient pas loin. C'est tout ce qu'il me dit, et
« ce que vous saurez du moins par écrit......... En-
« fin trop d'amis, trop de conseils, trop d'éclat et
« pas assez de résolution, quoique notre prince soit
« le plus vaillant et le plus généreux homme du

---

(1) Cette date paroît erronée : le conseil dut se tenir dans le courant d'octobre, sans qu'il soit possible d'en déterminer précisément le jour.

« monde (1). » Quand on rapproche cette lettre, pleine d'aveux et de réticences, des Mémoires du comte de Montrésor, qui semble revendiquer pour lui les hasards principaux de la journée d'Amiens, il est difficile de conserver des doutes sur la participation de ce gentilhomme.

La conjuration échoua moins par le repentir que par l'irrésolution de Monsieur, qui se trouva si étonné et tellement hors de lui-même, qu'à peine put-il répondre à Montrésor......... « Il dit qu'il falloit
« remettre à une autre fois, et n'eut jamais la force
« d'achever ce qu'il avoit prémédité, tant il étoit
« éperdu (2). » Les conjurés avoient l'espoir de ressaisir une autre occasion : le cardinal revint au camp quelques jours après; mais il descendit au quartier du marquis de Fontenay-Mareuil, et il fut toujours si bien environné, que l'on ne put rien tenter contre lui (3).

Les deux princes ayant quelques raisons de craindre que leurs projets ne fussent pas demeurés inconnus au cardinal, cherchèrent de nouveau à se former un

---

(1) Recueil de lettres qui peuvent servir à l'histoire, et diverses poésies; volume in-8° imprimé à Rouen, aux dépens de l'auteur, par Laurens et Maury, en 1657. Il est dédié à madame L. C. D. F. (*la comtesse de Fiesque*). Ce volume a été publié sans privilège du Roi; et on lit ce passage dans l'épître dédicatoire : « J'ai trouvé le secret de ne faire
« imprimer qu'un petit nombre de livres que je vous donne tous, afin
« que personne n'en puisse avoir que par votre moyen. » L'éditeur possède un exemplaire de cet ouvrage, auquel sont jointes trois lettres autographes d'Alexandre Campion au duc de Longueville, sur divers événemens de la Fronde. — (2) Mémoires de Montglat, t. 49, p. 145 de cette série. — (3) *Ibid.*, page 146. *Voyez* aussi les Mémoires du marquis de Fontenay-Mareuil, première série de cette Collection, tome 51, page 269. Ce dernier place cet événement au mois de novembre; mais comme il n'a écrit que long-temps après, il a pu confondre les époques.

parti dans le royaume. Ils envoyèrent le comte de Montrésor à Bordeaux, pour engager le duc d'Epernon à entrer dans leurs intérêts.

Montrésor se rendit en Périgord sous le prétexte de visiter sa famille; et de là il vint à Bordeaux comme pour offrir ses civilités au duc de La Valette. On lit dans ses Mémoires le récit de son entrevue avec le duc d'Epernon dans le château du Ha. Ce vétéran de la rebellion, qui avoit épousé jusque là les querelles de tous les princes soulevés contre l'autorité du Roi, se montra peu disposé à renoncer au repos dont sa vieillesse lui faisoit un besoin. Il reçut Montrésor avec sévérité, lui rappela l'exemple de Chalais, et ne lui dissimula pas qu'il devoit s'estimer heureux de n'être pas privé de sa liberté (1).

Tandis que Montrésor s'acquittoit de cette commission délicate, les princes, pensant à leur sûreté, s'étoient retirés l'un à Blois et l'autre à Sedan. Montrésor vint rendre compte à Monsieur du peu de succès de son voyage. Il essaya vainement de traverser les négociations dirigées par le cardinal de Richelieu pour désunir les princes, et il finit par se retirer de la cour de Gaston, qui, après avoir solennellement promis à Campion qu'il iroit à Sedan se joindre au comte de Soissons (2), fit sa paix pour lui seul, sans s'occuper des amis qui s'étoient compromis pour son service. Cam-

---

(1) Girard, secrétaire du duc d'Epernon, fait tenir à son maître, dans cette occasion, un discours adressé à Monsieur pour l'engager à rentrer dans le devoir. (*Voyez* l'Histoire du duc d'Epernon, 1655, in-folio, page 550.) On a déjà fait remarquer combien ce panégyriste mérite peu la confiance de l'historien. — (2) *Voyez* la lettre de Campion, du 23 décembre 1636, page 41 du volume déjà cité. Elle est rapportée presque en entier dans une note, p. 310 et suiv. de ce vol.

pion a pensé que l'un des articles du traité de Monsieur étoit l'éloignement de Montrésor (1). Ce dernier vouloit sortir du royaume pour se soustraire aux vengeances du cardinal; mais le duc d'Orléans craignant que Montrésor ne fût considéré au dehors comme son agent secret, lui ordonna de ne pas quitter la France.

Outré de voir sa vie et sa liberté comptées pour si peu (2), le comte se retira dans une terre où il passa plusieurs années dans la solitude, espérant persuader au cardinal, par cette conduite, qu'il avoit entièrement renoncé aux intrigues. Il voyoit très-rarement le duc d'Orléans quand le prince venoit dans son apanage, et il mettoit encore beaucoup de circonspection dans ces relations.

[1642] Cependant Gaston avoit conçu de nouveaux projets. Trop facilement entraîné par l'imprudent Cinq-Mars et par le duc de Bouillon, il croyoit pouvoir renverser le cardinal de Richelieu en lui opposant un favori jeune, présomptueux et inexpérimenté. Le prince avoit chargé le vicomte de Fontrailles, ami de Cinq-Mars, d'aller négocier en son nom avec le roi d'Espagne, afin de se ménager un appui ; et un traité étoit sur le point d'être signé avec cette puissance (3). Les choses étoient en cet état lorsque Monsieur fit dire à Montrésor de venir le trouver à Blois. Le comte chercha vainement à s'en excuser : froissé par une chute, il marchoit encore avec difficulté ; mais étant de nouveau pressé par le prince, il se rendit auprès de lui. Gaston lui confia ses secrets, et les espérances

---

(1) *Voyez* la lettre de Campion du 23 décembre 1636, p. 53 du vol. cité. — (2) Mémoires de Montrésor. — (3) Cette intrigue est bien développée dans les Mémoires de Montglat, t. 49 de cette série, p. 369 et suiv.

qu'il en concevoit. Montrésor assure qu'il tâcha de le détourner d'une intrigue qui lui paroissoit aussi périlleuse qu'inconsidérément ourdie, et que ce ne fut qu'avec une extrême répugnance qu'il finit par se soumettre aux volontés du prince. Il étoit convenu qu'en cas d'événement Monsieur s'enfermeroit dans la ville de Sedan ; et Montrésor s'y acheminoit, quand il fut prévenu par le sieur de Roussillon de la découverte du complot, et du peu de disposition que paroissoit montrer Son Altesse à garantir Montrésor du danger qui le menaçoit. Gaston ne tarda pas en effet à faire sa paix *personnelle,* en abandonnant ses serviteurs; et il ne craignit pas de compromettre Montrésor, contre lequel il n'existoit aucune pièce écrite, en disant, dans sa déclaration du 7 juillet 1642, « que s'il se trouvoit « quelque négociation faite par Montrésor avec M. de « Thou, il la désavouoit comme faite à son insu (1). » Le comte alla se cacher en Périgord, et bientôt après il eut ordre de Monsieur de passer en Angleterre. Son procès fut instruit ; il fut crié *à trois briefs jours,* et ses biens frappés du séquestre.

Montrésor revint en France avec tous les exilés après la mort de Louis XIII. Il fut reçu par Monsieur « comme un gentilhomme qui, par curiosité ou pour « son divertissement, auroit fait ce voyage. » L'abbé de La Rivière, homme bas et rampant, que l'on a soupçonné, non sans quelque fondement, d'avoir été acheté par Richelieu, s'étoit insinué dans la confiance du

(1) *Voyez* la déclaration faite par Monsieur à Aigue-Perse le 7 juillet 1642, à la suite des Mémoires de Montrésor; Cologne, Jean Sambix, 1663 ou 1665, tome 1, page 216. *Voyez* aussi la conséquence que le rapporteur du procès de Cinq-Mars tiroit de cette déclaration, *ibid.,* page 254.

prince, et dirigeoit ses conseils. Gaston voulut exiger de Montrésor qu'il se réconciliât avec le nouveau favori, et dans ce but il fit faire des démarches auprès de lui; mais le comte ne voulut jamais y consentir. Il méprisoit profondément La Rivière, qu'il regardoit comme l'auteur de la mort de l'infortuné de Thou son parent, et de l'horrible calomnie qui l'avoit perdu dans l'esprit du prince. On avoit fait entendre à Gaston que Montrésor avoit averti le cardinal de l'existence du traité conclu avec l'Espagne.

Il s'écoula plusieurs mois sans que la froideur du duc d'Orléans pour Montrésor se démentît. Le comte supplia Son Altesse de lui permettre de disposer de sa charge; et il quitta le service du duc d'Orléans.

Pendant son séjour en Angleterre, Montrésor s'étoit trouvé réuni avec les ducs de Vendôme et de Beaufort, qui, poursuivis par les mêmes infortunes, s'y étoient aussi réfugiés. En sortant de la maison de Monsieur, Montrésor s'attacha plus particulièrement aux intérêts du duc de Beaufort, prince de peu de sens, rempli de la confiance que la présomption donne souvent aux esprits médiocres, qui, se voyant traité favorablement par la Reine, crut qu'il ne tiendroit qu'à lui de diriger l'Etat. Cette faction, plus ridicule que dangereuse, fut appelée la *cabale des importans*. Montrésor assure que le duc de Vendôme étoit injuste envers lui quand il l'accusoit d'avoir entraîné son fils dans cette intrigue; mais il est difficile d'ajouter foi à ces protestations de Montrésor. Le duc de Beaufort avoit tellement épousé les préventions de ce dernier, qu'il refusoit le salut à l'abbé de La Rivière; et le cardinal de Retz nous apprend que Montrésor et le comte de Béthune avoient engagé le duc à lui faire des avances, mais qu'il ne voulut point entrer dans leur cabale, et qu'il s'en expliqua même avec Montrésor (1). Quoi qu'il en soit, ce dernier partagea la disgrâce du duc de Beaufort; il fut exilé, ainsi que Saint-Ibar et le comte de Béthune.

Son exil ne fut pas long : il eut la permission de revenir à Paris au mois d'avril 1644, mais il y passa peu de temps; et, après quelque séjour dans ses terres, il se rendit en Hollande, où il prit du service.

Des soins de famille le rappelèrent à Paris, où de nouveaux malheurs l'attendoient. Pendant son dernier voyage de Touraine, Montrésor avoit rendu quelques soins à la duchesse de Chevreuse, reléguée dans la capitale de cette province. Celle-ci, craignant d'être privée de sa liberté, s'étoit réfugiée en Espagne. Après son retour de Hollande, Montrésor reçut une lettre de la duchesse; elle le prioit de recevoir ses pierreries en dépôt pendant quelques jours. Ces relations, qui ne demeurèrent pas ignorées, firent soupçonner Montrésor de chercher à nouer de nouvelles intrigues; et au moment où [en 1646] il se disposoit à retourner en Hollande, il fut arrêté et mis à la Bastille. Quinze jours après, on le conduisit au donjon de Vincennes, où il subit une rigoureuse détention.

Les vives sollicitations de ses amis, et particulièrement les démarches de mademoiselle de Guise, lui procurèrent la liberté, après une prison de quatorze mois. Le cardinal Mazarin, habile dans l'art des ménagemens, lui fit demander son amitié, et le reçut favorablement après sa sortie, insistant cependant

(1) Mémoires du cardinal de Retz, tome 44 de cette série, page 152.

toujours sur sa réconciliation avec l'abbé de La Rivière; mais Montrésor persista dans son refus, et il fallut même un ordre du Roi pour le faire consentir à rendre au favori de Monsieur les simples égards que commande la politesse.

La réconciliation de Montrésor avec le ministre n'étoit pas plus sincère d'un côté que de l'autre: Mazarin ne cherchoit qu'à tromper un ennemi, et le comte n'avoit point oublié les souffrances d'une longue captivité. D'ailleurs il n'estimoit pas le cardinal, qu'il regardoit comme un homme foible, et incapable de grandes choses. Aussi, dès que les troubles de la Fronde eurent éclaté, Montrésor fut-il un des premiers à s'y précipiter: ardent et impétueux, il auroit voulu en diriger les mouvemens, et il cherchoit à entraîner le cardinal de Retz dans les résolutions les moins mesurées. Ce dernier, soit qu'il eût bien jugé Montrésor, qu'il considéroit peu, soit qu'il craignît de n'être plus qu'au second rang, ne se montroit pas disposé à suivre ses conseils. Il dit que Montrésor avoit *la mine de Caton*, sans en avoir *le jeu* (1): il ajoute ailleurs qu'il étoit d'autant plus dangereux pour conseiller les grandes choses, qu'il les avoit beaucoup plus dans l'esprit que dans le cœur (2). On voyoit en effet Montrésor ouvrir toujours les avis les plus violens: il vouloit, ainsi que Saint-Ibar et quelques autres, que la Fronde cherchât des appuis hors du royaume; et il ne craignoit pas d'appeler, comme au temps de la Ligue, les Espagnols au sein de la France. Pensoit-on qu'il fût utile au parti d'obliger le parlement à s'assembler?

(1) Mémoires du cardinal de Retz, tome 44 de cette série, page 152. —
(2) *Ibid.*, page 206.

la simulation de l'assassinat du conseiller Joly lui en paroissoit être un moyen aussi simple que facile (1).

Nous ne suivrons pas le comte de Montrésor au travers des événemens de la Fronde, pendant lesquels, après la disgrâce de La Rivière, il se rapprocha de Monsieur par intérêt de parti. Il ne parle pas de ces troubles dans ses Mémoires; les contemporains l'ont nommé, et quelquefois mis en scène, comme y ayant joué un rôle secondaire.

Montrésor fit sa paix avec la cour en 1653; et peut-être l'abbaye de Brantôme, qu'il obtint en 1654 (2), fut-elle le prix de sa soumission.

A compter de cette époque, on ne voit pas qu'il ait continué de prendre part aux affaires publiques. Sa liaison avec mademoiselle de Guise remplissoit presque tous les instans de sa vie. Il occupoit aux Tuileries un logement qui communiquoit, par la volière, avec celui de la princesse : aussi a-t-on cru qu'un mariage secret les avoit unis (3). Il lui vendit à bas prix ses deux terres de Montrésor et de Biard; et, en partant pour les eaux de Bourbon, il lui confia ce qu'il possédoit de plus précieux en tableaux et en curiosités.

(1) Mémoires de Joly, tome 47 de cette série, page 81. — (2) *Gallia Christiana*, tome 2, page 1495. — (3) On fit alors ce couplet :

> De Guise la noble pucelle
> Ne sauroit trouver de mari :
> De Mercœur s'est éloigné d'elle
> Pour la nièce (*) d'un favori.
> De cet amour elle se moque,
> Et dit souvent par équivoque :
> « Je te garderai, Montrésor,
> « Bien plus chèrement que de l'or. »

(* Mademoiselle Mancini.

Le comte de Montrésor mourut au mois de juillet 1663. Dès le 13 de septembre 1652, il avoit fait son testament, qui fut déposé le même jour entre les mains de M⁰ Hachette, notaire à Paris. Il institua pour son seul héritier le marquis de Bourdeille, son frère aîné. Celui-ci eut à soutenir un procès contre mademoiselle de Guise. Il étoit difficile que cette princesse, dont les affaires étoient tellement embarrassées qu'en 1657 elle fut obligée de vendre le comté d'Eu à mademoiselle de Montpensier (1), eût été dans la possibilité de faire des acquisitions aussi considérables que les terres de Montrésor et de Biard. Les prix étoient d'ailleurs trop peu élevés, et une portion importante paroissoit en avoir été payée au moment de la signature des contrats. Quoi qu'il en soit, il sembleroit qu'une transaction auroit rapproché les parties, car la terre de Montrésor rentra peu de temps après dans la maison de Bourdeille (2).

Les Mémoires du comte de Montrésor furent imprimés aussitôt après sa mort dans un *Recueil de plusieurs pièces servant à l'histoire moderne;* Cologne, Pierre Du Marteau, 1663. Ils furent réimprimés séparément dès la même année en un volume petit in-12, publié à Cologne chez Jean Sambix le jeune, à la Sphère, 1663. Une seconde édition parut en 1664, qui est plus belle que la première. Le second volume, contenant le discours de Montrésor sur sa prison et d'autres pièces, fut publié chez le

---

(1) Mémoires de mademoiselle de Montpensier, tome 42 de cette série, page 241. — (2) Preuves de la généalogie de la maison de Bourdeille, par M. de Clérembault, à la suite des OEuvres de Brantôme; La Haye, 1740, tome 15, page 300.

même libraire en 1665; en même temps qu'une réimpression du premier volume.

Ces diverses éditions font partie de la collection Elzévirs (1).

Il existe une bonne réimpression des Mémoires de Montrésor, Cologne, 1723, 2 volumes petit in-12.

Dans ces différentes éditions, on a joint aux Mémoires de Montrésor beaucoup de pièces relatives aux événemens du temps. Nous les avons presque toutes supprimées, ainsi qu'il a déjà été fait pour les Mémoires de Comines, pour ceux de Villeroy, ceux de Pierre de L'Estoile, et d'autres encore.

Nous avons seulement conservé les pièces suivantes :

1° La relation de la mort de Carondelet. Elle est écrite d'un style emphatique, et on peut la considérer comme une bizarrerie qui n'est pas sans quelque singularité ;

2° La relation de l'assassinat de Puylaurens ;

3° Le récit de ce qui se passa avant la mort du cardinal de Richelieu.

On lit à la suite des OEuvres de Brantôme, édition de La Haye, 1740, tome 15, page 308, une notice historique et généalogique sur le comte de Montrésor, qui paroît avoir été rédigée par M. de Clérembault. Nous y avons puisé quelques renseignemens.

Jusqu'à présent la Relation de Fontrailles a toujours été jointe aux Mémoires de Montrésor. Ce sont

(1) *Voyez* l'Essai bibliographique sur les éditions des Elzévirs les plus précieuses et les plus recherchées, par M. Bérard; Paris, 1822, in-8°, pages 164 et 167. Le savant bibliographe n'indique pas la première édition du premier volume, ni l'édition de 1664, quoique cette dernière soit digne d'être remarquée pour sa beauté typographique.

cependant de véritables Mémoires : Fontrailles y raconte des événemens auxquels il a lui-même pris part, et il y parle presque toujours en son prôpre nom. Cette pièce nous a paru trop importante pour être réunie à un autre ouvrage dans la Collection des Mémoires relatifs à l'histoire de France; elle sera en conséquence imprimée séparément, à la suite de ceux de Montrésor.

L. J. N. Monmerqué.

MÉMOIRES
DU COMTE
DE MONTRÉSOR.

RETRAITE DE MONSIEUR EN FLANDRE;

Sa réception, les intrigues à la cour pendant son séjour, et son retour en France.

[1632] La nouvelle de la mort du duc de Montmorency(1), arrivée à Toulouse, ayant été portée à Monsieur à Tours, où il s'étoit retiré depuis son retour de Languedoc; voyant que, contre les espérances qui lui avoient été données par les sieurs de Bullion et des Fossés, députés par le Roi pour le traité fait à Béziers, l'on avoit fait mourir de la sorte un homme si recommandable par sa naissance et par les importans services qu'il avoit rendus à l'Etat, Son Altesse s'étant promis que ses soumissions aux volontés du Roi obligeroient Sa Majesté à traiter avec moins de rigueur une personne de laquelle la vie lui étoit si recommandable, jugea, pour sa réputation, ne devoir pas demeurer en France après un sujet de déplaisir aussi sensible que celui qu'il avoit reçu en cette oc-

---

(1) *Duc de Montmorency*: Henri, duc de Montmorency, décapité à Toulouse le 30 octobre 1632.

casion. Elle ne mit point en doute d'être valablement déchargée de tout ce qu'elle avoit promis par son traité à Béziers, puisque, dans le temps qu'il se conclut, elle avoit dit et protesté aux députés du Roi que s'il mésarrivoit dudit sieur duc de Montmorency, contre les assurances reconfirmées de la part de Sa Majesté, elle le prendroit pour rupture, et ne tiendroit aucune des conditions auxquelles elle s'étoit engagée; son intention étant de se soumettre pour la conservation d'un homme qui lui étoit si cher, et auquel elle avoit des obligations si particulières.

Ce furent les raisons les plus apparentes qui causèrent la sortie de Monsieur; mais la plus véritable et la plus secrète fut celle du mariage que Son Altesse avoit contracté, au désu du Roi, avec la princesse Marguerite de Lorraine, que l'on avoit tenu caché pour de bonnes considérations. Sa Majesté ni ses ministres n'en avoient eu aucune connoissance certaine, seulement des soupçons, l'affaire ayant été conduite si couvertement, que les espions de la cour n'avoient pu pénétrer si avant: aussi ne fut-il point parlé de cet article dans le traité de Béziers. Il n'y eut que le sieur de Bullion, après que tout fut conclu et signé, qui s'avisa de demander au sieur de Puylaurens, principal confident de Son Altesse, si véritablement Monsieur étoit marié; lequel lui répondit qu'il ne l'étoit pas, ne jugeant nullement à propos ni convenable au bien des affaires de son maître de s'en ouvrir à lui, et de s'en expliquer autrement.

Monsieur partit donc de Tours pour les raisons ci-devant représentées : étant à Blois, il dépêcha le sieur de Saumery vers Son Altesse de Savoie pour l'informer de tout ce qui s'étoit passé, et ménager par l'entremise du maréchal de Toiras sa retraite en Piémont, en cas qu'il en eût besoin.

Monsieur traversa la Beauce, fut à Montereau-sur-Yonne, duquel lieu il écrivit au Roi par l'un de ses gardes une lettre qui contenoit en substance les sujets et les raisons de son éloignement (1).

Son Altesse, sans s'arrêter, prit le chemin de Champagne, accompagnée de sa maison, qui pouvoit faire en gentilshommes et domestiques cent cinquante chevaux. Il se rendit à Dun-sur-Meuse, petite place du duché de Lorraine, d'où elle envoya les sieurs Du Fargis à l'Infante, et vers le duc de Lorraine Saint-Quentin, l'un de ses gentilshommes ordinaires. L'on ne disoit point encore si l'on iroit en Lorraine ou en Flandre; mais le lendemain ce doute fut éclairci, ayant pris le chemin de Namur, auquel lieu Monsieur se rendit en trois journées.

[1633] Le comte de Sallazar, capitaine de la garde de cavalerie de l'Infante, fut celui qui le vint recevoir et lui faire des complimens, et une infinité d'offres de la part de cette vertueuse princesse, pour lui témoigner la véritable et sensible joie qu'elle avoit de le recevoir.

Monsieur arriva le jour d'après à Bruxelles (2), et fut descendre au logis du comte de Sallazar, d'où il vint aussitôt au palais de l'Infante, de laquelle il fut traité avec autant de bonté, et de témoignage d'affection et de tendresse, que s'il eût été son fils, qui

(1) La lettre de Gaston est du 13 novembre 1632. — (2) *A Bruxelles*: Le prince arriva dans cette ville sur la fin de janvier 1632. (*Voyez* les Mémoires de Gaston, tome 31 de cette série, page 148.)

étoient les termes dont elle se servoit ordinairement lorsqu'elle vouloit exprimer l'amitié qu'elle avoit pour lui.

Cette première audience finie, Monsieur fut conduit dans l'appartement qui lui étoit préparé, qui étoit celui de l'archiduc, par les principaux de sa cour et de sa maison, auxquels elle avoit ordonné de le servir, et de lui rendre les mêmes respects qu'à sa propre personne. Tous à l'envi lui faisoient paroître le contentement qu'ils avoient de son retour ; et véritablement Monsieur avoit raison d'être satisfait d'une réception si obligeante, si le partement de la Reine sa mère de Bruxelles avant qu'il fût arrivé ne lui eût donné de l'inquiétude, et fait appréhender qu'un éloignement si prompt ne provînt plutôt des mauvais conseils de quelques esprits malicieux qui les vouloient diviser, que de la nécessité de vouloir changer d'air pour sa santé, qui étoit le prétexte pris pour colorer le départ, que tout le monde avoit blâmé et trouvé si à contre-temps. Néanmoins, comme Son Altesse vouloit toujours continuer à satisfaire aux mêmes respects vers la Reine, il se résolut de l'aller voir le lendemain à Malines, où il fut dîner avec Sa Majesté, de laquelle apparemment il fut bien reçu. Les instances qu'il fit auprès d'elle se trouvèrent pourtant sans effet, et il fut obligé de revenir à Bruxelles avec le déplaisir de n'avoir pu obtenir le retour de la Reine, qui persista dans la résolution de se retirer à Gand, qu'elle avoit choisi pour le lieu de sa demeure.

Il me semble à propos de dire les sujets que les ministres de Sa Majesté publioient qu'elle avoit de n'être pas contente de Monsieur, laissant la liberté d'en juger à ceux qui liront ces Mémoires, et de voir s'ils étoient bien fondés ou non.

Ils alléguoient pour leur principale raison que dans le traité de Béziers Monsieur n'avoit eu nul égard à ce qui regardoit Sa Majesté, de laquelle il ne devoit jamais se séparer; et que ce lui devoit être un grand reproche de n'avoir rien stipulé pour elle, ni parlé en aucune manière ni façon de ses intérêts, ne considérant pas que dans ce rencontre Son Altesse s'étoit vue hors d'état d'y agir utilement, ayant été forcée de souscrire à des conditions si déraisonnables, et d'un si notable préjudice à ses avantages particuliers et au rang qu'elle tenoit; par conséquent devoit être disculpé de tous les blâmes que sur ce sujet l'on lui pouvoit attribuer. La considération de la Reine et celle de sa réputation furent aussi les véritables motifs qui l'obligèrent à sortir de France dans cette conjoncture, pour se rendre auprès de Sa Majesté, prendre part à sa mauvaise fortune, et faire voir qu'il étoit incapable de se désunir jamais d'avec elle.

C'est ce que ses ministres malintentionnés débitoient en public, ce qui pouvoit être bon pour les moins clairvoyans; mais les autres, qui pénétroient évidemment leurs artifices, jugeoient assez que cela provenoit d'ailleurs, et que la froideur de la Reine étoit fomentée par les conseils du père Chanteloube, qui eût voulu tenir le sieur de Puylaurens dans sa dépendance absolue : qui étoit désirer l'impossible, car, de sa part, il n'étoit pas homme à se soumettre à un autre dont la suffisance ne lui étoit en aucune estime.

Cette mauvaise intelligence des ministres s'augmenta avec le temps, et produisit d'étranges effets pour la cause générale et les intérêts particuliers. Mais comme dans ce discours il sera quelquefois parlé des affaires des Espagnols, celles de Monsieur s'y trouvant mêlées, il est nécessaire de faire voir l'état auquel étoit la Flandre lorsque Son Altesse y arriva. Bien que l'Infante en eût remis la propriété en faveur du roi d'Espagne son neveu, elle paroissoit pourtant y avoir l'autorité tout entière, et y gouvernoit les peuples avec tant de sagesse et de modération, qu'elle n'en étoit pas aimée seulement, mais, s'il est permis d'user de ces termes, universellement adorée pour son extrême vertu.

Parmi ses dévotions ordinaires, cette sage princesse ne perdoit pas un seul moment de temps qu'elle pouvoit employer au bien de l'Etat et au soulagement des peuples.

Le marquis d'Aytonne tenoit sous elle la place de principal ministre : il étoit ambassadeur du roi d'Espagne et général de ses armées de Flandre, depuis que le marquis de Sainte-Croix avoit été rappelé après la perte de Maestricht, et les autres mauvais succès arrivés aux Espagnols sous sa conduite durant l'année 1632. Le duc de Lerme étoit mestre de camp général sous le marquis d'Aytonne ; le président Rose le premier du conseil d'Etat, et les finances gouvernées par le duc de Croy et le comte de Copigny en qualité de surintendans. Chacun d'eux, dans la fonction de sa charge, n'agissoit que selon les ordres de l'Infante : aussi n'y avoit-il aucune affaire de laquelle elle n'eût une entière connoissance.

Les Espagnols avoient souffert des pertes considérables, et les Hollandais remporté Venloo, Ruremonde, Maestricht, et plusieurs autres places et forts autour d'Anvers, qui avoient relevé la réputation de leurs armes.

Ces succès arrivés à ses ennemis n'étoient pourtant pas ce qui les inquiétoit davantage, et ce qui leur donnoit de plus pressans sujets d'appréhender la ruine de leurs affaires.

Le plus grand mal, à ce qu'ils croyoient, venoit du dedans et des intelligences particulières. La retraite du comte Henri de Bergue à Liége leur fit ouvrir les yeux, et soupçonner, non sans cause, beaucoup de personnes de qualité, qu'ils jugèrent avoir part à ces menées secrètes parce qu'elles étoient unies d'amitié et d'alliance avec lui. Mais le temps n'étant propre pour agir contre les auteurs et les complices de cette action, de crainte d'une révolte générale des peuples, assez mal affectionnés à leur domination, l'Infante se servant dans des conjonctures si douteuses de la créance qu'elle s'étoit acquise, fit venir les principaux vers elle, tira l'aveu de leurs desseins, et parole de n'en concevoir plus de semblables, sous les assurances qu'elle leur donnoit aussi de sa part de leur pardonner le passé. Néanmoins, peu de temps après, elle fut obligée de changer d'avis, sur ceux qui lui furent donnés des pratiques de Carondelet, gouverneur de Bouchain, avec les gouverneurs des places frontières de Picardie voisines de la sienne, dans laquelle il fut investi avec beaucoup d'ordre et de secret de la part des Espagnols, et contraint par cette surprise de recevoir la garnison qu'ils y voulurent mettre, par laquelle, sur quelque conteste arrivé à dessein, il fut tué dès l'instant qu'ils s'en furent rendus les maîtres.

Tout le monde jugea que les Espagnols, très-habiles, avoient fait cette sorte de justice d'un sujet infidèle à son roi, le temps ne leur permettant pas d'en user autrement, quoiqu'ils voulussent toutefois persuader que c'étoit l'effet d'un hasard, et d'un accident arrivé par une querelle particulière.

Après sa mort, le gouvernement fut donné au vicomte d'Alpem; et le doyen Carondelet fut mis quelques jours après dans un couvent de religieux à Bruxelles, auquel lieu il fut retenu sous une garde fort sûre jusques à la mort de l'Infante, après laquelle il fut conduit dans la citadelle d'Anvers, où la sienne arriva depuis.

Je laisserai ce discours, pour l'achever quand je parlerai de la retraite du prince d'Espinoy et du duc de Bournonville en France; et dirai lors quelles étoient les intelligences que les Espagnols soupçonnoient être entre les plus qualifiés des Pays-Bas et le cardinal de Richelieu; quels furent aussi les auteurs de cette cabale, et les projets et desseins qu'ils pouvoient avoir, pour reprendre celui que j'avois interrompu.

Les premiers jours employés par Son Altesse à rendre ses respects à la Reine sa mère, ses devoirs à l'Infante, et à recevoir les complimens et les visites des personnes plus considérées par leur naissance et par leurs charges, Monsieur se proposa de donner part à l'Empereur, à Sa Majesté Catholique et au roi d'Angleterre, des sujets qui l'avoient obligé à chercher sa sûreté en Flandre.

Le Coudray-Montpensier fut choisi pour aller à Vienne trouver Sa Majesté Impériale, avec ordre de demander secours d'hommes en son nom, pour essayer, avec les forces qu'il tireroit des Espagnols, et celles qu'il pourroit mettre ensemble par le moyen de ses serviteurs, à former un corps assez considérable pour pouvoir entrer en France, et réduire à la raison les ennemis de la Reine sa mère, et les siens.

Le Coudray dans cet emploi s'acquitta fidèlement de la commission qui lui avoit été donnée, et suivant son instruction vint à Prague vers le duc de Friedland, généralissime de l'armée de l'Empereur. Il conféra avec lui diverses fois, et rapporta, à son retour, à Son Altesse une infinité de promesses avantageuses à ses intérêts, et de belles et grandes espérances qui n'eurent pas leurs effets; car dès-lors l'ambition de s'élever lui avoit fait prendre des mesures en France entièrement contraires à son devoir, et à la fidélité qu'il étoit obligé de conserver inviolable à son maître et à son bienfaiteur.

Le marquis Sainte-Croix d'Ornano fut aussi envoyé en Angleterre, et de Lingendes en Espagne : en attendant ce que produiroient ces diverses négociations, les esprits ne pouvant pas s'occuper à des choses sérieuses et importantes, Monsieur prenoit part à tous les divertissemens que la saison pouvoit permettre. La Reine mère, qui s'étoit retirée sous le prétexte de sa santé, au lieu d'y trouver du soulagement tomba dans une assez fâcheuse maladie pour en appréhender l'événement. Son Altesse, n'omettant aucun des soins que son bon naturel lui conseilloit, envoyoit tous les jours savoir des nouvelles de sa santé, et toutes les semaines alloit lui-même en apprendre.

Il renouvela aussi ses mêmes instances auprès d'elle pour l'obliger de revenir à Bruxelles, parce que l'air en convenoit mieux à son tempérament que celui de Gand, dont la situation est marécageuse; et, selon le rapport des médecins, elle n'y pouvoit demeurer sans péril de sa vie.

Ces justes raisons, représentées par Monsieur, furent néanmoins sans effet, sur ce que le père de Chanteloube étoit d'opinion différente, et ne conseilloit pas à Sa Majesté d'en partir.

Durant cette maladie, le Roi envoya visiter la Reine sa mère par le sieur des Roches-Saint-Quentin, qui eut charge de lui faire des propositions d'accommodement qui ne réussirent point. Les auteurs de ses disgrâces, qui par leurs artifices l'avoient éloignée d'auprès du Roi, ne pouvoient consentir qu'elle s'en rapprochât; mais ils vouloient faire paroître qu'il ne tenoit qu'à elle qu'elle ne reçût cette satisfaction.

Pendant que les choses étoient en cet état, le cardinal de Richelieu fit mettre en avant d'autres propositions par le sieur d'Elbène, qui avoit ordre de s'adresser directement au sieur de Puylaurens pour savoir si elles seroient agréables.

Monsieur en ayant été informé, les communiqua à l'Infante et au marquis d'Aytonne, qui approuvèrent de ne les pas rejeter, quoiqu'ils eussent peu d'opinion qu'elles fussent avancées avec sincérité.

Cette bonne princesse, dans cette occasion, assura plusieurs fois Monsieur qu'elle seroit infiniment satisfaite de son retour auprès du Roi son frère, pourvu que ce fût avec sûreté, et selon que le requéroit la dignité de sa personne. La permission donnée à d'Elbène d'entendre à ce que le cardinal continueroit à lui dire, il repassa en France sous un passe-port, et à son retour, cette seconde fois, ne rapporta de sa négociation que des paroles générales, dans lesquelles il ne paroissoit rien d'essentiel ni d'effectif. Bien que Son Altesse dût être rebutée de ce qu'on agissoit avec elle de si mauvaise foi, elle estima à propos de ne point rompre ce commerce, dans la créance qu'il ne pouvoit nuire à ses affaires, et qu'il faisoit cet effet de tenir en devoir beaucoup des siens qui se lassoient de l'état présent des choses: ce qui les contentoit en quelque sorte de l'espérance d'un accommodement, que leur humeur inquiète et des desseins particuliers leur faisoient désirer.

Durant ces divers voyages et propositions, l'hiver et le printemps s'étoient écoulés; et l'été étant arrivé, avoit donné lieu aux armées de se mettre en campagne.

Les Hollandais, enflés du succès de l'année dernière, furent les plus diligens: prenant leur marche le long du Rhin, ils mirent le siége devant Rhinberg, et le pressèrent si fort, que les Espagnols se résolurent d'aller droit à eux pour les combattre ou leur faire lever le siége.

Monsieur, sur l'avis de cette résolution, voulut avoir part à une action qu'il estimoit glorieuse et digne d'un prince de sa naissance, et fort propre pour témoigner à l'Infante de quelle passion il embrassoit ses intérêts.

Il partit de Bruxelles pour ces considérations; et ayant pris une escorte de trois cents chevaux à Malines, fut coucher à Venloo, et le lendemain à l'armée, composée de quatorze mille hommes de pied et de six à sept mille chevaux.

Le même jour il fut délibéré par le conseil de guerre d'aller droit aux ennemis : le lieu du passage fut résolu au-dessous de Maeseyck, petite ville du pays de Liége, et d'autant qu'il étoit défendu par Straquembourg, lieutenant général de la cavalerie de messieurs les Etats, avec trois mille chevaux et quelque infanterie tirée de Maestricht, et de quatre pièces de canons tirées de Ruremonde. Pour tromper les ennemis, le marquis d'Aytonne fit une action de capitaine : toute l'infanterie espagnole tourna la tête vers une île à une lieue et demie au-dessous, et donna toutes les apparences de vouloir passer la rivière en cet endroit; ce qui obligea Straquembourg d'abandonner son premier poste qu'il avoit occupé : ce qui facilita, une lieue au-dessus, le passage de la rivière à la cavalerie espagnole; et les troupes hollandaises l'ayant appris, elles se retirèrent avec effroi et tel désordre, que sans la nuit, qui en ôtoit une partie de la connoissance, elles eussent indubitablement été défaites.

Monsieur donna en ce rencontre beaucoup de preuves de son jugement et de sa générosité; les Espagnols la remarquèrent avec estime, et louèrent fort la réponse qu'il fit au comte de Buquoy, qui, de deux paires d'armes qu'il avoit, ayant retenu la meilleure pour lui et prêté l'autre à Son Altesse, lui dit qu'il ne lui en répondoit pas : sur quoi Monsieur lui repartit qu'il lui suffisoit, pourvu qu'elles fussent à l'épreuve de l'épée.

L'on fit un pont de bateaux pour le passage de l'infanterie, canon et bagage, en si peu de temps, que les Français, qui n'avoient jamais vu user de si grande diligence, en furent étonnés. Dans ce moment la nouvelle de la reddition de Rhinberg arriva: ce qui obligea les Espagnols à changer de dessein, et à se saisir de l'île de Stephanswert, qu'ils fortifièrent, bien qu'elle fût en neutralité.

L'armée y entra le lendemain, et le jour d'après les travaux furent départis aux troupes, qui firent en huit jours ce qu'on n'auroit pas attendu devoir être fait en deux mois. Monsieur voyant que les armées se résolvoient à demeurer sans rien entreprendre, jugea qu'il s'en devoit retourner à Bruxelles, où l'Infante lui fit paroître tenir à obligation de ce qu'il avoit honoré l'armée de sa présence, et le reçut avec toutes les marques d'affection dont elle put s'aviser.

Pendant le temps que Son Altesse demeura à l'armée, d'Elbène revint de France, et ne lui rapporta aucun sujet de satisfaction. Le Roi, suivant le conseil du cardinal de Richelieu, ne se pouvoit résoudre à lui accorder des places de sûreté; et Monsieur ne croyoit pas, de sa part, devoir se remettre entre les mains d'un ministre si puissant et si autorisé avec de moindres précautions.

Les allées et venues, qui ne laissèrent pas de continuer, firent appréhender à la Reine mère que le traité se conclût sans elle; et ce fut cette crainte qui la disposa de revenir à Bruxelles sous le même prétexte de pourvoir à sa santé, duquel elle s'étoit servie lorsqu'elle se retira à Gand. Monsieur fut la recevoir à Termonde, place située entre ces deux villes; et l'Infante fut au devant d'elle à deux lieues de Bruxelles, où elles entrèrent en même carrosse. Dans ces conjonctures le duc de Lorraine, qui, par l'armement qu'il avoit fait, avoit donné des ombrages au Roi, pour ôter à Sa Majesté toute créance que c'eût été pour le service de monsieur son frère, résolut d'employer ses troupes contre les Suédois, sur ce qu'ils avoient fait des actes d'hostilité dans les terres qui lui appartenoient. Le succès en fut si malheureux, que son armée fut défaite à Papenhove; et le Roi, aussitôt que cette disgrâce lui fut arrivée, se présenta aux portes de Nancy, qui lui fut rendue par traité, durant lequel Madame, qui se nommoit encore la princesse Marguerite, en sortit travestie, et se retira à Thionville, d'où elle en donna avis à Son Altesse, et qu'elle prendroit le chemin de Bruxelles pour se rendre auprès de lui(1).

Il seroit malaisé d'exprimer la joie que Monsieur reçut, apprenant qu'une personne qui lui étoit si chère fût échappée d'un péril si éminent. Et quoiqu'il jugeât bien que, recevant Madame, il falloit nécessairement que le mariage, qu'il avoit tenu caché jusques alors, étant rendu public, rompît tous les traités et négociations commencés, son affection l'emportant par dessus toutes autres raisons, il envoya au devant d'elle M. le duc d'Elbœuf et M. de Puylaurens, pour lui témoigner ses sentimens et son affection. Le désir qu'il avoit de la voir ne lui permettant pas d'attendre leur retour, il partit pour l'en assurer lui-même, fut jusques à Marche, où il la rencontra, et revint avec elle coucher à Namur.

(1) *Voyez* les Mémoires de Gaston et la note, tome 31 de cette série, page 150.

Le lendemain, Monsieur fut à Bruxelles quelques heures avant Madame : l'Infante, qui n'oublioit aucune occasion de celles qui s'offroient de rendre des preuves de sa bonté, et de l'amitié qu'elle portoit à Son Altesse, fut assez loin au devant de Madame; la Reine mère sortit hors de la ville, et toutes deux la menèrent au palais, dans un appartement qui lui étoit destiné proche de celui de Monsieur.

Cette arrivée de Madame fut une nouvelle et pressante difficulté pour l'accomplissement des affaires qui se traitoient.

Les ministres du Roi avoient toujours douté ou feint d'ignorer son mariage, pour réserver cet article afin de l'attribuer à crime au sieur de Puylaurens, comme ils l'ont fait paroître depuis.

Je ne m'étendrai point à la relation des honneurs que Madame reçut de l'Infante dans ces commencemens ; je passerai à celle de la négociation du Coudray en Allemagne, sur les assistances promises à Son Altesse par l'Empereur et le duc de Friedland. Dans le temps que le duc de Feria étoit passé du Milanais dans la haute Alsace, elles devoient sortir effet. Aldringuer avoit été envoyé avec des forces capables d'exécuter un grand dessein, s'il eût voulu se joindre au duc de Feria, et agir conformément aux promesses qu'il lui avoit faites de combattre les Suédois : ce qu'ils pouvoient l'un et l'autre avantageusement, si la perfidie d'Aldringuer n'eût prévalu aux sincères intentions du duc de Feria, qui agissoit pour la cause commune par des meilleurs principes et des résolutions plus sincères.

Les longueurs et les remises donnèrent temps au parti

suédois de se rendre plus fort; en sorte qu'il fut impossible de rien entreprendre qui répondît à l'emploi et à la confiance que le roi d'Espagne avoit pris au duc de Feria. La peste se mit dans son armée, qui se ruina d'elle-même; il en mourut la plupart, et quasi tous les principaux officiers; et le reste s'en retourna en Italie, désespéré de l'infidélité qu'ils avoient éprouvée dans les ordres du Walstein, et en la personne d'Aldringuer, auquel ils avoient été confiés.

Son Altesse, qui avoit été remise au secours qu'elle pouvoit tirer de ces armées, perdit toute espérance de s'en prévaloir, et connut bien que le cardinal de Richelieu, par ses négociations et intelligences, avoit prévenu l'utilité qui lui en pouvoit arriver, et qu'il s'y étoit opposé par des sommes immenses que le duc de Friedland avoit reçues.

Ce malheur fut incontinent suivi d'un accident qui changea entièrement la face des affaires, et causa le plus sensible déplaisir à Monsieur qui lui pouvoit arriver : ce fut la maladie et la mort de l'Infante.

Cette illustre princesse tomba malade pour s'être échauffée en une procession où elle assistoit à pied, comme c'étoit sa coutume.

Dès ce jour les médecins en eurent mauvaise opinion; et la nuit du 5, 6 ou 7 fut la fin d'une si sainte vie, regrettée par ses sujets, et plus, s'il se pouvoit, des Français attachés au service de Monsieur, qui se reconnoissoient redevables à sa bonté d'une infinité d'obligations.

Dans le nombre des actions chrétiennes qu'elle pratiqua dans cette dernière extrémité, elle n'oublia aucune de celles qui étoient d'un esprit élevé comme le sien : elle donna tous les ordres nécessaires pour les gouvernemens des provinces où elle a régné avec tant de douceur et de modération.

Dans les mémoires et instructions qu'elle laissa, sa prudence et ses bonnes intentions parurent également : le soin qu'elle prit de recommander avec tendresse les intérêts de la Reine mère, de Monsieur et de Madame, est d'autant plus à remarquer que ce fut le dernier qu'elle ordonna des choses du monde.

Le lendemain de cette mort funeste à tous les gens de bien des Pays-Bas, M. le marquis d'Aytonne, avec les principaux du conseil d'Etat, vint assurer Leurs Altesses que la perte de l'Infante n'apporteroit aucun changement en ce qui regardoit leurs intérêts ; que ces assurances venoient de la part du roi d'Espagne, qui avoit prévu dès long-temps à tout ce qui pouvoit survenir ; que pour eux en leur particulier ils seroient toujours très-disposés à leur rendre les respects et les services qu'ils savoient leur être dus.

Les ministres du roi d'Espagne ouvrirent, comme elle avoit prescrit, un paquet confié par elle entre leurs mains, par lequel ils apprirent les ordres que Sa Majesté Catholique vouloit être observés pour le gouvernement de Flandre : les noms de ceux qui devoient commander dans les provinces et manier les affaires d'Etat furent le marquis d'Aytonne, le duc d'Arschot, l'archevêque de Malines, et le président Rose.

La principale administration fut déférée au marquis, qui entra dans une si honorable fonction avec tant de prudence et de dextérité, que tous les corps de l'Etat parurent en recevoir une notable satisfaction. Mais afin de pourvoir à la sûreté publique, il crut qu'il étoit entièrement nécessaire de détruire les cabales qui s'étoient formées au dedans des provinces, et que pour l'exécuter sûrement il falloit s'assurer des personnes de qualité relevée en les arrêtant prisonniers.

J'ai touché ci-devant quelque chose des soupçons que l'Infante avoit eus contre eux lorsque Carondelet, gouverneur de Bouchain, fut tué : à présent il est nécessaire d'éclaircir plus distinctement sur quoi ils étoient fondés, et de quels moyens le cardinal de Richelieu avoit usé pour les porter à la révolte.

La Reine, mère du Roi, s'étant sauvée de Compiègne, où le cardinal, sous le nom de Sa Majesté, l'avoit fait arrêter prisonnière, chercha sa sûreté en Flandre, pour se garantir des persécutions qu'elle avoit souffertes.

L'Infante, auprès de laquelle elle étoit retirée, jugeant à propos d'en donner part au Roi, et pour proposer aussi une réconciliation entre le fils et la mère, choisit le sieur Carondelet, doyen de Cambray, homme propre à négocier une affaire de cette conséquence : il étoit homme d'esprit, intelligent et adroit, mais au reste ambitieux, et fort persuadé de son mérite.

Le cardinal de Richelieu ne fut pas long-temps sans s'en apercevoir : il étoit bien informé du mécontentement qu'il avoit reçu du refus de l'évêché de Namur qu'il avoit prétendu ; ce qui lui donna lieu de juger que celui qui étoit venu pour traiter cet accommodement en France lui seroit un instrument fort propre à semer la division dans les Pays-Bas.

Après la première audience il le voulut entretenir en particulier ; et en flattant cet esprit glorieux par l'estime de ses bonnes qualités, il le rendit susceptible à ce qu'il désiroit de lui.-

Sa parole fut engagée de servir Sa Majesté, et de travailler en Flandre à la ruine des affaires du roi d'Espagne.

Le cardinal, sous cette condition, donna aussi la sienne de prendre soin de sa fortune.

Les choses ainsi concertées, il retourna trouver l'Infante, avec les instructions requises pour satisfaire le cardinal dans l'exécution du dessein duquel il étoit convenu.

Il le communiqua au comte Henri de Bergue, au prince d'Espinoy, de Barbançon, et à M. le duc de Bournonville : non seulement ils l'écoutèrent favorablement, mais ils passèrent incontinent jusques à lui témoigner la disposition dans laquelle ils étoient de secouer le joug de la domination espagnole. Pour les y confirmer davantage, il leur fit des ouvertures aussi faciles qu'agréables, qui regardoient leur grandeur particulière et la liberté du pays, qu'ils procureroient indubitablement, pourvu que leur conduite et leur résolution répondît à ce qu'on devoit espérer de la générosité qu'ils avoient toujours témoignée; qu'il étoit question de former un corps d'Etat, et s'assurer de la France et des Hollandais, qui, pour trouver leur grandeur et leur avantage dans l'abaissement de la maison d'Autriche, ne refuseroient aucunes des assistances qui seroient nécessaires dans une entreprise beaucoup plus glorieuse qu'elle n'étoit difficile. Il leur remontra aussi qu'il falloit commencer à décrier les Espagnols, et procurer par les Hollandais des mauvais événemens sous leur conduite, afin que les révoltes qu'on exciteroit dans les villes et dans la campagne ne reçussent point d'obstacles ni d'oppositions.

Suivant ce projet, messieurs les Etats armèrent de bonne heure l'année d'après; car celle de 1631 fut employée par les associés à conduire secrètement leurs négociations. Venloo et Ruremonde furent les premiers effets de cette intelligence. Le comte Henri de Bergue en étoit gouverneur, qui ne mit nul ordre à les défendre.

Ensuite ils attaquèrent et prirent Maestricht: ce fut à peu près dans le même temps que le duc d'Arschot refusa de s'unir avec ceux que j'ai ci-devant nommés, et révéla à l'Infante ce qu'il avoit su de leurs desseins, sous la promesse qu'elle leur pardonneroit: ce qu'elle fit avec une fidélité si religieuse qu'il n'en fut jamais parlé durant sa vie.

La sincérité et l'observation de la parole de l'Infante n'étoit pas une règle obligeante ni absolue aux ministres du roi d'Espagne, puisqu'ils ne l'avoient donnée, qu'elle leur imposât de ne s'en point départir: ils se déterminèrent d'arrêter ceux qui s'étoient jetés dans ces factions, de crainte qu'elles ne fussent pas entièrement éteintes; mais ils prirent si mal leur temps, qu'ils ne se saisirent que de la personne du prince de Barbançon, qui fut conduit dans la citadelle d'Anvers.

Le prince d'Espinoy et le duc de Bournonville, plus avisés, se retirèrent en France; et le frère du doyen Carondelet, gouverneur de Bouchain, fut tué dans sa place.

Ce dernier, s'étant confié aux assurances qui lui furent données, mourut en prison.

Le comte Henri de Bergue, plus défiant, avoit cherché sa sûreté à Liége, et le duc d'Arschot étoit allé en Espagne peu de jours avant la mort de l'Infante, contre les conseils de ses amis, et déférant trop à son opinion particulière : il y fut retenu non comme prisonnier, mais si fort observé, qu'il y est mort du depuis sans avoir pu obtenir la permission de revenir en Flandre.

Les affaires étant ainsi disposées, les nouvelles arrivèrent à Bruxelles que le prince Thomas de Savoie y devoit venir : étant arrivé, il ne parut autre sujet de s'être retiré du duc son frère, que le désir qu'il avoit de s'attacher entièrement aux intérêts de la maison d'Autriche, et particulièrement à ceux de Sa Majesté Catholique. Il y fut reçu de ses ministres avec beaucoup d'honneur; il y fut défrayé, eut des gardes pour sa personne, jusques à ce que les ordres que l'on attendoit d'Espagne fussent venus.

Le bruit courut dans les premiers jours de son arrivée qu'il devoit commander les armées des Pays-Bas : ce qui a été depuis, mais long-temps après que Son Altesse en fut partie.

[1634] Toutefois ces occurrences n'empêchèrent pas que le traité duquel d'Elbène se mêloit ne continuât toujours, nonobstant que Madame fût venue trouver Son Altesse. Les propositions d'accommodement furent poursuivies, mais avec peu d'apparence de succès : la déclaration publique que Monsieur avoit faite, la recevant auprès de sa personne dans le rang qu'elle devoit tenir, la confirmation de son mariage en présence de l'archevêque de Malines, sembloient être des difficultés qui ne pouvoient être surmontées, parce que le cardinal de Richelieu avoit engagé le Roi à le faire déclarer non valablement contracté au parlement de Paris, que Son Altesse maintenoit ne pouvoir être juge compétent d'une affaire de cette nature et de cette qualité, dont la connoissance étoit réservée au Pape, ou du moins à des juges délégués de sa part, suivant le concordat et les anciennes coutumes du royaume de France.

Cet obstacle, joint à la difficulté que Sa Majesté faisoit de donner à Son Altesse Bellegarde pour place de sûreté, comme on lui avoit fait espérer, firent connoître à Monsieur la manière de laquelle l'on traitoit avec lui : ce fut au vrai ce qui l'obligea à conclure avec les Espagnols, et passer les articles qui avoient été accordés, après avoir été vus et examinés de part et d'autre.

L'exécution en fut sursise de quelques jours à cause de l'assassinat entrepris contre la personne du sieur de Puylaurens, ministre et confident de Son Altesse. La faveur n'étant pas exempte d'envie, elle lui avoit acquis celle de plusieurs, qui supportoient avec impatience de lui voir occuper une place à leur préjudice, qu'ils se persuadoient de mériter autant ou beaucoup mieux que lui.

Ils avoient essayé en diverses rencontres, par des intelligences et des cabales, d'altérer l'affection que Monsieur avoit pour lui; mais tous leurs soins ayant produit un effet contraire et augmenté l'estime que son maître faisoit de sa fidélité, ils se persuadèrent qu'une arquebusade tirée bien à propos ne se devoit plus différer.

Celui qui avoit entrepris d'exécuter une action si honteuse en prit l'occasion le troisième jour de mai 1634, lorsque le sieur de Puylaurens revenoit de la ville, dans le moment qu'il entroit dans la grand'-salle du Palais.

Cet homme mercenaire, du bas degré où il s'étoit mis à couvert, tira un coup de mousqueton, dont il le blessa à la joue assez légèrement. La Vaupot, qui parloit à lui, fut aussi blessé au même endroit au visage; et Roussillon, qui les suivoit de près, à la tête, beaucoup plus dangereusement.

L'exécuteur de cette infâme commission laissa au lieu où il s'étoit mis le mousqueton duquel il s'étoit servi; et, couvert d'un taffetas noir et d'un manteau fait exprès pour n'être point reconnu, il se sauva par une porte de derrière qui se trouva ouverte, quoique très-rarement elle le fût à pareille heure.

Son Altesse étoit lors dans son cabinet avec M. d'Elbœuf et Vieux-Pont, qui jouoient avec lui. Comme il entendit le coup, et beaucoup de bruit ensuite, il envoya un des siens pour savoir ce que ce pouvoit être.

Celui auquel Sadite Altesse avoit donné ce commandement étoit à peine sorti hors de la chambre, que le sieur de Puylaurens y arriva, qui lui raconta la manière dont la chose étoit arrivée.

Monsieur s'en étant bien informé, envoya querir le marquis d'Aytonne pour aviser avec lui de l'ordre que l'on pourroit donner, afin que cette méchanceté fût découverte, et ne demeurât pas impunie.

Lorsque celui que Sadite Altesse avoit envoyé vers ledit marquis lui parla, il avoit indubitablement reçu l'avis de ce qui s'étoit passé. Le prince Thomas et lui se promenoient ensemble dans une galerie, et témoignèrent au gentilhomme de Son Altesse beaucoup d'étonnement l'un et l'autre, et d'être fort surpris de ce qu'il leur apprenoit.

Ils allèrent dès l'heure même au Palais, où le marquis protesta que cet assassinat ne demeureroit pas impuni ; et qu'il useroit de telle diligence que celui qui l'avoit commis, et ses complices, seroient connus, et châtiés exemplairement. Il y ajouta que la réputation du Roi son maître, et celle de ses ministres, se trouvoient trop intéressées dans le châtiment d'une telle action pour en faire une perquisition très-exacte.

Après avoir ainsi parlé à Son Altesse, le prince Thomas et lui furent à la chambre du sieur de Puylaurens pour lui faire le même discours, et lui témoignèrent ressentir beaucoup de joie de ce que Dieu l'avoit préservé de la malice de ses ennemis.

La Reine mère envoya vers Monsieur dans cette occasion, et ne fit point visiter le sieur de Puylaurens, parce que le père de Chanteloube et lui n'étoient pas bien ensemble.

Pour la satisfaction publique, il falloit bien donner quelque marque apparente que le crime qui avoit été commis étoit recherché : les Espagnols firent exposer pour ce sujet, durant trois jours, à la porte de l'hôtel-de-ville, le manteau qui avoit été laissé par celui qui avoit tiré le coup. Ce temps étant passé sans qu'il fût reconnu, il fut par leur ordre retiré : ce fut à quoi aboutit cette exacte perquisition, qui avoit été si solennellement promise.

Chacun en discourut selon sa fantaisie : les uns en chargèrent les Espagnols, les autres les ennemis particuliers de Puylaurens ; et plusieurs ne mirent en doute que ce coup tiré de Bruxelles eût été concerté et résolu à Paris, sur le fondement de mettre Monsieur en telle défiance des Espagnols qu'il seroit réduit à revenir en France par un traité qui fut achevé avec le temps à la ruine du sieur de Puylaurens, ainsi que nous avons vu.

Tous les différens soupçons autorisés de vraisemblance partageoient ainsi les esprits dans le jugement qu'ils en devoient faire : toutefois l'opinion la plus suivie fut celle qui chargeoit ceux qui avoient agi par leur haine particulière.

Son Altesse le crut ; au moins il en donna toutes les marques, en retenant en elle-même la mauvaise satisfaction qu'elle avoit des Espagnols, leur donnant une infinité de marques de l'estime qu'elle faisoit de leur sincérité, et de la confiance qu'elle prenoit en eux.

Le traité duquel j'ai parlé en un autre endroit fut arrêté avec le marquis d'Aytonne et le duc de Lerme, qui en avoient le pouvoir de Sa Majesté Catholique, par lequel il fut convenu d'une liaison plus grande et plus étroite qu'elle n'avoit été encore.

Les ministres d'Espagne, qui l'avoient infiniment souhaité, firent paroître plus de chaleur qu'auparavant pour les intérêts de Son Altesse, à laquelle ils firent de nouvelles offres de tout ce qui dépendoit de leur pouvoir.

La princesse de Phalsbourg, dans ce rencontre d'affaires, vint se réfugier à Bruxelles, ne jugeant pas que son séjour à Nancy pût être avec sûreté, après les disgrâces de sa maison, et la retraite de Son Altesse de Lorraine hors de ses Etats.

Les Espagnols, imitant l'Infante en ses civilités, la logèrent au palais, comme une personne de sa qualité le devoit être; et, dans les autres courtoisies qu'elle désira d'eux, elle eut beaucoup de sujet de se louer de leur conduite. Pour revenir au traité fait avec l'Espagne, je dirai premièrement qu'il fit cesser celui qui avoit été ménagé en France par l'entremise de d'Elbène.

Bien loin de parler d'aucun accommodement, l'on ne proposoit plus que des moyens de mettre ensemble des troupes pour entrer avec éclat et réputation dans le royaume.

Les Espagnols s'étoient obligés de détacher une partie de leur armée, et la donner à Son Altesse, et de l'argent pour tirer des officiers et des soldats des frontières de France : mais le temps arrivé auquel les conditions se devoient effectuer, soit par impuissance ou autre raison, dont ils ne se déclarèrent point, ils gagnèrent deux mois par des remises continuelles, trop suspectes et préjudiciables à Son Altesse pour ne chercher à découvrir au vrai quelles étoient leurs intentions.

Monsieur fut trouver le marquis d'Aytonne devant Maestricht, où l'armée d'Espagne étoit campée.

Durant quinze jours qu'il demeura dans le camp, ce ne furent que conférences et belles promesses de la part dudit marquis, qui s'engagea vers Son Altesse de se rendre à Bruxelles incontinent après lui, pour lui faire recevoir la satisfaction qui lui avoit été promise, conformément au traité fait entre lui et les Espagnols.

La condition de Monsieur étoit bien malheureuse

dans cette conjoncture; car il n'avoit pas seulement à vaincre les longueurs et les remises qu'apportoient les ministres d'Espagne, mais il falloit aussi qu'il veillât continuellement à se défendre des menées sourdes de la Reine sa mère, qui traversoit tous ses desseins pour venir à bout de la ruine de Puylaurens, contre lequel elle avoit conçu une haine mortelle, qui augmentoit avec la créance que son maître prenoit en lui. Dans l'envie qu'ils avoient de le perdre, ils n'oublièrent aucuns artifices capables de donner de la défiance de lui aux Espagnols; et quoique le marquis d'Aytonne voulût faire croire à Monsieur qu'il n'ajoutoit point de foi à ce qui venoit de leur part, les diverses conférences avec eux et leurs associés lui étoient des preuves trop convaincantes pour en pouvoir douter.

Celle du refus de l'exécution du traité marqua aussitôt visiblement leur mauvaise volonté et le désordre de leurs affaires, parce que Son Altesse attendit à rétablir les siennes par leur moyen. Les choses de cette conséquence ne se pouvant passer sans conteste et altération, ne demeurèrent pas si secrètes qu'elles ne pussent être pénétrées.

D'Elbène avoit trop d'intelligence pour ignorer et ne pas connoître le mécontentement qui en restoit à Puylaurens : ce qui lui fit juger que les conjonctures étoient trop favorables pour ne pas s'en servir, en lui proposant de rentrer en lui-même pour assurer sa vie et relever sa fortune par un accommodement avec la France, avantageux aux intérêts de son maître et aux siens.

Puylaurens, touché de cette proposition, mena

d'Elbène à Son Altesse, et tous deux conjointement portèrent Monsieur à ne l'avoir pas désagréable.

Son Altesse, dégoûtée du procédé des Espagnols, et embarrassée de ce que le cardinal infant étoit sur le point de venir dans le Pays-Bas, trouva bon que d'Elbène reprît le premier projet, qui avoit été interrompu après la blessure du sieur de Puylaurens, pourvu que ce fût avec le secret que méritoit une affaire si délicate et de cette considération.

Il étoit fort difficile que cette condition fût observée, vu le grand nombre de personnes qui se trouvoient intéressées à découvrir tout ce qui se négocioit. D'Elbène ne pouvant alors aller et revenir de France, sans être soupçonné à cause des premiers traités dont il avoit eu l'emploi, il fallut nécessairement prendre l'unique parti qui restoit, d'engager la négociation par lettres, et faire en sorte que l'abbé d'Elbène, du depuis évêque d'Agen, sous prétexte d'intérêt domestique, vînt à Bruxelles pour conférer avec son frère; ce qu'il fit diverses fois.

Toutes les difficultés qui s'étoient rencontrées dans le traité se restreignirent à deux points les plus essentiels : le premier concernoit la sûreté de la personne de Son Altesse, et l'autre regardoit la validité de son mariage, dans lequel sa conscience et sa réputation étoient intéressées.

Quant au premier, Monsieur, dans le dessein qu'il avoit pris de s'attacher inséparablement au Roi pour obliger Sa Majesté à prendre plus de confiance en lui, parce qu'il lui témoigneroit se départir de toutes les demandes qu'il lui avoit faites des places de sûreté, et n'en vouloir aucune que celle qu'il rencontroit dans la parole du Roi, qui promit verbalement et par écrit d'oublier toutes les choses qui s'étoient passées, et d'aimer monsieur son frère comme il faisoit auparavant; l'on trouva bon ce tempérament.

Dans le dernier point, qui touchoit le mariage, que bien que le Roi en désirât infiniment la dissolution, parce que sa permission n'y étoit point intervenue, et qu'il l'estimoit contraire au bien et au repos de son Etat, néanmoins Sa Majesté demeuroit d'accord de se soumettre pour ce regard au jugement de l'Eglise, et d'y consentir en cas qu'il fût ainsi ordonné.

Monsieur, de sa part, promit de subir tout ce qu'elle régleroit touchant la validité ou non validité de son mariage : ainsi Sa Majesté et Son Altesse firent ces promesses réciproques dans l'opinion que chacun d'eux avoit que le droit fût de son côté, et que l'affaire se décideroit en sa faveur. Si le Roi se promettoit que les délégués du Pape, la plus grande partie étant Français, ne feroient point de difficulté de prononcer selon son intention sur la dissolution du mariage fait contre les lois fondamentales du royaume et contre son consentement, sans lequel Monsieur n'avoit pu valablement contracter, Son Altesse ne s'assuroit pas moins, par la connoissance qu'elle avoit que dans la célébration de son mariage toutes les conditions prescrites par le concile de Trente avoient été observées, que dans une matière purement ecclésiastique l'Eglise ne suivît plutôt les ordonnances des conciles que les lois fondamentales, qui ne se trouvoient écrites en nulle part, ni confirmées par aucun usage ni exemple.

Ces deux articles ayant été ainsi arrêtés, il ne restoit plus rien qu'à pourvoir à la sûreté des serviteurs de Monsieur. Comme M. de Puylaurens avoit sa principale confiance, et que la plupart de ce qui s'étoit fait durant le cours de plusieurs années avoit été par ses conseils, Sa Majesté promit de faire publier une déclaration dans le parlement de Paris, par laquelle, à l'égard de la personne de Monsieur, toutes choses seroient oubliées et pardonnées, et à tous ceux qui avoient suivi Son Altesse.

Et afin que la confiance se pût établir plus sincèrement entre le cardinal de Richelieu et le sieur de Puylaurens, et levât au dernier tous les soupçons qu'il pouvoit avoir de la puissance de l'autre, il fut convenu qu'ils s'allieroient ensemble, et que le cardinal donneroit sa cousine, fille du baron de Pont-Château, pour femme au sieur de Puylaurens, lequel, jugeant avec plus de franchise que de prudence de l'intention d'autrui par la sienne, se crut entièrement assuré, et ne connut pas le piége dans lequel il fut pris quelque temps après.

Des affaires de cette considération, comme je l'ai remarqué, se pouvoient difficilement conduire à leur perfection, que les Espagnols n'en eussent de grands soupçons, et que les Français de la cabale contraire, par les correspondances qu'ils avoient en France et par leurs observations continuelles, n'en eussent aussi quelques lumières : mais comme elles ne leur venoient que par des conjectures qui n'étoient pas accompagnées de preuves certaines, aussi les uns et les autres étoient bien empêchés à quoi ils s'arrêteroient, et de quelle sorte ils prendroient leurs mesures. Monsieur et ses véritables serviteurs témoignoient plus de passion aux Espagnols de porter la guerre en France qu'ils n'avoient encore fait. L'on n'insistoit auprès d'eux que pour l'exécution du traité, et Son Altesse ne parloit aux siens en public que d'armement et de troupes.

Ces précautions partagèrent les esprits, et leur ôtèrent une partie des impressions qui leur avoient été données du départ de Monsieur, qui n'étoit d'autant différé que dans l'attente d'un courrier qui devoit apporter de France le traité signé par le Roi, et un ordre général aux gouverneurs des places frontières de recevoir Son Altesse.

L'éloignement du marquis d'Aytonne à Namur apportoit toute la facilité possible à celui de Monsieur, si le paquet, qui devoit être envoyé par courrier exprès, n'eût été remis à l'ordinaire, qui n'arriva que trois jours après; et par ce retardement toutes les choses secrètes pensèrent être découvertes. Monsieur et le sieur de Puylaurens allèrent trouver le marquis d'Aytonne à Namur.

Dans cette entrevue, ils le rassurèrent des doutes qu'il avoit nouvellement conçus sur plusieurs avis donnés avec des particularités et des circonstances si expresses, qu'il y a lieu de s'étonner de ce qu'il ajouta foi à ce qu'ils lui dirent au contraire.

Le même jour que Son Altesse fut de retour à Bruxelles, le traité lui fut porté par le courrier ordinaire, et son partement fut résolu le dimanche d'après, sans aucune remise.

Depuis le mercredi jusques au samedi, Son Altesse feignit d'avoir quelque ressentiment de goutte. Dans cet espace de trois jours, la nouvelle du gain de la bataille de Nordlingen fut portée à Bruxelles par le baron de Clinchant, qui vint présenter à la Reine mère et à Son Altesse les cornettes gagnées au combat, qui fut le plus grand et le plus opiniâtré qui eût été donné depuis cent ans en Allemagne.

Il assura aussi Monsieur que le cardinal infant devoit venir bientôt aux Pays-Bas avec les patentes, pour y commander avec la même autorité qu'avoit fait l'Infante.

Le marquis d'Aytonne fut visiter Monsieur dans le temps qu'il demeura au lit; et quoiqu'il ait été dit du depuis qu'il connut bien que Son Altesse le jouoit, il n'en fit rien paroître par aucune démonstration extérieure ni par aucun acte particulier, pour empêcher sa retraite hors des Etats du Roi son maître.

Son Altesse se promena tout le samedi, et fit ses visites accoutumées. Dans les moyens qu'elle s'étoit proposés, elle avoit jugé que le plus essentiel et le plus nécessaire étoit le secret, s'en confia à peu des siens, et crut que le hasard devoit faire le choix de ceux qui auroient l'honneur de l'accompagner.

Le dimanche arrivé, il monta à cheval à huit heures du matin, suivi seulement de dix ou douze des siens, et alla droit à la porte de Hau, par laquelle il sortoit souvent pour s'aller promener.

Le bonheur avoit voulu que le même jour le marquis d'Aytonne et le président Rose étoient allés ensemble à Trevure, maison du roi d'Espagne, à deux lieues de Bruxelles, pour conférer avec le duc de Nieubourg d'affaires importantes.

Puylaurens, qui ne pouvoit suivre Monsieur, ne

l'ayant pas accoutumé, feignit d'aller voir le président Rose, qu'il savoit bien n'être pas à son logis, monta en carrosse, et se rendit à la même porte par laquelle Son Altesse étoit sortie, où il prit dans le faubourg des chevaux pour joindre Monsieur, qui avoit commandé publiquement devant les bourgeois qui étoient en garde de lui faire tenir une messe prête aux Cordeliers pour l'ouïr au retour de la promenade.

Monsieur sortit de cette sorte de Bruxelles; et après avoir traversé la forêt de Soignes, passé à Nivelles, Bains, Bavay et Pont-sur-Sambre, où l'on prit un guide parce que la nuit s'approchoit, il arriva à La Capelle avec dix ou douze des siens, étant le reste demeuré par les chemins, leurs chevaux n'ayant pu achever une si longue traite, faite avec beaucoup de diligence, et sans s'arrêter un moment.

Si les Espagnols furent surpris de ce que Monsieur s'étoit retiré ainsi des Pays-Bas, le marquis de Bec, gouverneur de La Capelle, ne le fut pas moins, sachant Monsieur sur la contrescarpe de sa place avant que d'avoir eu avis de son traité avec le Roi. Pour s'éclaircir de la vérité d'une chose si extraordinaire, il fit sortir l'infanterie avec des officiers, et Nerville, qui vint reconnoître le nombre des gens qui étoient avec Son Altesse, pour lui en faire un fidèle rapport.

Monsieur, et ceux qui avoient l'honneur d'être auprès de sa personne, jugèrent aisément que la garnison étoit en alarme, et qu'il étoit à propos de faire avancer d'Elbène pour leur dire de quelle sorte Monsieur y étoit arrivé, et faire voir au marquis de Bec l'ordre du Roi qui enjoignoit à tous les gouverneurs des places frontières de l'y recevoir.

L'ordre lui ayant été communiqué, il sortit de La Capelle et vint supplier Monsieur d'y vouloir entrer, et lui vouloir pardonner le retardement auquel il avoit été obligé.

Monsieur, estimant ce qu'il avoit fait, entra dans la place, où il fut reçu aussi bien qu'il le pouvoit être dans une rencontre si imprévue. Le lendemain, la plus grande part de ceux qui étoient partis de Bruxelles avec Son Altesse, et demeurés en chemin pour la lassitude des chevaux, ou pour avoir été arrêtés par les paysans, arrivèrent à La Capelle, sur ce que le marquis d'Aytonne avoit mandé dans tout le pays que l'on laissât passer librement les Français, et même qu'ils fussent assistés de toutes les choses nécessaires.

D'Elbène alla trouver le Roi pour lui rendre compte que Monsieur étoit en France. Saint-Quentin fut aussi dépêché vers Madame et vers le marquis d'Aytonne, pour les informer des raisons qui avoient obligé Son Altesse de sortir de Flandre de la manière qu'il avoit fait. Sa première et principale commission étoit d'assurer Madame que Monsieur conservoit toujours pour elle l'affection qu'il lui devoit, et qu'il lui avoit promise; qu'il la prioit de le croire, et qu'il ne la changeroit jamais, pour quelque considération qu'on lui pût représenter.

Ces assurances furent infiniment utiles à sa consolation; son esprit étant aussi troublé que l'état de sa condition paroissoit incertain : et à moins que d'une confiance entière à la parole de Monsieur, et de ce que Dieu (auquel elle avoit toujours eu recours) en ordonneroit, il eût été impossible qu'elle eût pu résister au déplaisir de s'être vue abandonnée lorsqu'elle l'attendoit le moins.

Quant au marquis d'Aytonne, comme il étoit un homme sage et maître de ses sentimens, il ne témoigna pas à Saint-Quentin aucune altération, et laissa seulement entendre, avec des paroles fort modérées, que le seul déplaisir qui lui restoit étoit que Son Altesse lui avoit ôté le moyen (s'en allant comme elle avoit fait) de lui rendre tout l'honneur dû à un prince de sa naissance ; mais qu'ayant été toujours avec une entière liberté dans les Etats du roi d'Espagne, il avoit été à son choix d'y demeurer ou d'en partir, ainsi qu'il lui avoit plu ; qu'à la vérité c'auroit été plus selon la dignité de sa personne et la satisfaction de Sa Majesté Catholique s'il eût eu agréable que lui et les principaux du Pays-Bas lui eussent rendu leurs devoirs en cette rencontre.

Monsieur, après avoir demeuré un jour entier à La Capelle pour prendre un peu de repos, alla coucher à Marle, proche Laon : le jour d'après il rencontra le duc de Chaulnes, qui venoit au devant de lui avec plusieurs gentilshommes de son gouvernement. Il passa à La Fère, où le marquis de Nesle le reçut, et à Soissons, où il trouva le sieur de Chavigny, secrétaire d'Etat, et particulier confident du cardinal de Richelieu, que le Roi avoit envoyé, et Bautru avec lui, pour témoigner à Son Altesse la joie qu'avoit Sa Majesté de son retour, et l'impatience dans laquelle elle étoit de la voir.

Ledit sieur de Chavigny et Bautru, dans des conférences particulières qu'ils eurent avec le sieur de Puylaurens, voulurent pressentir à quoi il se détermineroit sur le sujet du mariage de Monsieur; mais ils le trouvèrent plus disposé à le maintenir que le cardinal ne se l'étoit proposé. Ils lui firent assez connoître quelle étoit l'intention du Roi, et que Sa Majesté ne s'étoit soumise au jugement de l'Eglise que pour garder les apparences.

Ils ajoutèrent qu'ils ne lui céloient pas que, de quelque sorte que ce fût, il ne falloit point s'attendre qu'il pût subsister, et qu'ils s'étonnoient fort de le trouver plus scrupuleux qu'un homme de cœur ne devoit être dans une occasion de laquelle tout l'établissement de sa fortune dépendoit.

Les envoyés du Roi voyant que les espérances desquelles ils le vouloient flatter ne changeroient point sa première opinion, Bautru, assez légèrement, s'échappa de lui dire que puisqu'il le trouvoit dans une résolution semblable, qu'il souhaiteroit, pour beaucoup de raisons, qu'il fût encore à Bruxelles.

Puylaurens s'aperçut bien de ce qu'il vouloit dire, et fut persuadé par ce discours qu'il auroit beaucoup de traverses à souffrir. Il le dissimula pourtant, et feignit de n'y pas prendre garde. Ce fut aussi le meilleur parti qu'il pût prendre de l'attribuer à la façon ordinaire de parler de Bautru, parce qu'il s'étoit mis dans un état duquel il ne se pouvoit plus retirer. Il en rendit compte à Son Altesse, à laquelle il resta peu de satisfaction de ce qu'il en avoit appris; et, dans l'inquiétude de l'événement, il arriva à Saint-Germain, où le Roi lui fit paroître autant de bonne volonté que s'il ne fût jamais rien passé entre eux capable d'y apporter de l'altération.

Puylaurens arrêté ; Corbie assiégée. Monsieur se retire à Blois, M. le comte de Soissons à Sedan. Le Roi vient à Orléans ; et l'accommodement de Monsieur.

[1635] Dans le traité fait entre le Roi et M. le duc d'Orléans en 1634, l'on avoit réservé, par des articles particuliers, les conditions les plus essentielles, et surtout celles qui regardoient le mariage de Puylaurens avec une des parentes du cardinal de Richelieu, qui prétendoit par cette alliance s'assurer, pour l'avenir comme pour le présent, le gouvernement et l'autorité qu'il avoit prise dans le maniement des affaires, et pouvoir, dans la dépendance absolue que le favori d'un prince, qui étoit héritier présomptif de la couronne, auroit à suivre tous ses mouvemens et s'attacher à ses intérêts, venir à bout du démariage de Son Altesse pour arriver à celui de la duchesse d'Aiguillon sa nièce, qu'il s'étoit dès long-temps promis, pourvu qu'il pût retirer M. le duc d'Orléans d'entre les mains des Espagnols, et l'éloigner de madame sa femme et de la maison de Lorraine.

Ces vastes et grandes espérances, qui n'avoient pour fondement que son ambition, rencontrant des oppositions qui lui paroissoient depuis le retour de Son Altesse plus malaisées à vaincre qu'il ne se l'étoit persuadé ; la conduite de Puylaurens ne le satisfaisant pas aussi, et lui donnant des ombrages, il changea le dessein de le conserver, dans la créance qu'il lui seroit plus utile de le perdre.

L'une des principales raisons qui avançoit le malheur de ce gentilhomme, qui s'étoit élevé avec autant de bonheur pour le moins que de mérite, quoiqu'à dire la vérité il n'en fût pas tout-à-fait dépourvu, ce fut une lettre que Son Altesse écrivit à Sa Sainteté avant que de revenir en France, par laquelle il la supplioit de n'ajouter aucune foi à tout ce qu'il feroit contre son mariage quand il seroit de retour en France, parce qu'il seroit obtenu par force, et contre l'intention qu'il auroit toute sa vie de le maintenir être bien et valablement contracté.

Le cardinal, offensé de ce que Puylaurens ne lui avoit pas découvert ce secret, l'ayant appris d'ailleurs, lui en fit des reproches qui l'obligèrent à prendre son excuse, sur ce qu'il ne lui avoit pas demandé.

Son Eminence, émue de sa réponse, lui repartit en jurant qu'il le pouvoit soulager de cette peine s'il lui eût plu, et le quitta avec un visage qui témoignoit beaucoup d'aigreur contre lui.

Il y eut néanmoins quelque espèce d'accommodement entre eux, plus véritable en apparence qu'en effet : car le cardinal étoit homme à ne pardonner jamais à ceux qui pouvoient empêcher ou retarder le succès des choses qu'il s'étoit une fois proposées, comme celles qui lui pouvoient procurer le plus grand et notable avantage qu'il eût à souhaiter dans l'établissement de sa fortune. Il se porta facilement à lever tous les obstacles qu'il crut capables de former opposition à ce dessein.

Le Roi, qui étoit poussé par sa propre inclination aux actions de sévérité, moins sortables à la dignité d'un grand prince que celles de la clémence, sur ce qu'il lui fit entendre que Puylaurens entretenoit ses anciennes alliances avec les Espagnols (ce qui étoit entièrement supposé), accorda avec plaisir son consentement pour qu'on se saisît de sa personne.

Le cardinal prit soin de donner les ordres nécessaires pour exécuter cette délibération, dans laquelle il contrevenoit également à sa parole si solennellement donnée, et à l'alliance qu'il avoit contractée avec lui; qui est la dernière sûreté que les hommes puissent prendre ensemble, et qui est si rarement violée, que tout commerce est détruit lorsqu'elle n'est plus mise en considération.

Le temps d'arrêter Puylaurens fut pris le soir que Son Altesse devoit répéter son ballet au Louvre (1), où cet esprit malicieux et dissimulé l'entretint fort long-temps dans le cabinet du Roi.

Dans la conversation qu'il eut avec lui, il se plut à lui faire des railleries fort piquantes, et à lui demander, parce qu'il parloit fort peu et étoit assez froid de son naturel, quand se fondroient ses glaces.

Le cardinal ensuite entra dans la chambre du Roi; et Puylaurens, qui étoit demeuré dans le cabinet, fut retenu par Gordes, capitaine des gardes du corps, qui lui dit avoir ordre de Sa Majesté de s'assurer de sa personne. Il témoigna beaucoup de fermeté dans un rencontre si imprévu et de cette conséquence; et laissant le soin de ce qui le regardoit, il s'enquit de l'état auquel étoit Monsieur, son maître. Après que Gordes lui eut répondu qu'il étoit en pleine liberté, il reprit la parole pour lui dire que M. le cardinal ne lui avoit pas donné le loisir de faire ce qu'il désiroit

(1) Le 14 février 1635.

pour lui, et que, différant davantage de porter les choses à cette extrémité, le temps lui eût fourni les moyens et les occasions de le contenter.

Le Fargis et Charnazé (1) furent aussi arrêtés dans le Louvre, et Le Coudray-Montpensier incontinent après au logis de M. le chancelier.

L'on mena Puylaurens et Le Fargis au bois de Vincennes le lendemain matin, dans des carrosses différens; et les deux autres, Le Coudray à la Bastille, et Charnazé au logis du chevalier du guet.

Ballouet, enseigne des gardes du corps, homme rude et à tout faire, eut la charge de garder Puylaurens avec huit gardes du corps, choisis dans diverses compagnies. Son humeur convenoit fort bien à l'emploi qu'il avoit reçu, car il s'acquitta de sa commission avec toute la rigueur que le cardinal désiroit qui fût observée ; en sorte que dans le quatrième mois de sa prison il mourut par des moyens suspects et odieux, s'ils sont tels que les apparences le font croire.

Je puis assurer, pour m'en être bien informé, qu'il y avoit plus de deux mois que les fenêtres de sa chambre n'avoient été ouvertes ; et que l'air et le jour lui étoient interdits, de même que s'il eût été dans un cachot, et le plus criminel de tous les hommes.

L'on publia qu'il étoit mort de pourpre ; mais il est à remarquer que le poison fait de mêmes effets, et qu'aucun des siens n'eut la liberté de le voir durant sa maladie ni après sa mort.

---

(1) *Charnazé :* C'étoit un parent de Puylaurens; il est appelé Charnizé dans les Mémoires du cardinal de Richelieu, tome 28 de cette série, page 216.

Son Altesse en ayant appris la nouvelle à Blois, sentit en elle-même augmenter le ressentiment de l'affront qu'elle avoit reçu de la détention de son principal confident, arrivée quasi en sa présence, sans autre droit que celui de l'autorité absolue du Roi, dont le cardinal de Richelieu se servoit de la manière qu'il estimoit la plus avantageuse à ses intérêts et la plus propre à ses passions.

Mais, pour continuer ce discours avec moins de confusion, lorsque Puylaurens fut arrêté au Louvre, Sa Majesté fit appeler Son Altesse, le cardinal étant en tiers; lui protesta que ce qui s'étoit passé en présence de sa personne ne regardoit en façon du monde la sienne; qu'il devoit être assuré de sa bonne volonté, dont il lui renouveloit les assurances, et croire qu'il ne se seroit pu résoudre à ce qui s'étoit passé, sans qu'il avoit reçu des avis fort certains que Puylaurens, à son insu, traitoit beaucoup de choses préjudiciables à son service et au repos de son Etat.

Le cardinal y ajouta que Monsieur devoit rendre ses volontés conformes à celles du Roi, et pouvoit se promettre tout ce qu'il auroit à désirer de sa bonté, pourvu qu'il prît toujours le parti du respect et de l'obéissance : ce qui fut accompagné de plusieurs protestations de services.

Les réponses de Monsieur, dans une conjoncture si délicate et si dangereuse pour lui, furent telles que Sa Majesté les eut pour agréables, et que le cardinal en demeura satisfait; et je crois qu'en partie son silence le tira du mauvais pas auquel il se trouvoit engagé.

Sa Majesté voulut parler à Ouailly, capitaine des

gardes de Son Altesse, considérable dans la maison pour sa charge, sa naissance et son mérite; et à Goulas aussi et à La Rivière, auxquels je n'attribuerai les mêmes qualités.

Le premier nommé entra seul, et le Roi lui dit assez haut, en présence de ceux qui étoient dans le cabinet, qu'il ne devoit pas être touché de beaucoup de déplaisir de ce qui étoit arrivé, puisque Puylaurens avoit en toute occasion très-mal vécu avec lui, et qu'il considéroit fort peu les gens de qualité de la maison de Monsieur, son frère. Mais bien loin de s'en plaindre, et de faire sa cour par une lâche complaisance, il répondit avec grand respect à Sa Majesté, et dans les sentimens d'un homme d'honneur, qu'il étoit vrai qu'il n'étoit pas lié avec Puylaurens d'une amitié fort étroite et particulière; ce qui n'empêchoit pas qu'il n'eût regret de son malheur, quoiqu'il en ignorât la cause.

Le Roi en étant demeuré surpris, lui témoigna en paroles générales que ce qui avoit été fait n'intéressoit point Monsieur ni les siens, et que Puylaurens auroit conservé avec les ennemis de l'Etat des intelligences contre son service; ce qui est toutefois encore à prouver (1).

Quant à La Rivière et Goulas, ils furent menés par le petit escalier du Louvre, dans lequel un homme digne de créance les rencontra avec un extérieur qui faisoit connoître qu'ils ressentoient avec joie le malheur de Puylaurens, et étoient fort peu touchés de la honte que Monsieur en pouvoit recevoir.

Je n'ai pas su le détail des ordres qui leur furent

(1) *Voyez* les Mémoires de Richelieu, *loc. cit.*

donnés dans la conférence particulière qu'ils eurent avec Son Eminence ; mais les apparences persuadent, et les suites justifient, qu'ils furent bien informés du personnage qu'ils devoient jouer auprès de leur maître, dont ils seroient encore plus instruits par Chavigny, secrétaire d'Etat, qui se serviroit de leur entremise et de celle de d'Elbène, selon les occasions qui se présenteroient.

Son Altesse, dans les inquiétudes que lui causoit l'état auquel elle se voyoit réduite, voulut bien se souvenir de moi pour me rapprocher de sa personne, dont j'étois lors éloigné.

Le Teillac, que j'avois laissé à Paris, qui étoit connu de Monsieur pour homme fidèle et secret, me vint trouver de sa part, et m'apporter ordre de m'y rendre dans la plus grande diligence qu'il me seroit possible, parce que l'occasion pressoit.

Dès le même jour que je fus arrivé, je fus averti par deux de mes amis intimes que l'on m'avoit mis dans le mémoire de ceux qui devoient être bannis : ce qui me donna peu de peine, estimant à bonheur de souffrir pour Monsieur, pourvu que par aucune faute particulière je n'y eusse rien contribué.

Le lendemain, dans cette incertitude, j'eus l'honneur de lui faire la révérence, le cardinal de La Valette et Bautru présens.

Son Altesse ne me dit que deux ou trois paroles devant eux, qui ne signifioient rien dont le dernier pût faire son rapport : mais je m'aperçus, lorsque je m'approchai pour leur parler, ainsi que j'avois accoutumé de faire, par le soin qu'ils prirent de l'éviter, qui passoit jusques à l'incivilité, que je n'étois agréable au cardinal Richelieu, et que l'un et l'autre en étoient fort persuadés.

Après qu'ils se furent retirés, Monsieur, qui me vouloit entretenir, m'appela dans son cabinet, où il lui plut me dire qu'il avoit dessein de se confier en moi plus qu'en aucun autre des siens, et qu'il attendoit de mon zèle à son service toutes les preuves d'affection et de fidélité qu'une personne de sa qualité se pouvoit promettre d'un gentilhomme duquel il avoit conçu bonne opinion.

Ce fut en cette sorte que j'entrai dans l'honneur de sa confiance. Je m'étudiai dès-lors de m'en prévaloir, par des moyens entièrement opposés à ceux dont se servent la plupart des gens de cour qui s'avancent aux bonnes grâces des princes; car j'avois autant de soin et de retenue pour céler cette confiance qu'ils se plaisent d'ordinaire, pour contenter leur vanité, de la faire éclater, et d'en augmenter la créance.

Je jugeai cette sorte de conduite utile et nécessaire pour les intérêts de Son Altesse, et la seule capable pour me conserver auprès d'elle, prévoyant que je n'eusse jamais pu éviter, prenant d'autres mesures, tant la persécution du cardinal que l'envie de ceux desquels il s'étoit proposé de se servir m'auroit sans doute attirée par une infinité de mauvais offices.

Le principal dessein de Son Eminence étant de regagner l'esprit de Monsieur, Goulas, d'Elbène et La Rivière eurent charge de s'y employer; et comme l'intérêt pouvoit tout sur ces ames vénales, ils se préparèrent bien à exécuter ce qui leur étoit commandé.

Les premiers soins de ces trois infidèles domestiques furent employés à insinuer à Son Altesse, autant qu'il dépendoit d'eux, quelle étoit la puissance et l'autorité du cardinal, et de lui représenter que non-seulement sa grandeur, mais encore sa sûreté, se rencontroient si absolument entre ses mains, qu'il lui étoit impossible d'éviter sa perte s'il ne prenoit des particulières liaisons avec lui ; qu'il tireroit, en déférant aux conseils d'un ministre dont la puissance ne pouvoit être choquée, tous les avantages qu'il en désireroit; et qu'en usant autrement il se mettroit en état d'avoir tout à craindre, et se rendroit sujet à toutes sortes de malheurs, desquels il ne verroit jamais la fin.

Son Altesse, pleinement informée à quoi tendoient telles persuasions, les écouta plus volontiers qu'elle ne se plaisoit à leur répondre; et quand elle s'y trouvoit obligée, c'étoit dans des termes qui ne leur faisoient pas découvrir le secret sentiment des injures qu'elle avoit reçues.

Monsieur se servoit encore de cette adresse de faire si bon visage au cardinal, que, par des démonstrations extérieures, il lui donnoit opinion qu'il commençoit à se rendre plus ployable à ce qu'il vouloit obtenir de lui.

Chavigny, qui faisoit agir les autres, avoit son ordre particulier d'abandonner rarement Son Altesse; mais dans cette sujétion, comme il étoit jeune, et moins modéré qu'il ne l'a paru depuis, il ne gardoit pas le respect qui étoit dû à Monsieur, et se dispensoit très-souvent de lui rendre la complaisance nécessaire à effacer le souvenir des choses passées.

La Rivière, homme malicieux, ayant pénétré, par

l'habitude qu'il avoit auprès de son maître, que le procédé de Chavigny le choquoit, tant s'en fallut qu'il l'en avertît pour y apporter le remède, qu'il en augmenta l'aigreur que Son Altesse en avoit conçue, avec intention de s'en prévaloir dans des conjonctures favorables à ses intérêts particuliers.

Toute cette cabale de gens malintentionnés pour le service de Monsieur, quoique divisés par la jalousie de leur emploi, convenoit néanmoins en ce point de faire tous leurs efforts pour le disposer à souffrir la rupture de son mariage.

Pour faire réussir ce pernicieux dessein, ils agissoient de concert, et avec une telle ardeur, que c'étoit un scandale public de les voir solliciter Son Altesse à commettre une action si préjudiciable à sa conscience et si honteuse à sa réputation. Nonobstant les instances qu'ils faisoient auprès de Monsieur, il tenoit ferme dans sa résolution prise de ne se point relâcher jamais sur cet article.

Il essayoit de gagner le temps par les divers voyages qu'il faisoit dans son apanage, qui étoit son séjour le plus ordinaire. Il me souvient de celui qu'il fit pour se délivrer de leurs importunités.

Il se mit sur l'eau à Blois, pour aller à Nantes et passer jusques à Morbihan. D'Elbène, qui l'avoit suivi, en prit mal à propos l'alarme, et fut assez imprudent pour écrire au cardinal en ces propres termes : Qu'il ne répondoit plus des actions de Monsieur, qu'il croyoit se retirer en Angleterre.

Sur cet avis mal digéré, le cardinal de Richelieu fit partir de Paris La Rivière et Goulas en poste, qui me trouvèrent auprès d'Orléans, où je courois le cerf, bien informé du sujet qui les pressoit si fort d'arriver auprès de Son Altesse, et de leur crainte impertinente.

Après qu'ils m'eurent entretenu de beaucoup de discours inutiles, je me moquai d'eux, et les laissai aller, étant assuré que si le voyage qui faisoit tant de bruit eût été de la conséquence qu'ils se l'étoient persuadé, je n'aurois pas été oublié par Son Altesse.

Chavigny, aussi hâté et inquiété que ces deux courriers, passa la même nuit au lieu où j'étois; et quoiqu'il le sût très-bien, n'ayant pas demandé à me voir, je me mis fort peu en peine de lui rendre aucune civilité.

Ils trouvèrent Son Altesse à Blois, où elle étoit de retour, qu'ils ramenèrent à Paris, pour rassurer l'esprit du cardinal des appréhensions qu'il avoit eues. Ceux qui établissent des desseins sur des matières qui portent leurs reproches agissent avec inquiétude, et sont toujours incertains des voies qu'ils ont à tenir.

Le cardinal étant en cet état sur le sujet du mariage de Son Altesse, duquel il vouloit venir à bout à quelque prix que ce pût être, par des assemblées secrètes de docteurs qui dépendoient entièrement de lui, il en faisoit consulter les moyens; et, pour fortifier la cabale que j'ai ci-devant nommée, Chaudebonne, qui avoit de belles apparences de probité, fut associé avec eux pour travailler plus utilement auprès de Son Altesse, afin de la rendre plus facile sur le sujet de ce démariage injustement prétendu.

Pour corrompre les bonnes intentions de Monsieur, ils mettoient en pratique toutes les adresses dont ils étoient capables de s'aviser; et comme la duchesse d'Aiguillon avoit assez de grâces en sa personne pour donner de l'amour à un jeune prince, ils ne perdoient aucune occasion de la louer en sa présence, et de la faire trouver où elle alloit, pour l'embarquer d'affection.

De son côté elle ne s'aidoit pas mal, et cachoit, sous la modestie qu'elle a toujours affectée, l'ambition qu'elle avoit de s'ouvrir le chemin à une condition si glorieuse pour elle, et si disproportionnée à sa naissance, et au rang que son premier mariage lui devoit faire tenir.

Dans ces négociations, honteuses pour ceux qui les avoient entreprises, je considérois Monsieur dans une douleur extrême; car je connoissois véritablement qu'il avoit une entière répugnance de s'imposer une contrainte qui convenoit si peu à la naissance d'un prince de sa qualité, et me faisoit l'honneur de s'en ouvrir souvent à moi, qui lui eusse souhaité plus de vigueur et de résolution; mais ce que je pouvois dans cet embarras d'affaires, où sa réputation étoit si fort intéressée, n'alloit qu'à lui représenter ce qu'il devoit à Madame et à sa propre conscience, qui seroit éternellement troublée s'il commettoit une action qui le rendroit le plus déshonoré prince du monde, et qu'à toute extrémité il y avoit des remèdes infaillibles pour se délivrer de persécution. Ce qui le soulageoit infiniment dans celle qu'il recevoit au nom du Roi par le cardinal, c'étoit la connoissance qu'il avoit que Sa Sainteté ne favorisoit point les prétentions de la France sur le sujet de ce démariage, et fondoit son refus d'admettre les instances faites par l'ambassadeur de Sa Majesté à Rome sur la lettre écrite de Bruxelles par Son Altesse, que j'ai ci-devant alléguée comme la cause plus effective de la mort de Puylaurens.

Madame la duchesse d'Orléans, qui jouoit son rôle dans cette occasion, s'aidoit puissamment de sa part, faisant représenter au Pape, par ses agens intelligens et fidèles, les raisons qui établissoient son droit, qui étoient d'autant plus dignes d'être entendues favorablement, qu'elles venoient d'une princesse aussi illustre par la pureté de ses actions et l'innocence de sa vie que par l'éclat de sa grandeur et de sa qualité. Ses intérêts appuyés par la faction espagnole, et la considération de la maison de Lorraine, jointe à des pièces authentiques qu'elle faisoit voir à Sa Sainteté, par lesquelles elle justifioit toutes les formalités requises avoir été observées dans son mariage, auxquelles l'on n'opposoit que les lois fondamentales du royaume, qui n'étoient écrites en aucune part, et sur ce sujet purement imaginaires, portoient du moins la balance contre les artifices du cardinal de Richelieu et les sollicitations pressantes des ministres de ses passions. L'événement paroissant incertain, donnoit lieu d'espérer à toutes les parties, et faisoit que chacun suspendoit son jugement, et considéroit Monsieur pour voir s'il décideroit cette importante question par le refus ou l'octroi de son consentement, et si les moyens desquels le cardinal se servoit auprès de lui prévaudroient à l'affection qu'il avoit à Madame, et à l'obligation qui l'engageoit à tout souffrir plutôt que de changer de sentiment pour elle.

C'est une maxime indubitable que ceux qui tourmentent les autres se persécutent aussi eux-mêmes,

Par cette règle générale, le cardinal agité changea l'ordre qu'il s'étoit prescrit, et voulut user vers Monsieur de toutes les complaisances qu'il pouvoit juger lui devoir être agréables. Il obligeoit le Roi, pour gagner Son Altesse, à lui faire des gratifications qui contribuoient à son divertissement, et à faire bâtir à Blois et à Chambord. Enfin toutes les subtilités d'un célèbre affronteur furent mises en œuvre par lui pendant quelques mois que la fantaisie de jouer la comédie sous ce personnage lui dura.

D'Elbène et La Rivière, qui en étoient les acteurs qui se présentoient le plus souvent sur le théâtre, par la jalousie qu'ils eurent de leur crédit se divisèrent de cette bonne amitié qu'ils avoient contractée ensemble sur de si légitimes fondemens : la haine s'y étant mêlée, ils en vinrent jusques à cette extrémité, en présence de Son Altesse Royale, de se faire des reproches, et se dire des injures honteuses seulement à répéter. Les plus honnêtes qui se peuvent rapporter furent que le premier nommé marqua à l'autre quelle étoit sa vie passée et la bassesse de son extraction; et La Rivière, piqué au vif, fit le portrait du mérite et de la bonne mine de d'Elbène, que la nature véritablement avoit fort disgracié.

Cette rupture entre eux ne tira pourtant aucune conséquence, parce que les sujets n'en valoient pas la peine, et que le silence leur fut imposé par leurs supérieurs; mais quant à l'aigreur, elle se conserva dans son entier sans aucune réconciliation, quelques soins que leurs amis communs prissent de les rajuster, pour les obliger de revenir à leur première intelligence.

[1636] La mort de M. l'évêque de Cahors (1), premier aumônier de Monsieur, étant arrivée quelque temps après, La Rivière, qui avoit été son domestique, crut devoir être son successeur, qui n'est pas ordinairement un titre qui soit fort considéré pour donner droit à une prétention.

Se servant de cette conjoncture, il fit connoître à Monsieur qu'étant sa créature, il importoit beaucoup à sa réputation de le préférer en la disposition de cette charge à l'évêque de Boulogne, oncle de Chavigny, duquel il le croyoit tenir, et n'en avoir aucune obligation à Son Altesse. Bien qu'elle fût persuadée qu'il n'y avoit pas une parole véritable de toutes celles qu'il lui avoit dites sans en avoir la moindre pudeur, l'aversion qu'il avoit conçue contre Chavigny lui fit obtenir ce qu'il avoit demandé, qui étoit un choix duquel Monsieur ne se pouvoit excuser, cette charge ne devant être remplie dans la maison d'un prince comme lui que par des personnes de vertu et de qualité, et qui s'en fussent tenues fort honorées, quoique capables de la posséder avec dignité et réputation.

Chavigny, offensé de cette préférence, qui enfloit le cœur de La Rivière, pour l'humilier et faire voir celle qui étoit entre eux, se servit de son crédit auprès du cardinal de Richelieu. D'Elbène s'entremettant aussi de son côté, par des rapports faux ou véritables, ne demeura pas inutile; et la chose fut conduite avec tant de chaleur, que La Rivière, pour s'être voulu mesurer avec Chavigny, qui n'étoit pas homme à le souffrir, fut mené à la Bastille.

---

(1) *L'évêque de Cahors :* Pierre Habert, évêque de Cahors, mourut à Paris le 27 février 1636.

Ce ne fut pas le seul qui tomba en cette disgrâce dans cette conjoncture : car le cardinal, pour tenir toujours l'esprit du Roi en jalousie contre Son Altesse, supposa qu'il y avoit des cabales dans sa maison, et fit chasser L'Espinay, qui étoit fort bien avec elle, et le vicomte d'Auteuil, le chevalier de Beuil, Guillemin, l'un de ses secrétaires, et Legrand, l'un de ses premiers valets de chambre, qui eurent tous ordre de sortir de Paris, et de n'approcher plus Monsieur.

D'Elbène et Goulas continuèrent dans leurs emplois; et d'Elbène, plus libre selon sa créance par l'absence de La Rivière, et plus assuré de son crédit par l'éloignement des autres que je viens de nommer, se mécomptoit beaucoup; car Son Altesse, aigrie au dernier point contre lui des mauvais moyens dont il s'étoit servi pour faire éloigner d'auprès de sa personne des gens qui l'avoient suivie dans toutes ses disgrâces, et qui lui étoient fort agréables, particulièrement L'Espinay, se disposa à chercher l'occasion de le chasser avec infamie.

Je ne veux pas laisser passer ici de dire ce que Monsieur a conté à plusieurs des siens, que jamais d'Elbène ne lui avoit parlé à l'avantage de personne du monde, et que sa malice s'étoit portée jusque dans cet excès, qu'il n'y avoit aucun dans sa maison duquel il ne lui eût dit du mal. Comme la Providence divine ne permet jamais que les actions d'honneur et de vertu demeurent sans récompense, aussi ne souffre-t-elle pas que les crimes demeurent sans châtiment. Celui que d'Elbène avoit commis étoit entièrement odieux, d'avoir voulu empoisonner l'esprit de Son Altesse de mauvaises impressions contre ses plus fidèles serviteurs, et de n'en avoir exempté aucuns.

La résolution de Monsieur n'étoit pas absolument prise lors d'y donner ordre, dans la crainte qu'il avoit que le cardinal ne s'intéressât de le maintenir; mais il se laissoit entendre d'en avoir grande envie. Je puis assurer en conscience que je n'avois aucune haine pour lui, et que ce qui m'obligeoit à fortifier Son Altesse dans la disposition qu'il m'avoit fait l'honneur de me communiquer ne venoit purement que du zèle que j'avois pour son service, et pour venger le bannissement de mes amis sur celui qui en étoit l'auteur. Je fis pour ces deux considérations ce que je devois. Il avoit désobligé tant de personnes, que de tous côtés il recevoit de dangereuses atteintes. La dernière, qui acheva de le perdre, lui fut donnée par Sardigny, par Saumery et moi, au coucher de Son Altesse, où nous nous trouvâmes seuls. Elle se fit entretenir d'une infinité de choses tant passées que présentes, et tomba à la fin sur le chapitre de d'Elbène, qui lui tenoit fort au cœur : chacun travailla si utilement, que le lendemain Monsieur y ayant fait réflexion, m'assura qu'il lui feroit l'affront tout entier, s'il étoit assez impudent pour se présenter devant lui à Orléans, où il alloit coucher ce jour-là.

Il me tint si bien la parole qu'il m'avoit donnée, que d'Elbène s'y étant rendu, il le chassa avec des termes du plus grand mépris qu'un prince puisse tenir à un gentilhomme.

Le cardinal n'en voulut point prendre l'affirmative, contre l'opinion de plusieurs, qui étoient assez foibles pour le vouloir faire appréhender à Son Altesse.

Goulas, qui étoit le moins dangereux des trois,

resta seul dans la maison ; et le repos des gens de bien n'étant pas si traversé, je commençai d'espérer de pouvoir plus facilement entreprendre, pour le service de mon maître, des choses de plus grande conséquence que des intrigues et des démêlés de cette nature, pour lesquels il me semble que ceux qui font une particulière profession d'honneur doivent toujours avoir une extrême aversion.

Cependant la guerre étant allumée, et ayant été déclarée entre les deux couronnes, de l'autorité particulière du cardinal, sans assemblée d'Etats, ni des grands du royaume, qui devoient être appelés dans une délibération de cette nature, suivant ce qui s'est toujours pratiqué (mais l'orgueil du cardinal étoit au-dessus des formes), il prit cette importante résolution, qui alloit troubler tous les Etats de l'Europe, avec des gens tout soumis à ses volontés, et aussi vastes dans leurs pensées que lui-même le pouvoit être dans ses desseins. Cette grande entreprise faite en un jour, qui devoit être de long-temps préméditée, pour que les préparatifs nécessaires à la soutenir avec réputation ne manquassent point quand il s'agiroit de réparer les disgrâces de la guerre, ou pour porter avec plus de gloire et d'éclat les armes du Roi dans la Flandre, lorsque la fortune les favoriseroit de quelque heureux événement; toutes les considérations qu'un sage ministre auroit eues, et toutes les mesures qu'il auroit prises, lui tournèrent à mépris, emporté par son impétuosité naturelle, que je ne saurois nommer que fureur désespérée, et lui un fléau de Dieu pour le châtiment des hommes, qui engagea la France dans un dessein duquel lui seul étoit capable de se résoudre.

Aucunes des places frontières n'étoient en état de se défendre; il n'y avoit point d'argent dans les coffres du Roi; les poudres et les autres munitions, desquelles il étoit impossible de se passer, manquoient. Et après une pareille faute, ou, pour mieux parler, toutes celles ensemble que puisse commettre un ministre employé au gouvernement d'un Etat, il se trouve des admirateurs de sa prudence, et qui lui donnent des éloges de cette action exécutée par un cardinal-prêtre, qui s'est rendu auteur d'une guerre funeste à toute la chrétienté (1)!

Après la bataille d'Avein, gagnée sous la conduite du maréchal de Châtillon par un bonheur très-extraordinaire, les ennemis, qui jugèrent qu'il mettoit tout au hasard, réparèrent avec diligence la perte qu'ils avoient faite, et se rendirent beaucoup plus forts.

M. le comte, qui commandoit l'armée du Roi, fut obligé de se retirer devant la leur, parce que la sienne n'étoit composée que de six mille hommes de pied. Les ennemis s'étant saisis de La Capelle, vinrent tout droit à la rivière de Somme. Leur armée étoit pourvue de toutes choses : ils avoient vingt mille hommes de pied et dix mille chevaux, trente pièces de canon; enfin tout ce qui étoit à désirer pour eux pour faire de grands progrès.

Le passage fut défendu à Bray autant que la foi-

(1) La guerre fut déclarée par la France à l'Empire et à l'Espagne au printemps de l'année 1635. (*Voyez* les Mémoires de Montglat, tome 49 de cette série, page 75.) Montrésor, ennemi du cardinal de Richelieu, le blâme d'avoir engagé la France dans la guerre de trente ans; il ne considère pas de quelle importance il étoit de s'opposer à l'agrandissement de la maison d'Autriche, devenue d'autant plus redoutable qu'elle avoit renversé la Suède à la bataille de Nordlingen.

blesse des troupes de M. le comte le put permettre, qui fut contraint de se jeter dans Compiègne pendant que les ennemis étoient maîtres de la campagne, et que Corbie fut prise, et la France exposée à toutes les incursions que les Espagnols y voulurent faire (1).

Cette digression, dans laquelle j'ai passé hors de mon sujet, ne doit pas être désapprouvée, puisqu'elle sert à justifier que le cardinal de Richelieu, dans ce qu'il a entrepris, a été plus obligé à la fortune, que l'Etat à ses conseils et à ses délibérations.

Pour reprendre le discours que j'ai interrompu des choses que je m'étois proposées, plus utiles et plus glorieuses que de se mêler des intrigues et des menées de cour, qui n'ont pour fin et pour objet que l'intérêt particulier, j'étois dans la croyance que la sûreté et la grandeur de Monsieur ne se pouvoient rencontrer que dans l'abaissement du cardinal, ou, pour m'expliquer plus clairement et selon mes intentions, par sa perte absolue. Mais comme toute l'autorité étoit entre ses mains, et qu'il étoit en pouvoir de répandre ses bienfaits et ses grâces sur ceux qui s'attachoient à lui, et d'imprimer par sa sévérité la terreur dans la plus grande partie des gens capables de travailler à sa ruine, je voyois beaucoup plus de difficulté à faire réussir les desseins que l'on prendroit pour le faire décheoir, que de raison d'espérer que le succès en pût être favorable.

Je considérois aussi les malheurs passés de Son Altesse, les personnes de qualité qui s'étoient perdues pour son service, pour avoir été abandonnées du se-

---

(1) Montglat a bien peint la consternation de Paris à cette époque. (*Voyez* le volume déjà cité, page 126.)

cours qu'elles en devoient recevoir, et les autres si maltraitées, qu'il me paroissoit un dégoût quasi universel de s'engager avec elle. Regardant aussi les conjonctures présentes d'une autre face, je reconnoissois que le cardinal étoit en haine et en horreur, à raison de ses violences; que tout le monde étoit persuadé qu'il avoit commencé la guerre purement pour satisfaire à sa prodigieuse ambition; que par le même motif il la voudroit continuer, et que les charges et dignités ne seroient conférées qu'à ses proches. Joint qu'il feroit, à toutes les occasions qui s'en présenteroient, remarquer la dureté qu'il avoit pour la désolation et la misère des peuples, et qu'il se soucioit encore moins de sacrifier la noblesse, pourvu qu'il établît son autorité au plus haut point qu'elle pouvoit être portée.

Dans cette diversité de pensées, je me trouvois fort partagé : néanmoins je me déterminai à cette opinion qu'il ne falloit pas demeurer inutile, et voir les bras croisés la ruine de sa patrie et celle de son maître, sans tenter les moyens de les en garantir.

La condition des princes est tout-à-fait différente à celle des particuliers : leur naissance a cet avantage, avec une infinité d'autres, qu'ils regagnent fort aisément, quand il leur plaît de se faire valoir, la réputation perdue, comme ils ne succombent pas dans les fautes qu'ils ont commises, ainsi que font les personnes privées, qui ne s'en relèvent jamais. J'estimois que Monsieur se pourroit remettre en créance, les fautes dans lesquelles il étoit tombé ci-devant en partie rejetées sur ceux qu'il avoit employés à son service, qui avoient eu plus de soin de leurs intérêts que de sa gloire, qui consistoit à se rendre digne de l'estime publique; et qu'ayant confiance à des serviteurs moins intéressés, il seroit à couvert de ce dernier inconvénient, qui étoit l'origine de tous les malheurs qui lui étoient arrivés; et par conséquent qu'il ne falloit pas désespérer de voir sa réputation rétablie, et de pouvoir par son moyen procurer une résolution favorable aux gens de bien qui le combleroient de bénédictions, que Dieu a permis quelquefois pour châtier les ministres superbes et soulager les innocens opprimés. Pour attaquer avec quelque sorte d'effet la fortune du cardinal de Richelieu, il y avoit beaucoup de mesures à prendre, dont les principales consistoient à joindre d'affection plus étroite M. le duc d'Orléans et M. le comte de Soissons, et les unir tellement d'intérêts, que les artifices du cardinal ne les pussent diviser.

Cette liaison entre eux pouvoit procurer en conséquence, et dans la suite du temps, celles des autres princes avec eux, dont la plupart étoient désespérés des mauvais traitemens qui leur avoient été faits. La maison de Guise, par les violences que l'on continuoit d'exercer contre elle, n'étoit plus en état de revenir dans le lustre où elle avoit été que par des voies extraordinaires. Celle de Vendôme ne devoit pas espérer de se relever dans l'abaissement où elle se voyoit réduite que par celui du premier ministre, qui avoit paru, dans toutes les occasions qui s'étoient offertes, en être l'ennemi capital. Les ducs d'Épernon, de Bouillon et de Retz avoient chacun en leur particulier reçu des injures en leurs personnes et en leurs fortunes. La perte de Metz, et la violence d'un mariage fait par considération par le duc de La Valette, contre son gré, et pour sauver de prison monsieur son père, ne les laissoit pas sans ressentiment.

Le duc de Bouillon recevoit beaucoup de marques qu'il étoit tenu suspect, et qu'il n'avoit aucune bonne volonté pour lui.

Quant au duc de Retz, sa charge de général des galères lui avoit été ôtée sans récompense : les autres grands seigneurs du royaume, et autres personnes de qualité, n'avoient pas de moindres sujets de mauvaise satisfaction.

Saint-Ibar mon cousin germain, qui étoit en considération auprès de M. le comte, homme de hauts desseins et ennemi de la tyrannie, ne désiroit pas moins que moi de pouvoir détruire celle du cardinal. Nous eûmes plusieurs conférences, et convînmes de pressentir ce que nous devions attendre de ces deux princes, qui se confioient en nous, et cependant de leur ménager le plus de serviteurs qu'il nous seroit possible, sans découvrir à quelle fin nous faisions toutes ces intelligences.

M. le duc d'Orléans fut le premier qui s'expliqua de vouloir cette liaison, que j'avois si fort souhaitée. Saint-Ibar s'en prévalut fort adroitement auprès de M. le comte, qui se disposa à y repartir comme il devoit; et pour ce sujet l'on entra dans un commerce si secret, que le cardinal ne le put jamais pénétrer, et que les choses allèrent jusques à ce point que le Roi, qui avoit une aversion naturelle contre M. le comte, confirmée par les mauvais offices qui lui avoient été rendus près Sa Majesté et Son Eminence, jalouse de l'estime qu'il s'étoit acquise dans la cour et dans l'armée qu'il commandoit, crut qu'il se devoit servir de M. le duc d'Orléans, et lui donner le commandement par-dessus lui, qui étoit ce que nous pouvions désirer.

Convocation de l'arrière-ban pour le siége de Corbie, prise par les Espagnols.

Cet excellent politique fit convoquer les arrière-bans, et tira un puissant secours de Paris, particulièrement des provinces au-deçà de la rivière de Meuse, pour assiéger Corbie, place importante pour sa situation.

Son Altesse fut déclarée général de cette armée, et la jonction de celle de M. le comte se fit à....

Chavigny eut ordre de ne point quitter Monsieur, et de travailler, sur les mémoires que le cardinal lui donna, à diviser ces deux princes.

Pour empêcher que cela n'arrivât, quoique j'eusse encore la fièvre, et des incommodités si grandes que je n'étois pas reconnoissable, je ne laissai pas de partir de Paris avec Son Altesse: et j'oserai dire que je n'exposai pas inutilement ma vie dans cette occasion, pour détourner l'esprit de Monsieur de suivre les conseils qu'il recevoit contre M. le comte.

Lorsque l'on fut à Peronne, ils convinrent ensemble de ce qu'ils devoient et pouvoient faire contre le cardinal de Richelieu : ce qui n'étoit pas lors difficile, s'ils se fussent servis du temps.

Les opinions furent partagées : les uns étoient d'avis que par des intrigues du cabinet l'on fît connoître au Roi que le malheur de la guerre avoit été attiré à son royaume par l'ambition du cardinal, qui, pour se rendre nécessaire, avoit voulu embarquer Sa Majesté dans des affaires qu'il s'estimoit seul capable de conduire; et que cette guerre étrangère, qui avoit des suites considérables, et, selon les événemens, des conséquences très-dangereuses, feroit naître des factions qui porteroient les princes et grands seigneurs à former un parti qui causeroit une guerre civile qui ruineroit l'Etat. A cette sorte d'opinions, ils joignirent celle de s'assurer de ceux qui avoient le principal commandement dans l'armée, et des gouverneurs des places et des provinces qui n'avoient pas sujet de désirer la durée de son autorité.

Plusieurs ne s'en éloignoient pas, pourvu que sans différer davantage l'on commençât d'entreprendre couvertement la perte du cardinal.

Le duc de La Valette promit en ce lieu de Peronne (à ce que Monsieur et M. le comte de Soissons ont toujours dit du depuis) de les servir envers tous, et contre tout autre intérêt, sans exception de son crédit et de sa personne, et de disposer M. d'Epernon à la même résolution de tout son pouvoir.

Blérancourt, qui étoit gouverneur de cette place, l'offrit nettement; et je suis obligé de dire que je n'ai point vu d'homme, dans toutes les occasions, procéder avec plus d'aigreur contre le cardinal, ni aussi avec plus de franchise.

Pour revenir à l'autre avis, qui étoit plus court et décisif, parce qu'il ne mettoit point l'Etat en compromis, et ne touchoit en façon du monde à l'autorité royale, consistant à décider en une heure de temps les guerres étrangères et civiles, si on vouloit se rendre maître de la personne du cardinal de Richelieu, l'on s'arrêta à cette dernière opinion prise entre Monsieur et M. le comte, et des gens auxquels ils se pouvoient entièrement confier, au nombre de quatre seulement : trois qui en avoient eu connoissance par le moyen de M. le comte, et un seul de la part de Monsieur, qui ne s'en étoit ouvert à aucun autre.

Le siége de Corbie étant formé, les quartiers faits et la circonvallation commencée, le Roi arriva à Amiens, et venoit de fois à autre voir les travaux. Sa Majesté logeoit au-deçà de la rivière de Somme, à un château nommé de Muim; et le conseil se tenoit à Amiens, où le cardinal étoit logé.

Il est à remarquer que le Roi s'en retournoit à son quartier incontinent après que le conseil étoit levé : ce qui fit prendre avec plus de certitude les mesures que l'on pouvoit aisément ajuster, pour achever le dessein projeté et résolu contre la personne du cardinal. Son Altesse et M. le comte se rendirent à Amiens avec cinq cents gentilshommes à leur suite, et quasi tous les officiers de l'armée avec eux.

Le conseil fut tenu (1); et lorsque ces messieurs sortirent avec le Roi, qui monta dans son carrosse pour retourner à son quartier, un de ceux auxquels ils s'étoient confiés leur parla à l'oreille pour leur demander s'ils ne persistoient pas dans leur résolution, auquel ils répondirent que oui.

Au bas du degré, M. le cardinal étant entre eux deux, le même regardant Monsieur au visage, fut fort étonné lorsqu'il aperçut Son Altesse monter le degré avec une promptitude qui ne se peut imaginer. Tout ce qu'il put faire, ce fut de s'attacher à son collet

---

(1) *Fut tenu :* Ce conseil eut lieu dans le cours du mois d'octobre 1636.

de buffle, et de lui dire : « Vous voulez vous perdre. »

Monsieur, sans s'arrêter, fût jusque dans la salle, où cette personne(1) lui représentant les inconvéniens d'un changement si soudain, et la facilité de l'exécution, il n'en put tirer autre chose que des paroles confuses, qui n'aboutissoient qu'à témoigner qu'il n'avoit pas l'intention ni la force de le commander ni de l'entreprendre.

M. le comte étoit demeuré avec M. le cardinal au même lieu, et l'entretenoit avec un visage égal; et derrière lui étoit un des trois, qui avoit eu la connoissance de la résolution, qui se faisoit souvent voir à lui. Les deux autres (2) étoient dans la cour moins proches, et peut-être moins zélés que les choses eussent à se passer ainsi qu'elles avoient été résolues et concertées à diverses reprises.

Celui qui avoit suivi Monsieur étant revenu auprès de M. le comte, et s'étant fait remarquer à lui, le cardinal monta dans son carrosse : et, pour dire la vérité, il échappa du plus grand péril qu'il eût couru toute sa vie. Il y eut encore quelques propositions faites sur le même sujet, qui n'étoient appuyées ni soutenues de la manière qu'il falloit pour pouvoir réussir. Je ne m'arrêterai point à les particulariser autrement, qu'en avertissant ceux qui se mêlent des affaires des princes qu'ils doivent borner leurs desseins selon la connoissance du talent des personnes qu'ils servent, et ne les mesurer jamais à ce qu'ils fe-

---

(1) *Cette personne :* Montrésor, l'auteur de ces Mémoires. (*Voyez* les Mémoires de Montglat, tome 49 de cette série, page 145). — (2) *Les deux autres :* Il paroît que ces deux gentilshommes étoient Varicarville et Alexandre Campion. (*Voyez* l'Histoire de Louis XIII, par Le Vassor, tome 5, in-4°, page 223.)

roient s'ils étoient à leur place ; car c'est le seul moyen de n'y pas être trompé (1).

M. le duc d'Orléans et M. le comte, après avoir manqué à ce qu'ils avoient en leurs mains, voulurent recourir à leur premier expédient de former un parti contre l'autorité du cardinal. Pour cet effet je fus obligé, par les ordres qu'ils me donnèrent, d'aller en Guienne trouver le duc de La Valette, dans le même temps que Son Altesse quitta le siége de Corbie, et laissa M. le comte général de l'armée.

L'instruction que je reçus d'eux de vive voix (ne m'en ayant point donné par écrit, quelque instance que je pusse faire) fut de leur rapporter fidèlement l'état de la Guienne, et la disposition de M. le duc de La Valette touchant les engagemens qu'il avoit avec eux, et de m'éclaircir au vrai de celle où je rencontrerois M. le duc d'Epernon son père.

Cependant ils me promettoient positivement de ne se point trouver à Paris ensemble que je ne fusse de retour, et, quelques avis qu'ils pussent recevoir, de ne point prendre l'alarme, sachant bien qu'ils avoient confié le secret de leurs intentions à gens incapables d'en abuser, et de se méprendre dans la conduite que leur service et leur propre honneur les obligeoient à tenir.

J'entrepris ce voyage, ou plutôt cette négociation, assez contre mes sentimens, étant fort mal persuadé que n'ayant pas été capable de venir à bout des choses les plus aisées, celles qui étoient plus difficiles, dans lesquelles il se rencontreroit des embarras infinis,

---

(1) Le cardinal de Retz eut, après coup, connoissance du projet formé contre Richelieu. (*Voyez* ses Mémoires, t. 44 de cette série, p. 108.)

pussent jamais succéder. Je passai par dessus toutes considérations par une pure obéissance, et fus en Périgord, pour éviter les soupçons qu'un esprit défiant comme celui du cardinal auroit pu prendre.

Après y avoir demeuré quelques jours avec mon père, qu'il y avoit long-temps que je n'avois vu, je pris sujet d'aller à Bordeaux rendre cette civilité au duc de La Valette, qui témoignoit ouvertement de m'honorer de son amitié. Deux heures après y être arrivé, je vis arriver un gentilhomme nommé Le Teillac; dont je fus surpris, me doutant bien qu'il étoit arrivé quelque accident extraordinaire, qui avoit obligé Son Altesse de le dépêcher vers moi.

La créance qu'il m'exposa fut que Corbie ayant été rendue, que Monsieur et M. le comte se trouvant à Paris ensemble, avoient reçu des avis (qu'ils disoient être certains) que le cardinal étoit bien informé de ce qui s'étoit concerté entre eux; qu'ils s'étoient séparés, et que Monsieur étoit à Blois, et M. le comte à Sedan; que Son Altesse l'avoit envoyé pour m'en porter la nouvelle, et me faire savoir de sa part que je prisse mes mesures avec messieurs d'Epernon, suivant ce qu'il m'avoit ordonné; et incontinent après que j'allasse le trouver en diligence.

J'écoutai ce qu'il me dit; et m'étant retiré un quart-d'heure pour y songer, afin de ne me méprendre dans la conduite que j'avois à suivre, je fus au logis de M. d'Epernon pour lui faire la révérence, et à M. de La Valette qui étoit avec lui.

Le premier devoir rendu, je pris sujet de me promener avec le duc de La Valette, vers lequel je m'acquittai des civilités dont Monsieur m'avoit chargé, pour lui parler ensuite des engagemens dans lesquels il étoit avec lui et M. le comte; qu'il s'agissoit d'observer cette parole donnée; et qu'il eût agréable de me déclarer franchement ce qu'il avoit obtenu de monsieur son père, et de considérer que deux princes de cette qualité s'étoient plus confiés à sa foi qu'à celle de toute autre personne qui fût en France.

La première réponse que j'eus fut que pour ce qui le regardoit en particulier, qu'il donneroit toutes les preuves qui dépendroient de lui pour témoigner avec quelle passion il étoit leur serviteur; qu'il n'avoit pas trouvé M. d'Epernon disposé à s'embarquer dans cette affaire, et qu'il en souffroit un extrême déplaisir.

Ces discours généraux ne me devant pas satisfaire, je crus qu'il ne falloit céler l'état où les choses étoient réduites: ainsi je lui déclarai que Monsieur s'étoit retiré à Blois, et M. le comte à Sedan; que le cardinal n'ignoroit pas ce qui s'étoit passé, et que la connoissance qu'avoit un homme de l'humeur du cardinal des desseins pris contre son autorité, et qui alloient à sa ruine, ne le mettoit plus en pouvoir de temporiser; que, pour l'intérêt de sa conservation, et pour ne point blesser sa parole engagée vers deux princes qui se chargeoient des malheurs qui arriveroient en leurs personnes, ou du moins en leurs affaires, il n'y avoit plus à marchander; qu'il falloit recevoir Monsieur dans son gouvernement, et que M. d'Epernon fût dans ses sentimens.

Ce discours, plus pressant qu'il ne l'avoit attendu, tira plus de larmes de lui, et moins de résolution, que je n'en avois désiré; et le connus au travers de son visage abattu, et à beaucoup de paroles inutiles. Sur ce que j'insistai qu'il parlât de nouveau à monsieur son père, et qu'avant que de sortir j'aurois cet honneur de l'entretenir, il témoigna qu'il craignoit fort l'un, et vouloit éviter l'autre.

Je le fus trouver au château du Ha où il étoit logé, où il s'excusa fort encore, sans me rendre plus éclairci de ce que j'avois à espérer de ma négociation, que je l'étois avant cette grande conférence. Je me mis pourtant dans son carrosse, fort résolu de voir M. d'Epernon, quelque appréhension qu'il me parut qu'il me voulût faire concevoir que peut-être n'y aurois-je pas une entière sûreté.

A dix heures du soir il me fit entrer dans sa chambre, où je le trouvai au lit. Je m'en approchai avec grand respect, qui lui plaisoit autant qu'à personne que j'aie jamais connu, et lui dis que je ne doutois point que M. de La Valette ne lui eût rendu compte des discours que je lui avois tenus dans l'occasion la plus considérable qui pouvoit arriver en France, par la qualité de ceux de la part desquels j'avois à lui parler; qu'il pouvoit mieux juger, par la longue expérience qu'il avoit des choses du monde, et de celle qu'il avoit en particulier quel étoit le cardinal, de ce qu'il y avoit à faire dans la conjoncture présente. Je lui redis toutes les circonstances que j'ai ici devant déduites, sur lesquelles il m'interrompit, et m'allégua beaucoup d'exemples des difficultés et des embarras qui se rencontrent dans les entreprises de cette nature; qu'il étoit vieil, et que le cardinal de La Valette avoit Metz, qui ne dépendoit plus de lui, parce qu'il s'étoit lié d'intérêt inséparablement avec le cardinal de Richelieu; qu'au reste il étoit serviteur du Roi, et qu'il s'étonnoit fort de la commission que j'avois prise; qu'il dépendoit de lui de m'arrêter, et que ma vie étoit entre ses mains.

Je continuai dans le même respect que je lui avois déjà rendu, et lui dis que les fautes passées qui avoient causé les malheurs de Monsieur n'étoient plus à craindre, puisqu'il auroit la conduite de la personne de Son Altesse et des affaires dont il s'agissoit; qu'il ne vouloit se confier qu'à lui seul, et déférer entièrement à ses conseils;

Que cette même vertu et fermeté de courage qui avoient éclaté dans toutes ses actions ne pouvoient souffrir des offres que je lui faisois de la part de Monsieur, et que la réputation qu'il avoit acquise au-dessus de tous les hommes de son siècle seroit encore relevée par cette action.

Il me dit une seconde fois que j'étois bien zélé, et que j'avois entrepris une commission fort délicate; que je devrois profiter de l'exemple de feu Chalais.

Sans m'arrêter à ce discours, je lui représentai ce qu'il devoit à la mémoire des deux derniers rois, et particulièrement de Henri IV; que le salut de deux princes de son sang, dont l'un, qui étoit présomptif héritier de la couronne, se jetoit entre ses bras, dépendoit de lui; et qu'ils ne pouvoient avoir un secours plus puissant que celui d'un grand homme comme lui pour n'être pas opprimés par la tyrannie du cardinal de Richelieu; que la raison l'y obligeoit. Ce que je demandois de sa part étoit sans conditions ni réserve, que celles qu'il lui plairoit d'imposer; qu'il savoit jusques où s'étendoient les persécutions d'un ministre si violent, puisque sa prudence, ses soins et ses importans services ne l'en avoient pu exempter; que ce n'étoit plus le Roi qui agissoit, c'étoit lui qui s'étoit emparé de l'autorité royale; et que je le conjurois de se rendre à de si justes considérations.

Il laissa une partie de mon discours, et me dit que pour ce qui regardoit sa maison, si son fils de La Valette avoit fait une folie, qu'il s'en démêleroit à sa mode; qu'il n'en seroit ni plus ni moins pour ce qui le regardoit, mais que je ne lui en parlasse davantage; et retomba pour la troisième fois sur l'exemple de Chalais. Voyant cette conclusion donnée à ce que Son Altesse pouvoit désirer de son assistance, je lui repartis que j'avois bon garant de mes actions et de ma vie, que je tenois fort assurée entre ses mains; mais qu'il étoit important qu'il sût que celle de M. de La Valette couroit le même hasard; et que je savois parler et me taire, selon que le temps et les occasions m'y obligeoient; que je faisois le devoir d'un fidèle serviteur, et que je ne m'éloignois pas de celui d'un sujet d'un roi qui avoit un principal ministre qui abusoit de sa confiance, et se servoit de son autorité pour opprimer Monsieur, son frère, et un prince de son sang.

Ces dernières paroles ne s'étant pu dire sans émotion, il me témoigna faire quelque estime de moi, et me dit qu'il louoit mon zèle; et je ne me pus retenir de lui faire paroître que je souhaiterois en faire autant du sien.

Il m'allégua le vieil d'Elbène et l'abbé d'Aubasine, qui étoient allés vers lui autrefois de la part de Monsieur (1); qu'il ne s'étoit point obligé de leur garder le secret; qu'il s'y engageoit à moi de tout ce que je lui avois dit; et ajouta, pour mon particulier, toutes les civilités possibles, et au-delà de ce que j'en devois attendre. Cet entretien dura plus de deux heures, pendant lequel M. de La Valette ne laissa pas échapper trois paroles, étant dans une consternation qui ne se peut exprimer.

Nous sortîmes ensemble de la chambre de monsieur son père. Il avoit le visage couvert de larmes, et moi un déplaisir mortel dans le cœur que ma négociation eût si mal succédé. De sa part, il me disoit qu'il voudroit être mort, et qu'il ne demandoit plus qu'à sortir de France, pour n'y revenir jamais; et que s'il croyoit pouvoir servir Monsieur de sa personne qu'il partiroit avec moi pour se rendre auprès de lui. Je lui fis voir et distinctement connoître que Son Altesse et M. le comte s'étoient engagés à ce qu'ils m'avoient commandé de lui dire sur sa parole; qu'il jugeât l'état auquel il les avoit mis, et que sa réputation n'étoit pas moins exposée que leurs personnes; que ce n'étoit pas des marques de douleur qu'il leur devoit donner, mais des services effectifs; que je surprendrois fort Monsieur de lui rapporter une si mauvaise réponse, à laquelle il ne se seroit jamais attendu; et quant à la proposition qu'il m'avoit faite de le venir trouver, je n'en avois reçu aucun ordre; que je tiendrois à beaucoup d'honneur de faire ce voyage avec lui, duquel la résolution dépendoit;

---

(1) L'abbé d'Aubasine avoit été envoyé par Monsieur au duc d'Epernon en 1626, dans le temps de l'affaire de Chalais, ainsi qu'on le voit dans les Mémoires d'un favori du duc d'Orléans (vol. in-18, Leyde, 1668).

et que je le suppliois, non-seulement pour le service de Monsieur, mais pour le sien propre, de bien penser à réparer le mal qu'il avoit causé, et d'agir sur ce fondement auprès de M. le duc d'Epernon.

Le lendemain je partis de Bordeaux; et pour que Son Altesse fût avertie avec plus de certitude (car je pouvois être arrêté par les chemins), Le Teillac prit la route du Limosin, et je m'en allai par le Poitou. J'eusse été à Blaye (ce que je pouvois en fort peu de temps) si, par un conseil précipité, Monsieur n'y eût envoyé Gramont, qui étoit son domestique, et qui ne s'en acquitta pas heureusement, comme je le dirai ailleurs, pour prendre les choses dans leur origine.

Bien que M. le duc d'Orléans et M. le comte de Soissons m'eussent assuré de ne se point trouver à Paris ensemble pour leur commune sûreté, et de ne point prendre l'alarme des bruits qui pourroient courir, et sur les avis qui leur seroient donnés, ils ne s'arrêtèrent pas à cette parole, que je n'avois tirée d'eux que pour l'intérêt de leur service.

Le cardinal auquel ils avoient affaire, homme fertile à se prévaloir de toutes les inventions qu'un esprit ingénieux et rempli de malice étoit capable de s'imaginer, par gens interposés et par des billets qu'il fit écrire les voulut mettre en défiance, pour les obliger à quitter la cour, afin d'en demeurer le maître, et réveiller l'esprit du Roi contre eux, usa de cet artifice, qu'ils prirent pour un véritable avis, et partirent dès la même heure, et contre ceux que j'avois pris la liberté de donner plusieurs fois à M. le comte de ne se point séparer de Monsieur. Ils se dirent adieu, et ne se revirent jamais depuis.

Bardouville étoit destiné pour être auprès de Son Altesse de la part de M. le comte : ce qu'il excusa par des motifs de prudence que je ne saurois estimer en semblables occasions, dans lesquelles ceux qui se trouvent engagés doivent servir selon leur talent, et se mettre au-dessus de la crainte.

Le comte de Fiesque, qui avoit les meilleures intentions qu'il étoit possible, mais beaucoup moins propre à cet emploi que Bardouville (l'expérience ne lui ayant pas acquis les mêmes connoissances, et ne lui étant pas aussi égal en capacité), fut choisi en sa place pour être auprès de Monsieur en attendant que j'y fusse arrivé, avec ordre, lorsque je serois de retour, d'y demeurer, ou d'aller retrouver M. le comte, suivant que je l'estimerois être à propos.

Il proposa le petit Gramont pour l'envoyer à Blaye vers La Hoguette, qui étoit sergent-major dans la place, chargé d'une lettre de créance de lui comte de Fiesque, qui avoit une très-médiocre habitude avec La Hoguette, homme d'esprit, résolu, et peu susceptible d'être persuadé (s'il le pouvoit être), que sous bon gage, et par des personnes qu'il connût de long-temps, auxquelles il y eût lieu de prendre entière confiance.

Gramont se laissa incontinent intimider par lui, et s'en revint trouver Monsieur, comme un homme fort nouveau en de semblables emplois, qui ne doivent être commis qu'à des naturels plus fermes, et à des personnes de plus d'étendue d'esprit et de plus de mérite que de ses pareils.

[1637] Lorsque j'arrivai à Blois, je trouvai Son Altesse dans de grandes inquiétudes, et les siens dans un étonnement tel, que je puis dire que je ne les reconnoissois plus. Je rendis compte à Monsieur de ce qui s'étoit passé entre M. d'Epernon et moi aussi exact que je le viens d'écrire, et le suppliai de ne se point laisser abattre aux divers malheurs qu'il pouvoit prévoir, ceux de sa qualité s'en relevant toujours, pourvu qu'ils voulussent prendre des bonnes résolutions; qu'il y avoit trois partis, dont il feroit, s'il lui plaisoit, le choix sans user de retardement, le temps lui étant cher, pour ne pas laisser pénétrer le mauvais état de ses affaires; que dans la Guienne la noblesse étoit très-mal satisfaite du ministère de M. le cardinal; que les peuples murmuroient des impositions nouvelles qu'on mettoit sur eux, et que, tombant sur les bras de messieurs les ducs d'Epernon et de La Valette, il y avoit grande apparence qu'il contraindroit le dernier, qui étoit engagé de parole avec lui, de se déclarer par nécessité, ce qu'il ne feroit jamais autrement; que l'autre voie qu'il avoit à tenir étoit de se retirer à Sedan avec M. le comte, mais avant que les passages des rivières fussent gardés, et qu'il seroit en état d'attendre en sûreté une révolution favorable à laquelle il pourroit contribuer beaucoup; que si l'une de ces deux ouvertures ne lui étoit pas agréable, il n'y avoit plus qu'à traiter; et que, dans la créance où étoit le cardinal qu'il eût de grandes intelligences dans le royaume, il falloit se hâter pour y rencontrer, dans le profond secret qui avoit été observé, les avantages de M. le comte et les siens.

Cependant Monsieur, agité de ce qu'il avoit à choisir ou à laisser, ne se déterminoit à rien; et le temps, qui ruinoit ses affaires, s'écouloit insensiblement.

L'on fit savoir à M. le comte les réponses de M. d'Epernon, qui fut animé contre le duc de La Valette autant que l'on puisse jamais l'être, de n'avoir pas trouvé en lui ce qu'il avoit attendu.

Cependant diverses cabales se formoient dans la maison de Son Altesse; et comme il paroissoit que Monsieur prenoit plus de confiance en moi qu'en aucun autre des siens, ils essayoient de me rendre de mauvais offices dans son esprit, et de me susciter des querelles.

Le comte de Brion, d'un naturel facile, se laissa prévenir, quoique nous fussions parens fort proches, et que nous eussions toujours bien vécu ensemble. Ils l'avoient disposé à se brouiller avec moi, sachant bien que tels différends se démêleroient entre nous par un combat.

En ayant été averti, je le tirai à part, et lui fis connoître que j'étois très-bien informé de ce qui lui avoit été dit sur mon sujet; que je lui parlois franchement; que je savois, par la longue habitude que nous avions eue ensemble, qu'il étoit homme à ne craindre personne, et qu'il me connoissoit assez pour avoir bonne opinion de moi; que si Monsieur lui déposoit ses secrets, j'en serois ravi; mais que je croyois qu'il ne devoit rien trouver à redire qu'il me fît le même honneur; qu'au reste il lui seroit honteux de se laisser surprendre aux artifices qui venoient des personnes qui avoient toujours trompé leur maître, et de se désunir d'avec son parent et son ami, qui ne lui avoit jamais donné sujet de plainte. Il m'avoua ce qui en étoit, et me fit toutes les civilités que je devois attendre d'un homme de sa naissance; et du depuis nous vécûmes dans une étroite amitié.

Bautru fut le premier qui vint à Blois de la part du Roi, et par ordre du cardinal, pour pressentir si Son Altesse se voudroit porter à un accommodement. L'on se servit de lui parce qu'il étoit agréable à Monsieur, et qu'il auroit plus de facilité qu'un autre à lui insinuer ce qu'on désiroit qu'il fît. Monsieur néanmoins ne s'ouvrit point à lui, quelque adresse dont il pût s'aviser.

Je me rencontrai un jour en lieu propre, ce lui sembloit, de m'entretenir de l'état où étoient lors les affaires; et comme je vis qu'il se relâchoit à me dire que ceux qui avoient créance auprès de Son Altesse devoient prendre les voies de douceur dans lesquelles il étoit raisonnable qu'ils fussent considérés pour y trouver leur compte, de peur qu'il ne me fît quelque proposition impertinente qui m'eût engagé à ce que je ne voulois pas faire, je changeai de discours : ce qu'il aperçut incontinent.

Chavigny suivit Bautru, et par la charge de chancelier qu'il avoit dans la maison de Monsieur, qui lui donnoit grand accès et crédit parmi les siens, agissoit avec plus de pouvoir et d'autorité.

Le comte de Guiche, depuis maréchal de Gramont, arriva avec lui, et fit une action qui le devoit perdre : néanmoins elle le mit en plus grande considération auprès du cardinal. Un soir que Son Altesse soupoit avec dix ou douze personnes à sa table, le comte de Guiche s'enivra jusqu'à tel excès, qu'il lui dit publiquement qu'on lui avoit proposé d'être son premier gentilhomme de sa chambre; qu'il n'avoit eu garde de l'accepter, parce qu'il ne vouloit point jouer le personnage d'un trompeur et d'un traître, comme faisoient d'autres domestiques qu'il nomma par leurs noms : et ajouta qu'il étoit homme de qualité; qu'il vouloit agir par les bonnes voies; que ce n'étoit pas qu'il ne fût serviteur du cardinal de Richelieu contre lui et toute la famille royale.

Ces dernières paroles plurent au cardinal, qui l'en aima beaucoup plus, quoiqu'elles fussent dites très-mal à propos, et dignes d'être condamnées de tous ceux qui font profession d'avoir des sentimens conformes à leur devoir.

Pour que M. le comte fût informé de tout ce qui se passoit de la part du Roi vers Monsieur, Lisières, gentilhomme ordinaire de sa maison, le fut trouver; et Le Teillac peu de jours après.

M. le comte envoya aussi Campion à Blois pour supplier Son Altesse de pourvoir à sa sûreté, et de la trouver privativement à toute autre chose; que pour cet effet s'il vouloit aller à Sedan, il l'y rencontreroit tout entière, et qu'ils chercheroient conjointement les moyens de résister à leur ennemi commun. Monsieur ne s'éloigna pas de cette proposition, et dit à Campion qu'il en remettoit l'exécution en temps et lieu, qui repartit aussitôt pour rendre compte de ce qu'il avoit vu et appris de moi en particulier, auquel il avoit ordre de s'adresser, et de parler à Son Altesse dans les termes que je le jugerois à propos (1).

(1) Campion fit connoître au comte de Soissons ce qui s'étoit passé dans cette occasion, dans une lettre fort peu connue, écrite de Condé le 23 décembre 1636, que nous croyons devoir insérer ici :

« Ne pouvant vous aller rendre compte à Sedan du détail de mon
« voyage, pour les raisons que vous verrez dans ma lettre, j'essayeray

M. de Vendôme envoya aussi un gentilhomme à Monsieur, qui demeura dans mon logis caché, par

« de m'en acquitter par écrit, et vous diray, monseigneur, qu'en huit
« nuits je suis arrivé de Sedan à Blois, nonobstant la rigueur du temps,
« m'estant égaré plusieurs fois à cause des glaces et des neiges, quoyque
« je prisse des guides à chaque village, où je demeurois le jour enfermé,
« ayant évité les villes et les grands chemins pour ne pas tomber dans
« les embuscades que M. le cardinal a fait dresser de toutes parts pour
« surprendre les gens de Monsieur ou les vostres, n'estant pas en
« doute qu'il n'y en ait souvent sur les chemins pour conserver le
« commerce entre vous deux. A mon arrivée, m'estant mis dans une
« hostellerie éloignée du chasteau, j'écrivis à M. le comte de Fiesque
« pour le prier de m'y venir trouver : ce qu'il fit aussitost, et me dit
« que Monsieur estoit toujours dans les meilleures dispositions du monde
« pour vous; que comme il estoit de vostre part auprès de lui, il
« taschoit inutilement à le fortifier dans le dessein de pousser mon-
« sieur le cardinal, y ayant toute la disposition possible; et que j'estois
« arrivé fort à propos, M. Du Gué, un de ses gentilshommes de la
« chambre, venant d'arriver de Guyenne, où il l'avoit envoyé vers
« M. de La Valette, et pour parler à M. d'Espernon par son moyen.
« Je le priai de me faire voir M. de Montrésor, afin que nous parlassions
« d'affaires, et que nous pussions résoudre des moyens de voir Monsieur
« la nuit. Il me dit que M. de Montrésor étoit enfermé avec M. Du Gué,
« qui estoit fort de ses amis; et que sitost qu'ils auroient veu Monsieur
« tous deux, il m'ameneroit le premier, qui agissoit très-sincèrement
« pour le bien commun. Je lui témoigna la reconnoissance que vous
« aviez de l'affection qu'il avoit pour vous, et lui dis ce que je crus
« plus propre à le fortifier dans ses bonnes intentions..........4. Deux
« heures après qu'il m'eut quitté, M. de Montrésor entra, et me témoi-
« gna une extresme joye d'apprendre de vos nouvelles.......; il me dit
« qu'il en estoit arrivé de mauvaises de Guyenne; que M. Du Gué luy
« avoit rapporté qu'il avoit trouvé M. de La Valette très-fâché du peu
« de disposition que monsieur son pere avoit d'entrer en affaires; et
« qu'assurement il ne croyoit point qu'il fust possible de le résondre;
« qu'il lui en avoit parlé plusieurs fois inutilement, et que tout ce
« qu'il pouvoit faire estoit d'aller servir de sa personne avec ses amis
« auprès de Monsieur ou de M. le comte; qu'ensuite M. Du Gué
« avoit veu M. d'Espernon par son moyen, et qu'il avoit fait tout son
« possible pour lui persuader de recevoir Monsieur dans son gouverne-
« ment, mais qu'il n'y avoit voulu entendre en aucune maniere ; enfin
« qu'il estoit revenu avec les premieres paroles que lui avoit dites M. de La

lequel il lui offroit tout ce qui dépendoit de lui. M. de Beaufort y vint secrètement, et représenta

« Valette. Ce récit dura long-temps........ J'en eus le déplaisir que vous
« pouvez juger; mais je fis dessein dès l'heure mesme de n'en point tes-
« moigner d'étonnement à Monsieur, et de prendre les affaires d'un
« autre biais. M. de Montrésor me dit que Monsieur donneroit le bonsoir
« dès minuit, et qu'il me verroit le reste de la nuit : ce quy me donna
« tout le temps nécessaire pour me préparer à ce que je lui dirois,
« les affaires ayant changé de face depuis les ordres que vous m'aviez
« donnés. Monsieur me reçut avec toutes les démonstrations de joie
« imaginables, et me demanda plusieurs fois de vos nouvelles avec em-
« pressement.... : il me fit le récit, avec déplaisir, de la nouvelle de
« Guyenne, et il pesta contre M. de La Valette, me disant que ce n'é-
« toit pas là ce qu'il vous avoit promis à tous deux à Compiègne. Je
« luy laissai tout dire; après quoy je repartis que vos projets estoient
« troublés par ce changement, mais que Dieu l'avoit peut-estre permis
« pour le mieux, afin que vous fussiez nécessitez d'estre ensemble; que
« s'il eust esté en Guyenne, le commerce estant impossible entre vous,
« les affaires n'en eussent pas esté si bien : au lieu que s'il avoit agréable
« de venir à Sedan, il y seroit le maistre; que vous luy obéiriez avec
« le mesme zele et la mesme humilité que vous aviez fait en Picardie;
« et qu'ayant une place de retraite de cette importance-là à cinquante
« lieues de Paris, d'où vous ne pouviez estre chassé, vous auriez le
« temps tous deux de ménager vos intelligences dans le royaume,
« et que tout le monde pourroit vous venir joindre seurement........
« Ayant encore adjouté plusieurs raisons sur le mesme sujet......, il fit
« quelques difficultés; sur quoy prenant toujours la parole vigoureuse-
« ment, et estant assisté de messieurs les comtes de Montrésor et de
« Fiesque, qu'il avoit fait approcher, il me dit : « Mais vous me parlez
« de Sedan sans ordre de mon cousin, qui ne pouvoit deviner ce qui
« est arrivé de M. de La Valette. » Sur quoy je luy dis aussitost que
« vous m'aviez dit qu'en cas qu'il n'allast point en Guyenne, vous luy
« offriez Sedan, où M. de Bouillon vous avoit fait le maistre. Cela acheva
« de le résoudre; en sorte qu'il me promist ce que je voulus, et nous
« en demeurasmes que je m'asseurerois d'un passage sur la riviere de
« Marne, et d'un autre sur celle d'Aisne, et de dix bons chevaux sur
« chacune des deux rivieres. Je luy facilitai tous les moyens, luy dis
« que j'étois asseuré des passages, et que je ferois venir des chevaux
« à Condé pour la Marne, et chez un de vos domestiques sur l'Aisne; et
« que mesme, au lieu de m'en retourner à Sedan, je vous dépescherois
« un homme, et que je ne sortirois point de Condé, où je l'attendrois

les inconvéniens d'être davantage à Blois; qu'il ne voyoit pas que Monsieur y pût faire séjour avec sûreté ni réputation, et témoigna que si Son Altesse en vouloit sortir, il seroit aisé de le conduire partout ailleurs où il lui plairoit d'aller.

Les partisans du cardinal, et les allées et venues de Chavigny, décréditoient le parti; et à moins que de se résoudre à s'éloigner pour rompre le cours de ces négociations, et des pratiques sourdes qui se faisoient dans la maison de Monsieur, il seroit obligé à faire

« de pied ferme; et que vous le viendriez recevoir avec cent gentils-
« hommes à la rivière d'Aisne. Il me dit que pour celle de Seine il
« estoit asseuré d'un passage, et me donna le bonsoir...... Voilà, mon-
« seigneur, l'estat de toutes choses, et la raison pourquoy je n'ay pas
« été vous trouver, etc. .... » (Lettres de Campion, page 41.)

Le 28 décembre, Campion fit part au comte de Soissons des inquiétudes que l'arrivée de l'abbé de La Rivière lui faisoit éprouver. Cet homme sortoit de la Bastille, et l'on pouvoit craindre qu'il n'eût fait ses conditions avec Richelieu. En effet, Campion écrivit, le 3 janvier 1637, que M. de Verderonne étoit venu le trouver de la part de Monsieur, et lui avoit dit « qu'il avoit un extrême déplaisir d'avoir appris que M. Du
« Hallier étoit avec des troupes sur la rivière de Seine pour en garder
« les passages, et que mesme il avoit pris quelques uns des siens qu'il
« y avoit envoyés. Il faut demeurer d'accord, monseigneur, ajoute
« Campion, que cet accident est fâcheux, et qu'il trouble bien vos
« projets; et mesme d'autant que nous sommes incertains si ce retarde-
« ment est causé par les raisons que l'on nous dit, ou si les émissaires
« de M. le cardinal n'ont point gagné quelque chose sur l'esprit de
« Monsieur......, particulièrement M. de La Rivière........ Ce qui vous
« doit pourtant assurer, outre les soins de M. le comte de Fiesque, c'est
« que M. de Montrésor est persuadé que c'est l'intérest de son maistre;
« et qu'ayant beaucoup d'affection pour lui, et estant tout-à-fait homme
« d'honneur, il n'oubliera rien pour le confirmer dans cette pensée;
« joint que si l'affaire réussit, il aura la première place auprès de lui;
« au lieu que si Monsieur étoit contraint de s'accommoder, le premier
« article du traité seroit son exclusion des affaires, et l'établissement
« ou de M. de La Rivière, ou de quelque autre agréable à la cour. »
(*Ibid.*, page 47).

un traité pour lui seul, peu honorable à sa réputation, duquel les conditions seroient fort désavantageuses à ses intérêts.

Du Gué, chambellan de Son Altesse, et Le Teillac furent dépêchés vers le duc de La Valette, avec une lettre de créance, pour lui demander l'effet de sa parole, et à toute extrémité lui dire, s'il refusoit de le servir de son crédit, qu'au moins ne devoit-il pas dénier de le venir trouver pour le servir de sa personne; que Monsieur les avoit chargés de lui faire ainsi entendre qu'après des engagemens pareils à ceux qu'il avoit avec lui, il ne s'imaginoit pas qu'il fût capable d'y manquer.

Ils le trouvèrent à Castel-Jaloux, et Du Gué eut beaucoup de peine à le voir : toutefois il en vint à bout par le moyen d'un gentilhomme qui étoit à lui, nommé Saint-Quentin, auquel je l'avois adressé, pour l'avoir reconnu fort disposé à servir dans les occasions où il s'agissoit de la réputation de son maître, que Du Gué pressa fort, lui remontrant tout ce qu'un homme d'esprit lui pouvoit représenter ; et pour réponse, M. de La Valette dénia de servir Son Altesse de son crédit ni de sa personne. Il lui dit aussi que Le Teillac avoit charge de M. le comte de lui faire les mêmes instances qu'il recevoit par sa bouche de la part de Monsieur, suivant les paroles positives qu'il lui avoit données, puisqu'il ne vouloit point donner lieu à Teillac de les lui faire entendre. Toutes ces inductions se firent sans qu'il le pût émouvoir à changer de volonté.

Le duc de La Rochefoucauld rejeta la proposition de Du Gué de servir Son Altesse, qu'il étoit allé exprès trouver; et quoiqu'il fût fort maltraité de la cour (pour dire le vrai, plutôt par foiblesse que par principe d'honneur), il évita de s'engager dans un parti qui eût été suffisant de détruire la tyrannie du cardinal, si ceux qui avoient obligation à Monsieur, ou souffert des peines qui ne devoient pas être oubliées, eussent été capables de ressentiment.

Chavigny profitoit de toutes les longueurs et remises qui étoient apportées, intimidoit Monsieur dans toutes les conversations qu'il avoit avec lui, qui étoient fort fréquentes.

Goulas et les autres gens gagnés en faisoient autant, et plusieurs intimidés se laissoient prévenir d'opinions contraires aux avantages de leur maître.

De mon côté, je soutenois un pesant fardeau avec ce qui restoit de personnes d'honneur, dont les passions n'étoient point corrompues par la peur ou par l'intérêt.

Dans ces entrefaites, Beauregard arriva de la part de M. le comte pour savoir une dernière résolution; et Chavigny s'en retourna à la cour, après avoir usé d'une adresse à laquelle Monsieur se laissa surprendre.

Dans un entretien fort particulier, il supplia Son Altesse de lui dire au vrai le sujet de la mauvaise satisfaction qu'il pouvoit avoir, et ce qu'il désiroit.

Monsieur se plaignit de la manière que l'on procédoit touchant son mariage, et y ajouta que, pour sa sûreté, il méritoit bien qu'on lui donnât une bonne place.

Chavigny, le lendemain, dressa un écrit au nom de Son Altesse, par lequel il exposoit qu'elle demeureroit entièrement satisfaite et obligée à la bonté du Roi, s'il plaisoit à Sa Majesté de donner son consentement à son mariage, et lui accorder une place de sûreté. L'ayant présenté à Monsieur, qui ne prévit pas que c'étoit une surprise, et qu'il falloit stipuler les conditions de M. le comte conjointement avec les siennes, leur union ne devant, pour quelque condition que l'on pût alléguer, être rompue ni altérée, fit appeler Goulas, secrétaire de ses commandemens, qui étoit d'intelligence avec Chavigny, auquel il fit copier cet écrit, qu'il signa, et lui fit contresigner.

Il portoit aussi créance au Roi de ce que Chavigny lui diroit, qui partit incontinent pour aller trouver Sa Majesté et le cardinal : et moi ayant eu lumière de ce qui s'étoit passé, je pressai fort Monsieur, jusqu'au point que je l'engageai à me déclarer ce qui en étoit. Il en retira une copie de Goulas, qui avoit fait glisser *ou* au lieu de ce mot *et* d'une place de sûreté ; qui étoit mettre son mariage dans une alternative. Je le fis comprendre à Monsieur, et m'étendis fort sur ce qui regardoit l'intérêt de M. le comte, et l'obligeai de m'avouer qu'il avoit été trompé. J'insistai long-temps que l'unique moyen de sortir avec honneur, c'étoit de rejeter la faute sur Goulas, comme il étoit constant qu'il y avoit contribué tout ce qui dépendoit de lui ; et qu'en le chassant, il étoit à couvert de tout ce qu'on pouvoit dire sur ce sujet. Ce n'étoit pas son intention qu'il me déguisoit, me disant lors qu'il croyoit qu'il falloit aller à Sedan ; que c'étoit la seule ressource qui lui restoit, et qu'il y étoit entièrement résolu ; que pour cet effet il donneroit ordre au baron de Ciré et au vicomte d'Auteuil de se rendre auprès de M. le comte; qu'il vouloit que l'on fît visiter les passages, et que les relais fussent mis sur les chemins.

D'Ormoy et Le Teillac, gentilshommes d'honneur, et fidèles et assurés à exécuter les choses qui leur étoient commises, firent ce qu'ils devoient, et vinrent rendre compte à Son Altesse.

Cependant la cabale contraire proposa un envoyé à la cour, et Chaudebonne fut choisi, contre mon sentiment.

Goulas dressa une instruction en assez beaux termes pour servir de panégyrique au cardinal, dans laquelle il faisoit parler Monsieur avec peu de décence pour une personne de sa qualité, et ne demandoit rien d'essentiel pour ses intérêts, ni pour ceux de M. le comte.

Je ne saurois assez admirer la finesse dont Son Altesse usa contre elle-même, pour la faire passer sans qu'elle fût contestée.

Il s'adressa au comte de Fiesque, et lui dit en grande confiance que le soir il feroit appeler dans son cabinet lui, le comte de Brion, Ouailly son capitaine des gardes, et moi; qu'il y feroit venir aussi Goulas, qui porteroit une instruction qui devoit être donnée à Chaudebonne, qui partiroit le lendemain pour aller à la cour; et qu'étant résolu, comme il savoit, d'aller à Sedan, qu'il témoigneroit de l'approuver; et que je ne la contestasse point, ni lui aussi, parce que ce consentement rendroit Goulas et ceux de sa cabale plus prompts à croire qu'il n'y auroit plus d'obstacle à son accommodement.

Le comte de Fiesque se paya de cette confiance

avec la franchise d'un homme de bien, et me chercha pour m'en avertir.

Après l'avoir bien écouté, et vu la chaleur avec laquelle il m'en parloit, je lui demandai ce qu'il feroit en cette occasion : il me répondit qu'il suivroit les ordres que Monsieur lui avoit donnés; et qu'il n'avoit jamais cru qu'il dût partir, mais qu'à présent il en étoit persuadé. Je lui dis que pour moi je l'étois si peu, que je les contesterois de tout mon pouvoir, pour ce que Monsieur ayant déterminé de s'en aller, et Goulas l'emportant par dessus nous, ne mettroit plus en doute que son crédit ne prévalût au nôtre, et que le traité ne se conclût; que je ne voulois point m'attirer le reproche d'être tombé d'accord d'une chose honteuse pour Monsieur, qui le seroit pour moi d'y avoir donné mes suffrages si préjudiciables aux intérêts de M. le comte, vers lequel je ne m'en pourrois justifier.

Chacun demeura dans son opinion. Son Altesse ayant fait ce qu'elle avoit dit au comte de Fiesque, nous entrâmes avec elle dans son cabinet.

Goulas mit l'instruction sur la table, et en fit la lecture. Chacun l'ayant entendue fort paisiblement, Son Altesse nous fit l'honneur de nous demander ce qui nous en sembloit. Je me remis à laisser opiner ces messieurs, que Son Altesse indubitablement avoit prévenus. Sur ce qu'ils observoient trop de silence, il se tourna de mon côté, et m'ordonna de dire quelle étoit mon opinion. Je dis que puisqu'il me le commandoit, la fidélité que je devois à son service m'empêchoit de lui céler ce que je pensois de cette instruction, que je n'estimois ni bien conçue ni bien écrite.

Goulas se sentant piqué, me repartit ce que c'étoit que j'y trouvois à redire : je lui répondis avec assez de froideur que je le ferois remarquer à Monsieur lorsqu'il me le commanderoit.

Monsieur l'ayant ainsi trouvé bon, je la pris, et lui fis voir dans la première page combien il lui étoit important qu'elle fût supprimée. Il en raya sept ou huit lignes de sa main.

Goulas offensé me prit à partie; et s'échauffant trop en la présence de son maître, m'obligea à lui dire que je n'étois pas homme ni pour tromper Monsieur, ni pour souffrir qu'il fût trompé.

Il fut outré des termes desquels je m'étois servi; et ne gardant plus de mesure, il me nécessita, pour dernière réponse, à lui faire sentir qu'il n'eût point à se méconnoître; que nous devions tant de respect à Son Altesse, qu'il ne falloit jamais le perdre; et qu'il rappelât sa mémoire, et se souvînt du petit écrit qu'il y avoit si peu qui avoit été fait dans ce lieu même où nous étions; et que l'équivoque de *et* et de *ou* me sembloit de conséquence.

Il ne lui en fallut pas dire davantage pour le rendre muet, avec une confusion à faire pitié.

Je ne m'étois point ému; et Son Altesse continuant à m'interroger, ces messieurs n'ayant pas ouvert la bouche sur ce que Monsieur leur avoit fait connoître, je repris le discours que j'avois commencé, et y ajoutai que cette pièce curieuse, qui n'avoit pas été faite en un moment, je ne demandois qu'une demi-heure pour remarquer dans les marges ce que je devois y blâmer; mais je pensois que pour le plus court et le plus utile, il seroit plus à propos de la jeter au feu, et d'en faire une autre, dans laquelle Monsieur eût un style plus conforme à la dignité de sa personne, et qui expliquât autrement ses intérêts.

La conférence fut faite ainsi ; et Chaudebonne partit le lendemain avec cette instruction, ou telle autre qu'on lui voulut donner, qui ne me fut pas communiquée.

Son Altesse s'en alla à la chambre de Goulas, qui lui fit de grandes plaintes; et au retour il dit au comte de Fiesque que je l'avois bien entendu, et que jamais gens ne furent si persuadés qu'ils étoient qu'il vouloit venir à un accommodement; et que cette opposition que j'avois faite avoit admirablement succédé.

La Rivière sortit de prison, sous le prétexte qu'il donna à M. le cardinal de se joindre à Goulas, et d'être sa créature dans la maison de Monsieur, qui feignit quelques jours d'avoir la goutte, pour avoir une excuse de ne point partir de Blois.

Enfin il fallut dépêcher Beauregard; et pour nous mieux jouer, un garde fut envoyé pour assurer M. le comte que Son Altesse iroit à Sedan. Verderonne y alla aussi, et Beloy ; et Rhodes, qui s'étoit mis en chemin, fut arrêté.

Comme le jour que Beauregard s'en devoit aller fut pris, Son Altesse voulut l'entretenir, et lui dire de sa propre bouche qu'il partiroit pour Sedan le samedi suivant, sans aucun retardement.

J'en avertis Beauregard, et lui conseillai de demander un écrit, et qu'il fît bonne mine ; et qu'il me laissât le soin d'achever le reste. Je le menai le soir au château de Blois dans la chambre de Maulevrier, avec lequel je vivois dans la dernière amitié, où je fis trouver de l'encre et du papier, afin que toute excuse fût ôtée. Son Altesse y étant venue, il ordonna à Beauregard de porter cette parole à M. le comte; et Beauregard y fit très-bien son devoir, et témoigna que la chose étoit de telle conséquence, qu'il la supplioit très-humblement de la vouloir mettre par écrit.

Monsieur, un peu surpris, lui fit beaucoup de difficulté sur ce qu'il pouvoit être arrêté, et se tourna vers moi pour être fortifié dans cette opinion. Lors j'enquis Beauregard si ce malheur arrivoit, comment il s'en pourroit démêler. Il me répondit qu'il ne falloit qu'un billet de six lignes, qu'il seroit fort aisé de cacher; et qu'il le prenoit sur sa vie et sur son honneur, qu'il avoit trop d'intérêt à conserver pour ne rien hasarder mal à propos. Me tournant vers Son Altesse, je lui dis que, quelque répugnance que j'y eusse, je croyois qu'il falloit se rendre à ce que disoit un homme comme étoit Beauregard, auquel on pouvoit tout confier.

Le billet fut écrit de la main de Monsieur, et remis entre les siennes : ce qui me servit infiniment pour me mettre à couvert auprès de M. le comte des opinions qu'il auroit pu prendre que j'eusse autrement agi qu'avec la dernière sincérité, si je ne me fusse avisé de cette précaution, qui ne devoit point être négligée pour l'éclaircissement d'une vérité qui m'étoit d'extrême conséquence.

Les hommes, de quelque qualité qu'ils puissent être, que la nature n'a pas destinés à se mêler d'affaires importantes, et dont la bonne ou mauvaise conduite règle quasi toujours les événemens, sont si gênés lorsqu'ils jouent, par les conseils des génies plus élevés que les leurs, un personnage forcé, qu'il est impossible qu'ils soutiennent long-temps un procédé entièrement opposé à leur inclination, et au-dessus de leurs forces et de leur tempérament.

M. le duc d'Orléans, pour agir conformément au sien, se rendoit ingénieux à se tromper dans ses propres intérêts, et croyoit, en abusant ses plus assurés et fidèles serviteurs, qu'il se garantissoit du péril qu'il se figuroit de courir; persuadé que les longueurs et les remises lui devoient procurer de notables avantages, quoiqu'en effet ce fût sa ruine évidente, par la diminution de son crédit et de sa réputation, qui maintient seule la créance que les princes se doivent acquérir pour se conserver dans le rang que leur naissance leur donne, contre l'autorité illégitime des favoris et des ministres des rois leurs souverains, qui l'usurpent sans comparaison plus grande qu'elle ne leur est due et ne peut leur appartenir, selon les lois de l'Etat.

Les dissimulations et les fausses espérances, accompagnées d'une infinité d'artifices, firent concevoir à Son Altesse qu'un accommodement qui ne regardoit que sa personne suffisoit; et qu'elle devoit, dans les règles de la prudence, passer par dessus toutes les considérations qui pouvoient lui être alléguées par ceux qui n'avoient pour objet que de porter les choses à l'extrémité, et se rendre irréconciliable avec le cardinal de Richelieu, plutôt par la haine violente conçue contre lui, que par le zèle (à ce qu'ils lui faisoient entendre) qu'ils protestoient d'avoir pour son service.

Monsieur, prévenu de l'impression que des gens si

intéressés prirent soin de lui donner, feignit une seconde fois d'avoir la goutte, pour se pouvoir plus honnêtement défendre de partir pour aller à Sedan, ainsi qu'il s'y étoit engagé par sa parole portée par diverses personnes à M. le comte, et par l'écrit que Beauregard lui avoit rendu de la part de Son Altesse.

Chavigny vint cependant le retrouver, pour lui dire que Sa Majesté donnoit son consentement à son mariage, et qu'elle l'assuroit d'autant de bonne volonté qu'elle en avoit jamais eu pour lui dans le temps de la meilleure intelligence.

Le père Gondran, trompé par le cardinal, qui avoit fort pleuré devant ce bon père, moins subtil à traiter avec un esprit artificieux qu'excellent théologien, et d'une piété tout-à-fait exemplaire; Monsieur ajoutant foi à ce qui lui fut dit par son confesseur, duquel la fidélité ne pouvoit être suspecte, n'eut plus de pensée que de conclure son traité.

Les conditions n'étoient pas encore arrêtées, que le cardinal, bien informé par ses partisans que Monsieur n'avoit aucune intelligence formée dans le royaume, qu'il avoit négligé pendant quatre mois toutes les mesures qu'il devoit prendre, et qu'il avoit renoncé à tous les desseins d'entrer en aucun parti capable de mettre en compromis son autorité, et que la seule voie d'aller à Sedan lui étoit ouverte, fit garder les passages des rivières, et avancer le Roi jusques à Orléans. Monsieur, qui ne me parloit plus quasi, m'envoya querir en mon logis sur le bruit de cette nouvelle, me fit mille protestations de ne se fier jamais au cardinal, et qu'il étoit résolu de s'en aller. Quoique ce qu'il me disoit fût très-éloigné de ma croyance, je lui dis toutefois que j'estimois qu'il n'étoit pas impossible de passer à Sedan; s'il jugeoit à propos de l'entreprendre, qu'il falloit envoyer sur tous les chemins d'Orléans, pour voir si on ne faisoit point approcher des troupes, ou établir des relais en diligence : ce qui fut fait.

Chavigny, surpris (à ce qu'il témoigna), assuroit pourtant Monsieur que le Roi désiroit que tous leurs différends se terminassent avec douceur, et que Son Altesse n'avoit rien à craindre. Il lui demanda permission d'aller vers Sa Majesté, dont il lui rapporteroit toute la satisfaction qu'il pouvoit désirer; et qu'il n'y avoit qu'à conclure le traité.

Les articles principaux furent que le Roi consentoit au mariage de Monsieur; la sûreté générale pour les siens, sans rien stipuler de particulier pour ceux qui étoient les plus notés dans cette occasion; et qu'il seroit libre à Son Altesse de demeurer dans son apanage, sans qu'elle fût obligée d'aller à la cour; que M. le comte pourroit, si bon lui sembloit, entrer dans le traité; et que Mouzon, qui étoit la plus mauvaise place du royaume, lui seroit donnée pour son séjour : ce que le cardinal savoit bien qu'il n'accepteroit jamais.

Monsieur ne m'en donna aucune part, et me regardoit avec toute l'indifférence dont un prince puisse user envers un gentilhomme son domestique, auquel il avoit plus de confiance qu'en aucun autre qui avoit l'honneur de l'approcher.

Une seconde alarme étant portée à Son Altesse (qui la reçut avec des frayeurs qui vont au-delà de ce qu'elles se peuvent imaginer), elle m'envoya chercher aussitôt. Je priai ceux qui en avoient pris la peine de vouloir lui dire qu'ils ne m'avoient pas trouvé. Les messagers revinrent si souvent, que j'allai parler à lui, qui me recommença les mêmes discours qu'il m'avoit tenus lorsqu'il étoit dans quelque embarras, et que la crainte de sa personne, qui est la seule qui m'a paru qu'il ait eue durant tout le temps que je l'ai servi, le pressoit, ne lui en ayant jamais vu pour aucun des siens, en quelques périls qu'ils fussent exposés pour son service.

Comme il remarqua que je ne lui répondois pas un seul mot à toutes ses plaintes, il me pressa fort de lui dire mes sentimens. Je m'en excusai, me trouvant à bout des expédiens, dont j'étois si épuisé que je n'en avois plus aucuns à lui fournir.

Le pouvoir qu'il avoit sur moi, sur ce qu'il persista à m'ordonner de dire ce que je pensois, m'ayant forcé de rompre le silence, je le conjurai une fois pour toutes, dans cette extrémité, de prendre une bonne résolution; et que s'il étoit vrai qu'il voulût partir pour se retirer des mains de ses ennemis, dans lesquelles il étoit tombé, qu'il connoissoit, par des expériences continuelles, parjures et infracteurs de leur foi, je me hasarderois autant qu'un homme le pourroit faire pour faciliter son éloignement; que, pour ce sujet, il avoit à choisir de se retirer par la Champagne, ou en passant à Paris; qu'il y auroit des relais de tous côtés; que j'y avois un gentilhomme qui attendoit avec six chevaux, du secret et de la fidélité duquel j'étois caution; que messieurs les ducs de Vendôme et de Beaufort l'avoient assuré de le conduire avec sûreté à Sedan; qu'en faisant avancer deux des siens pour avertir M. le comte, il viendroit au devant de lui; enfin qu'il n'y avoit rien à craindre prenant ce parti, et tout à espérer; mais qu'il étoit seulement nécessaire de céler son partement du soir jusques au lendemain à midi, et que je demeurerois avec ceux que le cardinal croyoit les plus affidés surveillans de ses actions; et que je me souciois peu de tout risquer, pourvu que je lui pusse rendre ce service; et que je m'assurois que le comte de Fiesque, sur lequel on avoit soupçon, voudroit bien s'exposer au même hasard.

Il accepta fort l'offre que je lui faisois, sans toutefois m'en témoigner le moindre ressentiment : ce qui me toucha sensiblement, je l'avoue, mais non pas au point de me faire rétracter ma parole, ni m'éloigner de ce que j'estimois lui devoir dans cette pressante occasion.

Le lendemain se passa; et comme Monsieur m'aperçut, il recommença à reprendre la froideur qu'il m'avoit témoignée lorsque ses affaires alloient un peu mieux.

Chavigny, qui ne s'en étoit point encore allé trouver le Roi, l'avoit fort long-temps entretenu, et aussi Goulas plus d'une heure en particulier. Je me retirai doucement en mon logis, détestant une conduite qu'il étoit impossible de comprendre, et sur laquelle je ne savois ce que j'avois à faire pour me démêler de tant de piéges que je prévoyois qui m'étoient tendus, sans pouvoir fonder ni mesure ni résolution. Mais le soir la chose changea de face, par un avis que Son Altesse reçut que le Roi faisoit avancer de ses compagnies de gendarmes et de ses chevau-légers, et embarquer le régiment de ses gardes, pour le surprendre dans Blois, lieu ouvert et accessible de tous côtés.

Chavigny fut envoyé querir, et vint trouver Monsieur chez un nommé Mauvoy, homme de bien, au logis duquel quantité de femmes de la ville s'étoient assemblées, qu'il avoit de coutume de voir, et lui dit en présence de Fretoy et dudit Mauvoy qu'il avoit prétendu traiter sincèrement avec lui; que cependant il avoit appris que l'on contrevenoit aux paroles qu'il avoit données au nom du Roi, et que si cela étoit et qu'il y courût quelque risque, sa vie en répondroit.

Chavigny incertain, et qui n'eut aucune part à cette délibération, en cas qu'elle eût été prise à la cour, se soumit à tout, et dépêcha dès l'heure même un courrier à M. le cardinal, en attendant le retour duquel Son Altesse fit ses préparatifs pour partir.

Elle donna des apparences qui trompèrent beaucoup de gens. Je ne fus pas de ce nombre, ni l'abbé d'Aubasine; car tous les domestiques de Monsieur étant bottés, fort empressés auprès de sa personne, nous allâmes au château de Blois, où il se promenoit, lui en soutane, et moi sans bottes, pour lui faire connoître que nous ne passions pas aisément pour dupes; dont il se plaignit, et blâma notre incrédulité.

Le soir que le courrier de Chavigny rapporta les articles signés, avec une infinité d'assurances et de bonnes paroles, le lendemain Monsieur séjourna à Blois, et le jour d'après il s'en alla trouver le Roi à Orléans, avec le cardinal de La Valette, qui l'étoit venu querir. Je pars avec sa permission pour me retirer chez moi, pour n'être pas présent en cette entrevue, dans laquelle je ne pouvois trouver ma sûreté.

Son Altesse y fut regardée avec peu de respect de ceux qui étoient lors auprès de Sa Majesté, et méprisée par le cardinal, qui lui fit des railleries fort injurieuses.

Le comte de Fiesque s'en retourna à Sedan, pour informer M. le comte de ce qui s'étoit passé. Monsieur y envoya le comte de Brion et Du Gué, qui étoit mon particulier ami, capable de tout ce qu'un gentilhomme le pouvoit jamais être, et d'une probité exquise, qui dit librement à M. le comte la vérité, et l'état auquel il m'avoit laissé, sans sûreté aucune, et toujours attaché à ses intérêts et à son service en tout ce qu'il lui plairoit me commander.

Il se plaignit hautement que Son Altesse l'eût abandonné, rejeta les offres d'entrer dans le traité sous les conditions que l'on y avoit mises, et lui manda qu'il prendroit ses mesures comme il le jugeroit à propos, puisqu'il étoit libre de le faire.

Le cardinal triompha, de cette sorte, d'un parti qui l'avoit jeté dans d'étranges appréhensions : ce que je ne puis attribuer à sa bonne conduite, que je n'ai remarquée, pour être dans la suite de toutes ses affaires, ni d'un esprit prévoyant ni d'un grand personnage, mais seulement d'un homme fort heureux, que la fortune soutenoit beaucoup plus dans les traverses qui lui arrivoient, que la prudence que plusieurs ont voulu estimer en lui.

Je l'admirerai moins par la connoissance que j'en ai eue, que je ne plaindrai ceux qui se sont opposés à sa tyrannie; et qu'il s'est servi de la foiblesse qu'ils ont fait paroître contre un ennemi public, duquel les vices et les défauts ont toujours infiniment surpassé les vertus et les bonnes actions.

Je pourrai peut-être quelque jour, avec plus de loisir et de repos, revoir ce que j'ai écrit ingénument pour rendre ce discours plus intelligible, et y ajouter ce qui s'est passé depuis l'année 1636 jusques à 1642.

Ceux qui se donneront la peine de lire ceci auront, s'il leur plaît, la bonté d'en excuser les fautes, et peuvent s'assurer que je me serois bien empêché de parler de moi si je l'avois pu éviter.

DISCOURS

Par M. de Montrésor touchant sa prison.

Je n'ignore pas que beaucoup de gens n'aient trouvé à redire à ma conduite, lorsque je me suis retiré du service de M. le duc d'Orléans ; mais il me reste cette satisfaction de croire que la plupart ne m'ont blâmé que pour n'avoir pas été informés des justes sujets que j'en ai eus, et de la nécessité qui m'y a contraint. L'expérience que vingt-deux années m'avoient acquise m'éclaircissoit suffisamment de ce que je devois espérer ou craindre, et je m'étois assez préparé à ce que j'avois à faire pour n'être pas accusé de m'y être résolu légèrement. Il est vrai que si mes intérêts particuliers m'eussent engagé auprès de Son Altesse, et que l'avancement de ma fortune eût été la principale considération qui m'eût attaché à son service, il y auroit eu lieu de trouver étrange de me voir abandonner les espérances que sa condition présente me pouvoit faire concevoir : je dirai sincèrement quelles ont été mes intentions, que j'ai plus essayé de rendre conformes au devoir d'un homme de bien, qu'à la prudence intéressée du siècle où nous sommes, dont les maximes m'ont toujours été trop suspectes pour m'y pouvoir assujétir. Et comme j'ai toute ma vie estimé que les premiers sentimens se devoient adresser à Dieu, auquel nous sommes obligés de rendre compte de nos actions, j'ai aussi reconnu que la seconde obligation consiste à s'exempter dans le monde des moindres reproches qui peuvent donner quelque atteinte à l'honneur. Pour mettre le mien à couvert, et me garantir des traverses que la malice de mes ennemis, embarrassés de la franchise de mon naturel, auroit suscitées contre moi, j'ai cru qu'il étoit plus à propos de me retirer de la cour de Son Altesse, que d'y demeurer davantage. Il est à remarquer que je m'étois engagé à son service par ma propre inclination, et que mon devoir m'y avoit retenu pendant que la persécution étoit ouverte contre ceux desquels la fidélité ne pouvoit être corrompue. En cette considération il y avoit non-seulement de l'apparence, mais de très-justes sujets de me continuer les témoignages de confiance, accompagnés de quelque sorte d'estime, que j'en avois reçus dans le temps de ses disgrâces, plutôt que de me les dénier sans aucun fondement légitime dans celui de ses prospérités. Ces changemens dans la cour sont des effets assez ordinaires de la fortune et de l'humeur des princes pour ne s'en pas étonner. De plus honnêtes gens que je ne présume l'être ont éprouvé de semblables malheurs; ils s'en sont consolés : il est juste que j'en fasse de même à leur exemple.

Dès mon enfance j'avois eu l'honneur de me donner à M. le duc d'Orléans; et j'oserai dire, parce que c'est la vérité, que je n'ai eu autre objet, tant que j'ai été à son service, que celui de sa gloire et de mon devoir. Plusieurs affaires de conséquence m'ayant lors été confiées par Son Altesse, je me rapporterai volontiers à ce qu'elle-même en dira, si jamais elle s'est aperçue que mon intérêt m'ait été en aucune considération, et si la crainte de la peine ou du péril ont retardé un seul moment l'exécution de ses ordres et l'obéissance que j'ai due à ses commandemens, après l'avoir suivie dans toutes ses disgrâces au dedans et au dehors du royaume; m'être trouvé abandonné diverses fois de sa protection, et des assistances que j'en devois espérer et attendre, sans me pouvoir reprocher d'avoir rien contribué qui m'exclût de les recevoir; vu aussi ma patience exercée dans des rencontres les plus rudes qui puissent arriver à un gentilhomme qui suit par une pure affection la fortune d'un prince. Je ne crois pas, si l'on prend la peine d'y faire réflexion, que l'on veuille trouver à redire au soin que j'ai pris d'établir mon repos, en me retirant d'auprès d'un maître duquel j'étois si peu considéré; et d'autant plus que ses persécutions étant finies avec la vie et l'autorité du cardinal de Richelieu, je lui étois fort inutile, n'y ayant rien de plus certain qu'il n'y avoit que ses malheurs qui m'eussent procuré de l'emploi auprès de lui.

Dans ce discours, par lequel je prétends justifier ma conduite, je garderai ce respect à M. le duc d'Orléans de n'y mêler que les plaintes qui sont nécessaires pour faire évidemment paroître que je n'ai point failli, et qui peuvent servir à donner connoissance des raisons essentielles qui m'ont obligé d'en user ainsi que j'ai fait. Si ceux qui se sont avisés de dire les sentimens et les motifs de ma retraite se fussent expliqués avec cette retenue, et parlé avec plus de modération, ils m'auroient déchargé du soin d'écrire des vérités que j'aurois eu plus de satisfaction de passer sous silence, que d'être réduit à les faire savoir. Ce n'est pas que ce qu'ils ont dit de moi soit fort injurieux, puisque par leur aveu propre ils m'ont laissé la qualité d'homme sincère et incorruptible, et reconnu pour n'être pas absolument indigne de servir un prince dans des affaires difficiles : mais pour venir aux fautes qu'ils m'ont attribuées, ils ont publié que je me suis précipité mal à propos à me retirer, sur ce que je voyois La Rivière préféré à moi, et prendre la place que j'avois tenue lorsqu'il n'y avoit que des persécutions à souffrir; que j'avois agi dans cette action par le caprice d'un esprit ulcéré, et contre les règles de la prudence, qui me conseilloit de dissimuler le mécontentement que j'en recevois, afin d'attendre des conjonctures plus favorables pour rentrer en créance auprès de Monsieur; et qu'indubitablement les divers changemens de la cour me les eussent présentées, si je ne me fusse mis hors d'état de m'en prévaloir. Ce discours a quelque vraisemblance, et seroit capable de persuader ceux qui ne le voudroient pas pénétrer; mais nonobstant qu'il ait été inventé avec assez d'adresse et d'artifice, il n'est pas si difficile d'y répondre que je ne le puisse faire dans la suite de cette relation, par laquelle je m'expliquerai ingénument de la vérité des choses passées. Ceux qui ont remarqué de plus près ma façon d'agir sont vivans, et peuvent servir de témoins s'il leur a paru qu'aucune envie de tenir la première place fût entrée dans mon esprit, et si par des soins particuliers que j'aie pris, ou que mes amis se soient donné pour moi, y a-t-il des mesures connues qui aient témoigné que j'eusse le moindre désir de me la procurer. Je ne nierai pas que je ne me sois opposé de tout mon pouvoir pour empêcher La Rivière de l'occuper; et si j'eusse fait autrement, je me serois rendu coupable vers Son Altesse, parce que j'étois très-assuré qu'en étant entièrement indigne, il en abuseroit, et ne tâcheroit à s'en servir que pour avancer sa fortune aux dépens de la réputation et des affaires de son maître, qu'il livreroit autant qu'il dépendroit de lui au cardinal de Richelieu. J'avois aussi à regret qu'un homme de sa naissance, que je savois être un trompeur pour avoir vendu le parti dans lequel son devoir l'avoit dû engager de servir, fût considéré à l'exclusion de beaucoup de personnes de qualité et de mérite, qui croyoient ne pouvoir souffrir son accroissement sans un notable préjudice et sans une honte manifeste, à cause de la bassesse de son extraction, et de l'infidélité qui avoit paru dans toutes les actions de sa vie. Si cette résistance a été un défaut dans ma conduite, je ne veux pas seulement en être accusé, car je désire d'en être convaincu; mais comme ce n'est pas le sujet effectif et véritable qui m'a obligé à me retirer, je ne m'y arrêterai que pour dire que j'ai eu des considérations plus fortes que celles que j'avois tirées de la mauvaise intelligence qui étoit entre La Rivière et moi.

En l'année 1636, l'union de M. le duc d'Orléans et de M. le comte de Soissons leur donna lieu de former un parti contre l'autorité du cardinal de Richelieu, qui cherchoit sa grandeur et son élévation dans l'abaissement de la maison royale.

Ils jetèrent les yeux sur Saint-Ibar et sur moi pour nous déposer le secret de leurs résolutions, dont les commencemens nous faisoient espérer des événemens bien contraires à ceux qui sont arrivés du depuis. Dans les occasions qui s'offrirent de leur rendre tous les services qui étoient en notre pouvoir, je crois que je puis assurer qu'ils n'ont eu aucun reproche à nous faire, et qu'ils reconnurent que les mesures qui avoient été concertées suffisoient pour achever avec facilité et réputation le dessein qu'ils avoient entrepris, comme l'expérience l'auroit justifié, si ces deux princes auprès desquels nous avions l'honneur d'être employés eussent eu autant de disposition à finir les affaires qu'à les commencer.

M. le duc d'Orléans sait mieux que pas un autre à quoi il tint : mais prévenu d'autres sentimens, il suffit de dire qu'il ne le jugea pas à propos, dans la créance qu'il lui seroit plus avantageux de s'accommoder; ce qu'il fit par l'entremise de M. de Chavigny et du père Gontran son confesseur. Et bien que les intérêts de Son Altesse ne fussent pas ménagés de la sorte qu'ils le pouvoient être, au moins en succéda-t-il que Sa Majesté consentit à son mariage, et le déclara en public à messieurs du parlement de Paris. Quoiqu'il fût très-juste que l'on me comprît dans ce traité, et que ma sûreté y fût particulièrement stipulée, puisque j'avois eu la principale confiance de ce qui s'étoit projeté, je ne méritai point que l'on s'en avisât; et l'on fit plus, car l'on ne se contenta pas de me laisser exposé, l'on usa de cette dureté vers moi de me céler tout ce qui concernoit l'accommodement, que je souffris volontiers se conclure sans m'en plaindre, faisant toutefois connoître à Son Altesse que j'étois mieux informé qu'elle ne l'avoit peut-être cru. Les articles entièrement arrêtés, Monsieur alla trouver Sa Majesté à Orléans, où je ne me jugeai pas en état de le suivre. Lorsqu'il fut de retour à Blois (avec la mauvaise satisfaction que l'on peut croire qui me devoit rester de la manière dont je me voyois abandonné), je pris la liberté de le supplier, avec le respect que j'étois obligé de lui rendre, de me permettre, étant fort inutile à son service, de me retirer hors du royaume, où j'aurois plus de sûreté qu'à y demeurer, le cardinal de Richelieu ayant le dessein et le pouvoir de me perdre. J'y ajoutai que je croyois qu'il avoit intérêt pour sa réputation de souffrir que je prisse ce parti, qui étoit le seul qui me restoit, de me garantir d'oppression pour l'avoir fidèlement servi : ce que je ferois toujours avec le même zèle qu'il avoit reconnu et éprouvé dans ces dernières rencontres. Je demandois si raisonnablement, ce me sembloit, que je ne voyois pas lieu d'être refusé par Son Altesse : toutefois sa prudence n'en tomba pas d'accord, sur ce que m'éloignant de lui, M. le cardinal l'attribueroit à des négociations secrètes qu'il m'auroit confiées. Ce fut la raison qu'il m'allégua, et de laquelle il se servit pour vouloir que je demeurasse en France, dont il me fit un commandement absolu. Le hasard que j'avois à courir en obéissant ne fut mis en aucune considération : il fallut pourtant s'y résoudre ; mais j'avoue que j'étois outré dans mon cœur de voir ma vie et ma liberté comptées pour si peu, que de m'ôter par des ordres si précis les moyens de me les conserver, et même sans me dire une seule parole obligeante qui me pût assurer qu'il m'en eût le moindre gré. Je jugeai dès-lors à qui j'avois affaire, et me résolus dès ce moment que le présent me seroit une règle pour l'avenir, et cependant à trouver dans une vie retirée et particulière la sûreté qui m'étoit déniée dans la protection d'un maître auquel je m'étois si entièrement dévoué. Je m'en allai dans une maison à la campagne, où je passai six ou sept ans dans une solitude assez exacte pour faire croire que j'avois quitté toutes les pensées de me mêler des intrigues et autres menées qui déplaisent à ceux qui gouvernent. Cette retenue de laquelle j'usai me fit oublier au cardinal de Richelieu, et me mit à couvert de la persécution que je devois attendre d'un ministre de son humeur, si j'eusse vécu autrement. Je voyois Monsieur lorsqu'il revenoit dans son apanage; mais c'étoit assez rarement, et avec les précautions qu'il falloit observer, qui n'étoient pas inutiles. Le temps que j'ai ci-devant remarqué s'étant passé de cette manière à mon égard, Son Altesse, retournée à Paris, se laissa persuader par messieurs le duc de Bouillon et de Cinq-Mars, grand écuyer de France et favori du Roi, de s'opposer à la domination du cardinal de Richelieu, qui étoit trop violente, à ce qu'ils lui faisoient entendre, et trop tyrannique pour être plus long-temps tolérée. Ils lui représentoient le peu de sûreté en laquelle étoit sa personne, et le déshonneur qu'il recevoit, tant sur le sujet de son mariage, où sa conscience étoit intéressée, que sur une infinité d'autres qui ravaloient sa naissance et blessoient sa réputation. Leurs inductions furent si puissantes sur son esprit, qu'elles firent qu'il se résolut à traiter avec les Espagnols; et pour cet effet Fontrailles, gentilhomme d'autant de mérite que j'en aie jamais connu, fut dépêché en Espagne avec des articles et des blancs signés de Son Altesse, de laquelle, durant que les choses s'engageoient si avant, je me trouvois éloigné.

Le Roi partit pour le siége de Perpignan : M. le grand suivit Sa Majesté; M. de Bouillon fut commander l'armée en Piémont, et Son Altesse vint à Blois. Je n'étois lors en aucune connoissance de leurs desseins; et il est très-vrai que je ne les eusse point approuvés, parce que la foi de quelques-uns qui s'en mêloient m'étoit fort suspecte, et que le parti d'Espagne duquel ils se vouloient appuyer étoit tellement foible et de force et de réputation, qu'il n'y avoit pas matière de se promettre qu'il dût être si promptement en état de relever celui que Son Altesse essaieroit de former d'elle-même : et pour en dire plus positivement mon opinion, le fondement de leurs délibérations, ni les voies qu'ils avoient tenues pour les faire réussir, ne m'auroient satisfait en façon du monde. Il fallut pourtant, nonobstant cette répugnance, que dans ce qui arriva du depuis j'y eusse plus de part que je n'aurois désiré, s'il eût été à mon choix d'en accepter ou refuser la connoissance.

Son Altesse, dans cet embarras d'affaires, voulut me rapprocher d'elle, et pour ce sujet m'envoya commander de me rendre près de sa personne le plus tôt que je pourrois. J'eus un prétexte fort spécieux de m'en excuser, parce que j'étois incommodé au point de ne me pouvoir soutenir, pour m'être démis les deux jambes quelques jours avant. La fatalité est une étrange chose! il y a des malheurs que l'on ne sauroit éviter : celui qui m'a toujours accompagné voulut que mes excuses m'attirèrent de nouveaux ordres qui me contraignirent, contre mon sentiment, d'aller trouver M. le duc d'Orléans à Blois. Il me parut, lorsque j'eus l'honneur de lui faire la révérence, par la réception qu'il me fit, qu'il n'avoit pas désagréable de me voir, et qu'il étoit en impatience de m'entretenir. Je ne me trompai pas; car il ne se donna le loisir que de me dire cinq ou six paroles dans sa chambre en présence de quelques uns des siens, qu'il passa dans son cabinet, duquel il me commanda de fermer la porte: ce qui me confirma qu'il avoit de nouveaux embarras, dont il avoit intention que j'eusse la confiance.

Son premier discours fut de la créance qu'il prenoit en ma fidélité, que je lui avois, à ce qu'il me dit, conservée si entière, qu'il lui étoit impossible de me déguiser ses affaires et ses sentimens. Il me raconta ensuite tout ce qu'il avoit fait et résolu avec M. de Bouillon et M. le grand, et m'ordonna de lui dire, avec ma franchise accoutumée et la liberté qu'il m'avoit toujours permise, quelle étoit mon opinion dans ces occurrences où il s'agissoit de tout ce qu'un prince de sa qualité avoit de plus considérable. Il la trouva si différente de la sienne, et tellement éloignée des conseils qui lui avoient été donnés, que je m'aperçus, dès l'instant que j'avois l'honneur de lui parler, qu'il en restoit fort surpris; et d'autant plus qu'il s'étoit imaginé, rappelant le souvenir des choses passées, qu'il n'avoit qu'à m'ouvrir les voies d'entrer dans un parti, pour rencontrer en moi le zèle et l'ardeur que j'avois témoignés dans celui de l'an 1636, qui avoit été entrepris sur des fondemens plus solides et des moyens mieux raisonnés.

Cette première conférence qu'il plut à Son Altesse que j'eusse l'honneur d'avoir avec elle ne s'étant étendue que dans des termes généraux, je fus nécessité ensuite par mon devoir, et pour l'intérêt de son service, de m'expliquer plus clairement de mon avis, et de le particulariser davantage. J'insistai moins sur les défauts de l'engagement dans lequel il me sembloit qu'il s'étoit précipité, et les fautes que j'estimois y avoir été commises en s'y embarquant, quoique très-grandes, qu'à lui proposer les expédiens que je jugeai plus propres à les réparer. Dieu sait, et Son Altesse aussi, si je parlai en homme de bien, et conformément au devoir d'un naturel français.

Le traité porté à Monsieur par le vicomte de Fontrailles et le comte d'Aubijoux à Chambord, il s'en alla à Bourbon, où je n'eus point l'honneur de le suivre, pour éviter les soupçons qu'en auroit peut-être pris le cardinal de Richelieu. Avant ce voyage Son Altesse me donna diverses fois sa parole que je serois ponctuellement averti de tout ce qui surviendroit dans le cours de cette affaire, et m'assura que si elle étoit découverte, et lui obligé à se retirer, il s'en iroit à Sedan, où il me commanderoit de me rendre avec la diligence que je jugerois nécessaire. Le comte d'Aubijoux fut dans ce même temps en Piémont vers le duc de Bouillon, pour tirer de lui les pouvoirs qu'il avoit promis, et les ordres à ceux qui commandoient dans sa place pour y recevoir Son Altesse toutes les fois qu'il lui plairoit d'y chercher sa sûreté. Ils lui furent remis par mondit sieur de Bouillon, et il les apporta à Moulins si à propos, que Monsieur eût pu s'en servir s'il fût demeuré dans sa première résolution.

Le traité ayant été pénétré, et messieurs le grand et de Thou arrêtés à Narbonne, tant s'en fallut que

Son Altesse se disposât à prendre le chemin de Sedan ainsi qu'elle me l'avoit assuré, qu'elle choisit la voie de la négociation, et la commit à La Rivière, qui dépendoit entièrement du cardinal de Richelieu. M. de Bouillon fut aussi retenu à Casal d'une manière fort peu honorable pour lui: ce que j'ignorai durant quelques jours de mon côté, et me trouvai tellement oublié par Monsieur, qu'il ne daigna me faire savoir aucunes nouvelles: mais sur le bruit publié d'un si grand changement arrivé à la cour, et des avis particuliers que j'avois reçus, je ne perdis pas le souvenir des ordres qui m'avoient été donnés; et comme l'occasion de les exécuter me pressoit, je m'en allai jusques à trois lieues de Sedan, où je fus informé de très-bonne part que le traité de Son Altesse avec le Roi étoit fort avancé. Ce fut à moi à penser de revenir sur mes pas: ce qui ne m'étoit pas aisé, parce que tous les passages des rivières étoient gardés contre les déserteurs de milice; et quoique j'aie fait en ma vie des voyages fâcheux et pénibles, ce fut, pour le temps qu'il dura, celui qui me l'a été davantage.

Les cours des princes sont composées de beaucoup de sortes de gens; mais il y en a peu qui préfèrent leur honneur à leurs intérêts, et qui se plaisent à soulager leurs amis lorsqu'ils se rencontrent embarrassés dans des affaires dont le succès ne leur est pas favorable. J'en ai pourtant éprouvé de fidèles dans des traverses qui me sont arrivées: le sieur de Roussillon me témoigna dans mon besoin qu'il étoit tel en mon endroit; car il quitta Monsieur en deux journées au-delà de Lyon, et fit ce long chemin pour m'avertir que Sa Majesté et le cardinal faisoient paroître beaucoup d'aigreur contre moi, et Son Altesse peu d'affection à me garantir de l'oppression dont j'étois menacé. Pour en empêcher l'effet, j'allai en Périgord, où j'étois très-certain que je n'avois rien à craindre, pour la bienveillance que cette province a de tout temps témoignée à notre maison; et le suppliai cependant, en continuant les obligations qu'il avoit commencé d'acquérir sur moi, de vouloir retourner vers Son Altesse pour que je fusse informé de ce que j'avois à devenir, et de lui dire hardiment de ma part que je ne pouvois être en peine qu'autant qu'il voudroit que je le fusse; et que cela étant, j'étois hors de toute appréhension. Il s'acquitta de la commission qu'il avoit eu agréable de prendre avec toute la diligence et le soin que je pouvois désirer, et revint me trouver ainsi qu'il me l'avoit promis, pour me porter, en termes exprès, ordres de Monsieur de sortir de France, parce que le séjour que j'y ferois lui pourroit nuire. Il y a une particularité qui mérite bien de n'être pas oubliée: deux jours avant que j'eusse reçu ce commandement, Son Altesse avoit été interrogée à Villefranche par M. le chancelier, assisté de douze maîtres des requêtes ou conseillers d'Etat, en présence desquels elle déclara par une très-longue déposition toutes les particularités des choses les plus secrètes; et comme il n'y en pouvoit avoir aucune, dans la vérité de l'affaire, suffisante de me faire tomber en crime, sa bonté, sans doute surprise, lui laissa consentir qu'il fût mis dans le douzième article que si j'avois fait quelque traité avec le sieur de Thou ou autre, elle le désavouoit. Elle savoit pourtant bien que cela ne pouvoit être, et que je n'étois point capable de rien faire à son insu, et principalement dans une occasion si considérable et de telle conséquence. Néanmoins je fus nommé de cette sorte dans un acte qui sera un titre à la postérité, que les princes de sa naissance ont peu accoutumé de donner. Je passai en Angleterre avec d'extrêmes difficultés : ce qui ne fut pas compté pour grand' chose.

Le cardinal de Richelieu mourut la même année, et le Roi celle d'après. En continuant les procédures commencées contre moi, je fus crié à trois briefs jours, mes biens arrêtés, et eus à souffrir dans mon absence tout ce que la violence exige contre les innocens par les formes ordinaires de la justice, à ce que le cardinal prétendoit mal à propos, parce qu'elle cède à l'autorité dans de semblables rencontres.

M. de Thou, mon cousin germain, mourut à Lyon, par jugement donné par des commissaires; et M. le comte de Béthune, mon intime ami, fut accusé, par la plus lâche calomnie qui se puisse jamais inventer contre une probité aussi reconnue que la sienne, d'avoir révélé le secret du traité d'Espagne. Enfin je fus le dernier de tous ceux qui étoient en peine pour les intérêts de M. le duc d'Orléans, qui revint en France de l'exil où j'étois allé par son commandement. Dans le temps de mon séjour en Angleterre, je me trouvai non-seulement abandonné, mais tellement oublié, par Son Altesse, que je tomberois pour elle en confusion si j'étois contraint d'en faire la relation entière. A mon retour je fus reçu comme un gentilhomme qui, par curiosité ou pour son divertissement particulier, auroit fait ce voyage. Cette manière de procéder d'un maître qui m'avoit si souvent exposé pour son service me toucha sensiblement : toutefois je me résolus de n'en point faire d'éclat, et à différer le dessein que j'avois pris de me retirer, plutôt pour la satisfaction de mes amis que pour la mienne, que je ne pouvois plus rencontrer après des traitemens si rudes. Trois mois s'étant écoulés dans ces sujets de mécontentement, qui auroient irrité la patience des plus sages et des plus modérés, et me voyant si déchu des avantages que d'autres fois Son Altesse m'avoit accordés, je crus qu'il seroit injurieux à mon honneur d'attendre plus long-temps à exécuter ce que j'avois projeté.

Pour en augmenter les raisons, je pris occasion de parler à Monsieur de deux affaires qu'il m'avoit promises, qui ne pouvoient recevoir aucune difficulté : il m'en refusa pourtant d'une façon si désobligeante, que je vis bien qu'il ne falloit plus remettre la résolution que j'avois prise, et que je n'avois retardée que pour observer plus de bienséance et de respect vers Son Altesse, et pour les considérations dont je me suis déjà expliqué. Peu de jours ensuite, je le suppliai d'agréer le traité que j'avois fait de ma charge de chef de sa vénerie, qui ne venoit point de ses bienfaits, car je l'avois récompensée aux enfans de celui qui la possédoit avant moi.

Ce que Monsieur eut à me dire ne consista qu'à s'enquérir pourquoi je m'en voulois défaire ; mais lui ayant représenté que c'étoit la pure nécessité de mes affaires qui m'y obligeoit, persuadé par cette raison, qu'un maître qui m'auroit plus considéré n'auroit pas si aisément reçue, j'en obtins la permission, sans me rendre aucun témoignage d'y désirer autrement pour voir. Quinze jours se passèrent après m'être mis en état de me procurer la liberté entière que j'avois souhaitée avec tant de passion et de si justes sujets, à la fin desquels je fus au Luxembourg pour la demander à Son Altesse, sans perdre l'honneur de ses bonnes grâces. Elle y résista véritablement dans des termes dont j'aurois tort de me plaindre, et beaucoup plus honnêtes que ceux desquels elle s'étoit servie lorsque je lui avois demandé celle de tirer récompense de la charge que j'avois dans sa maison; et j'avoue que si je n'eusse été très-assuré que ce refus venoit plutôt de l'appréhension du reproche qu'elle craignoit de s'attirer, que d'aucune bonne volonté qu'elle eût conservée pour moi, peut-être me serois-je retenu d'insister davantage. Je savois aussi de certaine science que mon exclusion avoit été stipulée auprès d'elle avant mon retour d'Angleterre, sur la créance que les ministres qui avoient succédé à l'autorité du cardinal de Richelieu lui avoient fait prendre que je n'étois pas propre à demeurer à son service avec quelque sorte de crédit: ce que je ne puis attribuer qu'à l'opinion très-bien fondée qu'ils avoient conçue que je ne chercherois que sa gloire et la réputation d'un prince de sa naissance, qui devoit être soutenue par des actions capables de le conserver dans le rang qu'il étoit obligé de tenir; et n'étant point un homme intéressé, que je ne serois jamais leur dépendant. La Rivière assurément, sans une si puissante protection que la leur, ne m'auroit formé aucun obstacle que je n'eusse facilement surmonté. Ainsi je ne le mets point en considération, les voies que j'avois pour ce qui pouvoit être à démêler entre lui et moi m'étant trop connues pour ne m'en pas servir, s'il n'eût été appuyé que de ses propres forces.

Dans ce discours, qui contient en substance les sujets véritables que j'ai eus de me rendre libre, je me suis abstenu de rapporter beaucoup de particularités encore plus essentielles que celles que j'y ai employées. Je supplie ceux qui prendront la peine d'en faire la lecture de vouloir exactement considérer la sorte de laquelle j'ai été traité par Son Altesse, remarquer la patience que j'ai fait paroître à le souffrir, et la manière de laquelle je me plains ; et ayant obtenu d'eux ce que je crois désirer avec raison pour l'éclaircissement de la vérité, j'ose me promettre qu'ils ne m'accuseront pas de m'être trop précipité à me retirer, comme quelques-uns me l'ont voulu attribuer, et qu'ils conviendront qu'il étoit impossible d'en user autrement pour se conserver dans le monde avec quelque estime. Je proteste avec vérité qu'il ne m'en reste nul regret, ni, selon mon opinion, que j'ai assez examinée, aucune occasion juste d'en recevoir le moindre reproche.

L'aigreur qui avoit été inspirée à M. le duc d'Orléans contre moi pour m'être retiré de son service ne pouvoit lui permettre de différer long-temps à m'en faire ressentir les effets : et comme les princes qui ont la puissance en main trouvent aisément les occasions d'opprimer ceux qui ne leur sont pas agréables, celle de la détention de M. le duc de Beaufort sembla fort à propos à Son Altesse pour me donner des marques de son indignation. Une heure après qu'il fut arrêté dans le Louvre par Guitaut, capitaine des gardes de la Reine, nous fûmes avertis, le comte de Béthune et moi, par un homme de qualité, que nous serions compris dans cette disgrâce, et que ce seroit plutôt par la prison que par l'éloignement de la cour. Si nous eussions suivi l'opinion de celui qui étoit venu nous donner cet avis, nous aurions pris dès ce moment le parti de nous mettre à couvert du péril qu'il jugeoit que nous avions à courir d'être retenus; mais préférant les conseils que nous tirions de notre innocence à tous autres, nous délibérâmes de n'user d'aucunes nouvelles précautions pour notre sûreté, estimant la devoir rencontrer entière dans la sincérité de nos actions. Nous attendîmes dans cette confiance ce que l'on voudroit résoudre et ordonner sur notre sujet, et convînmes cependant de demeurer fermes dans cette résolution, nonobstant toutes propositions et avis contraires que nous pussions recevoir. Après l'avoir ainsi arrêté entre nous, je fus voir mesdames les duchesses de Vendôme et de Nemours dans leurs afflictions, et me retirai assez tard à mon logis : le lendemain nous en usâmes comme nous avions accoutumé, excepté que nous prîmes soin de mettre nos affaires en état de n'avoir aucun embarras qui nous pût donner de la peine, quelques événemens qui pussent arriver. Je fis deux ou trois visites le matin, et revins à onze heures au logis du comte de Béthune m'informer de ce qu'il avoit appris. Le comte de La Châtre s'y étoit rendu, assez alarmé en son particulier, et avec d'autant plus de raison qu'il avoit à perdre l'une des plus considérables charges du royaume, enviée de beaucoup de gens, et surtout du maréchal de Bassompierre, qui l'avoit autrefois possédée. L'ordre avoit été déjà donné de nous bannir, le comte de Béthune et moi : l'exempt des gardes du corps du Roi, qui en avoit eu la commission, nous ayant trouvés ensemble, l'exposa avec la civilité qui dépendoit de lui, et dans des termes qui nous faisoient assez paroître que Sa Majesté vouloit être obéie. Il nous fit le commandement de sortir de Paris dès le même jour; et à peine s'étoit-il séparé de nous, que M. le duc de Longueville entra, qui nous dit qu'il avoit beaucoup de déplaisir de l'ordre que nous avions reçu, dans lequel on reconnoissoit avoir usé de trop de précipitation, parce que l'on s'étoit éclairci que nous ne devions pas être traités avec cette rigueur, n'en ayant donné aucun sujet.

Ce discours fut accompagné de force complimens, et de plusieurs assurances de l'honneur de son amitié: il eut agréable ensuite de me tirer à part, pour me demander ce que je jugeois qu'il y avoit à faire, dont il me prioit de lui parler librement. Je le fis comme il me l'avoit ordonné, en lui faisant voir que la vérité ayant été si facilement reconnue, il n'y avoit rien de plus aisé ni de plus juste qu'à changer l'ordre que nous avions reçu par les mauvais offices de nos ennemis. Pour ce qui regardoit le comte de Béthune, qu'il étoit digne d'être considéré en sa personne, qui valoit beaucoup, et par les services de monsieur son père utilement rendus à l'Etat; que le comte de La Châtre devoit aussi être à couvert de l'effet des bruits qui couroient de la résolution prise de l'éloigner par les mêmes raisons de son mérite et de son innocence. Je le trouvai surpris du peu de souvenir que j'avois eu de moi, ne m'étant point nommé; mais je n'avois garde de lui faire aucunes propositions sur mon sujet, pour l'intérêt que j'y pouvois avoir, parce qu'étant résolu à me retirer, il m'étoit égal que ce fût par mon choix ou par l'ordre de la cour, qui ne me blessoit en façon du monde, ma conduite ne me l'ayant pas attiré. S'étant approché de ces messieurs et de ceux qui nous avoient fait la faveur de nous venir voir sur ce commandement, dont la nouvelle s'étoit épandue, il y en eut un de la compagnie, emporté par l'affection qu'il avoit pour nous, qui s'échappa de dire qu'il étoit bien étrange que nous eussions à souffrir étant innocens, et que ce fût pour l'intérêt de personnes qui avoient vécu en sorte à notre égard que nous avions d'extrêmes sujets de nous en plaindre. Je n'en voulus pas convenir, mon opinion ayant toujours été que les malheureux doivent être soulagés, et que ceux qui les blâment dans le temps de leur mauvaise fortune font une action, surtout lorsqu'il s'agit de leur intérêt particulier, qui répugne à la charité et à l'honneur qu'il y a de ne rien ajouter de fâcheux à leurs disgrâces. M. le duc de Longueville approuva que j'eusse pris la parole pour témoigner que c'étoit mon sentiment et celui du comte de Béthune, dont je ne fus pas désavoué, quoique, à rapporter les choses dans la vérité, lui ni moi n'eussions aucune occasion de nous louer de la manière qu'ils avoient usé vers nous, après ce qui s'étoit passé en diverses natures d'affaires, dans lesquelles nous ne leur avions pas été inutiles.

La condition de Saint-Ibar, mon cousin germain, ne fut pas meilleure dans cette conjoncture que la nôtre. L'exempt qui nous avoit porté l'ordre de nous retirer lui en fit un pareil commandement; et sur ce qu'il lui dit que la Reine vouloit qu'il s'en allât dans l'une de ses maisons, il lui répondit en riant qu'il s'apercevoit bien que Sa Majesté avoit été aussi mal informée de son bien que de ses crimes; et qu'il s'en iroit en Hollande pour lui témoigner son obéissance. Pour employer le reste du temps que nous avions à demeurer à Paris, nous fûmes rendre des visites de respect et de devoir auxquelles nous ne pouvions manquer, et entre les autres à M. de Vendôme, qui nous traita de la plus étrange façon que des gens comme nous, chassés sur le prétexte de M. de Beaufort son fils, le pussent être dans une semblable occasion. Il s'attacha fort à condamner sa conduite, et le blâma particulièrement de ne s'être point voulu lier d'amitié et d'intérêt avec La Rivière, quoiqu'il lui eût souvent conseillé; qu'il ne doutoit point que ce ne fût notre considération qui l'en avoit empêché, qui étoit aussi la cause effective et véritable de son malheur et de sa disgrâce.

A ce discours si choquant, tenu très-mal à propos, et fort éloigné de ce qu'il savoit en sa conscience; je ne pus me retenir de lui dire que je le suppliois de se bien souvenir que toutes ses conférences secrètes s'étoient passées sans notre participation; qu'il y avoit plus de deux mois que nous ne voyions plus ni lui ni monsieur son fils, et que nous étions fort bien informés que, dans toutes les mesures qu'ils avoient prises pour s'établir à la cour, nous n'y avions pas été désirés. Il me demanda assez aigrement si j'en étois bien assuré. Je lui répondis que oui, mais que le comte de Béthune et moi n'étions venus le voir pour entrer en conteste avec lui; qu'il nous suffisoit de la connoissance certaine que nous en avions eue;

et de lui donner celle d'être plus ses serviteurs dans sa mauvaise fortune, que nous ne le serions si elle étoit meilleure. J'ai remarqué en sa personne un procédé qui contrevenoit entièrement à la biénséance et à l'usage ordinaire : les hommes doivent, être sans comparaison, plus constans dans les adversités que les femmes, dont la foiblesse mérite d'être excusée. Néanmoins il étoit au lit, tellement abattu qu'il n'étoit pas connoissable; et madame sa femme, levée, recevoit les visites qui lui étoient rendues avec une constance que l'on ne sauroit trop estimer. Je ne dois pas oublier qu'étant allé voir Saint-Ibar avant notre séparation, que je prévoyois d'une grande longueur, nous y rencontrâmes M. le duc de Longueville, qui, avec beaucoup de soin et de bonté, s'étoit employé pour faire rétracter l'ordre que nous avions reçu.

Les considérations qu'il lui plut de nous apprendre qui s'y étoient opposées furent celles de l'autorité royale et de la dignité du ministre, qui ne permettoient pas un changement si soudain; que véritablement l'intention de la cour étoit de réparer le tort qui nous avoit été fait, mais qu'il étoit absolument nécessaire, pour sauver les apparences, que ce fût avec le tempérament convenable à la qualité de ceux qui s'en étoient mêlés.

Satisfaits, comme l'on se peut imaginer, des raisons que nous avions sues d'un prince qui jugeoit bien ce que nous en devions croire, nous revînmes au logis du comte de Béthune pour partir un moment après : ce que nous ne pûmes faire qu'à une heure de nuit, parce que nous y fûmes retenus par une infinité de personnes et de respect et de qualité qui nous faisoient l'honneur de nous y attendre pour nous dire adieu.

Durant le temps que nous fûmes exilés, l'on essaya diverses fois de pressentir si nous voudrions nous résoudre à un raccommodement avec La Rivière : le peu de dispositions que l'on y trouva, par les réponses que l'on reçut de nous, fit suffisamment connoître que c'étoit un mauvais moyen que celui de nous avoir chassés pour nous faire changer de sentiment pour lui. L'on eut aussi dessein de nous obliger à demander notre retour; ce que nous ne voulûmes faire en façon quelconque, n'ignorant pas que des gens qui n'ont point failli prennent toujours mal leurs mesures de rechercher ceux qui les ont maltraités, et de se soumettre à des explications qui diminuent assez souvent la bonne opinion que l'on a prise de leur conduite, qui ne sauroit être soutenue dans de pareilles occasions avec trop de fermeté, celle que nous observions ne pouvant nous procurer d'elle-même ni blâme ni mauvais office; dont ceux qui ne nous aimoient pas recevoient assez de déplaisir. Il se présenta une occasion qu'ils crurent leur être favorable.

M. de Harlay, de tout temps notre intime ami, nous en voulut donner ce témoignage que de nous venir voir durant notre éloignement. Après avoir demeuré peu de jours avec nous, s'en retournant à Paris, il nous pria de lui rendre la visite aux fêtes de Noël, à sa maison de Beaumont. Le président Barillon, le prince de Marsillac, le marquis de Maulevrier, Du Bourdet et Beloy désirèrent être de la partie, faite sans autre dessein que celui de notre divertissement particulier. Ces messieurs arrivèrent ensemble, et nous y fûmes aussi comme nous l'avions promis. Cette entrevue, quoique fort innocente et de nulle considération, fit un éclat étrange : M. de La Rochefoucauld fut le premier qui en donna avis à M. le cardinal Mazarin, et crut que son zèle seroit fort estimé en usant de ces termes; qu'il ne répondoit plus du prince de Marsillac son fils.

La Rivière, toujours malintentionné pour nous, employa avec beaucoup d'artifice tous les soins de Monsieur, son maître, et les siens pour la rendre suspecte de faction, et fit son possible pour persuader qu'il y avoit d'autres personnes qui s'y devoient trouver de la part de M. de Vendôme et de madame de Chevreuse. L'on délibéra enfin sur cette assemblée d'*importans* (qui étoit le nom qu'il leur plaisoit nous donner), et l'on jugea, pour toutes conclusions, que tout ce qui en avoit été dit étoit faux, et qu'il seroit honteux de s'y arrêter davantage. Au retour de ces messieurs à Paris, ils trouvèrent ce bruit si public, qu'il y en eut un d'entre eux qui crut à propos d'en faire un éclaircissement pour sa justification. Le président Barillon, avec sa franchise naturelle, traita l'affaire autrement, et dit à ceux qui en ouvrirent le discours qu'il nous viendroit encore une visite au printemps si l'on ne nous faisoit revenir, se souvenant fort bien de ce que nous avions fait pour lui lorsqu'il étoit prisonnier, pour manquer vers nous à l'état auquel l'on nous avoit mis.

Le reste de l'hiver se passa sans que la Reine eût agréable de nous rappeler ; mais comme les disgrâces de la nature de la nôtre ne peuvent pas toujours durer, notre retour fut accordé au mois d'avril suivant, plus par les soins du comte de Charost, qui parloit hautement de l'injustice que l'on nous faisoit, que pour toute autre considération. L'on nous envoya des lettres du Roi, qui nous donnèrent la liberté de revenir à la cour, sur ce que Sa Majesté étoit satisfaite de notre conduite. Pour ce qui me regardoit, j'aurois attendu quelque temps pour me servir de cette permission (si je n'eusse dû rendre cette déférence au comte de Béthune, qui avoit des affaires à Paris qui lui étoient de conséquence, et qui n'y vouloit pas retourner sans moi, de m'en rapprocher avec lui), plus tard assurément que je ne fis. Lorsque nous y fûmes arrivés, ces mêmes personnes qui nous avoient vus quand l'on nous en bannit nous rendirent leurs visites. La Reine nous reçut avec fort bon visage ; et M. le duc d'Orléans, qui vouloit être remercié par nous de notre retour, auquel il avoit formé une infinité d'obstacles, ne l'étant pas dans les respects dont nous fûmes nous acquitter vers lui, s'en plaignit hautement, et dit à beaucoup de ceux qui étoient auprès de sa personne que nous l'avions été voir comme auroient fait des Allemands qui passeroient en France : ce qui l'avoit empêché de nous recevoir avec les témoignages de bonne volonté qu'il avoit résolus.

Ce fut, après huit mois d'éloignement de la cour, la manière de laquelle notre disgrâce finit, en attendant que mon malheur ordinaire me fît tomber dans une autre plus rude et beaucoup plus fâcheuse, et dont il étoit impossible, procédant en homme de bien, que je me pusse garantir : j'en laisserai le jugement libre à ceux qui se donneront la peine de lire la suite de ce discours, si, dans les disgrâces qui me sont du depuis arrivées, j'ai été innocent ou coupable. Deux mois de séjour à Paris m'ayant acquitté du respect que je devois à la Reine, touchant la permission que j'avois reçue de Sa Majesté de revenir à la cour, je crus que je ne pouvois mieux faire que de retourner chez moi, pour y goûter le repos d'une vie retirée et particulière.

La demeure de madame de Chevreuse à Tours me donnoit sujet de la voir de fois à autre; et bien que ce fût rarement, je ne laissai pas de prendre plus de connoissance de son humeur et du tempérament de son esprit, que je n'en avois eu dans tout le temps qu'elle avoit été plus heureuse et en plus grande considération. L'abandonnement quasi général dans lequel elle étoit de tous ceux qu'elle avoit obligés, et qui s'étoient liés d'amitié et unis d'intérêts avec elle, me fit juger du peu de foi que l'on doit ajouter aux hommes du siècle présent, par l'état auquel se trouvoit une personne de cette qualité si universellement délaissée dans sa disgrâce : ce qui augmenta le désir en moi de m'employer à lui rendre mes services avec plus de soin et d'affection dans les occasions qui s'en pourroient offrir. Je n'ignorois pas que les conséquences que l'on voudroit tirer des visites dont j'avois l'honneur de m'acquitter vers elle, quoique sans fondement légitime, ne fussent capables de me nuire, et de troubler la tranquillité que je m'étois proposée, par les soupçons que l'on en prendroit; mais l'estime et le respect que j'avois pour sa personne et pour ses intérêts m'engagèrent d'en courir volontiers le hasard, en observant toutefois cette précaution de les régler en sorte que l'on ne pût remarquer qu'elles fussent trop fréquentes, ni qu'il y eût aucune affectation de sa part ni de la mienne. Les traverses dont toute sa vie elle avoit été agitée n'étant pas prêtes à finir, il lui en arriva une dans cette conjoncture qui lui causa un déplaisir extrêmement sensible : son médecin fut arrêté dans son carrosse par le prevôt de l'île, en présence de mademoiselle sa fille, et conduit à la Bastille, sur ce qu'il avoit été accusé d'avoir fait, par son ordre, plusieurs voyages hors de France.

Ce traitement, souffert par un homme qui étoit son domestique, précéda de peu de jours celui qui arriva en sa personne : Riquetti, exempt des gardes du corps du Roi, fut envoyé à Tours pour lui porter le commandement de se retirer à Angoulême, où il la devoit mener. La crainte d'y être retenue et mise sous sûre garde dans la citadelle fit une telle impression dans son esprit, qu'elle se résolut à s'exposer à tous les autres périls qui lui pourroient arriver pour se garantir de celui de la prison, qu'elle croyoit y être inévitable, à moins que d'y pourvoir promptement. Pour l'exécuter, il falloit beaucoup d'invention et d'adresse, qui ne lui manquèrent point dans l'extrémité où elle se persuadoit d'être réduite ; car elle se sauva de Tours dès le même jour, accompagnée de mademoiselle sa fille, qui ne la voulut point abandonner, et de deux de ses domestiques tels qu'elle les avoit pu choisir avec une extraordinaire diligence. Elle se rendit en Bretagne, chez le marquis de Coaquin, de qui elle reçut les services et les assistances qu'elle s'étoit promises, par la facilité qu'il donna à son embarquement. Cette résolution hasardeuse pouvant être sujette à beaucoup d'inconvéniens, n'ayant au dehors nulle retraite assurée, elle jugea qu'il étoit plus à propos de confier ses pierreries au marquis de Coaquin, que de les emporter avec elle. Cette considération l'obligea à les laisser entre ses mains, et la bonne volonté qu'elle conservoit pour moi à m'écrire une lettre qui contenoit plusieurs témoignages de l'honneur de son souvenir, et des excuses infiniment obligeantes de ne m'avoir consulté dans une rencontre si importante, sur ce qu'il avoit fallu qu'elle usât nécessairement d'une si grande précipitation, qu'elle n'avoit pas eu un moment de délibérer pour m'en faire entrer en connoissance.

Je demeurai encore quelque temps en Touraine après qu'elle en fut partie, et ne revins à Paris que pour mes affaires particulières, qui me contraignoient d'y apporter quelque ordre. Les ayant réglées par la vente d'une partie de mon bien, il me sembla qu'il étoit de la bienséance de ma profession, ne pouvant aller volontaire dans les armées de France, ni avoir aucun emploi dans lequel je pusse recevoir satisfaction, de passer en Hollande, où je trouverois Saint-Ibar, avec lequel j'avois une étroite liaison d'amitié. Au commencement de la campagne la mort du comte de La Châtre me fut mandée, et celle de madame sa femme six semaines après. La disposition qu'ils avoient faite de leurs dernières volontés, par laquelle ils me nommoient l'un des tuteurs des enfans qu'ils avoient laissés, me contraignit de revenir à Paris, où je demeurai tout l'hiver pour l'utilité d'une maison affligée, à laquelle je devois mes soins et mes services.

Comme j'étois sur le point de retourner en Hollande, madame de Chevreuse s'adressa à moi par deux lettres qu'elle m'écrivit, par lesquelles elle me prioit de recevoir les pierreries qu'elle avoit laissées au marquis de Coaquin, qui me les feroit tenir. Il me les envoya par un gentilhomme de ses amis nommé Beaufort-Châteaubriand, qui agit, selon qu'il m'a paru dans cette commission, en homme d'esprit, et avec beaucoup de fidélité. De ma part je suis très-assuré que je la gardai telle, que je n'en parlai à personne du monde qu'à celui qui les vint querir, peu de jours après, de celle de madite dame de Chevreuse, auquel je les remis de même qu'elles m'avoient été déposées, sans avoir seulement eu la curiosité de les voir. Ce secret, je ne sais pas par quelle voie, ne laissa pas d'être pénétré, et moi arrêté aussitôt dans mon logis par le prevôt de l'île, qui me fit voir l'ordre qu'il avoit de s'assurer de ma personne. Le lieutenant criminel y arriva avant que je fusse sorti, et me demanda les clefs d'un cabinet où je mettois beaucoup de choses auxquelles j'étois bien aise que mes valets ne touchassent point.

Je fus conduit à la Bastille cependant qu'il cherchoit dans tous les endroits de mon logis pour trouver ce qui n'y étoit plus, et qu'il interrogeoit mes gens d'un fait duquel ils étoient fort ignorans. Deux heures après il me vint trouver (fort interdit de n'avoir pu se saisir de ces pierreries que l'on lui avoit fort assuré être entre mes mains) avec beaucoup d'empressement, et l'ardeur d'un commissaire fort zélé : il me représenta deux bagues de peu de prix qui étoient à moi, s'enquit fort exactement si je n'en avois point d'autres.

J'ai su du depuis de lui qu'il se trouva fort soulagé lorsque je lui eus répondu que non, dans la crainte qu'il avoit que les archers du prevôt de l'île n'eussent usé de quelque tour de leur métier, et détourné ce qu'il cherchoit avec tant de soin. Il ne me rendit pas une plus longue visite : après avoir tiré de moi cet aveu, il s'en retourna pour achever celle qu'il avoit interrompue, dont le succès n'avoit pas été conforme à ses espérances, ni aux ordres qui lui avoient été donnés.

Il falloit bien que je fusse recommandé au Tremblay, gouverneur de la Bastille, puisqu'il me logea dans une des tours où l'on met ordinairement ceux qui ne sortent que pour aller au supplice, seulement avec un soldat duquel il se tenoit fort assuré, qu'il avoit choisi pour me servir. Je restai en cet état quatorze jours, sans ouïr parler de chose du monde; et ce temps-là expiré, l'on m'envoya querir dans ma chambre, pour être interrogé par le lieutenant criminel, auquel je dis au commencement qu'il ne pouvoit être mon commissaire ni mon juge, parce qu'il n'y avoit point en moi de crime, ni d'indice seulement que j'en eusse commis aucun; et que la qualité de gentilhomme, que je pensois qu'il ne voudroit pas me contester, me soumettoit à une autre juridiction que la sienne. Il reconnut que cela étoit vrai; et j'en savois assez pour me défendre de répondre devant lui, si le respect que je voulois rendre au Roi et à la Reine, et la sûreté que je prenois dans mon innocence, ne m'eussent fait passer par dessus toutes sortes de formalités.

Cette première fois il fut trois heures avec moi, qu'il employa en homme intelligent, et qui savoit se servir de tous les avantages qu'il pouvoit prendre pour me convaincre des chefs que le chancelier lui avoit donnés: la seconde fois il en demeura cinq, et insista fort à me faire passer pour une faute capitale d'avoir gardé et remis fidèlement le dépôt qui m'avoit été confié. Je m'empêchai fort bien d'en convenir, et de trop parler dans une telle occasion, où le meilleur conseil que l'on puisse prendre est celui de peser jusques aux moindres paroles que l'on est obligé de dire, et de s'en bien ressouvenir.

Il falloit nécessairement que madame de Chevreuse se fût relâchée du secret qu'elle devoit inviolablement garder pour son propre intérêt (elle m'a fait l'honneur, depuis son retour en France, de me dire qu'elle ne s'en étoit confiée à aucun des siens, ou à quelques-uns de ses domestiques ou autre duquel elle eût été trompée); car il me dit tout ce que contenoient les lettres que je lui avois écrites et celles que j'avois reçues, jusques aux moindres circonstances. Il me laissa après s'être bien tourmenté, jugeant que cela ne produiroit rien de me presser davantage.

Et le soir à minuit, comme j'étois couché, Le Tremblay entra dans ma chambre, qui me fit entendre que l'on me vouloit tirer de la Bastille pour me transférer dans une autre prison. Il me fut assez indifférent, et je le dis pour la vérité : ce qui ne regardoit que mon intérêt particulier me touchoit si peu, que je n'y faisois réflexion qu'autant que mon honneur m'y pouvoit obliger.

Le Tremblay est vivant, et peut être témoin de la

sorte dont je reçus la nouvelle qu'il me vint annoncer; et Picaut, exempt du grand prevôt, de celle que je procédai lorsqu'il me conduisit au bois de Vincennes pour me remettre entre les mains de La Ramée, exempt des gardes du corps du Roi. J'y fus quatre mois sans ouïr la messe ni sortir de ma chambre, que pour me promener parfois dans une autre qui étoit proche, à la fin desquels je reçus la liberté de prendre l'air, le matin seulement, au haut du donjon ou dans les galeries qui regardent les fossés, ayant toujours auprès de moi, pour observer mes actions, l'un des enfans de La Ramée, qui tenoit la place d'exempt, un garde du Roi, et le soldat qui avoit le soin de me servir. Quatorze mois (qui fut tout le temps que j'y ai été retenu) se passèrent sans avoir reçu ni demandé aucune grâce particulière : il est vrai qu'il me paroissoit que l'on vouloit l'exiger de moi, et j'essayois autant qu'il étoit en mon pouvoir d'en détourner le discours. Les soins de mes amis, et privativement à toute autre assistance, celle que me faisoit l'honneur de donner à mes intérêts et à mon innocence la maison de Guise, fit effet dans l'esprit de la Reine et dans celui du cardinal Mazarin, pour les disposer à me tirer de la prison.

M. le prince d'Orange me fit aussi l'honneur de leur écrire en ma faveur, bien que je ne lui eusse rendu aucun service qui pût mériter cette grâce de lui; et Dieu permit que dans le temps qu'un prince, à qui j'avois donné la meilleure partie de ma vie contribuoit à me rendre malheureux, un autre, aux intérêts duquel je n'avois jamais eu d'attachement, se portoit à m'obliger avec beaucoup de générosité.

Celle de mademoiselle de Guise fut accompagnée de tant de persévérance, que la considération d'une princesse si vertueuse me procura la liberté, qui m'eût été fort indifférente si je ne l'eusse due à la personne du monde qui mérite le plus de respect, et à laquelle j'en veux aussi toujours rendre davantage.

Le cardinal Mazarin s'étant résolu à me la faire recevoir, voulut qu'elle me fût accordée avec toutes les conditions qui me pourroient satisfaire, et n'en laisser aucunes dont il me pût rester nul sujet de plainte ni de ressentiment. Il dépêcha d'Amiens, où la cour étoit lors, un gentilhomme nommé Du Saguon, avec un ordre à La Ramée de me remettre entre ses mains. L'évêque de Coutances et l'abbé de Hugron, ses domestiques, vinrent avec lui au bois de Vincennes, où il entra pour me dire ce que M. le cardinal lui avoit ordonné. Ce fut en substance que je sortirois sans aucunes conditions, et que l'on avoit été fâché de ma prison, pour l'estime en laquelle on m'avoit; que je la devois oublier, puisque j'en étois prié par Son Eminence, et lui accorder mon amitié, qu'il avoit ordre de me demander de sa part et de m'offrir la sienne; qu'au surplus l'on ne vouloit rien stipuler, connoissant qu'une personne de mon humeur feroit de sa propre inclination toutes les choses justes; et que j'étois aussi libre de faire tout ce que bon me sembleroit dès ce moment qu'il parloit à moi, qu'avant qu'avoir été arrêté. Ma réponse fut, en peu de paroles, que je me ressentois fort obligé à la bonté du Roi et de la Reine, et aux bons offices de M. le cardinal, et que je ne serois jamais ingrat vers ceux auxquels je serois redevable de quelque obligation; qu'en son particulier je croyois lui en avoir de la peine qu'il avoit prise, et que j'étois son serviteur.

Le comte de Béthune mon intime ami, le marquis de Bourdeille mon frère, et le comte de Matha mon cousin germain, furent présens à tout ce discours, que La Ramée et ceux qui étoient employés à ma garde entendirent distinctement. A ma sortie de ce lieu, capable de plaire à très-peu de personnes, je trouvai quantité de mes amis qui s'y étoient rendus, pour me témoigner la joie qu'ils avoient de me voir délivré de cette captivité. J'arrivai à Paris avec eux, et en trouvai encore plus grand nombre au logis de mon frère, où j'allai descendre : il n'y eut guère de gens de qualité qui ne me fissent l'honneur de me visiter en cette occasion. J'y demeurai quinze jours en attendant que je fusse en état d'aller à Amiens pour faire la révérence à la Reine, et satisfaire aux autres respects desquels l'on jugea que je me devois acquitter.

« Pour ne manquer pas à celui que je me reconnois
« obligé de vous rendre dans toutes les occasions où
« vous désirez des preuves de la déférence que j'ai
« pour vous, je me suis résolu, pour vous satisfaire,
« de mettre par écrit l'histoire de mes malheurs. Je
« sais combien vous avez essayé de les adoucir par
« tous les soins que peut produire une véritable et
« sincère affection. Le destin qui gouverne tous les
« hommes, et moi par conséquent, ne m'a point im-
« posé de si rudes conditions, qu'il ne m'ait été facile
« de les supporter par la modération que Dieu m'a
« donnée : si j'avois été plus heureux, je vous aurois
« rendu mes services, au lieu de vous causer de la

« peine ; mais vous agissez si noblement, que vous
« tirez plus de satisfaction de m'avoir obligé, que vous
« n'en eussiez reçu si je vous eusse été utile. Quoi qu'il
« puisse arriver dans la suite des temps, je m'assure
« que vous aurez toujours pour moi les mêmes sen-
« timens d'amitié ; et que cette exquise probité, re-
« marquée dans toutes vos actions, ne sera point al-
« térée par les fausses maximes d'un siècle corrompu,
« qui préfère, à sa honte, l'intérêt à l'honneur. Les
« conseils de la prudence ont leurs règles et leur éten-
« due : je conviens fort aisément qu'un homme de
« bien peut et doit rechercher les faveurs de la fortune,
« pourvu que ce ne soit pas aux dépens de sa réputa-
« tion ; car, tout bien considéré, il n'y a point de rai-
« son qui nous puisse dispenser de la conserver dans
« une pureté entière, ni qui doive entrer en compa-
« raison avec le repos de sa conscience. C'est un bien
« qui vient de la grâce du Ciel, qui ne peut être ob-
« tenu que par ceux qui contractent une vertu si so-
« lide et si constante, qu'elle subsiste toujours égale
« dans tout le cours de leur vie : l'estime du monde
« est aussi une récompense que le public refuse ra-
« rement, lorsque l'on se met en état de la mériter.
« Vous avez toutes les qualités nécessaires pour être
« jugé digne de tous les avantages qu'une personne
« de votre naissance se peut légitimement acquérir ;
« profitez-en, je vous supplie ; vous le pouvez par les
« mêmes voies que vous avez tenues, puisque cela
« dépend absolument de vous. Et croyez qu'en ob-
« servant cette généreuse persévérance, conforme à
« vos naturelles inclinations, vous devez faire un fon-
« dement assuré d'avoir en moi, jusques au dernier

« moment de ma vie, le plus fidèle et le plus pas-
« sionné serviteur que vous eussiez pu choisir pour
« l'honorer de vos bonnes grâces. »

Après que la liberté m'eut été rendue, le ressentiment qui me restoit des disgrâces que j'avois souffertes m'auroit plutôt porté à me retirer pour toujours hors de France, qu'obligé d'y demeurer davantage : les raisons qui fortifioient mon inclination à rechercher le repos dans un autre séjour que celui de ma naissance me sembloient si légitimes, que, pour ce qui regardoit mon seul intérêt et ma satisfaction, je ne trouvois rien qui dût être opposé à un dessein si juste.

L'autorité, qui demeuroit absolue entre les mains de ceux qui m'avoient persécuté sans sujet dans leur foi toujours incertaine, ne me laissoit aucune espérance de rencontrer ma sûreté : leurs actions me paroissoient également suspectes ; et, quelque précaution que je pusse apporter aux miennes, des esprits si difficiles me mettoient en état de douter que mon innocence, sans autre appui, fût suffisante pour me garantir des nouvelles oppressions que leur mauvaise volonté me pourroit susciter sous de faux prétextes ; joint à l'expérience qui m'avoit fait connoître quelle est la puissance des ministres pour détruire un particulier qui reste sans support, et que, n'étant soutenu d'aucune protection, je me trouvois à tous momens exposé aux mouvemens de leurs caprices. Quant à concevoir des pensées d'avancer ma fortune, j'y voyois trop d'obstacles pour tomber dans cette erreur, et je sentois en moi une répugnance invincible de songer à m'établir, puisque je ne le pouvois qu'au préjudice de ma conscience et aux dépens de mon honneur : ce qui me faisoit conclure qu'ayant tout à craindre, et me trouvant dénué de toute espérance, la retraite devoit être le parti que j'avois à choisir, la cour dans sa servitude n'étant propre que pour des esclaves, et trop contraire à des esprits libres comme le mien. Nonobstant ces réflexions, que j'estimois seules capables, étant à propos exécutées, de me conduire à la tranquillité, qui est le souverain bonheur de la vie, la force de l'amitié et le ressentiment des obligations reçues de personnes dont la vertu m'est en admiration me détournèrent d'une résolution que je n'eusse jamais différée, si l'estime de leurs qualités excellentes et la gratitude que je leur devois ne l'eussent emporté sur ma pente naturelle, et surmonté l'aversion que j'avois contractée de me trouver encore exposé au dégoût et aux traverses que j'avois tant de fois souffertes.

Ce fut pour ces considérations que je préférai leurs conseils à mes opinions : et comme cette même vertu subsiste égale en toute leur conduite, je n'ai aucun regret d'avoir plutôt suivi leurs volontés que mes sentimens, sur lesquels j'ai pris assez d'autorité pour me pouvoir avancer jusques à dire que j'ai pour principe et tourné en habitude l'indifférence et le mépris pour toutes les choses du monde, excepté pour ce qui les regarde : mais, tout bien examiné, il faut honorer ce qui le mérite d'un esprit détaché d'intérêt. Si cette façon de procéder n'est pas ordinaire, elle en est plus glorieuse ; et j'ose me flatter de cette créance, que cette preuve de respect et d'affection n'est pas indigne de leur être agréable.

Les premières civilités que les prisonniers reçoivent lorsqu'ils ont recouvré leur liberté m'ayant été rendues, il s'agissoit de délibérer ce que j'avois à faire pour ce qui regardoit la cour. Ceux qui avoient le pouvoir de m'ordonner, et mes plus particuliers amis, jugèrent qu'en attendant que j'allasse en personne remercier la Reine et M. le cardinal Mazarin (ce qu'ils estimoient se devoir de toute nécessité), il étoit bien à propos que mon frère voulût par avance satisfaire à ce respect, et pressentir de quel visage j'y serois reçu. Sa santé ne lui permettant pas de me rendre cet office, le comte de Matha, mon cousin germain, eut la bonté de prendre cette peine pour moi, qui suivois les avis qui m'étoient donnés purement pour contenter des personnes auxquelles je voulois absolument obéir. Il fut donc remercier le cardinal de la manière dont j'étois sorti du bois de Vincennes, reçut de lui des civilités qui concluoient que je restois libre de demeurer, ou d'aller où bon me sembleroit; et que si c'étoit à la cour, j'y serois le très-bien venu. M'ayant rapporté cette réponse, je partis huit ou dix jours après avec le comte de Béthune, le président de Thou et mon frère, pour aller à Amiens, où étoient Leurs Majestés.

Nous rencontrâmes M. le duc d'Orléans à Clermont, auquel j'eus l'honneur de faire la révérence et d'en être favorablement traité, bien que, dans les assurances que je lui donnai de la continuation de mes respects, je n'y eusse mêlé aucun compliment sur le sujet de ma liberté, laquelle aussi il avoit tenue en telle indifférence, qu'il s'étoit peu mis en peine d'apporter ce qui dépendoit de son autorité pour me la procurer. Nous fûmes le lendemain chez M. d'Ovailly, l'un de nos plus chers amis, où le jour d'après M. le duc de Joyeuse, qui étoit celui qui avoit le plus contribué à me tirer de prison, excepté mademoiselle de Guise, eut la bonté de me venir voir.

En l'honneur de sa compagnie et de celle de ces messieurs, j'arrivai à la cour : nous allâmes descendre au logis de M. le cardinal. Comme il revint de celui de la Reine, et qu'il entra dans la salle de son appartement, je le saluai, et lui dis que je venois le remercier des bons offices que j'avois reçus de lui pour me tirer du lieu où j'étois. Il prit la parole ensuite, et commença un discours assez embarrassé, car il étoit composé d'une certaine gravité de ministre, au travers de laquelle je remarquois néanmoins qu'il avoit l'intention de me bien recevoir. Son langage confus m'obligea à l'interrompre, et je le tirai d'un grand embarras lorsque je lui dis que je savois que la Reine étoit si sage et si bien conseillée, que tout ce qu'elle faisoit étoit juste, et qu'elle ne pouvoit faillir; que je ne me plaignois nullement de ma prison, et me louois beaucoup de la sorte que la liberté m'avoit été rendue, parce que toutes les conditions qui me pouvoient obliger avoient été observées, sans qu'il y en eût aucune qui me dût donner de la peine. Avec un visage plus calme, il s'enquit si j'avois été malade et reçu beaucoup d'incommodités. Je lui répondis que j'avois eu la colique et la goutte, que j'aurois aussi bien eues ailleurs; et que pour d'autres incommodités je n'en avois souffert aucune, parce que ses ordres rendoient la prison si douce; que la mienne m'avoit été fort aisée à supporter.

Il se tourna lors du côté du maréchal de Schomberg et du marquis de Mortemart, croyant, à ce qu'il me parut, que je ne parlois pas tout-à-fait comme je pensois, et leur dit: « Si je voulois croire M. de « Montrésor, il me seroit obligé de sa prison. » Je lui témoignai que j'en avois perdu le souvenir, et que le seul qui me restoit du bois de Vincennes ne regardoit que la manière de laquelle j'en étois sorti, que j'estimois m'être honorable.

En présence de beaucoup de personnes de qualité qui s'étoient approchées dans la curiosité de voir ce qui se passeroit, il me voulut faire comprendre que je n'étois pas indigne des bontés de la Reine, et que j'avois assez de mérite pour lui donner lieu de me rendre de bons offices auprès de Sa Majesté: je l'en remerciai succinctement et en termes fort modestes, et me retirai à mon logis, prévenu du peu d'estime que je faisois de sa capacité. Le lendemain, étant allé à onze heures le voir, il nous pria de dîner avec lui: ce que nous fîmes. Incontinent après être sorti de table, il entra dans sa chambre, et m'envoya l'abbé de Palluau me prier de l'y aller trouver. Son discours commença sur le sujet de ma prison, de laquelle il me fit des excuses, et me dit que s'il eût pu croire que je ne me fusse mêlé que des pierreries de madame de Chevreuse, je n'aurois pas été retenu; qu'il me supplioit d'en perdre le souvenir, et de considérer qu'ayant pris en moi cette confiance, il y avoit occasion de se persuader qu'elle pouvoit s'étendre à d'autres pratiques, que les conjonctures et son éloignement rendoient suspectes. Je lui avouai ingénument qu'il y avoit quelque lieu de s'assurer de ma personne; mais qu'après avoir examiné mes actions, j'étois demeuré trop long-temps en prison, et que le traitement que j'avois reçu par son ministère réparoit cette longueur ; qu'ainsi je n'en faisois aucune plainte, ni d'avoir été chassé aux premiers mois de la régence sans occasion : ce que je ne lui attribuois qu'en ce qu'il s'étoit relâché à le souffrir, étant en puissance de l'empêcher ; que pour ce qui touchoit madame de Chevreuse, la vérité et mon affection à son service m'obligeoient à lui dire qu'il ne m'avoit jamais paru qu'elle eût la moindre envie de m'employer contre mon devoir.

Il entra en discours sur Saint-Ibar, duquel il me dit que M. Servien lui avoit écrit en bons termes : ce qui me donna moyen de lui faire connoître son mérite et sa naissance, et de lui représenter que s'il étoit avantageux à un gentilhomme tel que lui d'être honoré des bonnes grâces d'un ministre comme Son Eminence, dans la place qu'elle tenoit elle ne devoit pas négliger ses semblables, desquels elle pouvoit tirer des services considérables et pour l'Etat et pour sa personne.

Il revint à ce qui me touchoit en particulier, pour m'insinuer qu'il souhaitoit de m'obliger dans ma fortune, et s'enquit comme quoi j'étois auprès de M. le duc d'Orléans, ayant appris que j'avois toujours conservé le très-humble respect que je devois à Son Altesse, et que je l'avois vue à Clermont, et été bien traité d'elle. Il tomba sur le chapitre de La Rivière, et se montra curieux d'être informé de ce qu'il y avoit à démêler entre nous. J'avois prévu que tous ces contours ne tendoient qu'à ménager un accommodement dont il étoit sollicité par le maréchal d'Estrées :

je lui dis qu'il n'y avoit rien en conteste de lui à moi ; qu'il étoit à Monsieur, et que l'ayant quitté, je croyois qu'il m'avoit oublié de sa part : ce que j'avois fait de la mienne. Il insista civilement pour savoir quelles plaintes j'avois à faire de son procédé à mon égard : je le suppliai de m'en dispenser, lui alléguant que ceux qui formoient des plaintes sembloient vouloir venir à un accommodement ; et que ce n'étoit pas mon intention de changer la conduite que j'avois tenue vers lui depuis plusieurs années.

Ayant continué de me presser de lui dire ce qui en étoit, je lui déclarai en peu de paroles qu'en diverses occasions il avoit employé toutes sortes de moyens pour me perdre ; qu'il étoit l'une des principales causes de la mort de M. de Thou, mon cousin-germain ; auteur de la supposition faite à M. le comte de Béthune, parce qu'il étoit mon intime ami ; qu'il m'avoit été fort ingrat, et que non-seulement il avoit porté M. le duc d'Orléans à m'abandonner lorsque je souffrois pour son service, mais encore à déposer contre moi ; que je n'avois été chassé au commencement de la régence que par son entremise dans le crédit de Son Altesse, duquel il s'étoit servi, contre son honneur propre, pour me jeter dans une disgrâce que je ne m'étois nullement attirée ; que j'aurois une infinité de choses particulières que j'y pourrois ajouter ; mais qu'il suffisoit de dire à Son Eminence que, le connoissant pour un fourbe et un trompeur, je ne désirois ni société ni bienséance avec lui.

Sans me répondre directement, il s'expliqua qu'il ne me demandoit pas d'être de ses amis ; qu'un simple salut étoit peu de chose, que je le rendois bien à un laquais; et que j'ôtasse cet obstacle à ma fortune, que La Rivière recherchoit; que je ne lui voulusse plus dénier la civilité que l'on gardoit à tout le monde; que je ferois plaisir à la Reine, à Son Altesse, et à lui; que cela ne me pouvoit nuire, ni tirer à aucune conséquence.

Je le suppliai de ne m'y vouloir point obliger, la liberté que mon innocence et les bons offices m'avoient rendue ne devant être partagée dans l'opinion générale ni particulière avec le crédit d'un tel homme que La Rivière, et qu'il n'y auroit personne qui ne crût que ce seroit sous cette condition de m'accommoder avec lui qu'elle m'auroit été accordée; qu'il importoit peu au service de la Reine de quelle manière nous eussions à vivre ensemble; que le sien n'y étoit point intéressé : et pour ce qui regardoit M. le duc d'Orléans, m'en ayant laissé user à ma mode tant que j'avois eu l'honneur d'être à lui, à présent que je n'y étois plus il avoit moins de droit de prétendre de me faire changer une façon d'agir de laquelle il y avoit long-temps que j'étois en possession; et qu'en cas des civilités, c'étoit une prescription plus que suffisante, les lois du royaume n'imposant point cette contrainte; que pour rendre le salut à un laquais, je n'étois pas nécessité d'en faire de même vers lui, que j'estimois beaucoup moins, par les convictions que j'avois qu'il étoit homme sans foi, et qu'il avoit livré son maître pour son profit particulier dans toutes les occasions qui s'en étoient présentées; que pour ce qui touchoit ma fortune, Son Eminence me permettroit de lui dire qu'elle auroit peu de bonne volonté de la rendre meilleure, si elle en étoit retenue par une si foible considération. M. le cardinal me repartit lors qu'elle ne l'empêcheroit pas, mais qu'il y auroit plus de facilité à me la procurer si je voulois lever cette opposition. Sur cela je lui dis qu'il étoit assez extraordinaire de s'y arrêter, et que je n'en comprenois pas la raison; que La Rivière étoit ministre d'un grand prince; comblé de grâces et de bienfaits qui excédoient non-seulement son mérite, mais encore ses espérances; que je devois être considéré comme un gentilhomme rejeté par les divers malheurs qui avoient agité ma vie; que je ne faisois que sortir du cachot, et qu'à peine je voyois la lumière, qu'il recherchoit mon amitié; que je ne voulois point de la sienne, et que j'osois demander à Son Eminence lequel étoit l'homme de bien, de lui ou de moi; qu'au reste, par ses artifices, il m'avoit fait passer, et un certain nombre de gens avec lesquels j'avois liaison, pour des esprits difficiles, ennemis des favoris et des ministres, qui ne voulions rien tenir d'eux, et chercher sans mesure les occasions de les desservir; qu'il étoit juste qu'il plût à Son Eminence d'en juger par sa connoissance propre, et de nous mettre à couvert de la calomnie, pour n'être pas tous les jours exposés à de nouvelles disgrâces; que je ne niois pas que nous ne fussions fermes dans nos opinions, mais que c'étoit sans être opiniâtres; et que les services dont j'avois essayé de m'acquitter vers des personnes malheureuses, n'y étant engagé que par l'estime de leurs bonnes qualités, n'empêchoit pas que je ne reçusse obligation de celles qui seroient en autorité, et d'en avoir aussi le ressentiment que je devrois.

Je vis bien qu'il m'écoutoit avec assez d'attention,

et faisoit quelque réflexion sur ce que je lui disois: il me pria de lui dire franchement quel homme c'étoit que La Rivière, et qu'il seroit bien aise de le savoir de moi, auquel il vouloit ajouter créance. N'ayant aucun intérêt de lui céler, je lui dis que je le tenois pour fort ambitieux, peu secret, et d'un talent fort médiocre, et de plus infidèle et fort ingrat; et que je souhaitois qu'il n'eût point à faire l'expérience de ces deux dernières qualités; que je lui parlois sans passion, et que j'étois si peu dissimulé, que je ne m'étois jamais pu résoudre de faire la moindre action qui pût témoigner à Son Eminence que j'étois son serviteur, lorsque je n'avois pas une véritable intention de l'être; que mes sentimens pouvoient être acquis aux seules conditions qu'un homme de bien vouloit se tenir obligé; que je n'étois pas si contraire à ma fortune que mes ennemis lui avoient fait entendre, mais que je ne prétendois jamais l'avancer que par des moyens honnêtes et sans reproches. Cet entretien finit en me conviant de penser à ce qu'il m'avoit proposé, et moi en l'assurant qu'en telle matière ma résolution étoit prise.

Ensuite il me parla fort ouvertement de l'état des affaires, dont je fus fort surpris, et me demanda quelle étoit mon opinion du succès d'une campagne si fâcheuse dans son commencement, à cause de la prise de Landrecies, qui pouvoit avoir des suites qui éleveroient le cœur aux ennemis, vu la foiblesse de l'armée. Je lui dis que sa prudence y avoit pourvu par les recrues qui venoient de toutes parts pour accroître le nombre des troupes qui étoient en Flandre sous la conduite du maréchal de Gassion, ce qui le mettroit en état de faire quelque entreprise considérable ; et que les progrès de M. le prince en Catalogne, dans la conquête de Lerida, répareroient la perte de Landrecies, qui étoit sans comparaison moins importante. Il me repartit (à condition d'en garder le secret) que pour le siége de Lerida, il ne s'en promettoit rien d'heureux ; qu'il craignoit que M. le prince ne se pût résoudre à le lever, et qu'il y ruinât et peut-être y perdît sa personne. Il usa de ces termes : « M. de Montrésor, voici une malheureuse campagne ; » et il avoit raison, car sans la prise de La Bassée il se trouvoit enveloppé dans des grands embarras.

Il eût continué ce discours, qui lui tenoit fort au cœur, si en se promenant il n'eût vu La Moussaye, qui ne faisoit que d'arriver de Catalogne. Le marquis de Mortemart, quelque adroit courtisan qu'il soit, se méprit dans cette rencontre ; car, dans la pensée qu'il eut qu'il apportoit la nouvelle de la prise de Lerida, il entra pour lui donner le premier avis d'une chose qu'il estimoit lui être si agréable. Il me pria lors de passer dans la salle et de ne m'en pas aller, parce qu'il vouloit encore parler à moi.

Après avoir entretenu La Moussaye, il sortit avec un visage fort composé, et fut à pied au logis de la Reine, où je le suivis. Dans la rue il se tourna de mon côté, et me dit : « J'ai appris la vérité de ce que vous « avez vu que je soupçonnois : le siége de Lerida est « levé ; M. le prince s'est retiré de devant sans com-« bat, parce qu'il en jugeoit la prise impossible » (témoignant qu'il étoit satisfait de la conduite qu'il avoit tenue). J'entrai chez la Reine avec lui ; il me présenta à elle, et j'en fus assez bien reçu.

Le lendemain, le maréchal d'Estrées, pour me pressentir sur le sujet de La Rivière, pria M. le duc de Joyeuse, et ces messieurs avec lesquels j'étois venu à Amiens, à dîner. Dans l'entretien que nous eûmes, j'essayai de le désabuser de ce rajustement qu'il s'étoit proposé : néanmoins il se l'étoit tellement mis en fantaisie, qu'il alla aussitôt trouver M. le cardinal pour qu'il m'en fît de nouvelles instances. Y étant aussi allé avec M. le duc de Joyeuse deux heures après, Son Eminence quitta le jeu et se retira en particulier, et me fit appeler.

Etant seul avec elle comme la première fois, elle me demanda si j'avois bien pensé à la proposition qu'elle m'avoit faite : je lui répondis que oui, et que je demeurois dans mon sentiment accoutumé. « Quoi ! « me dit-elle, voudriez-vous bien refuser la Reine, « M. le duc d'Orléans, et le cardinal Mazarin? » Je lui répondis qu'il ne m'appartenoit pas d'en user avec si peu de respect; mais que je prétendois que mes excuses étant justes et bien fondées, elles seroient favorablement reçues. Il y ajouta comment je m'en garantirois vers M. le duc d'Orléans qui le souhaitoit, et restoit persuadé que le mépris que je faisois de La Rivière regardoit sa personne. Je m'étendis fort sur la distinction qu'il y avoit à faire entre Son Altesse et lui; que sa bonté souffroit à son service; que n'ayant ni obtenu ni même désiré que je me fisse cette violence pendant que j'avois l'honneur d'être son domestique, il y avoit peu d'apparence qu'elle voulût l'exercer quand je ne l'étois plus; et que, pour en être plus certain, il eût agréable de me faire parler à elle en sa présence, pour avoir le plaisir de voir comme je m'en défendrois; que je n'étois pas si ignorant de la façon d'agir du maréchal d'Estrées, que je ne connusse les importunités qu'il lui rendoit pour satisfaire la vanité de La Rivière, qui ne tireroit pas cette bassesse de moi, qui me promettois que Son Eminence ne me voudroit pas gêner dans cette rencontre, dans laquelle j'osois lui représenter qu'il y avoit des gens auxquels il falloit toujours laisser quelque sujet de mortification. M. le duc de Joyeuse, le maréchal de Villeroy et le commandeur de Jars rompirent la conversation; dont je reçus une extrême joie.

Le lendemain, le comte de Béthune et moi fûmes rendre nos devoirs à M. le duc d'Orléans, qui étoit de retour de Paris. Comme nous attendions qu'il fût éveillé, dans une salle où quantité de personnes de condition se promenoient, La Rivière y passa, qui en reçut de grandes civilités, excepté de nous deux, qui ne crûmes pas devoir ôter nos chapeaux pour un pareil personnage. Notre visite fut, par cette rencontre, peu agréable à Son Altesse, qui ne daigna pas nous regarder; et par conséquent elle fut fort courte. Nous prîmes ensuite résolution d'aller dire adieu au cardinal pour éviter les nouvelles recharges que l'on nous pourroit faire, qui auroient été véritablement très-inutiles, mais qui n'eussent pas laissé d'être fort importunes. Etant à son logis, le maréchal d'Estrées, fertile en expédiens, y vint, qui pressa fort le comte de Béthune de ne s'en point aller ce jour-là. Et je n'ai jamais vu homme plus obstiné à conduire une affaire que lui cet accommodement, pour lequel nous avions tant d'aversion, surtout dans cette rencontre, et par son entremise, que nous avions aussi de si justes raisons de rejeter : le comte de Béthune, pour avoir pris le parti de La Rivière à son préjudice, nonobstant leur proximité ; et moi, parce que, avant et après mon retour d'Angleterre, associé avec M. de Vendôme, il m'avoit rendu tous les mauvais offices qui étoient en son pouvoir auprès de M. le duc d'Orléans, et par des voies peu honnêtes. Le comte de Béthune le laissa dire, et fit sa révérence au cardinal, qui reçut de lui force complimens. Comme je me baissai pour lui faire la mienne, il me releva, et me dit : « Quoi ! voulez-vous « vous en aller sans achever l'affaire dont je vous ai « parlé ? » Je lui dis que je lui avois toujours témoigné que c'étoit une chose que je ne pouvois faire, et que j'estimois inutile à son service : il me répondit que M. le duc d'Orléans en seroit fort piqué. Je lui fis paroître que j'en aurois un extrême déplaisir, mais que ce seroit sans sujet, puisque je rendois tous respects à sa personne ; que j'avois eu l'honneur d'être auprès de lui vingt-deux ans, sans m'être prévalu d'aucun avantage pour ma fortune de tous les services que j'avois essayé de lui rendre, et qu'il ne se pouvoit plaindre justement de ma fidélité et de mon zèle ; qu'il étoit bien à propos de délivrer Son Eminence des importunités qu'elle recevoit ; et que, n'étant pas disposé à changer mon ancienne façon d'agir, les subtilités et les finesses du maréchal d'Estrées ne seroient pas suffisantes pour me persuader ni m'y contraindre ; que j'honorois Son Altesse, mais que je ne pouvois m'imposer une si dure mortification que celle qu'il désiroit de moi pour contenter l'orgueil de son ministre. Ayant bien vu que j'étois résolu à partir, il me pria qu'il ne me restât aucun mécontentement de ce qu'il m'avoit pressé; qu'il faisoit quelque estime de moi, et que je le verrois par des effets; qu'il étoit de mes amis, et qu'il désiroit que je fusse des siens; et m'embrassa en usant de termes fort honnêtes. Ce fut la fin de la persécution que je souffris dans ce voyage : et pour dire la vérité, je trouvai fort étrange qu'il eût attendu cette bassesse du comte de Béthune et de moi, qui ne faisois que sortir de prison. Du depuis il m'a donné une infinité de paroles de m'obliger solidement dans ma fortune, auxquelles je n'ai jamais voulu ajouter foi, ni m'assujétir à le voir qu'une fois tous les deux mois, et seulement pour n'être pas l'unique à vivre d'une manière différente des autres personnes de ma condition. Mais après ce que j'ai observé, si l'état des affaires ne change, et que je me trouve toujours aussi inutile à ceux que j'honore et à moi-même que je l'ai été jusqu'à présent, je suivrai la résolution que j'ai différée, pour jouir dans la solitude de la tranquillité qu'il y a long-temps que je me propose, et travailler à m'acquérir un bien qui surpasse tous les autres. Je suis né, je l'avoue, avec de l'ambition : j'acheverai ma vie dans ce premier sentiment que la nature a mis en moi, qui ne sauroit être plus glorieusement adressé qu'à celui seul dont l'être infini comprend tout, et qui ne trompe jamais nos espérances lorsque la foi et les bonnes œuvres les accompagnent.

MORT DE CARONDELET,

Gouverneur de Bouchain, mentionnée aux Mémoires de M. de Montrésor ci-dèvant transcrits, pour intelligence avec le cardinal de Richelieu (1).

JE ne veux faire languir les désirs impatiens du peuple belgique, qui reste si glorieusement fidèle à Dieu et à son prince parmi tant d'occasions chatouilleuses et inévitables, parmi tant de rudes secousses, semblable au rocher battu de vents et vagues impétueuses au milieu de la mer, donnant ces traits volans de ma plume non mercenaire à sa louable curiosité sur l'événement de la forteresse de Bouchain.

Je ne mettrai à la tête de mon discours les dignes remarques que les bons esprits peuvent faire sur cette occurrence, tant pour manifester le soin particulier que la divine Providence porte à la conservation des moindres places comme des monarchies, des royaumes et provinces, qu'au regard de la police, et ce qui se rencontre pour la moralité.

Je diffère tout cela, qui pouvoit servir de fondement assez solide; je commence comme par la fin, pour satisfaire à l'impatience des gens de bien.

La sérénissime Infante, avertie de bonne heure des intelligences dès long-temps pratiquées que le gouverneur Carondelet continuoit avec la France, trouva bon et nécessaire par son conseil de couper proche aux malheurs qui s'en alloient éclore, capables

(1) *Voyez*, plus haut, page 252 et suiv.

non-seulement de perdre le pays de Hainaut et l'Artois avec le Cambresis, mais de mettre au hasard tout le reste des autres provinces.

Son Altesse donc ordonna au marquis d'Aytonne, ambassadeur ordinaire et commandant aux armées de Sa Majesté par deçà, d'y pourvoir au commencement de ce mois d'avril : suivant quoi, le quatrième jour, quantité de cavalerie prit les avenues de cette place, et occupa tous les passages des frontières de France.

Le 5, un camp volant d'environ trois mille fantassins, tant Espagnols, Wallons qu'Italiens, y arriva avec quelques pièces de canon, et munitions de guerre à proportion. On jette un pont sur la rivière de l'Escaut, afin que les troupes se pussent entre-donner la main.

Le gouverneur, étonné de cette visite, envoie son lieutenant Quenon vers le mestre de camp Ribaucourt, qui commandoit aux troupes (le marquis s'étant arrêté à Valenciennes), lui dire que tous ces appareils se faisoient sans sujet ; qu'il ne tenoit la place que pour le service de Sa Majesté et de Son Altesse Sérénissime, et qu'il le prioit de venir dîner avec lui.

Ribaucourt répond que tout ce qu'il faisoit étoit par l'ordre du seigneur marquis, et qu'il avertiroit Son Altesse de sa proposition, comme il fit.

Cependant le marquis envoya le seigneur Jean-Augustin Spinola, capitaine de chevau-légers, à Bouchain, chargé d'une lettre de Son Altesse, contenant ses ordres afin de disposer le gouverneur à la raison, qui après plusieurs protestations de fidélité condescendit à ce que son frère le sergent-major Carondelet allât trouver le marquis avec Spinola ; et icelui rencontré en chemin, le sergent-major fit sonner fort haut ses plaintes de ce qu'on le traitoit en rebelle, n'ayant fait chose quelconque contre le service du Roi pour mériter ce traitement.

Que s'il avoit refusé la garnison qu'on lui avoit envoyée, ce n'avoit été que pour pourvoir à la sûreté de sa personne : le seul nom de Longueval, capitaine de la compagnie que le seigneur comte de Buquoy lui avoit envoyée, lui avoit assez donné sujet d'arrière-pensée, vu que la querelle qu'il avoit avec ledit comte ne permettoit pas de se fier à lui ni à personne des siens, et moins d'obéir à ses ordres, s'il ne vouloit courir risque de se perdre; du reste, qu'il supplioit Son Excellence d'être ouï en ses défenses avant qu'être condamné; que c'étoit une justice qu'il lui demandoit, et point de grâce; qu'il remettoit entre ses mains son gouvernement, ses biens, la forteresse et tout ce qui étoit dedans, à sa libre disposition.

Cette demande étoit trop juste pour l'en éconduire. Le marquis poursuit son voyage vers Bouchain accompagné du sergent-major, et y fait entrer le régiment d'Espagnols de don Francisco Zapata, après qu'on l'eut de nouveau assuré que le gouverneur étoit disposé d'y recevoir telle garnison que le marquis voudroit.

Il suit le régiment et y est reçu avec joie, se laisse induire à tâter de son vin. Quelques santés achevées, le gouverneur et ses frères font des instances incroyables pour retenir le marquis à manger chez eux; mais leurs efforts ne réussissent.

Le marquis donc part pour Cambray, ayant remarqué que toute l'artillerie de la place étoit pointée de notre côté, et nulle pièce vers les Français.

Il trouve quelque prétexte spécieux de mener ce

sergent-major quant et soi ; à quoi le gouverneur ne s'opposa point, ains l'accompagna encore bien avant; dont il fut admonesté du seigneur marquis de retourner, et requis que combien qu'il ne vouloit nullement douter de sa fidélité, néanmoins il pourroit donner ses décharges par écrit, afin d'ôter toute sorte de soupçon des esprits ombrageux, et s'exempter des discours du monde.

Le gouverneur lui promet, et son frère le sergent-major du comte de Fressin passe à Cambray avec le marquis. Je vois bien, mon cher lecteur, que tu es pantelant, et aspirant avec un ardent désir à la catastrophe de cette sanglante tragédie; mais un peu de patience.

Comme quoi la fine trame et obscure mèche de ce feu qui alloit embraser cette pauvre patrie fut découverte, l'on en parle diversement.

Tant y a que les premières bluettes en parurent à Tubise, où un laquais envoyé de Bouchain à Bruxelles au doyen Carondelet, rencontrant à l'improviste les gens dudit marquis, s'en épouvanta, et s'écarta de son droit chemin pour avouer le tortu que prenoit son maître, qui l'envoyoit porter à son frère des lettres d'un chiffre inconnu, cousues tant dans ses souliers qu'en son pourpoint, comme elles y furent trouvées après qu'on l'eut fouillé chez un sellier, où même il jeta un poulet dans la bourre écrit d'un caractère ordinaire, qui fut renvoyé par la poste au comte de Buquoy : ce qui fit observer de plus en plus ce bon prêtre.

Le marquis étant à Cambray pour visiter les vieilles munitions de la citadelle et pourvoir aux nouvelles, ou soit qu'un messager venant de France porter des lettres au gouverneur de Bouchain fut pris, ou soit qu'un soldat habillé en paysan, qu'il y envoya incontinent après le partement dudit marquis, fut attrapé, ou soit que l'un et l'autre arriva, ou qu'un messager alloit et venoit journellement pour nourrir ces fidèles correspondances; ce bon seigneur, dis-je, connut par ces lettres l'infidélité du traître gouverneur. Je n'ai point d'épithète plus propre.

Aucuns disent qu'elles chantoient un remercîment bien grand des offres à lui faites, accompagné de solennelles protestations de remettre la partie à une meilleure occasion; qu'il avoit été forcé de recevoir quatre compagnies du roi d'Espagne de garnison, mais qu'il s'en pourroit aisément défaire : cependant que le secours qui lui étoit si libéralement promis de Trèves, de deux cornettes de cavalerie et huit mille hommes de pied, se pouvoit différer; qu'il en communiqueroit avec ses amis, et qu'il nous falloit quelquefois reculer pour sauter davantage.

Le marquis ayant pénétré l'épaisseur de ces ténèbres, et vu clairement le fond de ces secrètes menées, demeure perplex, ne sachant ce qu'il doit plus admirer, ou la cauteleuse subtilité des traîtres qui l'avoient presque abusé, ou le bonheur par où il s'en trouvoit désabusé.

Il dépêche donc incontinent l'adjudant Rocas à Bouchain, vers Appelmans, sergent-major de Ribaucourt, qui avoit été laissé avec ordre d'en tirer la compagnie du gouverneur, de se saisir de sa personne et de son lieutenant : suivant quoi l'ordre étant communiqué à ceux qu'il convenoit, le lieutenant du gouverneur fut appréhendé tandis qu'on dînoit.

Après qu'on se fut levé de table, le sergent-major Appelmans, appelant le gouverneur à part, lui demanda les clefs de la place : lors il commença à se plaindre qu'on lui faussoit la promesse que le marquis lui avoit faite; qu'on commençoit à le suspecter, et douter de sa prud'hommie; que c'étoit lui faire tort; bref, il se laissa emporter à la colère et aux calomnies contre les Espagnols; et s'approchant d'Appelmans pour le suborner comme il avoit jà fait plusieurs autres, lui dit : « Et vous, monsieur, vous feriez bien mieux
« d'être bon compatriote et de notre partie, que de
« servir à cette nation. Si vous voulez, je puis avoir
« dans peu de jours une armée à notre secours, et
« notre fortune y sera meilleure. »

Appelmans, bon Flamand, c'est-à-dire franc et non Français, lui repartit que s'il lui continuoit ce discours, il n'y auroit rien qui le pût empêcher de lui mettre l'épée dans le ventre; qu'il ne se devoit tant fâcher de ce qu'il lui avoit dit; qu'il avoit encore charge de l'arrêter prisonnier, ce qu'il faisoit de la part du Roi; et lui demanda les clefs du magasin, se saisissant de son épée.

Ce fut jeter de l'huile sur la braise, et souffler le feu jà allumé; ce fut enflammer sa fureur, laquelle lui fournissoit d'armes tout ce qui se présentoit.

A l'instant il prit un grand couteau qui étoit près des fenêtres de sa chambre, qu'il fourra dans le corps d'Appelmans, et puis en donna à revers au capitaine de Fresne, avançant pour le saisir au collet, et lui perça le bras droit.

Appelmans lui porta une estocade dans l'épaule, qui ne fit qu'effleurer à cause de sa foiblesse. En voilà deux mortellement blessés, qui n'ont guère vécu depuis.

Sur cette entrefaite, qui ne fut sans cris et grand bruit, Rocas s'avance, qui n'en eut meilleur marché que les autres; car d'abord il fut blessé de ce funeste couteau, et mourut deux heures après.

Les soldats étoient déjà tout alarmés : ceux qui étoient demeurés dans la salle, et qui avoient commandement de prendre le gouverneur, accoururent au secours, dont il tua le premier d'un coup de pistolet (qu'aucuns disent avoir été lâché contre Fresne avant qu'il fût blessé du couteau, et qui l'esquiva s'abaissant), et sortit plein de rage et de fureur, ayant empoigné deux épées : mais étant environné de tous côtés, tandis qu'aucuns demandent des cordes pour le lier, et qu'autres crient tumultuairement, un mousquetaire lui met le mousquet sur la poitrine, et, tirant, ne lui fit que brûler sa casaque et le pourpoint de satin gris jusques au canevas, d'autant qu'il n'étoit chargé à plomb; ce que voyant un autre soldat, croyant qu'il fût charmé, voulant rentrer dans sa maison, lui donna du gros de son mousquet sur la tête, et l'assomma.

Son fils à même temps, âgé de onze à douze ans, sortit à la place, et tira une carabine au milieu des soldats, dont il en blessa un à la cuisse. S'il y a quelque malentendu en ceci, il ne s'en faut étonner; car ceux-là mêmes qui se trouvent présens en semblables accidens sont pour la plupart si émus, qu'ils ont de la peine d'en faire la relation véritable.

Aussitôt que le frère qui étoit à Cambray en eut le vent, il s'éclipsa promptement; mais la diligence du marquis le rendit visible : on l'arrêta prisonnier, et on le garde pour s'éclaircir de lui, comme des autres prisonniers, de plusieurs points qui concernent le bonheur de ces pays et la conservation de l'Etat, avant que de les faire mourir.

Que remarquerons-nous sur ce funeste événement? Avant toutes choses, il faut être aveugle pour ne voir, insensible pour ne sentir, l'admirable et incompréhensible providence de Dieu : je veux donc et dois réciter à bon droit que la juste colère du roi des rois a voulu, pour nos offenses, agiter le vaisseau de ces provinces, et non submerger, transverser et non renverser, faisant jouer journellement d'étranges ressorts pour tirer notre bien de notre mal, et notre salut de notre naufrage, dont nous devons prudemment faire profit, et rendre des actions de grâce à sa divine majesté, comme la sérénissime Infante fit publiquement avec sa cour en la maîtresse église de Bruxelles le 11 du courant.

Entre toutes les ruses humaines, il n'y a finesse plus fine que d'être homme de bien; il faut enfin que le masque de la malice tombe et paroisse en son jour.

La vérité peut être pour un temps voilée des ténèbres de l'ignorance humaine ; mais finalement elles se dissipent, et la vérité éclate malgré tous les obstacles qu'on y puisse apporter.

Il y a presque un an, où peut-être plus, que ces artifices se tramoient à la sourdine; et voilà qu'on les prêche publiquement. Le trompeur est souvent trompé; le maître des feux artificiels en est souvent brûlé; plusieurs creusent la fosse où ils tombent, et sont pris aux filets qu'ils ont tendus : tout cela se voit en ce succès tragique.

Le chemin de la vertu est le droit sentier qui conduit les hommes aux honneurs ; ceux qui pensent y parvenir par des voies obliques en sont souvent reculés ; la fin de ces cerveaux remplis de fumée est rarement heureuse : car ou ils déchoient de leurs états ne perdant que les biens, ou avec leurs biens ils perdent la vie.

Que les superbes travaillent tant qu'ils voudront, que les ambitieux courent aux grandeurs parmi toutes sortes de crimes, ils n'y profiteront rien : leur diligence étant contre la loi de Dieu, tout s'en ira en fumée, le soleil de la divine justice dissipera le tout ; mais les hommes aveuglés de leurs passions effrénées n'y font aucune réflexion. Il faut avouer que celles-là sont toutes violentes et extrêmes sur lesquelles la raison n'a point d'empire ; mais l'ambition étant impétueuse et furieuse, emporte ses esclaves à des étranges extrémités.

Les médecins disent que le poison a une telle force qu'il corrompt le sang et l'esprit, assiége et infecte le cœur par une contagion venimeuse, et altère totalement la bonne complexion de celui qui l'a bu : semblablement le venin de cette ardente envie de dominer est une opération si puissante, qu'encore qu'elle se rencontre ès esprits de bonne trempe, elle ne laisse pas de les corrompre entièrement.

Tous ceux qui ont connu les trois frères qui m'ont donné sujet de traiter cette histoire à la hâte (comme me l'ont contée les témoins oculaires) regretteront les belles qualités que l'empestée ambition de monter aux dignités, l'un de l'Eglise et les autres du siècle, à corrompues et perdues en eux; et ceux qui sont atteints de même mal apprendront de se guérir par l'ellébore de la modération, retournant à leur devoir, heureux d'être faits sages aux dépens d'autrui.

Je ne puis passer sous silence ce qui se rencontre ici de remarquable pour ceux qui gouvernent les peuples autorisés de leurs rois, au regard des avis qu'on leur donne des trahisons qui se brassent contre leurs Etats et service : c'est de s'assurer au plus tôt des personnes suspectes et des places où ils commandent, pour après s'informer à loisir de ce qui en est, et les trouvant coupables, les punir selon l'exigence des cas, ou les chefs seulement de la conspiration, pour l'exemple, ou tous ceux qui y ont trempé, pour la faute.

Car en telle occurrence l'incrédulité est périlleuse, tout délai est dangereux, le moindre ombrage est réputé pour crime, et les moindres soupçons donnent lieu à la loi des justiciaires, qui ne peut être trop rigoureuse, la rigueur y étant tenue pour clémence, et la grâce pour rigueur. Ainsi les princes et les ministres, en ces pratiques de perfidie, doivent prendre premièrement le bouclier de l'assurance, et puis dégaîner l'épée de la justice : c'est le docte Dallington, ou celui qui suit ses traces, qui nous l'apprend.

Recevez en gré cet écrit, attendant qu'aucun qui ait plus de part aux affaires que moi (car je n'y en ai point) vous en donne une relation, laquelle pourra bien être plus exacte et mieux faite avec plus de temps et information, mais non avec plus de sincère affection à ce qui est du service du Roi et du bien public, à quoi je veux faire aboutir ces lignes. J'aurai pour le moins servi d'éperon pour faire courre en cette lice quelque meilleure plume.

RELATION

De l'assassinat commis en la personne de M. de Puylaurens à Bruxelles, dont est fait mention aux Mémoires ci-dessus.

Le 3 mai, entre huit et neuf heures du soir, M. de Puylaurens revenant de la ville et montant les degrés pour entrer en la salle du Palais, accompagné de huit ou dix gentilshommes, on lui a tiré un coup de carabine qui ne l'a blessé que fort légèrement à la joue droite, où la balle est demeurée, entrant si peu avant dans la chair, qu'en tirant ses cheveux, qui étoient entrés avec la balle, elle est tombée à ses pieds.

M. de La Vaupot a été aussi blessé à la même joue droite, et a l'os de la mâchoire offensé; mais sa blessure ne laisse pas d'être fort légère, et sans danger quelconque.

Le troisième qui a été blessé est M. de Roussillon, beau-frère de M. de La Vaupot, jeune gentilhomme aimé et estimé d'un chacun. Celui-ci est dangereusement blessé à la tête, a été aujourd'hui trépané; on ne sait encore ce que l'on doit espérer de lui.

C'est une espèce de miracle comme la plupart de ceux qui étoient sur les degrés n'ont point été tués; car la carabine qu'on a prise a le calibre comme pour une balle de longue paume, et davantage. Elle étoit chargée de vingt-cinq balles de pistolet, et de sept postes, qu'on a ramassées, et la plupart d'étain, et non pas de plomb; et le coup a été tiré environ de vingt pas, et appuyé sur une table de pierre : mais ce qui a empêché le grand effet qu'il devoit faire, c'est qu'il n'y avoit pas assez de poudre pour chasser avec violence une si grande quantité de balles, ou que celui qui a fait le coup s'est trop hâté, tirant lorsque les têtes ont commencé à paroître, avant qu'il pût tirer au corps. Mais il ne pouvoit pas choisir un lieu plus propre ni plus favorable pour entreprendre une si grande méchanceté, que celui où il s'étoit mis; car il avoit une porte derrière fort proche, où à ces heures-là il n'y a personne; et là il y avoit un homme à cheval qui en tenoit un autre par la bride, sur lequel il monta, n'étant pourtant poursuivi de qui que ce soit que d'un laquais de M. de Puylaurens, qui dit lui avoir porté un coup d'épée, laquelle il retira sanglante environ l'épaisseur de deux doigts, ne sachant s'il avoit blessé l'homme ou le cheval, à cause qu'il étoit nuit; et comme les autres étoient à cheval, ils furent bientôt sauvés.

Les uns s'amusèrent autour des blessés, les autres à recueillir la carabine et la casaque que le meurtrier avoit laissées; si bien qu'il ne courut autre fortune que celle de ce laquais.

La carabine étoit couverte de taffetas noir, pour empêcher la lueur du canon, et la casaque étoit toute neuve, verte, et doublée de jaune, et seulement faufilée; qui fait juger que celui même qui s'en est servi l'avoit faite, pour ne s'en fier pas au tailleur.

C'est merveille comme Monsieur ne s'y trouva pas,

vu que depuis quelque temps M. de Puylaurens ayant eu divers avis de ce qui lui est arrivé, ne sort plus guère sans lui.

On ne sait pas jusques ici qui a fait ni qui a fait faire le coup; on en soupçonne plusieurs, pour ce que M. de Puylaurens a plusieurs ennemis; et comme la plupart n'y ont point contribué, il est certain que l'on calomnie beaucoup d'innocens.

La plupart ne le haïssent que pour ce qu'il s'est porté à faire l'accommodement.

On peut croire que ce ne sont pas des domestiques de Monsieur ni ceux qui sont dans ses intérêts qui lui veulent mal à cause de cela; au contraire, ils l'aiment et adorent tous depuis qu'ils ont reconnu en lui de si bonnes intentions, et qu'ils lui ont vu rendre un service si signalé à leur maître et à la France, que de le porter à la paix. Au reste, on a pris deux hommes avec quelques indices; ils sont entre les mains de la justice, mais la plupart ne les croient pas coupables.

Etant deux jours devant à la comédie, où étoit M. de Puylaurens, ils se mirent à le regarder long-temps fixement sans le saluer, et comme en le morguant. Ils sont, à ce que l'on dit, au père de Chanteloube; et la Reine a envoyé dire au marquis d'Aytonne qu'elle les avouoit pour être à elle, et que s'ils se trouvoient coupables elle le prioit d'en faire justice; mais qu'aussi s'ils ne l'étoient point, on leur fît raison de l'outrage qu'on leur a fait de les prendre pour cela. La plus commune opinion est qu'ils sont innocens.

Le prince Thomas et le marquis d'Aytonne, aussitôt après cet accident, accoururent au Palais et se rendirent auprès de Monsieur, y apportant de leur côté tout ce qu'il pouvoit désirer d'eux et de leur sage conduite.

Monsieur se trouva au Palais quand cela arriva; et, dans ce tumulte, Monsieur ayant mis l'épée à la main à la chaude, il pouvoit arriver un grand désordre si par malheur on eût rencontré quelqu'un de ceux que l'on soupçonnoit.

M. de Puylaurens ne s'est point du tout montré étonné d'un si horrible attentat, et a fait paroître une modération et une générosité merveilleuse envers ses ennemis.

Les deux prisonniers seront demain confrontés à l'ouvrier qui a fait la carabine, qui dit l'avoir vendue le jeudi saint à un Français qui contrefaisoit l'Allemand, et à un petit laquais qui dit avoir parlé à l'un des prisonniers peu devant cette mauvaise action, et soutient qu'il avoit sur lui le manteau que l'on a pris.

RÉCIT

De ce qui se passa un peu avant la mort du cardinal, arrivée le jeudi 4 décembre 1642, sur le midi.

Le congé des sieurs de Tilladet, de La Sale et des Essarts, capitaines aux gardes, fut donné le mercredi 26 de novembre. Le Roi ayant souffert que le cardinal lui fît cette violence, eut néanmoins assez de cœur pour vouloir que pendant leur éloignement leurs charges fussent exercées par leurs lieutenans, et que leurs pensions leur fussent payées dans les lieux de leur retraite. Pour lédit sieur des Essarts, parce qu'il étoit beau-frère du sieur de Tréville, commandant les mousquetaires, il fallut que, pour contenter le cardinal, le Roi l'envoyât servir en Italie : mais sa peur ne s'arrêta pas là. Tréville, qui en étoit le principal objet, devoit être éloigné de la cour, pour le mettre en quelque repos. Le Roi ayant fortement résisté, fut enfin contraint d'obéir. Il envoya, le lundi premier décembre, lui donner son congé par un des siens, et peu après le fit visiter par un de ses ordinaires, et l'assurer de la continuation de sa bonne volonté, et lui dire qu'il avoit donné son éloignement à la nécessité des importunités de son ennemi ; mais qu'il ne laissoit pas de lui conserver toute sa bienveillance, bien qu'il le laissât partir, et que ce ne seroit que pour un peu de temps ; qu'il vouloit que ses pensions lui fussent payées, avec augmentation de moitié dans le lieu de Montirandel, où il vouloit qu'il se retirât. M. de Tréville partit le jour même, et ne voulut point voir M. le cardinal, qui pensoit bien disposer à sa fantaisie de sa charge et de celles des trois autres ; mais le Roi s'opiniâtra à ne le pas souffrir, et à faire enrager le cardinal. Tellement que l'exil de ces personnes, si redoutables à une ame timide, n'ayant pas eu le succès qu'elle en espéroit, et toute sa violence n'ayant servi qu'à donner de la roideur à l'esprit du Roi, ce pauvre homme se vit bien loin de la fin qu'il s'étoit proposée. Il le crut encore bien mieux lorsqu'il eut appris avec quelle hauteur le Roi avoit parlé à Chavigny, lorsqu'il le pressoit pour accepter ceux que le cardinal vouloit mettre dans les places vacantes, et avec quelle colère il lui avoit commandé ensuite de sortir de Saint-Germain. Il acheva de décharger sa bile contre lui en voyant M. des Noyers: il lui dit mille choses aigres, et lui commanda de les rapporter toutes au cardinal de Richelieu. Peu de temps après M. le cardinal Mazarin étant venu pour adoucir les choses, et pour tenter l'accommodement dudit Chavigny qui étoit venu avec lui, le Roi les reçut tous deux très-froidement, et témoigna un tel mépris pour le dernier, qu'il ne voulut pas même le regarder. Toutes les marques d'indignation qui avoient été entretenues par les défiances que le maître et le valet avoient l'un de l'autre depuis la mort de M. le grand altérèrent tellement leur santé, qu'ils en ont tous deux perdu la vie à sept mois l'un de l'autre. Le cardinal fut abattu le premier : la nuit du vendredi 28 novembre, il fut saisi d'une griève douleur de côté avec la fièvre. Le dimanche, dernier jour du mois, le mal de côté s'augmentant avec redoublement de fièvre, il fallut recourir aux remèdes. Messieurs les maréchaux de Brezé et de La Meilleraye, et madame d'Aiguillon, couchèrent au Palais-Cardinal, étant tous en grande consternation. On eut recours deux fois à la saignée dans cette nuit-là. Le lundi au matin, premier de décembre, le cardinal se porta un peu mieux en apparence ; mais sur les trois heures après midi la fièvre redoubla avec crachement de sang, et une grande difficulté de respirer. La nuit de ce même lundi, tous les principaux de sa parenté et de sa famille y couchèrent encore. Il fut saigné cette nuit-là deux fois encore, mais elle ne laissa pas d'être fort mauvaise. Bouvard, premier médecin du Roi, veilla toute la nuit auprès du lit du malade.

Le mardi au matin il y eut grande consultation de médecins sur les neuf heures. Ce même jour, sur les deux heures après midi, le Roi vint voir le cardinal, après toutes les sollicitations très-pressantes qui lui en avoient été faites. Il entra dans sa chambre avec M. de Villequier et quelques autres capitaines de ses gardes : s'étant approché de son lit, M. le cardinal lui dit qu'il prenoit congé de Sa Majesté; qu'il voyoit bien qu'il falloit partir, mais qu'il mouroit avec cette satisfaction qu'il ne l'avoit jamais desservi, et qu'il laissoit son Etat en un haut point, et tous ses ennemis bien abattus; qu'en reconnoissance de ses services passés, il le supplioit d'avoir soin des siens; qu'il laissoit dans le royaume plusieurs personnes très-capables, et bien instruites des affaires, entre autres M. des Noyers, et quelque autre qu'il nomma, pour s'en servir dignement. Le Roi lui promit d'avoir mémoire de ses recommandations; et lui témoignant plus de tendresse qu'il n'en avoit, lui fit prendre lui-même deux jaunes d'œuf. Après qu'il fut sorti de sa chambre, il entra dans sa galerie, et l'on remarqua qu'en se promenant, et considérant les tableaux qui y étoient, il n'avoit pu s'empêcher de rire plusieurs fois. Il s'en retourna au Louvre, où il fut accompagné, de la part de Son Eminence, du comte d'Harcourt et du maréchal de Brezé, et de quelques autres. Il avoit résolu de ne point quitter le Louvre jusqu'à ce qu'il eût vu le cours de cette maladie, et y demeura en effet jusqu'après la mort du cardinal. Ledit sieur comte d'Harcourt étant de retour au Palais-Cardinal, Son Eminence ne l'aperçut pas plus tôt, que le faisant approcher de son lit : « M. d'Harcourt, lui dit-

« il; vous allez perdre un grand ami. » Ces paroles lui tirèrent des larmes des yeux; et se tournant vers madame d'Aiguillon : « Ma nièce, lui dit-il, je veux « qu'après ma mort vous fassiez..... » Ces ordres secrets la firent sortir de la chambre toute fondante en larmes. Ensuite il demanda aux médecins, avec beaucoup de fermeté, jusqu'à quand il pourroit encore vivre; qu'ils le lui dissent franchement, puisqu'aussi bien il étoit très-résolu à la mort. Ces hommes, nés à la flatterie comme les autres, lui dirent qu'il n'y avoit rien encore à désespérer; que Dieu, qui le voyoit si nécessaire au bien de la France, feroit un coup de sa main pour le lui conserver; et que, selon leur art, ils ne pouvoient faire aucun jugement du succès de son mal jusqu'au septième. Il appela Chicot, médecin du Roi, en particulier, et le conjura, non comme médecin, mais comme son ami, de lui parler à cœur ouvert. Chicot, après quelques excuses, lui dit nettement que dans vingt-quatre heures il seroit ou mort ou guéri. « Voilà parler comme il faut, lui « répondit le cardinal. C'est assez, je vous entends; » et en même temps envoya chercher ceux dont il avoit besoin en cette conjoncture. Sur le soir la fièvre redoubla étrangement, et l'on fut obligé de le saigner deux fois. A une heure après minuit, le curé de Saint-Eustache lui apporta le saint viatique. Lorsqu'il eut posé le saint-sacrement sur une table qui avoit été préparée pour le recevoir, il dit au curé : « Mon maî- « tre, voilà mon juge qui me jugera bientôt. Je le « prie de bon cœur qu'il me condamne si j'ai eu « autre intention que le bien de la religion et de l'E- « tat. » Il communia ensuite, et à trois heures après minuit il reçut l'extrême-onction par les mains dudit curé. Avant que l'on commençât la cérémonie, il se tourna vers le curé; et, « Mon pasteur, lui dit-il, je « vous demande ce sacrement d'extrême-onction, de « me parler comme à un grand pécheur, et me traiter « comme le plus chétif de votre paroisse. » Ce qu'il fit en faisant réciter à ce grand docteur son *Pater noster*, et le symbole de la foi. Il témoigna en prononçant ces paroles beaucoup d'émotion, beaucoup de tendresse de cœur, et beaucoup de douleur de ses fautes, embrassant sans cesse un crucifix qu'il tenoit entre ses bras; de sorte que tous les assistans fondoient en larmes, et croyoit-on qu'à cette fois-là il alloit expirer, tant il paroissoit être mal. Madame d'Aiguillon étoit cependant inconsolable, et comme hors d'elle-même. Après avoir fait tout ce que sa passion lui conseilloit, elle retourna à sa maison, où il fallut aussitôt la saigner au pied avec grand' peine. Les paroles aussi et les dernières volontés de M. le cardinal, qu'il lui avoit déclarées les larmes aux yeux, étoient trop touchantes pour n'en venir pas à l'extrémité où elle étoit réduite. Il lui défendit expressément, mais en des termes de tendresse et d'amour, de se retirer après sa mort dans un cloître, et que si elle vouloit lui déplaire après son décès, elle n'avoit qu'à y penser; qu'elle seroit plus nécessaire dans le monde; et il la prioit d'avoir soin de l'éducation de ses neveux Du Pont. Après il lui baisa les mains, et lui dit qu'elle étoit la personne du monde qu'il avoit le plus aimée. Le lendemain, troisième du courant, les médecins l'abandonnèrent le matin aux empiriques, voyant qu'ils n'avoient plus de remèdes pour lui, à

cause que l'inflammation étoit à la poitrine, et que la douleur du côté alloit tantôt à droite et tantôt à gauche. Il fut aussi tellement mal, que sur les onze heures le bruit de sa mort se répandit par toute la ville. Le sieur Bouvard, qui l'avoit veillé la nuit passée, alla du matin rendre compte au Roi de l'état de son mal; et lui ayant fait entendre qu'il ne pourroit passer le jour, on envoya faire des défenses à toutes les postes de donner des chevaux sans billet. Ce matin même le Roi manda le parlement pour le venir trouver sur les deux heures après midi. Cela donna sujet de croire que le cardinal étoit mort; mais le Roi avoit envoyé quérir ces messieurs pour faire vérifier la déclaration contre M. le duc d'Orléans. Il leur dit : « Messieurs, je veux
« que vous vérifiiez la déclaration, qui est entre les
« mains de mon procureur général, contre mon frère.
« Il est tant de fois retombé en la même faute après
« lui avoir tant de fois pardonné, que je ne le peux
« plus souffrir; et j'ai grand sujet d'appréhender
« qu'ayant tant failli de fois comme il a fait, il n'ait
« encore quelque mauvais dessein contre mon Etat.
« C'est pourquoi j'ai résolu de lui en ôter les moyens,
« et afin qu'il ne puisse à l'avenir maltraiter la Reine
« et mes enfans après ma mort, lui ôter toute es-
« pérance de venir jamais au gouvernement. M. le
« chancelier vous dira le reste de mes intentions. »
Sur quoi l'on dit que le premier président fit quelque remontrance pour surseoir cette affaire en faveur de Monsieur, et en considération de sa qualité. Néanmoins la déclaration fut vérifiée cinq jours après la mort du cardinal, c'est-à-dire le mardi 9 décembre, et non le vendredi 5, comme dit l'au-

teur de cette relation. Mademoiselle fut au Roi, et employa toute sorte d'intercessions pour empêcher ce coup; mais elle n'y gagna rien. « C'est sans doute un « grand coup d'Etat, dit notre auteur, pour faire voir « que la France, après la mort d'un si grand ministre, « ne laissera pas d'être gouvernée par son esprit. » Après que messieurs du parlement eurent pris congé du Roi, Sa Majesté tira à quartier messieurs les présidens de Mesmes et de Bailleul, et leur parla assez long-temps. Sur les quatre heures du soir il fut au Palais-Cardinal : il trouva que le malade se trouvoit un peu mieux, par la prise d'une pillule que Le Fèvre, médecin de Troyes, lui avoit fait prendre. Il demeura auprès de lui jusque sur les cinq heures, avec des démonstrations de douleur et de regret pour l'état auquel il le voyoit. La nuit se passa avec plus de repos et moins de fièvre; si bien que tout son monde y croyoit un grand amendement. Le jeudi au matin, quatrième du courant, qui fut le jour de sa mort, les médecins lui donnèrent une médecine à huit heures qui sembla le soulager, et qui les obligea de lui en donner une autre à onze heures. Sur le midi on publioit par la ville sa santé, avec démonstration de joie de la part de ceux qui étoient dans ses intérêts; mais à midi ou environ, M. le cardinal parla à un gentilhomme que la Reine lui avoit envoyé pour savoir l'état de sa santé, et lui parla en termes si fermes et si raisonnables, qu'il ne paroissoit pas si proche de sa fin qu'il étoit. Sitôt que ce gentilhomme se fut retiré, il sentit intérieurement le coup de la mort; et se tournant vers la duchesse d'Aiguillon : « Ma nièce, lui « dit-il tendrement, je suis bien mal ; je vais mourir.

« Je vous prie de vous retirer ; votre tendresse m'at-
« tendrit trop. N'ayez point ce déplaisir de me voir
« mourir. » Elle se retira à l'instant même ; et tout sur-
le-champ le voilà surpris d'un étourdissement dans
lequel il expira.

Il mourut à cinquante-huit ans, dans le palais qu'il
avoit fait bâtir à Paris, à la vue presque de son Roi,
qui ne fut jamais si satisfait de chose qui fût arrivée
dans son règne. Ce cardinal eut beaucoup de bien et
de mal. Il avoit de l'esprit, mais du commun; aimoit
les belles choses sans les bien connoître, et n'eut jamais
la délicatesse du discernement pour les productions
de l'esprit. Il avoit une effroyable jalousie contre tous
ceux qu'il voyoit en réputation : les grands hommes,
de quelque profession qu'ils aient été, ont été ses ennemis ; et tous ceux qui l'ont choqué ont senti la rigueur de ses vengeances. Tout ce qu'il n'a pu faire
mourir a passé sa vie dans le bannissement. Il y a eu
plusieurs conspirations faites pendant son administration pour le détruire ; son maître lui-même y est entré ; et cependant, par un excès de sa bonne fortune,
il a triomphé de la vie de ses ennemis, et a laissé le Roi
lui-même à la veille de sa mort. Enfin on l'a vu dans
un lit de parade pleuré de peu, méprisé de plusieurs,
et regardé de tous les badauds avec une telle foule,
qu'à peine un jour entier put-on aborder du Palais-
Cardinal.

FIN DES MÉMOIRES DE MONTRÉSOR.

RELATION

FAITE

PAR M. DE FONTRAILLES

DES CHOSES PARTICULIÈRES DE LA COUR PENDANT LA FAVEUR
DE M. LE GRAND.

NOTICE
SUR FONTRAILLES
ET
SUR SA RELATION.

Louis d'Astarac, vicomte de Fontrailles, marquis de Marestang, sénéchal d'Armagnac, naquit dans les premières années du dix-septième siècle.

Sa vie offre plusieurs traits de ressemblance avec celle du comte de Montrésor. Ils suivirent le parti des princes ; ils portèrent une égale haine au cardinal de Richelieu, et il ne tint ni à l'un ni à l'autre que ce ministre ne pérît sous le poignard qu'eux-mêmes auroient dirigé. Sujets révoltés, ils se jetèrent tous les deux dans les intrigues de la fin du règne de Louis XIII, dans la cabale des *importans*, et au milieu des troubles de la Fronde. Fontrailles a été plusieurs fois nommé par le cardinal de Retz : parlant du parti que le duc de Beaufort cherchoit à former, il dit qu'il étoit composé de gens qui sont tous morts fous, mais qui dès ce temps-là ne lui paroissoient guère sages, « tels que Beaupré, Fontrailles et Fiesque (1). » Il montre ce gentilhomme, le jour des Barricades, l'épée à la main, à côté du maréchal de La Meilleraye, et frappé dans la mêlée d'un coup de pistolet qui lui

(1) Mémoires du cardinal de Retz, tome 44 de cette série, p. 152.

casse le bras (1). Après la déclaration de la paix du mois d'avril 1649, le cardinal le met au nombre des frondeurs incorrigibles, qui n'attendoient qu'une occasion pour se révolter de nouveau (2). Guy Joly range aussi le vicomte de Fontrailles parmi les hommes inquiets et toujours mécontens (3). Il étoit si vif dans le parti de la révolte, que le parlement de Paris rendit, le 23 mai 1650, un arrêt contre lui, contre le comte de Matha (*Bourdeille*) et contre quelques autres, portant défenses à toutes personnes de faire aucuns traités, associations, ligues ou assemblées, sans la permission du Roi (4). C'étoit après l'arrestation des princes, et dans un moment où le parlement paroissoit disposé à se réconcilier avec la cour. Enfin le Roi rentrant dans Paris, le 21 octobre 1652, excepta nominativement Fontrailles de l'amnistie qu'il accordoit à ses peuples (5).

Fontrailles s'attacha d'abord au comte de Soissons : il paroît qu'il ne fut pas étranger à la réconciliation qui s'opéra en 1636, par les soins de Montrésor et de Saint-Ibar, entre le duc d'Orléans et ce prince. Le sentiment de la reconnoissance mit ensuite Fontrailles dans les intérêts de Cinq-Mars, grand écuyer de France, qui, sans le connoître particulièrement, n'avoit pas craint, dans une occasion délicate, et en présence du Roi, de prendre sa défense envers le cardinal de Richelieu. Ayant servi d'intermédiaire entre Gaston et Cinq-Mars, le prince l'envoya en

(1) Mémoires du cardinal de Retz, tome 44 de cette série, page 219. — (2) *Ibid.*, tome 45, page 34. — (3) Mémoires de Joly, tome 47 de cette série, page 23. — (4) On trouve cette pièce dans le volume 19 de la collection des Mazarinades, de la bibliothèque de l'Arsenal. — (5) Mémoires de Joly, au volume déjà cité, page 244.

Espagne au commencement de l'année 1642, pour conclure le traité par lequel Sa Majesté Catholique mettoit ses troupes et ses trésors à la disposition de Monsieur.

La révolte n'est jamais excusable : si cependant les récits de Fontrailles étoient conformes à la vérité ; si le cardinal de Richelieu n'avoit pas été effrayé de la pensée d'un grand crime ; s'il n'avoit tant insisté sur la dissolution du mariage de Gaston que pour parvenir à l'union de sa nièce avec l'héritier du trône ; s'il avoit conçu le criminel espoir de chances fortuites ou coupables qui l'auroient conduit à la régence du royaume ; si, après la naissance des enfans de France, les mêmes tentatives avoient été continuées pour arriver au même but, et se frayer un chemin vers une autorité semblable à celles des anciens maires du palais ; si les choses au moins avoient été disposées de manière que le duc d'Orléans ait pu penser qu'elles étoient telles qu'on vient de les présenter, il faudroit gémir de la position difficile dans laquelle Gaston fut placé ; mais on ne pourroit s'empêcher de le plaindre.

Le traité conclu avec l'Espagne conduisit à l'échafaud Cinq-Mars et le malheureux de Thou, qui convint lui-même qu'ayant rencontré Fontrailles à Carcassonne, celui-ci lui avoit parlé du traité. Fontrailles auroit eu le même sort, s'il n'étoit pas parvenu à se réfugier en Angleterre.

Il revint en France après la mort de Louis XIII, et il obtint des lettres d'abolition qui ne l'empêchèrent point de se mettre bientôt dans le cas d'en solliciter de nouvelles. Il mourut le 15 juillet 1677.

Fontrailles a laissé une relation intéressante des

choses qui se sont passées à la cour pendant la faveur de Cinq-Mars, dont il a été le conseil et l'ami.

Cette pièce parut en 1663, avec les Mémoires de Montrésor.

Nous avons cru devoir y joindre trois pièces importantes :

1° Le traité fait par Monsieur avec l'Espagne le 13 mars 1642, suivi de la contre-lettre;

2° Une lettre écrite par M. de Marca à M. de Brienne, sur l'affaire de Cinq-Mars;

3° Le Journal de ce qui s'est passé à Lyon durant le procès de messieurs de Cinq-Mars et de Thou.

Ces pièces se trouvent à la suite des Mémoires de Montrésor; mais elles ont plus de rapport avec la Relation de Fontrailles.

L'on voit, dans la Bibliothèque historique du père Le Long (t. 3, p. 102, n° 30,914), qu'il existe un recueil de lettres de M. de Fontrailles, depuis le 13 juillet 1643 jusqu'au 24 octobre 1649. Il y est indiqué comme ayant fait partie de la bibliothèque de M. de Bouthillier, ancien évêque de Troyes. On ignore ce qu'est devenu ce manuscrit : c'est par erreur qu'à l'article *Fontrailles*, dans la Biographie universelle de M. Michaud, il a été dit que ces pièces étoient aujourd'hui conservées dans la bibliothèque du Roi.

L. J. N. Monmerqué.

RELATION

FAITE PAR LE VICOMTE

DE FONTRAILLES.

M. le cardinal de Richelieu étoit arrivé, par son travail et avec d'extrêmes soins, à une si grande autorité dans l'Etat, qu'il n'avoit introduit dans les affaires et les principaux emplois que les personnes que ses bienfaits lui avoient acquises pour créatures : il s'étoit emparé de l'esprit du Roi, de qui la timidité naturelle étoit augmentée par la créance de n'avoir pas assez de talent pour la conduite de son royaume s'il n'étoit assisté des conseils de Son Eminence, qui de sa part, connoissant l'humeur de Sa Majesté inconstante et chagrine, soupçonnoit qu'elle ne fût susceptible d'impression suffisante de ruiner sa fortune, dont la grandeur ne pouvoit être abattue que par elle seule, qui l'avoit établie dans le lustre et l'éclat où chacun la considéroit.

Le Roi étoit sans enfans, et sa santé si incertaine depuis la grande maladie qu'il avoit eue à Lyon, que M. le cardinal de Richelieu s'estima obligé, dedans le doute de la durée de sa vie, de regarder plus exactement à la conduite qu'il devoit tenir sur le sujet de M. le duc d'Orléans, présomptif héritier de la couronne.

Il crut que le moyen le plus assuré étoit de procéder à la rupture de son mariage, afin de parvenir à celui de sa nièce la duchesse d'Aiguillon, parce que ce dessein lui succédant selon son espérance, il se promettoit de perpétuer sa domination, si absolue qu'elle seroit égale, si elle ne surpassoit celle que les maires du palais avoient autrefois usurpée. Mais ayant rencontré Son Altesse plus ferme et plus attachée à maintenir son mariage qu'il ne s'étoit persuadé, il attribua cette résistance à Puylaurens; et ne restant pas satisfait de la peine de la prison qui lui étoit imposée, il le sacrifia à son ressentiment, sans qu'il eût aucune conviction contre lui que celle d'être tombé dans le malheur de lui déplaire.

La rupture étant arrivée, quelque temps après, entre les deux couronnes, et les premiers événemens de la guerre, par le gain de la bataille donnée à Avein, n'étant pas soutenus avec la prévoyance dont le cardinal de Richelieu pouvoit assez user, il se trouva nécessité, dans le peu d'ordre qu'il avoit mis aux frontières, et par les progrès des Espagnols, à confier la conduite de l'armée à messieurs les duc d'Orléans et comte de Soissons.

Le traitement injurieux que Son Altesse avoit reçu dans la mort de Puylaurens, qui avoit sa principale confiance, et sa juste crainte d'être réduit, contre tous les devoirs d'honneur et de conscience, à rompre son mariage solennellement contracté, pour entrer dans une alliance dont le refus lui causeroit des persécutions infinies, se résolut de s'unir avec M. le comte pour le perdre : ce qui auroit fort aisément réussi s'ils eussent voulu dès Amiens exécuter la délibération qu'ils avoient prise conjointement, et ainsi qu'il étoit en leur pouvoir.

L'une des plus grandes appréhensions qu'avoit M. le duc d'Orléans sur le sujet de ce prétendu mariage venoit de l'opinion que le cardinal, qui déféroit toutes choses au mouvement de son ambition, soudain que Son Altesse auroit eu des enfans, se porteroit infailliblement à se défaire de sa personne pour n'avoir plus d'opposition (si la mort de Sa Majesté survenoit) capable d'empêcher qu'il ne gouvernât l'Etat sous le nom des mineurs et celui de la régente, qui dépendroit entièrement de lui.

Corbie ayant été remis sous l'obéissance du Roi, Son Altesse et M. le comte de Soissons s'étant rencontrés à Paris ensemble, sur des avis qui leur furent donnés, cherchèrent leur sûreté en s'éloignant de la cour. Monsieur se retira à Blois, et M. le comte à Sedan, où tous les deux, prévenus par des négociations remplies d'artifices, prirent le parti d'un accommodement, sans stipuler les conditions que requéroient les intéressés, qui se pouvoient facilement ménager dans une conjoncture si favorable.

M. le comte, qui se confioit le moins au cardinal, obtint seulement la liberté de demeurer à Sedan quatre années; qui étoit un avantage peu considérable après ce qui s'étoit passé.

La naissance de messeigneurs les enfans de France ayant changé le visage de la cour, Son Eminence prit de nouvelles mesures ; et, sans perdre de temps, agit auprès de Sa Majesté pour tirer d'elle les dernières paroles qu'il jugeoit à propos pour le conduire à la puissance qu'il s'étoit proposée. Il présumoit, mais avec plus d'orgueil que de raison, que ce titre, exigé du Roi, l'éleveroit à la qualité de régent en France;

et que s'il étoit forcé de se relâcher d'une prétention pour lui si glorieuse, il dépendroit de son choix d'emporter la balance du côté de la Reine ou de M. le duc d'Orléans, auquel il se détermineroit selon que le temps et les occasions lui conseilleroient.

Il avoit fait souffrir tant de choses à la Reine, à son retour de Languedoc, qu'il se rendoit irréconciliable avec elle, et se portoit sur ce fondement à telle aigreur, qu'il déclaroit ouvertement avoir perdu toute considération pour elle. A l'égard de Son Altesse, il faisoit paroître moins d'aversion à s'appuyer de lui, quoiqu'il eût beaucoup relâché de l'ardeur qu'il avoit autrefois témoignée pour son mariage avec la duchesse d'Aiguillon : les démonstrations ne s'étendoient pourtant qu'à des civilités extérieures, qui ne produisoient nul effet que celui de donner des preuves évidentes de sa profonde dissimulation, que Monsieur n'avoit pas moindre à lui céler ses sentimens.

C'étoit à peu près l'état auquel se trouvoit la cour lorsque M. de Cinq-Mars [1], qui a été grand écuyer, entra en faveur auprès de Sa Majesté : mais parce que j'ai été celui qui me suis rencontré le plus avant dans sa confiance, je serai bien aise de laisser ces Mémoires parmi les papiers de ma maison, afin que ceux qui trouveront l'abolition que j'ai prise n'ignorent pas les sujets qui m'y ont obligé.

L'objet de M. le cardinal de Richelieu pour demeurer le maître des affaires étoit de décréditer la Reine auprès du Roi, par l'éloignement de ses créatures. Considérant madame de Hautefort pour être entièrement dévouée à son service, il songea aux ex-

[1] *M. de Cinq-Mars*: Henri-Ruzé d'Effiat, seigneur de Cinq-Mars.

pédiens de la bannir de la cour, l'affection que Sa
Majesté témoignoit pour elle étant trop suffisante et
suspecte à ses intérêts pour lui pouvoir permettre
de la laisser davantage dans la place qu'elle occupoit.

Il se proposa, ensuite de sa disgrâce, de la remplir
d'une personne agréable au Roi, capable de la divertir, ou du moins de l'amuser : mais afin d'éviter que Sa
Majesté en choisît une de son propre mouvement sans
qu'il en eût le mérite, il jeta les yeux sur M. de Cinq-
Mars, pour lequel il avoit remarqué, dès le voyage
d'Amiens, que Sa Majesté avoit une forte inclination.

Pour cette considération, il se résolut de la laisser
agir, d'autant qu'il paroissoit à tout le monde que
c'étoit un effet de son autorité, qui engageoit à la
reconnoissance celui qui en recevoit l'obligation.

Peu de temps après, il le favorisa de son entremise
pour le faire entrer dans la charge de maître de la
garde-robe; et se servant de l'adresse d'un ministre
consommé dans les intrigues du cabinet, il lui montroit incessamment la faveur, et en même temps faisoit connoître que c'étoit par sa seule voie qu'il y
pourroit parvenir. En quoi il est juste d'avouer qu'il
tenoit la conduite d'un habile homme.

Le projet de faire donner l'ordre à madame de Hautefort de se retirer ayant été résolu avec précipitation et contre l'avis de ses partisans, qui en jugeoient
mieux que lui les conséquences, M. de Cinq-Mars
commença à être regardé comme favori; et dans le
voyage que le Roi fit à Grenoble, sous le prétexte de
voir madame de Savoie, il parut que Sa Majesté l'aimoit avec plus de passion qu'il n'avoit fait aucun de

ceux qu'il avoit gratifiés avant lui de l'honneur de ses bonnes grâces.

M. le cardinal en conçut de la jalousie, se repentit du choix qu'il en avoit fait, et ne demeura pas longtemps sans s'apercevoir, dans les divers voyages que la nécessité des affaires faisoit naître, qu'il pouvoit aisément ruiner une fille; mais qu'il n'en étoit pas de même d'un jeune homme qu'il avoit introduit, beau, bien fait, ambitieux et spirituel, qu'il ne pouvoit détruire que par une disgrâce tout ouvert, auquel il ne resteroit rien à désirer, après avoir été établi dans la charge de grand écuyer, que s'emparer de la place du premier ministre.

La mort de M. le cardinal de La Valette étoit survenue : il envoya au Roi une liste de ceux qu'il avoit pourvus de ses bénéfices, dans le nombre desquels le nom de l'abbé d'Effiat, frère de son favori, n'étant employé que pour une abbaye fort médiocre, Sa Majesté, emportée de dépit, déchira le papier, et déclara publiquement qu'il lui donneroit la meilleure : dont M. le cardinal fut si offensé, qu'il jura la ruine de M. de Cinq-Mars, et s'en expliqua à ses amis ; ce qui ne put empêcher le Roi, incontinent après son retour à Paris, de chasser madame de Hautefort, et de mettre en possession, de son propre mouvement, M. de Cinq-Mars de la charge de grand écuyer.

Il m'arriva dans cette conjoncture, en Gascogne où j'étois, une querelle avec M. d'Espenan; et parce qu'il venoit de soutenir un très-long siége dans Salses, dont il étoit gouverneur, et s'y étoit conduit en sorte que l'on restoit très-satisfait de lui en cour, M. le cardinal prit ce différend avec tant d'aigreur à mon égard, qu'il publia que j'avois fait des monopoles en Guienne pour messieurs d'Epernon et de La Valette, lesquels se trouvoient en disgrâce; y ajoutant ces paroles pleines d'animosité, qu'*il falloit me faire prendre mort ou vif.*

M. le grand répondit pour moi, bien que je ne fusse pas bien connu de lui, et dit à Son Eminence, en présence de Sa Majesté, que mes ennemis m'avoient rendu ce mauvais office; mais qu'il se rendroit caution de sa tête que j'étois bon serviteur du Roi.

Ce discours, si obligeant et avancé si à propos, me mit à couvert d'un si méchant rencontre; et c'est au vrai le sujet qui m'attacha si fort avec M. le grand, et qui m'a depuis engagé à l'honorer et le servir jusques à la mort.

M. le cardinal ayant conservé le dessein qu'il avoit pris à Grenoble de le perdre, jugea que La Chesnaye, premier valet de chambre auquel Sa Majesté parloit souvent, et avec grande confiance, seroit un homme propre à trouver l'occasion d'apporter quelque dégoût de lui dans l'esprit du Roi, ne doutant plus qu'après par son adresse, appuyée de son crédit, le reste ne lui fût facile.

Sur ce projet il arriva plusieurs démêlés entre le Roi et son favori, suscités et ménagés par La Chesnaye, dans lesquels Son Eminence s'entremettoit presque toujours; mais pour ne se point commettre (étant éclairci qu'ils venoient plutôt d'un excès d'affection que par aversion), il prenoit toujours le parti de l'accommodement, et avant que de partir de Saint-Germain il les remettoit bien ensemble.

M. le grand s'étant aperçu de ces artifices (et, ainsi qu'il me le dit souvent, autant par hasard que d'une résolution préméditée), rencontra le Roi en disposition de se défaire de La Chesnaye, qui l'incommodoit infiniment. Un jour, sans que M. le cardinal en fût averti, Sa Majesté lui fit commandement de se retirer avec injures et outrages : M. le grand le menaça fort aussi.

Son Eminence ne pouvant dissimuler le regret qu'il en avoit, lui fit paroître par son visage et un discours fort sévère, quand il alla pour lui rendre compte de ce qui s'étoit passé.

La Chesnaye étant arrivé à Paris, les serviteurs et les plus proches de M. le cardinal le furent voir, pour lui offrir leur assistance dans sa disgrâce.

Le maréchal de La Meilleraye, son beau-frère, en usa comme les autres, et encore avec plus de chaleur ; et j'ai appris de M. le grand que ce qui lui faisoit plus clairement voir l'envie que Son Eminence avoit de le perdre étoit comme M. de La Meilleraye s'étoit retiré de lui tout d'un coup sans sujet ni prétexte, et rompu l'amitié qu'ils avoient contractée ensemble, de telle hauteur qu'à peine se vouloient-ils saluer.

M. le cardinal, par l'éloignement d'un homme qui le servoit adroitement à son gré, voyant M. le grand mieux établi qu'il ne l'eût désiré, se résolut d'attendre que cette affection du Roi reçût quelque diminution d'elle-même : ce qu'il espéroit devoir bientôt arriver, pour lui donner moyen de s'en prévaloir.

Sa Majesté étant à Amiens, M. le grand, qui désiroit avec une extrême passion de faire paroître son courage, et qui étoit pleinement informé en quel état il étoit auprès de M. le cardinal, se proposa de demander au Roi le commandement des troupes qui devoient conduire les convois que l'on envoyoit à Arras.

Sa Majesté le lui accorda dès la première ouverture, sans en donner part à Son Eminence, qui l'ayant su la fut trouver à l'instant pour la faire changer; mais il la rencontra ferme et inébranlable, persistant à vouloir que son favori eût cet emploi, qui lui étoit extrêmement glorieux.

Enfin M. le cardinal s'apercevant que le Roi ne relâcheroit point, il s'adressa à M. le grand, qui se voyant pris à partie par un ministre si autorisé, dans la crainte de n'être pas soutenu, aima mieux se relâcher de lui-même que d'y être contraint par force; et ainsi il se désista de sa prétention : et pour satisfaire le Roi, le commandement des volontaires, des gendarmes et chevau-légers de la garde lui fut donné.

Dans cette occasion il y eut un combat, sur le sujet duquel M. le cardinal, parlant à Sa Majesté, taxa le courage de M. le grand très-injustement : ce qui l'envenima à tel point, et lui fit une si profonde plaie dans le cœur, qu'il n'en guérit jamais depuis.

Il se trouva aussi en si mauvaise posture à son retour d'Amiens, qu'il se croyoit entièrement perdu : il fit pourtant sa paix avec le Roi, et se raccommoda avec M. le cardinal; mais ce ne fut qu'en apparence, sans vouloir être jamais son serviteur, résolu d'embrasser toutes les voies les plus extraordinaires pour essayer de se venger de lui.

M. le comte, qui étoit à Sedan, pressé par le temps de son traité et sollicité par M. de Bouillon, se disposa à former un parti; et parce qu'il savoit que M. le grand étoit très-mal satisfait de Son Eminence, il voulut tâcher de l'embarquer dans ses intérêts.

Je faisois profession particulière d'être serviteur de M. le comte; il avoit cette opinion de moi : ce qui l'obligea à donner commission au comte de Fiesque de me parler de cette négociation. Je m'excusai sur le voyage que j'allois faire dans ma maison; mais en effet parce que je ne voyois pas qu'il fût honnête ni avantageux à un favori d'entrer en intelligence avec un prince qui étoit sur le point de prendre les armes contre son maître, son souverain, et son ministre.

Néanmoins M. le comte, dans mon absence, ne s'étant pas rebuté de continuer son dessein, lui fit faire cette proposition par d'autres gens, et en reçut toutes les assurances qu'il pouvoit souhaiter; et ce fut le commencement de cette malheureuse et funeste affaire qui fut cause de sa perte, pour s'être trop légèrement engagé à chercher sa sûreté ailleurs qu'auprès du Roi et de son principal ministre, avec lequel il étoit prévenu de ne la pouvoir plus trouver.

S'étant réduit en cet état, il m'écrivit en Gascogne, et me manda que, toutes affaires laissées, il me conjuroit de venir à la cour pour des raisons très-importantes.

Je pris la poste pour satisfaire à ce qu'il désiroit de moi : passant à Blois, je vis Monsieur, qui me commanda et me conjura plusieurs fois, pour le service que je lui avois voué, d'employer tous mes soins vers M. le grand pour l'attacher à ses intérêts, et le rendre son serviteur particulier. Il me dit qu'il croyoit bien qu'il l'étoit déjà fort, mais que ce n'étoit pas encore au point qu'il le souhaiteroit ; que s'il craignoit la jalousie du Roi, il vivroit en public avec lui de la manière qu'il voudroit, pourvu qu'il fût assuré de son affection et de son service. Il n'oublia pas d'ajouter toutes les promesses dont les personnes de sa qualité sont fort libérales quand ils ont envie de tirer des services considérables de quelqu'un.

Il m'ordonna aussi que quand il viendroit à la cour j'eusse à le voir avant qu'il eût salué le Roi, pour ce qu'il sût de moi de quelle sorte M. le grand seroit convenu qu'il en usât avec lui.

J'arrivai à Paris le même jour que la bataille de Sedan fut sue à Peronne, où étoit la cour : l'on étoit déjà assuré de la mort de M. le comte, dont je trouvai M. le grand dans le dernier désespoir. Le gain d'une journée obtenue par une prince auquel il s'étoit entièrement attaché avant qu'il eût appris le malheur de sa perte l'avoit élevé à de grandes espérances, et fait croire sa conduite bonne : mais sa mort lui donna des pensées bien différentes, pour s'être trop légèrement engagé dans un parti qui étoit absolument ruiné, et voir son secret entre des personnes qui n'étoient plus obligées de le taire ; lequel venant à la connoissance du Roi, il n'avoit point d'excuses valables à lui alléguer.

Après qu'il lui eut plu de m'informer de tout ce qu'il avoit fait depuis que je m'étois séparé de lui, je ne pus m'empêcher de le blâmer d'une si prompte résolution d'entrer en intelligence avec M. le comte, vu qu'il eût été honnêtement établi ; car, quelque avantage qui lui eût pu arriver, il auroit toujours été bien aise d'acquérir auprès du Roi un homme tel que lui, et qu'en différant il se fût tenu en des termes de se prévaloir de sa bonne fortune, et de n'en rien risquer dans le malheureux succès qui lui étoit arrivé.

Pour en venir au remède, je lui représentai qu'il étoit bien difficile d'empêcher que M. le cardinal ne fût averti de ce qu'il avoit si grand intérêt de céler; que feu M. le comte avoit divers confidens, que M. de Bouillon s'accommodoit indubitablement, et que les autres recherchoient l'amitié de Son Eminence; qu'ainsi il étoit quasi impossible qu'un ou peut-être tous ensemble ne fussent touchés de lui faire un si beau présent que celui de révéler ce secret si important, qui lui seroit si agréable à savoir; que j'étois d'avis qu'il n'y avoit point à marchander, car il falloit nécessairement se porter aux extrémités, fléchir, ou quitter la cour.

Il me dit que de s'éloigner il n'y avoit point de sûreté pour lui; que M. le cardinal, qui ne faisoit rien à demi, auroit plus de facilité à le perdre, n'y ayant personne auprès du Roi pour le défendre, ce qu'il feroit lui-même en conservant sa place; qu'il étoit malaisé de le convaincre parce qu'il n'avoit point écrit, et que les témoins seroient bien plus retenus, lui présent, que s'il étoit retiré : mais que pour les moyens extrêmes, qu'il n'y en pouvoit avoir aucuns qu'il ne voulût de bon cœur hasarder.

Lors je le mis en connoissance du discours que Monsieur m'avoit tenu en allant à Blois, et comme il m'avoit témoigné souhaiter passionnément qu'il fût son serviteur : au surplus, que l'on l'avoit une fois disposé à Amiens, en l'année 1636, de souffrir une entreprise sur la personne du cardinal de Richelieu, sous son nom et en sa présence; et si lui et M. le comte eussent eu la résolution que je croyois qu'ils auroient eue en pareille rencontre, et que les avis se fussent trouvés conformes parmi ceux qui servoient en cette occasion, le cardinal ne fût jamais sorti du logis du Roi; et qu'ainsi s'il pouvoit donner la même disposition à Son Altesse, qu'il faudroit ensuite y mettre si bon ordre que l'entreprise succédât (et c'étoit en cela seul que consistoit sa conservation, ne voyant par aucune voie le moyen d'éviter sa perte, tout autre parti étant ruineux et sans espérance). Il en tomba d'accord, et prit cet expédient avec grande chaleur.

Aussitôt après Sa Majesté vint à Mézières pour traiter avec M. de Bouillon. Il est à remarquer que M. le grand avoit accoutumé d'être en tiers avec le Roi et M. le cardinal dans tous les conseils les plus secrets; et que Son Eminence, mal satisfaite de lui, se résolut de l'empêcher à l'avenir. Je n'ai pas su s'il en étoit convenu avec le Roi, ou bien s'il croyoit que M. le grand ne viendroit jamais à un éclaircissement qui ne lui réussiroit pas, et qui pourroit procurer sa ruine. M. le cardinal lui témoigna donc par M. de Saint-Yon qu'il ne trouvoit pas bon qu'il lui marchât toujours sur les talons quand il est auprès de Sa Majesté, et qu'il avoit à l'entretenir d'affaires qui ne requéroient point sa présence.

Ce discours surprit fort M. le grand, qui fut dans le moment chez M. des Noyers pour approfondir d'où venoit ce changement; mais M. le cardinal, qui le faisoit observer, y fut aussitôt que lui, où il le traita avec autant d'aigreur et d'empire que s'il eût été le moindre de ses valets, n'y ayant sorte d'injures et d'outrages qu'il ne lui fît recevoir, lui reprochant non-seulement ses bienfaits, son peu de capacité et de mérite, qu'il passa jusques à cette extrémité qu'il lui fit connoître, avec le dernier mépris, qu'il ne faudroit qu'un homme tel que lui dans le conseil pour perdre de réputation tous les ministres parmi les étrangers; et pour conclusion lui défendit de se trouver dans aucun conseil, et le renvoya au Roi pour lui demander s'il n'étoit pas de cet avis.

Bien que je n'aie jamais vu homme plus outré de déplaisir qu'étoit M. le grand d'un traitement si injurieux, il n'eut d'autre voie à choisir que celle de le souffrir, et de se retirer dans sa chambre où j'étois seul.

Après qu'il eut pleuré de rage et de colère, et sanglotté long-temps, il ne put trouver autre consolation que celle du souvenir du dessein qu'il avoit pris de ne rien omettre pour perdre son ennemi.

M. le cardinal néanmoins, après lui avoir donné une rude mortification, lui fit offrir le gouvernement de Touraine, dans lequel il avoit son bien, pour lui aplanir le chemin de sa retraite : ce qu'il refusa, ne voulant abandonner la place qu'il tenoit que par force.

M. de Bouillon ayant fait son accommodement, ce lui fut un nouveau sujet de crainte que l'intelligence qu'il avoit eue avec M. le comte ne se découvrît.

M. de Thou étoit lors à la cour, qui par l'aversion conçue contre le cardinal lui témoignoit être de ses amis, et qui l'étoit aussi intime de M. de Bouillon et son parent : ces considérations l'obligèrent à se servir de son entremise pour lui faire un compliment de sa part, auquel M. de Bouillon répondit avec la fidélité et la chaleur qu'il pouvoit désirer.

Etant venu voir le Roi, M. le grand lui donna à dîner, reçut de lui les assurances du secret et celles de son amitié dans des termes particuliers qui n'étoient pas absolument clairs, mais qui souffroient des explications fort favorables. Jugeant la personne et la réputation de M. de Bouillon propres à donner de puissantes inductions à Monsieur pour lui faire entreprendre ce qu'il désiroit, il resta avec plus de repos et de satisfaction.

Sa Majesté partant de Mézières fut à Amiens, et passant par Corbie Monsieur l'y vint trouver; et parce qu'il y avoit apparence que Son Altesse devoit attendre la cour à Amiens, je ne m'avisai point d'aller au devant d'elle, ainsi qu'elle me l'avoit prescrit. Elle salua le Roi plus tôt que je n'eusse eu l'honneur de la voir, ce qu'elle trouva mauvais; et je lui dis que M. le grand la supplioit de vivre à son égard comme elle avoit accoutumé, et qu'elle seroit assurée de sa propre bouche du zèle qu'il avoit pour son service.

Durant le séjour d'Amiens ils eurent plusieurs conférences ensemble, entre autres une dans le jardin de M. de Chaulnes, où Monsieur me dit que si M. le cardinal pouvoit mourir, nous serions trop heureux. Je lui repartis incontinent sans hésiter qu'il n'avoit qu'à donner son consentement, et qu'il se rencontreroit des gens qui s'en déferoient en sa présence.

Ces paroles expresses n'ayant point été concertées surprirent moins Son Altesse que M. le grand, qui me témoigna que je les avois dites à contre-temps, et qu'il craignoit que je n'eusse étonné Monsieur: ce qui m'obligea à lui répondre qu'il valoit mieux, si cela étoit, que ce fût au commencement d'une affaire de cette considération que lorsqu'elle seroit plus avancée, et que nous serions embarqués.

Le Roi retournant à Paris passa à Nesle, où M. de Bouillon vint encore voir Sa Majesté en allant chez lui à Turenne; et ce fut lors qu'il promit à M. le grand, par l'entremise de M. de Thou, d'être de ses amis contre M. le cardinal, et de se rendre à Paris toutes les fois qu'il le désireroit. Je n'y étois pas, mais il me le communiqua.

Du depuis le Roi étant arrivé à Saint-Germain où je me rencontrai, le voyage de Perpignan fut arrêté peu de jours après, et retardé sur ce que la santé de Sa Majesté étoit plus altérée.

M. le grand, prenant d'autres mesures, sonda diverses fois le Roi pour pressentir en quelle disposition il seroit pour M. le cardinal; mais s'étant aperçu qu'il ne vouloit en façon quelconque l'éloigner des affaires et se priver du service qu'il croyoit recevoir de lui, et qu'il ne lui avoit célé que lorsque Son Eminence se déclareroit ouvertement son ennemi, il ne le pourroit plus conserver; joint à la défiance qu'il avoit, quand bien M. le cardinal ne seroit plus, que Sa Majesté n'estimât pas la capacité des personnes de son âge, et cela étant il couroit risque de souffrir la honte de voir faire un choix dans l'emploi des affaires, et à son exclusion : ce qui le travailloit infiniment.

Le souvenir des obligations dont le maréchal d'Effiat son père et sa maison étoient redevables à Son Eminence lui revenoit souvent à la pensée, et lui partageoit l'esprit; et quoiqu'il le dissimulât à M. d'Aubijoux, qui étoit à Monsieur, et à moi auquel il avoit pourtant beaucoup de confiance, nous ne laissâmes pas de le pénétrer, et de nous en assurer par la suite des choses qui nous arrivèrent. Le Roi attaqué d'une maladie que les médecins jugeoient devoir terminer sa vie dans six mois rendant sa condition incertaine, les longues conversations avec Monsieur, et la créance qu'il avoit qu'il le pouvoit gouverner avec plus de facilité que le Roi, jointe aux espérances de sa fortune en s'attachant entièrement à lui, l'obligèrent à se tourner absolument du côté de Son Altesse, et de n'avoir plus d'autres pensées que de se mettre à couvert par son moyen des orages pressans qui le menaçoient, afin d'attendre avec sûreté ce que produiroit la révolution que la mauvaise santé du Roi lui persuadoit devoir à tous momens arriver. Il ménageoit cependant M. de Bouillon, qu'il avoit acquis, l'estimant l'homme du monde le plus utile pour venir au but qu'il s'étoit proposé, parce qu'il avoit Sedan, place excellente et bien munie, qui avoit garanti un prince du sang de l'oppression de M. le cardinal, dans laquelle Monsieur se pouvoit aisément retirer, et lui par conséquent sans avoir à craindre les effets de sa mauvaise volonté.

Il écrivit sur ce fondement à M. de Bouillon pour le faire venir à Paris, et voulut se servir de M. de Thou, duquel il s'étoit si bien trouvé à la première négociation.

M. d'Aubijoux ni moi ne savions rien de son dessein; car il appréhendoit que nous ne fussions pas d'avis de ce conseil pris de sa tête, ni disposés à le servir à sa mode. Il ne se contentoit pas de nous céler ses sentimens, il vouloit aussi céler à M. de Thou le sujet de son envoi vers M. de Bouillon, et lui insinuer que le Roi désiroit de le voir pour conférer avec lui sur ce qui regardoit M. le cardinal; qu'il avoit intention de le perdre, et d'y employer mondit sieur de Bouillon.

Les raisons qu'il m'allégua furent que si M. de Thou n'étoit trompé, il n'entreprendroit jamais le voyage; ou s'il le faisoit, ce seroit avec tant de dégoût et de regret qu'il n'auroit aucun effet. Je ne puis être de cette opinion.

Je lui dis que M. de Thou étoit homme de qualité et de mérite, auquel il étoit obligé; et que ce seroit un procédé bien étrange de le commettre sous un faux entendre à faire un voyage et faire une négociation très-délicate, dans laquelle il couroit fortune de sa vie ou du moins de sa liberté, s'il étoit découvert; qu'il falloit le traiter avec plus d'estime et de confiance, en l'informant de la résolution qu'on avoit prise contre M. le cardinal; que si M. de Thou n'y vouloit pas contribuer, il étoit tellement homme de bien, et avoit assez d'aversion pour Son Éminence, pour en garder inviolablement le secret.

Il me crut avec grande confiance; et il arriva que dès qu'il eut découvert le discours M. de Thou l'interrompit, lui déclarant qu'il ne s'en vouloit point mêler, et qu'il étoit ennemi du sang; que par son ministère il ne s'en répandroit jamais.

Je fus un peu plus étonné que M. le grand, quoiqu'il le fût beaucoup, parce que j'étois le seul auteur de ce conseil, qui nous avoit si mal réussi.

M. le grand ne dit plus mot; et je fus ensuite assez heureux pour faire en sorte que M. de Thou se résolût de faire le voyage, et de porter une lettre à M. de Bouillon, et engager sa parole qu'il laisseroit librement agir sa volonté sans user de persuasion vers lui, ni le dissuader.

La lettre reçue, M. de Bouillon partit sans difficulté la nuit du jour qu'il arriva à Paris, avant que personne le sût, et vit M. le grand à Saint-Germain. Il lui représenta dans leur conférence la maladie du Roi, et le dessein de M. le cardinal de s'emparer de la régence au préjudice de la Reine et de Monsieur; le danger commun, et particulièrement celui auquel il s'étoit exposé plus qu'aucun autre, si cette prétention lui réussissoit; qu'il l'estimoit plus habile pour croire qu'un esprit glorieux comme celui du cardinal pût jamais lui pardonner l'affront qu'il lui avoit fait recevoir à Sedan, et l'état où il avoit été par son moyen; que la commission qu'il lui donnoit d'aller commander l'armée d'Italie n'étoit que pour l'éloigner de sa place, afin de rendre sa perte plus aisée; que la Reine et Monsieur lui tendoient les mains; que c'étoit le parti le plus juste : et les servant dans cette occasion, quelle gloire n'acquéroit-il pas, et quels avantages pour ses intérêts particuliers! Que, tout bien considéré, il ne devoit point différer d'assurer sa personne et sa place à Monsieur; qu'avec sûreté il seroit aisé de le faire résoudre d'entreprendre contre le cardinal; et qu'au pis aller, cela leur manquant, ils se retireroient tous à Sedan, en attendant la mort du Roi, qui ne pouvoit pas tarder en l'état auquel il étoit.

M. de Bouillon promit franchement tout ce qui dépendoit de lui : mais il représenta que la place n'étoit point sûre pour ceux qui s'y retireroient, s'il n'y avoit une armée pour hasarder d'abord un grand combat; que les armées de messieurs les comtes d'Harcourt et de Guiche étoient d'un côté, et celle de M. de Guébriant de l'autre; qu'aussitôt que M. le cardinal seroit informé que ses ennemis se seroient retirés, instruit par le péril que lui avoit fait courir M. le comte, et pressé de la nécessité de ses affaires par la maladie du Roi, il la feroit investir, et se saisiroit des hauteurs qui environnent la ville : toutes les forces de l'Europe ne sauroient empêcher que l'on ne la prît, et ceux qui se seroient jetés dedans. Pour ces raisons il falloit nécessairement traiter avec le roi d'Espagne, et tirer de lui des troupes suffisantes pour donner une bataille comme celle de l'année précédente.

Pour dire mon sentiment, je crois que la jalousie dans laquelle M. de Bouillon étoit de sa place, et la crainte de la perdre, lui firent plus songer à la conserver qu'à la sûreté de sa personne, et que l'envie que M. le grand avoit de sortir de la cour le fit consentir à tout ce que M. de Bouillon voulut, voyant qu'il étoit malaisé de ne s'y pas accommoder; et hors de cette ressource il n'estimoit plus de salut pour lui. Il ne dit point le particulier de cette conférence; seulement que tout alloit bien, et que M. de Bouillon étoit disposé à toutes choses.

Il parla après à Monsieur, auquel il fit voir la nécessité de traiter avec le roi d'Espagne, qui ne fit aucune résistance. Ils résolurent que ce seroit moi qui auroit cette commission.

M. d'Aubijoux et moi faisions de grandes instances vers M. de Bouillon et M. le grand pour leur faire prendre une dernière résolution pour venir aux expédiens d'exécuter l'entreprise contre M. le cardinal.

Enfin M. le grand me dit qu'il avoit sondé Monsieur diverses fois, et qu'il le trouvoit fort éloigné de cette pensée, mais qu'il falloit l'y faire entrer par finesse; que M. de Bouillon ne vouloit point agir qu'il ne fût assuré d'un prompt secours pour sa place, et que pour cela il étoit nécessaire de traiter avec les Espagnols; que Monsieur y étoit résolu, et qu'il m'avoit choisi pour faire le voyage et conduire cette négociation.

Je ne fus de ma vie si étonné : je lui dis que la manière me sembloit un peu étrange de disposer ainsi de moi sans ma participation, et que je verrois ce que j'aurois à faire. M'étant après retiré, et en ayant consulté M. d'Aubijoux, nous tombâmes d'accord que nous étions engagés dans une méchante affaire, et si avant, par le conseil que nous avions tant appuyé d'entreprendre contre M. le cardinal, qu'il étoit impossible de nous en retirer sans une perte assurée; que si je refusois de faire ce voyage, quelque répugnance que j'y eusse, nous deviendrions suspects du seul côté par lequel nous devions espérer de nous tirer de cet embarras; que nous avions la mort du Roi pour nous, la faveur de M. le grand auprès de Monsieur, et le crédit que s'y étoit acquis M. de Bouillon; et par autre voie point de ressource que par une infidélité dont nous étions incapables, et perdrions plutôt mille vies, si nous en avions autant, que de la commettre.

Nous convînmes, après nous être amplement entretenus, que je ferois donc le voyage. M. le grand en reçut une joie très-sensible; car de la sorte que je m'étois séparé de lui il ne le croyoit pas et ne s'y attendoit pas.

M. de Bouillon et M. le grand se virent plusieurs fois au logis de M. d'Aubijoux et de moi, qui logions ensemble, pour conférer de leurs affaires, et particulièrement de leur traité.

Ils furent tous deux un soir fort tard à l'hôtel de Venise (1), où Monsieur avoit son écurie; là ils résolurent avec lui ce qu'ils avoient envie de faire. M. de Thou étoit partout, mais il ne vouloit rien savoir. Ainsi il fut jusqu'à la porte de l'hôtel de Venise sans y vouloir entrer.

Le Roi partit cinq ou six jours après pour aller à Lyon. Son Altesse ayant signé et donné ses blancs, s'en alla aussi à Blois; M. de Bouillon aussi chez lui faire son équipage, et se présenta pour aller en Italie avant que de se séparer.

M. le grand tira parole de Monsieur qu'il se rendroit à un jour nommé à Lyon, et M. de Bouillon promit la même chose, pour contraindre Son Altesse de se porter au dessein projeté contre la personne de M. le cardinal. Cela se dit incontinent à Paris en public, et ne fut pas plus secret à la cour. Néanmoins ce n'est pas mon opinion, et suis assuré que M. le grand n'en voulut pas user ainsi depuis son retour de Picardie. Je croyois plutôt qu'ayant beaucoup d'amis en Auvergne que le maréchal son père lui avoit laissés, et qu'il avoit conservés par son adresse et par sa faveur (car il vint plus de huit cents gentilshommes à Lyon le visiter), il eût été ravi, pour satisfaire à sa gloire naturelle, que Monsieur les eût vûs, et pris bonne opinion de son crédit.

(1) *L'hôtel de Venise :* On voit encore l'emplacement de cet hôtel dans la rue Saint-Gilles, au Marais. Les bases du traité de Monsieur avec l'Espagne y furent arrêtées dans la conférence dont M. de Fontrailles fait ici mention. (*Voyez* plus loin la lettre de M. de Marca à M. de Brienne, page 456 de ce volume.)

Pour M. de Bouillon, il désiroit le voir pour l'obliger à lui donner un ordre par écrit pour pouvoir entrer dans Sedan toutes les fois qu'il voudroit ; lequel ordre il avoit refusé de lui donner à Paris, et avoit protesté de ne le bailler ou confier qu'à M. d'Aubijoux ou à moi, après que je serois de retour d'Espagne. Monsieur et M. de Bouillon, quoiqu'ils s'y fussent engagés, ne se rendirent point à Lyon.

Le Roi s'en alla à Narbonne, et je repartis en poste après avoir reçu la minute du traité, et une copie de la lettre de Monsieur à M. le comte duc d'Olivarès, et deux blancs signés de Son Altesse qu'elle m'avoit donnés, l'un de sa lettre au comte duc, et l'autre en la forme qu'il le désiroit pour le roi d'Espagne.

Dans ces Mémoires il y avoit aussi beaucoup de raisons exprimées qui marquoient l'avantage que recevoit Sa Majesté Catholique de ce traité. C'étoit la première négociation que j'avois faite que j'entreprenois sans être fort instruit : et comme je m'enquis de M. de Bouillon, que j'estimois savant en telle matière, de la façon de laquelle il falloit que Monsieur traitât avec le roi d'Espagne, et une instruction pour ne rien oublier de ce qui appartenoit à la dignité de Son Altesse, il me répondit que les Espagnols m'en donneroient plus que je ne voudrois ; mais je trouvai tout le contraire.

J'attrapai M. de Bouillon à Limoges. Après l'avoir exhorté de pourvoir à sa sûreté, tout le bonheur de notre affaire dépendant entièrement de lui, il me promit ; mais l'événement a justifié depuis qu'il n'avoit pas bien pris ses mesures.

J'arrivai donc chez moi, et priai M. d'Aignan,

gentilhomme d'honneur auquel je me fiois, de vouloir aller reconnoître un lieu dans les montagnes où je pusse passer en Espagne assurément.

A son retour il m'en proposa plusieurs, et je choisis la vallée d'Aspe et le port qu'on appelle Caucasian. Le voyage me paroissoit plus dangereux que je ne le trouvai en effet.

La première ville où je passai fut Huesca, où le gouverneur me traita fort civilement, et me donna un garde pour me conduire à Sarragosse vers le vice-roi, qui se nommoit le marquis de Tavare; lequel ayant voulu savoir le sujet de mon voyage, et moi m'étant défendu de lui dire, il se fâcha fort, et me fit partir à minuit dans cette méchante humeur avec un passe-port, seul, et sans me permettre de mener mon valet avec moi.

Enfin j'arrivai à Madrid, où le même jour je vis sans difficulté le comte duc; et quoique je fusse très-mal vêtu, il ne me voulut jamais parler que je ne fusse couvert et assis dans son carrosse, où je le rencontrai.

Je reconnus visiblement qu'il recevoit une joie extrême lorsqu'il vit le seing de Monsieur; et me l'ayant fait reconnoître par quelque discours qu'il envoya faire au Roi son maître, dont il se repentit, il essaya de réparer cette faute; mais jamais cela ne se fait que grossièrement.

Je fus trois heures à me promener avec lui : il m'entretint toujours avec estime et respect de la personne de M. le cardinal, ce qui marquoit de la crainte. Il connoissoit tous les gens de qualité de la cour et leurs intérêts comme je pouvois faire. Me séparant de lui, il me remit aux soins d'un secrétaire d'Etat, son confident, qui s'appeloit Carnero. Il avoit continuellement un chapelet à la main, et ne laissoit pas de dire le mot sur le Pape et sur la religion : il croyoit que je fusse huguenot, et pensoit me faire plaisir. Il me fit mettre dans son carrosse, ne traitant jamais autrement; et ne vouloit point être vu s'il n'étoit assis, où il avoit bonne mine, parce qu'il étoit si courbé que son menton, quand il étoit debout, touchoit presque à ses genoux. Je le vis une fois, mais ce fut par surprise, et m'aperçus bien qu'il en étoit fort fâché.

Comme je fus dans son carrosse avec lui et Carnero, il me dit qu'il avoit vu les demandes de M. le duc d'Orléans, qui étoient grandes; qu'il falloit que le roi d'Espagne fît dépense, et déboursât trois millions d'or; et qu'il ne voyoit rien que d'imaginaire dans les propositions de Monsieur, qui disoit avoir avec lui deux personnes considérables qu'il ne vouloit pas nommer; une bonne place frontière, et l'on ne savoit ce que c'étoit; qu'il étoit juste que dans un traité les conditions fussent égales; que comme Monsieur demandoit des choses effectives de Sa Majesté Catholique, il falloit aussi qu'il fît voir de l'effectif de sa part dans celle qu'il promettoit; que la personne de Son Altesse étoit de très-grand prix, mais qu'il ne paroissoit point qu'il eût de place ni de gouvernement; qu'il n'étoit plus héritier présomptif de la couronne, et qu'il s'étoit trouvé dans de si fâcheuses affaires qui lui avoient si mal réussi, qu'il étoit difficile de croire que beaucoup de gens se voulussent embarquer à l'avenir avec lui; qu'il avoit fait plusieurs traités avec le roi d'Espagne, été reçu de lui dans ses Etats, et arrêté dans ses disgrâces; et que trois jours après avoir signé le dernier fait entre eux il s'en étoit fui, comme si l'on eût eu dessein d'user de mauvaise foi contre sa personne ; qu'au surplus il ne devinoit pas quels pouvoient être les deux hommes si considérables ; que la Flandre et l'Angleterre étoient remplies de personnes qualifiées de la France, qui leur avoient beaucoup promis, leur coûtoient fort et ne faisoient rien ; que M. le comte n'étoit plus, duquel l'estime et la réputation avoient fait tant de bruit, et acquis l'affection de tant de gens ; que M. d'Epernon, qui étoit homme de résolution et d'expérience, étoit mort ; que M. de La Meilleraye étoit parent et créature de M. le cardinal, contre lequel le parti se faisoit ; que le Roi étoit dans le gouvernement du maréchal de Schomberg, et par conséquent Monsieur hors d'état de pouvoir rien exécuter ; que M. de Bouillon avoit accepté l'emploi d'Italie ; que M. de Gassion n'étoit qu'un capitaine de chevau-légers, dont il ne faisoit pas assez d'état ; enfin qu'il ne voyoit pas quels pouvoient être ces deux hommes si considérables, et qu'il ne passeroit pas plus avant sur ce que je demandois, que je ne les eusse nommés avec la place de sûreté ; et qu'après tout ce qu'il alléguoit, que le roi de France avoit la bonne fortune de son côté en toutes les occasions, et se remettoit de la conduite de toutes ses affaires entre les mains d'un ministre qui étoit habile homme, et qui étoit encore plus heureux, ainsi qu'il avoit paru.

Moi, au contraire, je m'excusai de les nommer, sur le commandement exprès de ne le pas faire qu'après que le traité seroit signé ; que j'offrois de lui montrer mon instruction ; qu'il ne risquoit rien en le signant, parce que si les personnes et la place ne lui plaisoient pas, étant entre ses mains il pouvoit me l'ôter; mais que si j'excédois mon ordre, j'agirois contre mon devoir; et que s'il ne vouloit pas (moi les ayant déclarés) accorder les demandes de Son Altesse, je me trouverois coupable, et reconnu pour très-mal habile homme.

Après avoir contesté long-temps, il me repartit qu'il ne le signeroit point, mais qu'il convenoit de toutes mes demandes dès l'heure présente dans tout ce qu'elles contenoient; mais que je nommasse, ou qu'autrement il me feroit donner un passe-port, et que je serois libre de m'en aller quand bon me sembleroit.

Moi qui étois assuré que les personnes et la place lui seroient fort agréables, et voyant que j'avois toujours ordre de m'en ouvrir, que ce n'étoit qu'un formulaire inutile, que mon retour avec diligence étoit de conséquence, et que plus longue contestation me pouvoit plus long-temps retenir, je lui dis que sur la parole qu'il me donnoit de signer le traité en la forme que je lui avois présentée, je lui déclarois que ces personnes étoient M. de Bouillon et M. le grand, et la place Sedan.

Il me témoigna une extrême satisfaction de cette bonne nouvelle; mais il observa aussi mal sa parole, car il me chicana sur tous les articles, tantôt sur les troupes, après sur l'argent, puis sur les qualités de Son Altesse, et enfin sur les avantages qu'il vouloit donner à l'archiduc Léopold par dessus elle. Ce qui me fit connoître par expérience qu'alors que M. de Bouillon m'avoit assuré qu'il m'accorderoit plus que je ne demanderois, qu'il s'étoit fort mépris; et ne pus m'empêcher de faire sentir à M. le comte duc que je ne m'étonnois pas si les affaires alloient si mal, puisqu'ils s'amusoient à des bagatelles quand il étoit question de sauver Perpignan, qui, étant perdue, leur ôtoit la Catalogne pour toujours, et partageoit quasi l'Espagne. Il me regarda, et ne me répondit quasi plus rien.

Il me retint quatre jours, et encore me dit qu'il avoit fait aller le conseil en poste à la française, contre sa coutume et la pratique de la nation. Il me fit voir le Roi après que le traité fut signé, auquel je présentai la lettre de Monsieur; dont je ne tirai pas grandes paroles, le favori faisant tout avec pareille autorité que M. le cardinal de Richelieu, agissant comme lui généralement en toutes affaires.

Je repartis incontinent pour m'en revenir en France avec passe-port et gens qui m'accompagnoient. Lorsque je fus de retour à Huesca, prêt à prendre le chemin par lequel j'avois passé, je trouvai un Béarnais qui m'avoit servi de guide à mon passage, qui me dit que j'avois été suivi, et que si je retournois par cet endroit, l'on m'arrêteroit infailliblement : et ce fut le plus grand hasard que je courus en mon voyage. Je pris, sur cet avis, une autre route par le port de Benasque, et me rendis à Toulouse, où je rencontrai M. le comte d'Aubijoux, avec lequel j'allai trouver M. le grand à Narbonne.

Après lui avoir rendu compte du succès de ma négociation, nous délibérâmes de ce qu'il y avoit à faire. Moi qui croyois les choses très-secrètes, mon opinion étoit d'agir avec le plus de circonspection qu'on pourroit ; et que si M. d'Aubijoux alloit vers M. de Bouillon incontinent après mon retour, que cette conduite confirmeroit les soupçons que mon absence avoit fait prendre, et que l'on en donneroit de mauvaises impressions au Roi; si bien que j'étois d'avis que M. de Montmort mon cousin germain, et fort proche parent de M. d'Aubijoux, allât porter une lettre à Monsieur, et une autre à M. de Bouillon, pour les informer que j'étois arrivé (parce qu'il le feroit avec moins d'éclat), et que dans quinze jours le comte d'Aubijoux partiroit sans qu'on y pût trouver à redire, tant pour porter le traité à Monsieur, que pour retirer les pouvoirs pour être reçu à Sedan.

Les choses ainsi arrêtées, et M. de Montmort parti, je priai M. le grand qu'il trouvât bon que je me retirasse en Angleterre, ne pouvant retourner à la cour sans un danger évident et pour moi et pour ceux qui étoient engagés dans l'affaire, parce que M. le cardinal, sur le moindre doute, étoit capable de me faire arrêter, et, vu sa grande autorité, de me faire donner la gêne dans sa chambre; et qu'en cet état nul ne pouvoit répondre de supporter les tourmens, et que pour moi je ne savois ce que je ferois en telle entremise, et si je pourrois me taire dans les douleurs qu'on y endure; et qu'enfin, dans la moindre action que je ferois, les soupçons se pourroient renouveler contre moi, ce que je le suppliois de mettre en considération; et qu'au surplus je l'assurois que d'Angleterre je ne manquerois pas de me rendre à Sedan, incontinent que j'apercevrois qu'il seroit parti de la cour.

Toutes ces raisons ne l'ayant pas persuadé, il ne voulut pas consentir à ma sortie hors du royaume, parce qu'elle causeroit de fâcheux embarras à mes amis, et particulièrement à lui; et me dit que puisque j'avois commencé de beaucoup hasarder, il falloit que j'allasse jusques au bout : mais qu'il convenoit que je ne retournasse plus à la cour.

Nous partîmes, M. d'Aubijoux et moi, pour revenir à Toulouse, et rencontrâmes à Carcassonne M. de Thou avec M. de Charost qui s'en alloient à Perpignan, le dernier pour servir son quartier de capitaine des gardes du corps : ce qui me donna mauvais augure, jugeant, par toutes sortes d'apparences, qu'il n'avoit pas quitté son gouvernement de Calais dans un temps si jaloux, étant créature de M. le cardinal, que sur des desseins extraordinaires, auxquels il seroit infailliblement employé.

Soudain que je fus seul avec M. de Thou, il me dit le voyage que je venois de faire : ce qui me surprit fort, car je croyois qu'il lui eût été célé, conformément à la délibération qui en avoit été prise [1].

Quand je lui demandai comme quoi il l'avoit appris, il me déclara en confiance, fort franchement, qu'il le savoit de la Reine, et qu'elle le tenoit de Monsieur.

A la vérité je ne la croyois pas si bien instruite, quoique je n'ignorasse pas que Sa Majesté eût fort souhaité qu'il se pût former une cabale dans la cour, et qu'elle y avoit contribué de tout son pouvoir, pour ce qu'elle n'en pouvoit que profiter, soit en ruinant M. le cardinal qui étoit son ennemi, ou en éloignant Monsieur de ses prétentions de la régence, dans laquelle lui seul étoit capable d'être son compétiteur

[1] Cette entrevue, toute fortuite, devint la charge principale du procès de l'infortuné de Thou ; elle entraîna son atroce condamnation. (*Voyez* les Mémoires de P. Dupuy pour la justification de F. A. de Thou son ami, à la suite de la traduction de l'Histoire universelle du président de Thou ; Paris, 1734, tome 15, 2ᵉ partie, page 36.)

pour y partager l'autorité; et qu'étant absent et embarrassé, il faudroit nécessairement qu'il s'appuyât d'elle à des conditions qui lui seroient avantageuses.

Dans cette connoissance que M. de Thou me donna que c'étoit la Reine, il me dit qu'il y avoit encore d'autres personnes qui en étoient informées. Son discours me fit comprendre que l'affaire étoit divulguée; et eûmes un repentir, M. d'Aubijoux et moi, du voyage de M. Montmort. Nous eussions bien désiré lors que c'eût été lui qui l'eût fait, puisque la diligence étoit plus nécessaire que le secret. Cette faute fut commise sur ce que nous ne pouvions nous imaginer que cela dût être jamais décelé, pour l'importance de l'affaire.

Incontinent que nous fûmes à Toulouse, M. le comte de Brion y passa allant à la cour; et M. d'Aubijoux et moi jugeâmes par ses discours et dépêches qu'il avoit envie de ruiner La Rivière par le moyen de M. le grand, pour d'autres raisons. Pour cet effet il le venoit supplier instamment d'écrire à Son Altesse d'éloigner La Rivière, qui, par la longue habitude qu'il avoit dans sa maison et de sa personne, devinoit ses plus secrètes intentions pour en rendre compte à M. le cardinal (1), ne doutant pas qu'il ne l'obtînt facilement, vu la perte qu'il y avoit; et c'étoit l'un des sujets de son voyage : l'autre, une lettre de Son Altesse au Roi, remplie de plaintes contre M. le cardinal, qu'elle prioit M. le grand de lui donner; et comme il avoit toujours persuadé Monsieur qu'il étoit

---

(1) L'abbé de La Rivière accusoit Montrésor d'avoir révélé au cardinal les négociations avec l'Espagne; et il paroît vraisemblable que c'étoit lui-même qui se livroit à cet espionnage auprès du prince.

tout puissant et maître de l'esprit de Sa Majesté (ce que le comte de Brion ne croyoit pas), il vouloit par cette lettre (qu'il s'assuroit qui ne seroit pas rendue) faire voir à Son Altesse qu'il y avoit de l'artifice, et qu'il ne lui disoit pas vrai ; qui étoit un moyen pour lui ôter toute créance.

M. d'Aubijoux fut avec lui à la cour pour donner avis à M. le grand sur ce sujet de rapporter le traité à Monsieur.

Quelque temps s'étant passé durant lequel M. le grand étoit dans de grandes inquiétudes, et vouloit fort avoir quelqu'un pour le soulager auquel il pût parler confidemment, il m'envoya prier plusieurs fois d'aller où étoit le Roi : je m'en excusai, toujours résolu de n'y plus retourner. Enfin il souhaita que je me rendisse auprès de Monsieur pour mettre une fin à cette affaire : il me dépêcha un gentilhomme qui me donna une lettre de sa part, par laquelle il me mandoit que le Roi étoit à l'extrémité ; et quelque diligence que je fisse, il ne pensoit pas que je le dusse trouver en vie.

J'ajoutai foi à ce qu'il m'écrivit, et, sans marchander, je partis la nuit même, et trouvai des relais jusques à Perpignan ; et à mon arrivée je rencontrai M. de Thou, qui me dit que le Roi avoit été fort mal. Je me plaignis à M. le grand de m'avoir fait venir à fausses enseignes : il me dit que c'étoit par nécessité, et qu'il falloit que j'allasse vers Monsieur, duquel il ne recevoit point de nouvelles, pour savoir au vrai l'état des choses. Je le priai d'avoir agréable, privativement à tout le reste, que, pour me bannir absolument de la cour sans qu'il restât aucun prétexte de m'y faire revenir, je fisse appeler M. d'Espenan ; que je savois bien que cette action fâcheroit le Roi, qui me l'avoit fait défendre par M. le cardinal et M. le maréchal de Schomberg; de sorte qu'il n'y auroit plus de lieu d'en approcher sans une certitude d'être arrêté. En étant convenu, après l'appel fait, ayant été séparés selon notre dessein, je fus à Chambord, où étoit Son Altesse attendant la mort de M. le cardinal, sans songer à son affaire, quelque importante qu'elle fût.

Je lui représentai premièrement le péril où il étoit, et que le traité qu'il avoit fait n'étoit pas à considérer comme une chose de néant, ni indigne de son application; que M. le cardinal n'étoit pas pour mourir si tôt, et qu'il ne falloit point qu'il prît ses mesures sur ce fondement ni sur la faveur de M. le grand, qui étoit tout-à-fait ruiné dans l'esprit du Roi; qu'il étoit nécessaire, sans perdre temps, de penser de pourvoir à sa sûreté, et à celle de ceux qui l'avoient servi. Il avoua que j'avois raison, et me dit que son avis étoit tel, et qu'il l'auroit suivi si de jour à autre l'on ne lui avoit donné espérance que M. le cardinal ne pouvoit vivre.

M. d'Aubijoux fut dépêché vers M. de Bouillon pour retirer les ordres dont j'ai déjà parlé; Son Altesse me promit que lorsqu'il seroit revenu elle s'en iroit quand M. le grand le jugeroit à propos, et qu'elle lui en écriroit de sa main, lui donnant pareille assurance : et pour ce sujet elle s'avança à Bourbon.

J'étois convenu, avec le comte de Brion, d'une hôtellerie à Moulins, et avois tiré sa parole que lui ou un homme de confiance de sa part s'y tiendroit toujours pour recevoir celui que M. le grand y enverroit, pour le faire parler dès l'instant et dans le secret à Son Altesse Royale: et bien que j'eusse arrêté avec M. le grand que seulement je lui écrirois le succès de mon voyage, et ce qu'il y auroit à faire, je jugeai très-nécessaire de le voir encore.

Je fus donc de nuit à Perpignan, où, après lui avoir rendu la lettre de Monsieur, et l'avoir éclairci de ses dernières résolutions, il m'en fit voir une de madame la princesse Marie (1), qui lui mandoit en ces propres mots que son affaire étoit sue aussi communément à Paris comme l'on savoit que la Seine passoit sous le Pont-Neuf. Sur cela j'insistai fort de nous retirer sans différer un moment, à quelque prix que ce fût, et de nous mettre à couvert. Je l'y avois une fois résolu, quand tout d'un coup il me demanda si j'avois dit à Monsieur qu'il iroit si promptement le trouver : à quoi je répondis que non, parce qu'il ne m'en avoit pas donné charge. Il me repartit qu'il ne vouloit pas se présenter à lui comme un fugitif, et qu'il falloit que ce fût par concert; et délibéra d'envoyer M. de Montmort vers Son Altesse pour arrêter le jour et le lieu où il se rendroit pour sortir du royaume avec elle.

Je l'exhortai inutilement de prendre le parti le plus sûr, et de ne hasarder pas sa vie sur une bienséance; mais n'y ayant pu rien gagner, je lui prophétisai avec douleur, en nous séparant, que je ne le reverrois plus. Je m'en allai de cette sorte, et laissai un homme pour m'informer de tout ce qui se passeroit.

Cependant M. d'Aubijoux rapporta tout ce qu'il avoit demandé à M. de Bouillon, avec cette condition qu'il supplioit Son Altesse de vouloir différer son

---

(1) *La princesse Marie:* Louise-Marie de Gonzague-Nevers, qui devint reine de Pologne en 1645.

partement pour quelques jours (la maladie de M. le cardinal les avoit tous amusés, sur la croyance qu'il n'en pouvoit échapper). M. de Montmort n'ayant trouvé ni M. de Brion ni autre de sa part au lieu que je lui avois marqué à Moulins, il fut contraint d'y attendre cinq ou six jours sans savoir où donner de la tête, jusques à ce que M. d'Aubijoux fût revenu de Piémont, qui le fit parler à Monsieur, duquel il tira le jour préfix qu'il se rendroit à Dezize, ville située sur la rivière de Loire, appartenant à la maison de Nevers, pour sortir de France. Venant retrouver M. le grand, il sut à Béziers qu'il avoit été arrêté : ce qui le fit songer à sa retraite.

L'homme que j'avois laissé à la cour revint vers moi, et m'assura qu'il s'étoit sauvé; et M. de Thou ne l'étoit pas, qui avoit aussi été arrêté.

Dès l'heure même de cette première nouvelle, je quittai ma maison pour aller en Espagne, pour de là passer en Flandre; mais ayant rencontré des difficultés à mon passage, je retournai en Gascogne, où je sus que M. le grand avoit été pris : ce qui me fit changer d'opinion, de crainte d'être cause d'un dangereux soupçon contre lui, qui établiroit plus de créance dans l'esprit du Roi que le traité étoit effectif. Je ne doutois qu'il ne fût pas cru; mais il me restoit quelque espérance qu'il seroit très-malaisé d'en avoir la preuve.

Pour cette considération, je choisis ma retraite en Angleterre, et m'embarquai dans le mois d'août. J'y sus peu après la mort de M. le grand et de M. de Thou, qui périrent dans ce funeste rencontre, l'un pour s'être engagé dans cette affaire sans être persuadé qu'il y eût aucun crime capable de l'embarrasser, et M. le grand pour avoir négligé sa sûreté, et pris trop de confiance à sa bonne fortune.

La mort de M. le cardinal et celle du Roi étant arrivées en cinq ou six mois de temps, M. d'Aubijoux et moi revînmes à Paris d'Angleterre, où nous étions toujours demeurés. Etant de retour auprès de Monsieur, nous fîmes tous nos efforts pour essayer à le résoudre à faire condamner la mémoire de M. le cardinal de Richelieu, comme d'un ennemi public qui s'étoit emparé de l'autorité royale pour exercer ses violences et contenter son ambition démesurée; que, par ce moyen, il se vengeroit des injures qu'il en avoit reçues, se retireroit honorablement d'une violente et honteuse déclaration qu'il avoit fait rendre dans le parlement et publier contre lui, rétabliroit la mémoire de ceux dont le sang avoit été répandu pour son service, et tireroit ses serviteurs d'affaires sans qu'ils prissent abolition, les mettant en état que leurs actions fussent trouvées justes, et de ne jamais se repentir d'avoir exposé leurs biens et leurs vies pour s'opposer de toute leur puissance à la tyrannie de laquelle ils avoient souffert tant d'indignités.

Nous rencontrâmes Monsieur dans d'autres sentimens: et il fallut nécessairement, pour nous procurer les moyens de vivre en repos, que M. d'Aubijoux, M. de Montmort et moi prissions abolition, qui fut enregistrée au parlement de Paris sans qu'il fût besoin d'entrer en prison, en étant exceptés par le privilége des fils de France, qui s'étend jusques à leurs domestiques et ceux qui les ont servis.

Lettre du Roi au parlement de Paris, après la prison de M. le grand.

« DE PAR LE ROI.

« Nos amés et féaux, le notable et visible changement qui a paru depuis un an en la conduite du sieur de Cinq-Mars, notre grand écuyer, nous fit résoudre, aussitôt que nous nous en aperçûmes, de prendre soigneusement garde à ses actions et à ses paroles, pour pénétrer et découvrir quelle en pourroit être la cause.

« Pour cet effet, nous nous résolûmes de le laisser agir et parler avec plus de liberté qu'auparavant. Par ce moyen, nous découvrîmes qu'agissant selon son génie, il prenoit un extrême plaisir à ravaler tous les bons succès qui nous arrivoient, relever et publier les nouvelles qui nous étoient désavantageuses.

« Nous reconnûmes aussi qu'une de ses principales fins étoit de blâmer les actions de notre cousin le cardinal duc de Richelieu, quoique ses conseils et ses services aient toujours été accompagnés de bénédictions et de bons succès, et de louer hardiment celles du comte duc d'Olivarès, quoique sa conduite se soit toujours trouvée malheureuse par les événemens. Nous découvrîmes encore qu'il étoit favorable à tous ceux qui étoient en notre disgrâce, et contraire à ceux qui nous servoient le mieux.

« Il improuvoit continuellement ce que nous faisions de plus utile pour notre Etat, dont il nous rendit un notable témoignage en la promotion des sieurs de Guébriant et de La Mothe aux charges de maréchaux de France, laquelle lui fut insupportable.

« Il entretenoit une intelligence très-particulière avec quelques-uns de la religion prétendue réformée, mal affectionnés, par le moyen de Chavagnac, mauvais esprit nourri dans les factions, et de quelques autres.

« Il parloit d'ordinaire des choses les plus saintes avec une si grande impiété, qu'il étoit aisé à voir que Dieu n'étoit pas dans son cœur comme dans celui de notre cousin le cardinal duc de Richelieu.

« Son imprudence, la légèreté de sa langue, les divers courriers qu'il envoyoit de toutes parts, et les pratiques ouvertes qu'il faisoit en notre armée, nous ayant donné sujet d'entrer en soupçon de lui, l'intérêt de notre Etat, qui nous a toujours été plus cher que celui de notre vie, nous obligea de nous assurer de sa personne et de quelques-uns de ses complices. Notre résolution ne fut pas plus tôt exécutée, que, par la bouche des uns et des autres, nous n'ayons eu connoissance que le déréglement de ce mauvais esprit l'avoit porté à former un parti en notre Etat; que le duc de Bouillon devoit donner entrée aux étrangers en ce royaume par Sedan; que notre très-cher frère le duc d'Orléans devoit marcher à leur tête; et que ce misérable esprit se devoit retirer avec eux s'il voyoit ne pouvoir mieux servir ce parti, et ruiner notre cousin le cardinal de Richelieu en demeurant auprès de nous. Nous apprîmes que le roi d'Espagne devoit fournir à ce parti douze mille hommes de pied et cinq mille chevaux; qu'il lui devoit donner quatre cent mille écus de pension, et au duc de Bouillon et au grand écuyer à chacun quarante mille écus; et qu'en outre il devoit munir la place de Sedan, et en payer la garnison. Cette connoissance nous fit résoudre de faire arrêter le duc de Bouillon, et avoir tellement l'œil aux déportemens de notre frère le duc d'Orléans, qu'il ne nous pût faire le mal qu'il avoit projeté. Dieu bénit tellement nos résolutions, que le duc de Bouillon fut trouvé caché dans le foin, où il s'étoit mis pour pouvoir ensuite se retirer dans le Milanais. Au même temps notre cher frère le duc d'Orléans, pressé par sa conscience et par le mauvais succès qu'avoient eu ses desseins, nous envoya l'abbé de La Rivière pour nous dire en général qu'il avoit failli, et avoit besoin de notre grâce, sans spécifier particulièrement en quoi. Nous répondîmes que bien qu'il dût être las de nous offenser, et d'agir contre lui-même agissant contre nous et contre l'Etat, nous ne voulions pas nous lasser d'user de notre clémence envers lui; qu'en cette considération nous désirions qu'il nous donnât une entière et sincère confession de sa faute, une déclaration particulière de tous ses desseins, de tous ses complices, et de tous les projets qui avoient été faits pour troubler notre Etat, et qu'en ce cas il recevroit des effets de notre bonté. Nous aurons l'œil à sa conduite, et agirons avec lui selon que le bien de notre Etat le requerra, sans toutefois nous séparer du bon naturel dont il a reçu tant de preuves. L'importance de cette affaire nous a obligé de vous en donner avis pour vous convier à rendre grâces à Dieu de l'assistance continuelle qu'il lui plaît nous départir pour garantir le royaume des mauvais desseins qui se font, tant au dehors qu'au dedans d'icelui, pour en troubler la prospérité.

« Au reste, les expériences que nous avons faites de votre fidélité en différentes occasions font que nous sommes très-assurés que si elle étoit capable d'accroissement vous la redoubleriez en ces rencontres, où la malice de tant de mauvais esprits fait voir que nos bonnes intentions ont besoin d'être secondées. Cependant nous vous assurons qu'il n'y a rien que nous ne voulions faire pour votre avantage en toutes rencontres. Donné à Fontainebleau le 6 d'août 1642. *Signé* Louis; et plus bas, DE LOMÉNIE.

« A nos amés et féaux conseillers, les gens tenant notre cour de parlement à Paris. »

Le même jour 6 d'août, la copie de cette lettre fut envoyée à M. de Montbazon, gouverneur de Paris, où il n'y a autre changement sinon que le Roi parle au singulier, au lieu qu'il parle au pluriel à messieurs du parlement. Il y a de plus ces mots de la lettre du duc de Montbazon :

« Le roi d'Espagne devoit donner au duc d'Orléans quatre cent mille écus pour faire des levées en France, et six vingt mille écus de pension. » Ce qui est plus vraisemblable que ce qui est dans la lettre au parlement.

Cette lettre fut composée par le cardinal, et donnée au Roi. Le secrétaire d'Etat ordinaire, qui étoit M. le comte de Brienne, la signa, parce qu'il signe toutes les lettres qui s'adressent au parlement.

ARTICLES

Du traité fait entre le comte duc pour le roi d'Espagne et M. de Fontrailles, pour et au nom de Monsieur, à Madrid, le 13 mars 1642.

Le sieur de Fontrailles ayant été envoyé par monseigneur le duc d'Orléans vers le roi d'Espagne, avec lettres de Son Altesse pour Sa Majesté Catholique et monseigneur le comte duc de San-Lucar, datées de Paris du 20 janvier, a proposé, en vertu du pouvoir à lui donné, que Son Altesse, désirant le bien général et particulier de la France, de voir la noblesse et le peuple de ce royaume délivrés des oppressions qu'ils souffrent depuis long-temps par une si sanglante guerre, pour faire cesser la cause d'icelle, et pour établir une paix générale et raisonnable entre l'Empereur et les deux couronnes, au bénéfice de la chrétienté, prendroit volontiers les armes à cette fin, si Sa Majesté Catholique y vouloit concourir de son côté avec les moyens possibles pour avancer leurs affaires. Et après avoir déclaré le particulier de sa commission en ce qui est des offres et demandes que font les seigneur d'Orléans et ceux de son parti, a été accordé et conclu par ledit seigneur comte duc pour Leurs Majestés Impériale et Catholique, et au nom de Son Altesse par ledit sieur de Fontrailles, les articles suivans :

I. Comme le principal but de ce traité est de faire

une juste paix entre les deux couronnes d'Espagne et de France, pour leur bien commun et de toute la chrétienté, ont déclaré unanimement qu'on ne prétend en ceci aucune chose contre le roi Très-Chrétien et au préjudice de ses Etats, ni contre les droits et autorités de la reine Très-Chrétienne et régnante ; ains au contraire on aura soin de la maintenir en tout ce qui lui appartient.

II. Sa Majesté Catholique donnera douze mille hommes de pied et cinq mille chevaux effectifs des vieilles troupes, le tout venant d'Allemagne, ou de l'Empire, ou de Sa Majesté Catholique ; que si par quelque accident il manquoit de ce nombre deux ou trois mille hommes, on n'entend point pour cela qu'on ait manqué à ce qui est accordé, attendu qu'on les fournira le plus tôt qu'il sera possible.

III. Il est accordé que, dès le jour que M. le duc d'Orléans se trouvera dans la place de sûreté où il dit être en état de pouvoir lever des troupes, Sa Majesté Catholique lui baillera quatre cent mille écus comptant, payables au contentement de Son Altesse, pour être employés en levées et autres frais utiles pour le bien commun.

IV. Sa Majesté Catholique donnera le train d'artillerie avec les munitions de guerre propres à ce corps d'armée, avec les vivres pour toutes les troupes, jusques à ce qu'elles soient entrées en France, là où Son Altesse entretiendra les siens, et Sa Majesté Catholique les autres, comme il sera spécifié plus bas.

V. Les places qui seront prises en France, soit par

l'armée de Sa Majesté Catholique ou celle de Son Altesse, seront mises ès mains de Son Altesse et de ceux de son parti.

VI. Il sera donné audit seigneur duc d'Orléans douze mille écus par mois de pension, outre ce que Sa Majesté Catholique donne en Flandre à la duchesse d'Orléans sa femme.

VII. Est arrêté que cette armée et les troupes d'icelle obéiront absolument audit seigneur duc d'Orléans : et néanmoins, attendu que ladite armée est levée des deniers de Sa Majesté Catholique, les officiers d'icelle prêteront le serment de fidélité à Son Altesse de servir aux fins du présent traité; et arrivant faute de Son Altesse, s'il y a quelque prince du sang de France dans le traité, il commandera en la manière qu'il avoit été arrêté dans le traité fait avec monseigneur le comte de Soissons. Et en cas que l'archiduc Léopold ou autre personne, fils ou frère ou parent de Sa Majesté Catholique, vienne à être gouverneur pour Sadite Majesté Catholique en Flandre, comme il sera là, par même moyen, général de ses armées, et que Sa Majesté Catholique a tant de part en ce lieu, est accordé que le seigneur duc d'Orléans et ceux de son parti, de quelque qualité et condition qu'ils soient, ayant égard à ces considérations, tiendront bonne correspondance avec ledit seigneur archiduc ou autre que dit est, et lui communiqueront tout ce qui se présentera, en recevant tous ensemble les ordres de l'Empereur ou de Sa Majesté Catholique, tant pour ce qui concerne la guerre, que pour les ploiges de cette armée et tous les progrès.

29.

VIII. Et d'autant que Son Altesse a deux personnes propres à être maréchaux de camp en cette armée (que ledit sieur de Fontrailles déclarera après la conclusion du présent traité), Sa Majesté Catholique se charge d'obtenir de l'Empereur deux lettres patentes de maréchaux de camp pour eux.

IX. Il est accordé que Sa Majesté Catholique donnera quatre-vingt mille ducats de pension à départir par mois aux deux seigneurs susdits.

X. Comme aussi on donnera dans trois mois cent mille livres pour pourvoir et munir la place que Son Altesse a pour sa sûreté en France. Et si celui qui baille la place n'est satisfait de cela, on baillera ladite somme comptant; et de plus cinq cents quintaux de poudre, et vingt-cinq mille livres par mois pour l'entretien de la garnison.

XI. Il est accordé de part et d'autre qu'il ne se fera point d'accommodement en général ni en particulier avec la couronne de France, si ce n'est d'un commun consentement; et qu'on rendra toutes les places et pays qu'on aura pris en France, sans se servir contre cela d'aucuns prétextes, toutes fois et quantes que la France rendra les places qu'elle a gagnées en quelque pays que ce soit, même celles qu'elle a achetées, et qui sont occupées par les armées qui ont serment à la France. Et ledit seigneur duc d'Orléans et ceux de son parti se déclarent dès maintenant pour ennemis des Suédois et de tous autres ennemis de Leurs Majestés Impériale et Catholique, et de tous ceux qui leur donnent et donneront faveur, aide et protection; et pour les détruire, Son Altesse et ceux de son parti donneront toutes les assistances possibles.

XII. Il est convenu que les armées de Flandre, et celle que doit commander Son Altesse, ainsi que dit est, agiront de commune main à même fin avec bonne correspondance.

XIII. On tâchera de faire que les troupes soient prêtes au plus tôt, et que ce soit à la fin de mai : sur quoi Sa Majesté Catholique fera écrire au gouverneur de Luxembourg, afin qu'il dise à celui qui lui portera un blanc signé de Son Altesse, ou de quelqu'un des deux autres seigneurs, le temps auquel tout pourra être en état; lequel blanc signé Son Altesse enverra au plus tôt, afin de gagner temps si les choses sont pressées; ou si elles ne le sont point encore lorsque la personne arrivera, elle s'en retournera à la place de sûreté.

XIV. Sa Majesté Catholique donnera aux troupes de Son Altesse, un mois après qu'elles seront dans le service, et ensuite, cent mille livres par mois pour leur entretien, et pour les autres affaires de la guerre. Et Son Altesse aura agréable de déclarer après le nombre des hommes qu'il aura dans la place de sûreté, et celui de ses troupes, s'il le trouve bon; demeurant dès maintenant accordé que les logemens et les contributions se distribueront également entre les deux armées.

XV. L'argent qui se tirera du royaume de France sera à la disposition de Son Altesse, et sera départi également entre les deux armées, comme il est dit en l'article précédent; et est déclaré qu'on ne pourra imposer aucuns tributs que par l'ordre de Son Altesse.

XVI. Au cas que ledit seigneur duc d'Orléans soit obligé de sortir de France, et qu'il entre dans la Franche-Comté ou autre part, Sa Majesté Catholique donnera ordre à ce que Son Altesse et les deux autres grands du parti soient reçus dans tous ses États, et pour les faire conduire de là dans la place de sûreté.

XVII. D'autant que ledit seigneur duc d'Orléans désire un pouvoir de Sa Majesté Catholique pour donner la paix ou neutralité aux villes et provinces de France qui la demanderont, il y aura auprès de Son Altesse un ambassadeur de Sa Majesté avec plein pouvoir. Sa Majesté s'accorde à cela.

XVIII. S'il arrive faute (ce que Dieu ne veuille!) dudit seigneur duc d'Orléans, Sa Majesté Catholique promet de conserver les mêmes pensions auxdits seigneurs, et à un seul d'eux, si le parti subsiste, ou qu'ils demeurent au service de Sa Majesté Catholique.

XIX. Ledit seigneur duc d'Orléans assure (et en son nom ledit sieur de Fontrailles) qu'à même temps que Son Altesse se découvrira, il lui fera livrer une place des meilleures de France pour sa sûreté, laquelle sera déclarée à la conclusion du présent traité; et au cas qu'elle ne soit trouvée suffisante, ledit traité demeurera nul : comme aussi ledit sieur de Fontrailles déclarera lesdits deux seigneurs pour lesquels on demande les pensions susdites; dont Sa Majesté demeure d'accord.

XX. Finalement est accordé que tout le contenu

en ces articles sera approuvé et ratifié par Sa Majesté Catholique et ledit seigneur duc d'Orléans, en la manière ordinaire et accoutumée en semblables traités. Le comte duc le promet ainsi au nom de Sa Majesté, et ledit sieur de Fontrailles au nom de Son Altesse, s'obligeant respectivement à cela, comme de leur chef ils l'approuvent dès à présent, le ratifient et le signent. A Madrid, le 13 mars 1642. *Signé* DON GASPARD DE GUZMAN; et par supposition de nom, CLERMONT, pour FONTRAILLES.

Nous Gaston, fils de France, frère unique du Roi, duc d'Orléans, certifions que le contenu ci-dessus est la vraie copie de l'original du traité que Fontrailles a passé en notre nom avec M. le comte duc de San-Lucar; en témoin de quoi nous avons signé la présente de notre main, et icelle fait signer par notre secrétaire, le 29 août 1642, à Villefranche. *Signé* GASTON; et plus bas, GOULAS.

Contre-lettre.

D'autant que, par le traité que j'ai signé aujourd'hui pour et au nom de monseigneur le duc d'Orléans, avec M. le comte duc pour et au nom de Sa Majesté Catholique, je suis obligé de déclarer le nom des deux personnes qui sont comprises par Son Altesse dans ledit traité, et la place qu'elle a prise pour sa sûreté, je déclare et assure au nom de Son Altesse à M. le comte duc, afin qu'il le die à Sa Majesté Catholique, que les deux personnes sont le seigneur duc de Bouillon et le seigneur de Cinq-Mars, grand écuyer de France; et la place de sûreté qui est assurée à Son Altesse est Sedan, que ledit seigneur de Bouillon lui met entre les mains. En foi de quoi j'ai signé cet écrit à Madrid, le 13 mars 1642. *Signé*, par supposition de nom, CLERMONT.

Nous Gaston, fils de France, frère unique du Roi, duc d'Orléans, reconnoissons que le contenu ci-dessus est la vraie copie de la déclaration que M. de Bouillon, M. le grand et nous soussignés avons donné pouvoir au sieur de Fontrailles de faire des noms de ces sieurs de Bouillon et le grand à M. le duc de San-Lucar, après qu'il auroit passé le traité avec lui, auquel traité ils ne sont compris que sous le titre de deux grands seigneurs de France. En témoin de quoi nous avons signé la présente certification de notre main, et icelle fait contre-signer par notre secrétaire. A Villefranche, le 29 août 1642. *Signé* GASTON; et plus bas, GOULAS.

LETTRE

De M. de Marca, conseiller d'Etat, à M. de Brienne, secrétaire d'Etat, laquelle fait mention de tout ce qui s'est passé à l'instruction du procès de messieurs de Cinq-Mars et de Thou.

MONSIEUR,

J'ai cru que vous auriez pour agréable d'être informé des choses principales qui se sont passées au jugement qui a été rendu contre messieurs le grand et de Thou; c'est pourquoi j'ai pris la liberté de vous en donner connoissance par celle-ci. M. le chancelier commença par la déposition de M. le duc d'Orléans, laquelle il reçut en forme judiciaire à Villefranche en Beaujolais, où étoit lors Monsieur, dont lecture lui fut faite en présence de sept commissaires qui assistoient M. le chancelier. En cette action il déclara que M. le grand l'avoit sollicité de faire une liaison avec lui et avec M. de Bouillon, et de traiter avec l'Espagne: ce qu'ils auroient résolu eux trois dans l'hôtel de Venise, au faubourg Saint-Germain, environ la fête des Rois dernière. Fontrailles fut choisi pour aller à Madrid, où il arrêta le traité avec le comte duc, par lequel le roi d'Espagne promettoit de fournir douze mille hommes de pied et cinq mille chevaux de vieilles troupes, quarante mille écus à Monsieur pour faire nouvelles levées, et douze mille écus de pension annuelle à messieurs le grand et de Bouillon. Avec cette armée ils devoient entrer dans la France du côté de Sedan, qui serviroit de place de sûreté en cas de besoin, et faire les progrès qu'ils pourroient dans le royaume, à la charge de ne rendre aucune place de celles qui seroient prises, jusques à ce que la paix générale fût faite, et que le Roi eût rendu à l'Empire et à l'Espagne toutes les places qu'il occupe, même celles qu'il a eues par achat. Il y a d'autres articles qui ont été copiés, aussi bien que les précédens, sur le traité fait avec M. le comte. Ce traité fut porté par Fontrailles au mois de mars à M. le grand, qui l'envoya à Monsieur par le comte d'Aubijoux.

Monsieur le rompit aussitôt qu'il apprit que M. le grand avoit été arrêté; et néanmoins il retint une copie, laquelle a été représentée contre-signée de lui et du secrétaire de ses commandemens. Après la déclaration de Monsieur, l'on a procédé à l'interrogation de M. le duc de Bouillon dans le château de Pierre-Encise en cette ville. M. le chancelier, assisté de M. de Laubardemont et de moi, y vaqua une après-dînée. Ledit sieur de Bouillon accorda par ses réponses ce qui regardoit la liaison avec Monsieur et le traité d'Espagne, quoiqu'il dit qu'il ne l'eût pas approuvé. M. le grand fut interrogé dans le château par M. le chancelier, assisté de quatre commissaires. Il dénia toutes choses avec beaucoup de fermeté. Deux jours après on lui confronta au même lieu M. de Bouillon : ce qui ne l'obligea pas à reconnoître son crime, quoiqu'il parût extrêmement surpris de la confession dudit sieur duc de Bouillon. Ensuite on lui fit lecture de la déposition de Monsieur. Après l'avoir interpellé de donner des reproches s'il en avoit, il dénia comme auparavant. Le procès-verbal fut fait sur cette lecture de la déposition de Monsieur, qui s'étoit approché de Lyon, étant venu au lieu de Vivay, qui n'est qu'à deux lieues. M. le chancelier l'interrogea de nouveau sur ces contredits des accusés en présence de sept commissaires; il persista en tout ce qui étoit contenu en sa déposition. Ensuite M. le grand fut ouï sur la sellette dans la chambre du présidial de Lyon, où il confessa ingénument la liaison avec Monsieur et M. de Bouillon, et le traité fait avec l'Espagne : sur quoi il fut condamné. Pour M. de Thou, il étoit chargé par

Monsieur de lui avoir dit qu'il savoit la liaison avec M. de Bouillon et M. le grand, et que M. de Bouillon bailloit à Monsieur la place de Sedan pour retraite; et de plus, d'avoir parlé à M. de Beaufort pour l'engager au parti, et d'avoir rapporté à Monsieur qu'il l'avoit trouvé froid. Il étoit chargé par M. de Bouillon qu'il l'avoit engagé en amitié avec M. le grand, et qu'il leur avoit donné toutes les assignations de leur entrevue, même de celle après laquelle lesdits sieurs le grand et de Bouillon se séparèrent d'avec M. de Thou à minuit, à la place Royale, d'où ils étoient allés à l'hôtel de Venise conclure le traité d'Espagne avec Monsieur. On lui confronta les dépositions de M. de Bouillon : il accorda à peu près ce que disoit celui-ci, mais il nia ce que Monsieur disoit contre lui, comme aussi ce que disoit le lieutenant des gardes de M. de Bouillon, savoir, qu'il lui avoit un jour donné charge de dire à M. de Bouillon qu'il eût désiré le voir, car Monsieur étoit un étrange homme. Plusieurs de nous étions disposés à ne le condamner pas sur ces preuves : mais il arriva que M. le grand, ouï sur la sellette, dit que M. de Thou avoit su le traité d'Espagne, et l'avoit improuvé. Ledit sieur le grand persistant, ledit sieur de Thou, au lieu de se tenir dans sa dénégation, accorda qu'il avoit eu connoissance du traité par Fontrailles à Carcassonne; qu'il l'avoit blâmé, et ne l'avoit point découvert, de peur d'être accusé par les complices; qu'il faisoit état d'aller en Italie, et de voir en chemin le sieur de Bouillon, pour le détourner de cette entreprise; qu'il croyoit que ce traité n'étoit point en termes de nuire à l'Etat, à cause qu'il falloit avoir plutôt défait M. de Guébriant. La confession du traité sans l'avoir révélé, jointe aux preuves qui sont au procès des entremises pour la liaison des complices, et le temps de six semaines, ou plus, qu'il avoit demeuré près de M. le grand, logeant dans sa maison près de Perpignan, le conseillant en ses affaires, après avoir eu connoissance que ledit sieur le grand avoit traité avec l'Espagne, et partant qu'il étoit criminel de lèse-majesté : tout cela joint ensemble porta les juges à le condamner, suivant les lois et l'ordonnance qui sont expressément contre ceux qui ont su une conspiration contre l'Etat et ne l'ont pas révélée, encore que leur silence ne soit point accompagné de tant d'autres circonstances qui étoient en l'affaire dudit sieur de Thou. Il est mort en vrai chrétien, en homme de courage : cela mérite un grand discours particulier. M. le grand a aussi témoigné une fermeté toujours égale, et fort résolu à la mort, avec une froideur admirable, une constance et une dévotion chrétienne. Je vous supplie que je quitte ce discours funeste, pour vous assurer que je continue dans les respects que je dois, et le désir de paroître par les effets que je suis, monsieur, votre très-humble et obéissant serviteur,

MARCA.

De Lyon, ce 16 septembre 1642.

JOURNAL

Contenant tout ce qui s'est passé à Lyon durant l'instruction du procès de messieurs de Cinq-Mars et de Thou.

M. de Cinq-Mars arriva à Lyon le 4 septembre de la présente année 1642, sur les deux heures après midi, dans un carrosse traîné par quatre chevaux, dans lequel il y avoit quatre gardes du corps ayant le mousquet sur le bras, et entouré de gardes à pied au nombre de cent, qui étoient à M. le cardinal duc. Devant marchoient deux cents cavaliers, la plupart Catalans, et étoient suivis de trois cents autres bien montés. M. le grand étoit vêtu de drap d'Hollande couleur de musc, tout couvert de dentelles d'or, avec un manteau d'écarlate à gros boutons d'argent à queue; lequel étant sur le pont du Rhône, avant que d'entrer dans la ville demanda à M. de Ceton, lieutenant des gardes écossaises, s'il agréoit qu'on fermât le carrosse; ce qui lui fut refusé, et fut conduit par le pont de Saint-Jean, de là au Change, et puis par la rue de Flandre jusqu'au pied du château de Pierre-Encise, se montrant par les rues incessamment par l'une et l'autre portière, saluant tout le monde avec une face riante, sortant à demi corps du carrosse, et même reconnut beaucoup de personnes qu'il salua, les appelant par leurs noms.

Etant arrivé à Pierre-Encise, il fut assez surpris quand on lui dit qu'il falloit descendre, et monter à cheval par le dehors de la ville, pour atteindre le château. « Voici donc la dernière que je ferai, dit-il, » s'étant imaginé qu'on avoit donné ordre de le conduire au bois de Vincennes. Il avoit souvent demandé aux gardes si l'on ne lui permettroit pas d'aller à la chasse quand il y seroit.

Sa prison étoit au pied de la grande tour du château, qui n'avoit point d'autre vue que deux petites fenêtres qui tomboient dans un petit jardin, au bas desquelles il y avoit corps de garde, dans la chambre aussi, où M. Ceton couchoit avec quatre gardes : dans l'arrière-chambre, et à toutes les portes, il en étoit de même.

M. le cardinal Bichi le fut visiter le lendemain 5, et lui demanda s'il agréoit qu'on lui envoyât quelqu'un avec qui il se pût divertir dans sa prison. Il répondit qu'il en seroit très-aise, mais qu'il ne méritoit pas que personne prît cette peine.

Ensuite de quoi M. le cardinal de Lyon fit appeler le père Malavalette, jésuite, auquel il donna commission de l'aller voir, puisqu'il le désiroit; lequel y fut le 6 dès les cinq heures du matin, où il demeura jusques à huit heures. Il le trouva dans un lit de damas incarnat, incommodé d'un dévoiement d'estomac qu'il avoit gardé pendant son voyage, et qu'il eut jusques à la mort : ce qui le rendoit fort pâle et débile. Ce bon père sut si bien entrer dans son esprit, qu'il le demanda encore sur le soir, puis continua à le voir soir et matin pendant tous les jours de sa prison; lequel rendit compte puis après à messieurs les cardinaux duc et de Lyon, et à M. le chancelier, de tout ce qu'il lui avoit dit; et demeura ce même père long-temps en conférence avec Son Eminence ducale, encore qu'elle ne se laissât voir pour lors à personne.

Le 7, M. le chancelier fut visiter M. de Cinq-Mars, et le traita fort civilement, lui disant qu'il n'avoit point de sujet d'appréhender, mais bien d'espérer toute chose à son avantage ; qu'il savoit bien qu'il avoit affaire à un bon juge, qui n'avoit garde d'être méconnoissant des faveurs qu'il avoit reçues de son bienfaiteur ; qu'il savoit très-bien que c'étoit par ses bontés et son pouvoir que le Roi ne l'avoit pas dépossédé de sa charge ; que cette faveur étoit si grande qu'elle ne méritoit pas seulement un souvenir immortel, mais des reconnoissances infinies ; et que c'étoit dans les occasions qu'il les y feroit paroître. Le sujet de ce compliment étoit pris sur ce que M. le grand avoit adouci une fois le Roi, qui étoit en grande colère contre M. le chancelier ; mais la véritable raison de ces civilités étoit qu'il ne le refusât pour juge, et la crainte qu'il avoit qu'il n'appelât au parlement de Paris pour être délivré par le peuple, qui l'aimoit passionnément.

M. le grand lui répondit que cette civilité le remplissoit de honte et de confusion ; « mais pourtant, « dit-il, je vois bien que, de la façon que l'on procède « à mon affaire, l'on en veut à ma vie. C'est fait de « moi, monsieur, le Roi m'a abandonné ; je ne me « considère que comme une victime qu'on va immo- « ler à la passion de mes ennemis et à la facilité du « Roi. » A quoi M. le chancelier repartit que ses sentimens n'étoient pas justes, et qu'il en avoit des expériences toutes contraires. « Dieu le veuille ! dit « M. le grand ; mais je ne le puis croire. »

— Le 8, M. le chancelier l'alla ouïr, accompagné de six maîtres des requêtes, de deux présidens, et de six conseillers de Grenoble; duquel, après l'avoir interrogé depuis les sept heures du matin jusques à deux heures après midi, ils ne purent jamais rien tirer des cas à lui imposés.

Le 10, ils partirent tous ensemble pour Vivay, maison qui est à M. l'abbé d'Esnay, frère de M. de Villeroy, distante de deux bonnes lieues de Lyon, où Monsieur, frère du Roi, se rendit de Villefranche, et où toutes les pièces furent confrontées.

Le 12, tous les juges séant dans la chambre du présidial de Lyon, M. le grand y fut emmené, dans un carrosse, du château, environ les huit heures du matin, conduit par le chevalier du guet et sa compagnie. Et étant introduit, il fut mis sur la sellette, répondit, et confessa tout ce qu'il avoit déclaré à M. le chancelier en la conférence qu'il avoit eue avec lui le 7, avec tant de tranquillité d'esprit et de douceur, que les juges, se regardant l'un l'autre, saisis d'étonnement et d'admiration, furent contraints d'avouer qu'ils n'avoient jamais ouï ni vu parler d'une constance plus forte, ni d'un esprit plus ferme et plus clair.

Après quoi on le fit retirer dans une autre chambre, où, dès aussitôt que M. le chancelier eut recueilli les voix et que la condamnation fut écrite, on lui vint prononcer son arrêt de mort, et qu'auparavant l'exécution d'icelui il seroit appliqué à la question ordinaire et extraordinaire, pour avoir plus ample déclaration de ses complices.

Durant cette triste lecture, qui tiroit des larmes

des yeux des juges et des gardes, il ne changea jamais de couleur ni de contenance, et ne perdit jamais rien de sa gaieté ordinaire, toute pleine de majesté, de laquelle il accompagnoit toutes ses actions; mais sur la fin ayant ouï parler de la question, il dit à ses juges avec cette même douceur : « Messieurs, cela me « semble bien rude : une personne de mon âge et de « ma condition ne devoit pas être sujette à toutes ces « formalités. Je sais que c'est que des formes de jus- « tice; mais je sais aussi que c'est que ma condition. « J'ai tout dit, et je dirai encore tout; je prends la « mort à gré et de grand cœur : et après cela, mes- « sieurs, la question n'est point nécessaire. J'avoue « ma foiblesse, et que cette gêne met mon esprit en « peine. » Il poursuivit son discours pendant quelque temps avec tant de grâce et de douceur, que la pitié ne permettoit pas à ses juges de lui répliquer ni de lui contredire, et de lui refuser tout ce qu'il pouvoit espérer d'eux.

Le père Malavalette survint alors, lui demandant qu'est-ce qu'il demandoit de ces messieurs; qu'ils étoient civils, qu'il pouvoit autant espérer d'eux que du Roi. « Ce n'est rien, dit-il, mon père : je leur « avoue une de mes foiblesses, et que j'ai bien de la « peine à me soumettre à la question ; cela travaille « mon esprit, non pas l'appréhension du mal, car je « serai à la mort avec joie et résolution; mais c'est que « j'ai tout dit, et qu'il n'est pas besoin de question. »

Le père l'embrassant, lui dit : « Monsieur, soyez « hors de peine; vous n'avez pas affaire à des juges « impitoyables, puisqu'ils donnent déjà des larmes à « votre affliction. » Et puis tirant à part deux maîtres

des requêtes, le père leur dit qu'ils ne connoissoient pas cet esprit; qu'il voyoit bien l'extrême violence qu'il faisoit à son naturel; qu'il ne falloit pas si fort ébranler sa vertu pour la renverser. Comme il continuoit ces discours, deux autres juges survinrent, qui dirent en secret au père que M. le grand ne souffriroit pas la question; mais qu'ils l'y conduiroient pour garder les formalités de justice. A l'instant le révérend père aborda M. de Cinq-Mars, et le tirant d'auprès des gardes lui dit : « Etes-vous capable de se-
« cret important? » Sur quoi il lui dit : « Mon père,
« je vous prie de croire que je n'ai jamais été infidèle
« à personne qu'à Dieu. — Eh bien, dit ce père, vous
« n'aurez pas la question, et même vous n'y serez pas
« présenté; prenez seulement la peine d'aller à la
« chambre, où je vous accompagnerai, pour être cau-
« tion de la parole que je vous donne. » Ils y furent donc tous deux; et M. le grand vit seulement les cordes et les malheureux instrumens de la torture.

Cependant, sur les dix heures, M. de Thou fut conduit du château de Pierre-Encise au Palais, et fut présenté aux juges pour être interrogé sur la sellette; et, après les demandes ordinaires, M. le chancelier lui demanda si M. d'Effiat ne lui avoit pas déclaré la conspiration; à quoi il répondit en ces termes :
« Messieurs, je vous pourrois bien nier absolument
« que je l'eusse su, et vous ne me pouvez pas con-
« vaincre de faux, parce que vous ne pouvez savoir
« que par M. de Cinq-Mars tout seul que je l'aie su,
« car je n'en ai parlé ni écrit à homme du monde.
« Or un accusé ne peut validement en accuser un
« autre, et on ne peut condamner un homme à la mort

« que par le témoignage de deux hommes irrépro-
« chables. Ainsi vous voyez que ma vie, ma mort,
« ma condamnation et mon absolution sont dans ma
« bouche; pourtant, messieurs, j'avoue et je con-
« fesse que j'ai su la conspiration. Je l'avoue fran-
« chement pour deux raisons: la première est que du-
« rant les trois mois de ma prison j'ai si bien envisagé
« la mort et la vie, que j'ai connu clairement que, de
« quelque vie que je pusse jamais jouir, elle ne peut
« être que malheureuse; et que la mort me sera bien
« plus avantageuse, puisque je la tiens pour le plus
« assuré témoignage que je puisse avoir de ma pré-
« destination, et telle que je suis prêt à mourir, et
« ne me puis jamais trouver en meilleure disposition
« de le faire. C'est pourquoi je ne veux plus échap-
« per cette occasion de mon salut. La seconde, en-
« core que mon crime soit méritoirement punissable
« de mort, néanmoins, messieurs, vous voyez qu'il
« n'est ni noir, ni énorme, ni étrange. Je l'avoue,
« j'ai su la conspiration; j'ai fait tout mon possible
« pour l'en détourner. Il m'a cru son ami unique et
« fidèle, et je ne l'ai pas voulu trahir; c'est pourquoi
« je mérite la mort, et je me condamne moi-même
« par la loi *quisquis*. »

Ce discours, qu'il prononça avec une vivacité d'esprit merveilleuse, ravit tellement tous les juges qu'ils
avoient peine de se ravoir de l'étonnement où ils
avoient été jetés; il n'en étoit pas un qui n'eût passion extrême de le sauver, et de conserver à la France
la plus grande espérance de la cour : c'est ainsi qu'il
étoit appelé par la bouche des ennemis mêmes. Là-
dessus il fut condamné à la mort, comme M. le

grand; et sortant de la salle, le révérend père Mambrun, jésuite, qui l'avoit confessé à Pierre-Encise, se trouva là, auquel il dit, tout transporté de joie : « Allons, père, allons à la mort et au ciel! allons à « la véritable gloire! Qu'ai-je fait en ma vie pour « Dieu qui m'ait pu obtenir la faveur qu'il me fait « aujourd'hui d'aller à la mort avec ignominie, « pour aller plus tôt à la véritable vie? » Et répétant incessamment cette pensée, il fut conduit à la chambre où étoit M. de Cinq-Mars, qui, dès qu'il l'eut aperçu, courut à lui, disant : « Ami, ami, que « je regrette ta mort! » Mais M. de Thou, l'embrassant et baisant, lui disoit : « Ah! que nous sommes « heureux de mourir de la sorte! » L'un demandoit pardon à l'autre : ils s'embrassèrent cinq ou six fois de suite avec des étreintes d'un amour incomparable, qui faisoient fondre en larmes les gardes mêmes; et ce spectacle étoit capable d'amollir les rochers.

Tandis qu'ils étoient dans ces embrassemens, trois ou quatre de leurs juges vinrent : ce qui les obligea de se retirer au fond de la chambre, où ils s'entretinrent pendant demi-heure avec grande affection; ce qu'ils témoignèrent sans cesse par leurs gestes et exclamations. Pendant cela le père Malavalette pria les juges qui étoient là de lui promettre qu'ils ne seroient point liés, et qu'ils ne verroient point le bourreau que sur l'échafaud : ce qu'il obtint, après quelques petites difficultés. Sur ce temps M. le grand embrassa M. de Thou, et finit son entretien par cette parole: « Cher ami, allons penser à Dieu; allons employer le « reste de notre vie à notre salut.—C'est bien dit, » répliqua M. de Thou, qui prenant son confesseur par la main le mena en un coin de la chambre, où il le confessa. M. de Cinq-Mars supplia les gardes de lui donner une autre chambre : ce qu'ils lui refusèrent, lui disant que celle-là étoit assez grande, et que s'il lui plaisoit d'aller à l'autre coin, il se pourroit confesser commodément; mais il redoubla ses prières avec tant de douceur et de bonne grâce, qu'il obtint enfin ce qu'il demandoit.

Etant entré dans une autre chambre, il fit une confession générale de toute sa vie, qui dura environ une grosse heure; puis il écrivit trois lettres, l'une à madame la maréchale d'Effiat sa mère, dans laquelle il la prioit de faire payer deux de ses créanciers, auxquels il écrivit les deux autres lettres. Après quoi il dit au père qu'il n'en pouvoit plus, et qu'il y avoit vingt-quatre heures qu'il n'avoit rien pris. Ce père pria son compagnon d'aller querir du vin et des œufs; et les gardes apportant l'un et l'autre, il les pria de laisser tout cela sur la table. Après qu'ils furent sortis, ledit père lui présenta à boire; mais il ne fit que rafraîchir sa bouche, et n'avala rien du tout. Cependant M. de Thou s'étoit confessé, et avoit écrit deux lettres avec une promptitude merveilleuse; après quoi se promenant dans la chambre à grands pas, il récitoit à haute voix le psaume *Miserere mei, Deus*, etc., avec une ardeur d'esprit incroyable, et des tressaillemens de tout son corps si violens, qu'on eût dit qu'il ne touchoit pas la terre, et qu'il alloit sortir de lui-même. Il répétoit plusieurs fois les mêmes versets avec de fortes exclamations, en forme d'oraison jaculatoire, et y mêlant quelque passage de saint Paul et de l'Ecriture; puis revenant au *Miserere*, il disoit

neuf fois ensuite *Secundum magnam misericordiam tuam.* Durant ces prières, plusieurs gentilshommes le voulurent venir saluer ; mais il leur faisoit signe avec les bras, leur disant : « Je ne pense qu'à Dieu ; ne m'in-
« terrompez pas, s'il vous plaît : je ne pense qu'au Ciel,
« je ne suis plus de ce monde. » Nonobstant cette extase, un gentilhomme le vint aborder de la part de madame sa sœur la présidente Pontac, qui étoit venue à Lyon pour intercéder pour lui, et lui demanda de sa part s'il n'avoit besoin de rien ; auquel il répondit :
« De rien, monsieur, si ce n'est de ses prières et des
« vôtres, si ce n'est de la mort pour aller à la vie et à
« la gloire. » Et comme il commençoit à dire le psaume *Credidi propter quod locutus sum,* le père gardien du couvent des Pères Observantins de Tarascon, qui l'avoit confessé pendant sa prison, l'approcha pour lui demander quelle inscription il vouloit qu'on mît sur la chapelle qu'il avoit fondée en leur couvent. Il répondit : « Comme il vous plaira, mon père ; » mais celui-ci le pressant derechef, il demanda une plume, et avec une vitesse admirable, qui montroit une facilité et une présence d'esprit plus qu'humaine, il fit cette inscription : *Christo liberatori, votum in carcere pro libertate conceptum Franciscus-Augustus Thuanus è carcere vitæ jamjam liberandus meritò solvit.*

Après qu'il eut quitté la plume, il recommença après par le psaume *Confitebor tibi, Domine, in toto corde meo, quoniam audisti verba oris mei,* avec des transports si violens qu'il ne pouvoit plus se soutenir. Les gardes étoient de ce spectacle, qui les faisoit tous frémir de respect et d'horreur. Cependant un des juges arriva, qui demanda qu'est-ce qu'on attendoit encore, et où étoit M. le grand. On alla heurter à la chambre où il étoit avec son confesseur, et M. de Cinq-Mars répondit avec une douceur admirable que ce seroit bientôt fait, et tira encore le père en un coin, où il parla de sa conscience avec de si grands sentimens de la bonté de Dieu et de l'énormité de ses offenses, que le père ne put s'empêcher de l'embrasser, et d'adorer en sa personne la force des grâces de Dieu, et d'admirer celles de l'esprit de l'homme; puis ils se mirent en devoir de sortir.

M. le grand et M. de Thou s'étant rencontrés sur les degrés, et s'étant salués, ils s'encouragèrent l'un l'autre avec tant de zèle et de joie, qu'ils faisoient connoître que le Saint-Esprit avoit déjà rempli leurs ames et leurs corps de l'ornement de ses voluptés, qui fait le bonheur des saints. Sur le bas des degrés ils trouvèrent leurs juges, auxquels ils firent chacun un beau compliment, les remerciant de la douceur dont ils les avoient traités.

Quand ils furent sur le perron au dehors, ils regardèrent avec attention une grande foule de peuple qui étoit assemblée devant le Palais jusque dessus les Terreaux. Ils les saluèrent de tous côtés profondément, avec une grâce non pareille. M. de Thou voyant qu'on les vouloit mener au supplice, dit à haute voix au peuple : « Messieurs, quelle espèce de bonté de con-
« duire des criminels à la mort dans un carrosse, nous
« qui méritons d'être charriés dans un tombereau, et
« traînés sur sur des claies, le fils de Dieu, qui étoit
« l'innocence même, y ayant été mené pour nous avec
« tant de honte et scandale ! »

Et après cela ils entrèrent dans le carrosse qui étoit

préparé. Messieurs de Cinq-Mars et de Thou se placèrent au fond d'icelui, les deux compagnons des confesseurs sur le devant dudit carrosse, et les deux confesseurs aux portières; les gardes qui les accompagnoient, environ cent du chevalier du guet, et trois cents cuirassiers, avec les officiers de justice et le grand prevôt. Ils commencèrent ce pitoyable voyage par le récit des litanies de la sainte Vierge; après quoi M. de Thou embrassa M. le grand par quatre fois, lui disant sans cesse avec une ardeur de séraphin :
« Cher ami, qu'avons-nous fait de si agréable à Dieu
« pendant notre vie, qui l'ait obligé à nous faire cette
« grâce que nous mourions ensemble; d'effacer tous
« nos crimes par un peu d'infamie, et de conquérir le
« ciel et tant de gloire par un peu de honte? Hélas!
« n'est-il pas vrai que nous n'avons jamais mérité une
« faveur pareille? Fendons donc nos cœurs, épuisons
« nos forces en remercîmens de ses grâces, et agréons
« la mort avec toutes les affections de nos ames. »

A quoi M. le grand répondit avec tant d'actes de vertus, de foi, de charité et de résignation, qu'ils ravissoient leurs confesseurs; et ne faisant autre chose le long du chemin. Le peuple étoit si épais par les rues que le carrosse avoit peine de rouler, et la désolation si grande qu'il ne s'en est jamais vu de semblable sur le visage des hommes pour un sujet pareil. Quand ils furent arrivés sur la descente du pont de Saône, M. de Thou dit à M. de Cinq-Mars : « Eh
« bien, cher ami, qui mourra le premier? —Celui que
« vous jugerez plus à propos, répondit-il. » Le père Malavalette, prenant la parole, dit à M. de Thou :
« Vous êtes le plus vieux. — Il est vrai, » dit M. de

Thou, qui s'adressant à M. le grand, lui dit : « Vous
« êtes le plus généreux; vous voulez bien montrer
« le chemin de la gloire et du ciel.—Hélas! dit M. de
« Cinq-Mars, je vous ai ouvert celui du précipice;
« mais précipitons-nous dans la mort généreuse-
« ment, et nous surgirons dans la gloire et le bon-
« heur du ciel. »

Durant le reste du chemin, M. le grand, redoublant sans cesse ses actes d'amour et de foi, se recommandoit aux prières du peuple, mettant la tête hors du carrosse : ce qui émut si fort une troupe de demoiselles qu'elles poussèrent un grand cri, qui toucha si fort le père Malavalette qu'il ne put retenir ses larmes; ce que voyant M. le grand, lui dit :
« Eh quoi! mon père, vous êtes donc plus sensible
« que moi-même à mes intérêts? Je vous prie de ne
« nous pas attrister par vos larmes : nous avons besoin
« de votre résolution pour fortifier la nôtre. »

Pour le père Mambrun, il avoit été si surpris par les larmes du peuple, des gardes, des juges, que, ni dans le Palais ni par les chemins, il ne put proférer jamais une seule parole, les sanglots de son cœur les étouffant dans sa bouche.

M. de Thou continua le voyage en disant cent fois : *Credidi propter quod locutus sum*, et se faisant promettre au père qu'il le réciteroit tout entier sur l'échafaud avant que mourir.

Quand ils furent arrivés sur les Terreaux, le père Malavalette descendit le premier, prenant M. le grand par la main; et M. de Thou l'embrassant lui dit encore ces belles paroles : « Allez, monsieur, un mo-
« ment nous va séparer maintenant; mais nous se-

« rons bientôt réunis en la présence de Dieu pour
« toute l'éternité. Ne plaignez point ce que vous
« allez perdre; vous avez été grand sur la terre,
« vous le serez bien plus dans le ciel, et votre gran-
« deur ne périra jamais. » Et après s'être baisés l'un
l'autre, et donné des témoignages d'amitié réciproque, M. le grand descendit du carrosse; et comme
quelques soldats insolens lui vouloient arracher le
manteau, il se tourna vers M. Thomé, grand prevôt,
et lui demanda à qui il le donneroit. Il lui répondit
qu'il étoit en sa disposition, et qu'il en pouvoit faire
ce qu'il lui plairoit; et à l'instant il le donna au compagnon de son confesseur, le priant de le donner aux
pauvres; puis après un autre soldat lui ayant enlevé
son chapeau, il le lui demanda fort civilement, lequel le lui rendit; et monta sur l'échafaud la tête
couverte, avec adresse toute pleine de gaieté, et souriant baisa la main, et la donna au père Malavalette
pour l'aider à monter. Etant sur l'échafaud, il fit un
tour, la tête couverte, regardant de tous côtés avec
un maintien grave et gracieux, et puis il en fit un
autre le chapeau à la main, saluant le peuple de tous
côtés avec des souris et une face majestueuse et char-
mante; puis il jeta son chapeau par terre, et se mit
à genoux, levant les yeux au ciel, adorant Dieu et
lui recommandant sa fin; puis s'approchant du bil-
lot, il essayoit de s'ajuster dessus, demandant comme
il falloit faire, et s'il seroit bien comme cela. Il prit
le crucifix de la main du père, l'adora à genoux,
l'embrassa et le baisa avec des tendresses inconceva-
bles. Comme il le baisoit et rebaisoit mille fois, le
père cria au peuple de prier Dieu pour lui; et M. le

grand, ouvrant les bras, joignant les mains, tenant toujours son crucifix, fit la même demande au peuple.

Sur ce le bourreau s'approchant, le père le fit retirer, et détourna M. le grand, son compagnon lui aidant à dévêtir son pourpoint; puis il embrassa l'un et l'autre, et s'étant mis à genoux, ils récitèrent ensemble *Ave, maris stella,* en la fin duquel il reçut l'absolution; puis se jetant au cou du père, il le tint embrassé l'espace d'un *Miserere,* et le baisa. Le bourreau se présentant encore pour couper ses cheveux, M. de Cinq-Mars demanda les ciseaux. Le père les prit de la main du bourreau et les donna à M. le grand, qui, appelant le compagnon du père, le pria de les lui couper: ce qu'il fit. Après il ajusta encore une fois sa tête sur le poteau; puis le père lui donnant une médaille, il lui fit gagner les indulgences et baiser le crucifix. Enfin s'étant mis à genoux avec une tranquillité d'esprit incroyable, priant le compagnon du père de lui tenir toujours le crucifix devant les yeux, qu'il ne voulut point avoir bandés afin de le voir jusques à la mort, il embrassa le poteau, mit le cou dessus; et reçut le coup mortel d'un gros couteau de boucher, fait à la façon des haches anciennes ou bien de celles d'Angleterre, dont il fut tué d'un coup, encore qu'il restât un peu de peau au gosier.

Le bourreau étoit un vieil gagne-denier tout drilleux, qui fut étourdi en coupant ce peu de peau qui restoit, qui laissant rouler la tête sur l'échafaud, elle tomba jusques à terre.

Le peuple, qui étoit nombreux, tant en la place qu'aux fenêtres et sur les tours, rompit le profond silence qu'il avoit gardé pendant toute l'action par un cri effroyable, quand il vit lever la hache. Les plaintes et les gémissemens firent un bruit et un tumulte si horrible qu'on ne savoit où l'on en étoit.

Après quoi M. de Thou, qui étoit demeuré dans le carrosse, qu'on avoit fermé, en sortit généreusement, et monta sur l'échafaud avec tant de promptitude qu'on eût dit qu'il voloit; où étant monté il fit deux tours, le chapeau à la main, saluant le peuple de tous côtés, puis jeta son chapeau et son manteau en un coin; et le bourreau s'étant approché de lui, il l'embrassa fort étroitement et le baisa, l'appelant son frère; puis il se dépouilla en un moment.

Le père Mambrun, qui étoit monté avec lui, ne pouvoit proférer une seule parole, tant il étoit touché de ce spectacle. Il pria le père Malavalette, qui étoit descendu quand on dépouilloit M. de Cinq-Mars, de remonter : ce qu'il fit. Ils récitèrent par ensemble le psaume *Credidi* à haute voix; et après avoir poussé mille exclamations d'une voix forte, avec des ferveurs et des transports de séraphin, et des saillies si violentes qu'il sembloit que son ame volant vers le ciel y devoit élever son corps, il reçut l'absolution et gagna l'indulgence; et, après avoir fait tous les actes d'un vrai chrétien, il adora le crucifix avant que de mettre la tête sur le poteau. Il baisa le sang de M. de Cinq-Mars qui y étoit resté, et puis se banda les yeux lui-même avec un mouchoir. S'étant ajusté sur le plot, il reçut un coup sur l'os de la tête, qui ne fit que l'écorcher, où il porta la main tombant à la renverse. Le bourreau redoubla un autre coup, qui ne fit encore que l'écorcher au-dessus de l'oreille et abattre sur le théâtre, qui lui fit jeter les pieds en l'air avec grande force. Le bourreau lui donna un troisième coup au gosier, qui le fit mourir; et il en reçut encore deux autres pour achever de lui couper la tête, tant ce misérable bourreau étoit étourdi. Il fut aussitôt dépouillé; et les deux corps étant mis dans un carrosse furent emportés dans l'église des Feuillans.

Le lendemain, celui de M. de Thou fut embaumé par le soin de madame sa sœur, et enlevé; et celui de M. le grand fut enterré sous le balustre de ladite église, par la bonté et autorité de M. Du Gay, trésorier de France en la généralité de Lyon. Ainsi finirent ces deux grands hommes, et expièrent par de grandes actions de religion et de constance la grandeur de leur crime.

FIN DE LA RELATION DE FONTRAILLES.

TABLE DES MATIÈRES

CONTENUES

DANS LE CINQUANTE-QUATRIÈME VOLUME.

MÉMOIRES DE PIERRE LENET.

Mémoires de P. Lenet. — Livre cinquième.	Page 1
Livre sixième.	129

MÉMOIRES DE MONTRÉSOR.

Notice sur Montrésor et sur ses Mémoires.	217
Mémoires de Montrésor.	235
Discours par M. de Montrésor touchant sa prison.	330
Mort de Carondelet.	380
Assassinat de Puylaurens.	390
Mort de Richelieu.	393

RELATION DE FONTRAILLES.

Notice sur Fontrailles et sur sa Relation.	405
Relation de Fontrailles.	409
Traité fait par Monsieur avec l'Espagne.	449
Lettre de M. de Marca à M. de Brienne.	456
Journal de ce qui s'est passé à Lyon durant le procès de messieurs de Cinq-Mars et de Thou.	461

FIN DU TOME CINQUANTE-QUATRIÈME.

www.ingramcontent.com/pod-product-compliance
Lightning Source LLC
Chambersburg PA
CBHW050254230426
43664CB00012B/1951